KB138782

리지웨이의
한국전쟁

KODEF 안보총서 118

THE KOREAN WAR

리지웨이의 한국전쟁

매슈 B.리지웨이 지음 | **박권영** 옮김

MATTHEW B. RIDGWAY

플래닛미디어
Planet Media

조지 마셜^{George Catlett Marshall} 장군에게 이 책을 바친다.

마셜 장군의 인품과 전·평시 그가 남긴 업적들은

초대 대통령 조지 워싱턴^{George Washington}을 제외하고

미군 장군 중에서 가장 높이 평가할 만하다.

★

매슈 B. 리지웨이 장군은 "어떤 사람들은 내가 수류탄을 쇼맨십으로 소지했다고 생각했다. 그러나 그것은
사실이 아니다. 수류탄은 아주 실용적이었다. 실제로 유럽과 한국에서 궁지에 몰린 장병들이 수류탄을 터뜨
려 탈출하는 일이 여러 번 있었다"라고 말했다. 수류탄을 가슴에 달고 다니는 습관 때문에 그는 "올드 아이
언 티츠(Old Iron Tits: 늙은 강철 유방)"라는 별명으로 불리었다. 〈사진 출처: U. S. Army〉

추천의 글

많은 사람들이 6·25전쟁에 대해 잘 알고 있다고 생각한다. '결과'를 알고 있기 때문일 것이다. 하지만 전쟁사는 '결과' 못지않게 '과정'도 중요하며 다양한 측면을 내포하고 있다. 그래서 전쟁사는 끊임없이 활용되고 재해석되는 것이다. 특히, 이 책 『리지웨이의 한국전쟁』은 다음과 같은 관점에서 특별한 의미가 있다.

우선, 6·25전쟁에 대한 이해의 폭을 넓혀준다. 통상 민간은 정치에, 군은 전술적 관점에 집중한다. 이 책은 전략적 수준에서 정치와 전술을 연결하고 있다. 육군대학의 '전쟁사 교관', 이라크파병사단의 '전쟁교훈분석장교' 직책을 수행한 본인이 가장 해보고 싶었던 접근방법이다. 그래서 적지 않은 분량의 책이지만 단숨에 읽을 수 있었다.

우리는 또한, 이 책에서 전략적 사고를 배울 수 있다. 개인이든 조직이든 누구에게나 전략적 사고의 중요성이 더욱 강조되고 있다. 특히, "어떠한 전술적 성과도 전략적 과오를 대신할 수 없다"라는 경구는 의미심장하다. 저자를 포함한 모든 고급 지휘관 혹은 리더들이 가장 고민하고 있는 이유다. 6·25전쟁 당시 주요 지휘관들의 판단·결심·실행의 사고 과정을 따라가다 보면, 어느새 더욱 전략적으로 생각하는 자신을 발견하게 될 것이다.

통상, 무기체계를 포함한 '유형의 전투력'에만 주목하는 경향이 있다. 하지만 교육훈련·조직문화 등을 포함한 '무형의 전투력'도 '유형의 전투력'에 못지않게 중요하다. 이 책에서 저자는 6·25전쟁 당시 리더십이 부족한 대한민국군의 실상을 신랄하게 지적하고 있다. 건군 2년 만에 6·25전쟁에 직면한 우리 군에게 리더십이 부족할 수밖에 없었다는 점을 감안하더라도 저자의 냉철한 기록이 아프게 느껴지기도 한다. 과거와 현재의 전쟁에서 그랬듯 미래의 전쟁에서도 어떤 다른 요인들보다 '사람'이 가장 중심에 있어야 함을 알려주는 대목이다.

20여 년 전, 고故 황규만 장군님을 통해 역자인 박권영 대령과의 인연이 시작되었다. 그는 언제나 반듯하고 명석하며 논리적이다. 최상위 제대에서 전략과 작전을 기획하는 고급장교에게 꼭 필요한 자질이다. 미국 지휘참모대학의 위탁교육과 한국 합참에서의 실무 경험이 이를 뒷받침하고 있다. 그가 우리 군의 미래에 더욱 소중한 역할을 하리라 기대한다.

"당신은 전쟁에 관심이 없을지 몰라도, 전쟁은 당신에게 관심이 많다"라는 말이 있다. 전쟁은 개인과 국가를 막론하고 우리에게 어떤 형태로든 엄청난 영향을 미친다. 최근 우크라이나 전쟁이 이를 증명하고 있다. 세계가 너무나 긴밀하게 연결되어 있기 때문이다. 이러한 시대일수록 전쟁을 포함한 군사 문제에 대한 보다 심도 깊은 이해가 필요하다. 관심 있는 분들의 일독一讀을 자신 있게 추천한다.

방종관, 서울대학교 미래혁신연구원 산학협력교수(예비역 소장)

저자 서문

한국전쟁은 미국 내에서 포트리스 아메리카Fortress America[1] 시대가 끝나고 해외 분쟁을 회피하는 것만으로는 더 이상 평화를 보장할 수 없는 시대가 시작되었음을 알리는 계기가 되었다. 한국에서 전쟁이 발발하자, 미국은 역사상 처음으로 단 일주일의 사전경고도 없이 전쟁의 소용돌이에 빠져들게 되었다. 미국 국민은 그 이유를 알지도 못한 채 자신들과 무관한 지구 반대편에서 일어난 분쟁에 개입하게 된 것이었다.

미국을 탄생시킨 전쟁(독립전쟁)을 시작으로 이전의 모든 전쟁에서는 시련에 맞설 각오를 단단히 하고 병사들을 모집한 후 우리 군대를 어디에서 어떻게 하면 가장 잘 운용할 수 있을 것인지 심사숙고할 시간적 여유가 있었다. 심지어 1776년 미국의 많은 독립투사가 그들의 옥수수 농장을 떠나 전쟁터로 향할 때에도 계속되는 일련의 학대와 탈취에 분노한 시민들이 무기를 들기까지 준비 시간이 길었다. 이후 다른 전쟁들에서도

---

1 포트리스 아메리카: 세계 무대에서 미국의 군사적·정치적·경제적 개입을 자제한 채 고립된 요새처럼 외따로 존재하려는 사고방식.

마찬가지였다. 미 본토의 양면이 바다에 둘러싸여 있고 전쟁터로부터 멀리 떨어져 있었기 때문에 우리는 전시산업체제로 전환하고 군대를 훈련시키고 전쟁물자를 비축하고 군대 배치를 논의할 충분한 시간을 가질 수 있었다.

하지만 한반도는 뚜렷한 사전경고 없이 전쟁의 화염에 휩싸이고 말았다. 1950년에는 회의나 논의, 법적 조치, 신중한 승인을 통해 중대 결정을 할 수 있는 시간조차 없었다. 한국전쟁 발발로 인해 우리는 평화에 도취해 있는 자신을 발견하게 되었고 전면전full-scale war에 대해 눈을 뜨게 되었다. 한국전쟁은 제2차 세계대전에 참전해 비참한 전쟁을 경험한 후 여전히 안정을 되찾지 못한 우리 젊은이들을 빠른 속도로 곧장 전쟁터로 끌고 가버렸다. 노사 간의 새로운 평화의 시대가 도래하고 조세감면과 함께 전시 제재가 사라지고 평화로운 미래가 펼쳐지는 것처럼 보일 때 한국전쟁은 또 한 번 결핍과 투쟁, 희생, 그리고 의혹을 안겨주었다.

한국전쟁은 재래식 무기로만 싸운 마지막 전쟁이었을 것이다. 그리고 원자폭탄의 참사에 대한 두려움으로부터 자유로웠던 마지막 전쟁이었다. 게다가 한국전쟁은 미국과 전 세계 다른 나라들과의 관계에도 급격한 변화를 예고했다.

한국전쟁이 진행되는 동안 미국은 몇 가지 중요한 문제들에 직면해 결정을 내려야 했다. 국민 대다수는 그중 일부에 대해서만 어렴풋이 이해하고 있었다. 국가안전보장을 위해 다른 자유주의 국가들과 협력할 것인지, 아니면 미국 단독으로 행동할 것인지에 대한 문제에 직면한 미국은 국가안전보장은 다른 국가들과의 협력에 달렸다고 판단하고 그렇게 하기로 결정했다. 또한 미국은 군대에 대한 민간 당국 통제와 군 통제 중에서 선택해야 하는 상황에서 다시 한 번 문민통제의 헌법적 우월성을 강조했다. 대한민국이 적의 침략을 받았을 때 미국이 일어서서 대항할 것인가, 아니면 적의 손아귀에 대한민국을 맡기고 포기할 것인가를 결정해야 했을 때도 미국은 명예로운 길을 선택했고 침략자에 정면으로 맞섰다. 그리고 미국은 역사상 처음으로 "제한전limited war"이라는 개념에 익숙하게 되었다.

하지만 한국전쟁 내내 그리고 전쟁이 끝난 후에도 오랫동안 우리 국민을 혼란스럽게 만든 다음과 같은 많은 이해하기 어려운 문제들은 여전히 남아 있다.

- 어떻게 아무런 사전경고조차 없이 이런 대규모 전쟁이 발발하게 되었는가?
- 국가 의사결정 과정에 문제가 있었거나 미 정보당국의 능력이 부족했던 것은 아니었는가?
- 중국 본토 침공을 기도했던 장제스蔣介石 총통이나 무력으로 한반도를 통일하고자 했던 이승만 대통령의 은밀한 계략으로 인해 혹시 미국이 희생양이 된 것은 아니었을까?
- 한국전쟁이 발발했을 때 미군은 왜 그토록 싸울 준비가 되어 있지 않았던 것일까?
- 그리고 어떻게 우리는 유일한 결정권을 가진 용기 있는 대통령이 신속하게 결정을 내려야만 자유세계 앞에서 우리의 도덕적 위치를 회복할 수 있는 상태에 이르게 되었는가?

이러한 모든 질문에 대한 답은 아마 전면전에 대한 우리의 집착 때문이었을 것이다. 한국전쟁 이전까지 우리의 모든 군사 계획들은 전쟁이 발발하면 전 세계가 개입하게 될 것이고, 멀고 방어하기 어려운 한반도를 방어하는 것은 어리석다고 보았다. 하지만 한국전쟁은 앞으로 모든 전쟁이 틀림없이 제한전이 되리라는 것을 우리에게 가르쳐주었다. 그것은 제한전을 수행할 것인가 아닌가의 문제가 아니라, 어떻게 하면 다른 유형의 전쟁, 즉 전면전을 피할 것인가의 문제였다. 현재 다수의 국가가 핵무기 제조 기술을 가지고 있는 상황에서 무제한전은 곧 상호 공멸을 의미하기 때문에 더 이상 생각할 수조차 없다. 한국전쟁 이후 우방국이나 잠재 적국에 대한 미국의 외교 정책들은 모두 이러한 현실 인식의 영향을 받았다.

통찰력이 있는 사람들은 이런 우리의 의식 변화가 또 다른 변화를 가져올 것이라고 예견했다. 군사력만으로는 더 이상 베트남, 라오스, 콩고에서 우리가 직면한 문제들을 해결할 수 없고, 관련된 모든 사람들이 받아들일 수 있도록 정치·경제·군사 정책들을 상호 보완적으로 시행해야 하며, 그러기 위해서는 무엇보다도 강력한 리더십이 필요하다는 인식이 싹트기 시작했다. 또한 미국의 국가 정책을 더 이상 백악관이나 국무부 또는 국방부가 단독으로 수립해서는 안 된다는 것, 즉 민간 정치가나 군사전문가들이 서로 협조하지 않는다면 다른 주권 국가들에 대한 미국의 정책 방향을 제시할 수 있는 노선을 정하기 어렵다는 것도 분명해졌다. 최상의 결과가 군과 민간 지도자 간의 일상적인 긴밀한 협력에서 나온다는 것은 이제는 당연하고 당연시해야만 한다. 그런 점에서 정치 지도자는 달성해야 할 목표들을 제시하고, 군사 지도자들은 군사적 수단으로 얼마나 많은 목표를 달성할 수 있으며 어떻게 하면 그 수단들을 가장 잘 운용할 수 있는지에 대한 군사적 판단을 제공해야 한다.

이러한 협조 관계는 민간 당국자와 군 당국자들이 서로 의견을 구하고 그것들을 진지하게 고려할 때만 가능하다. 민간인 정치 지도자가 군 수뇌부의 중요한 군사적 조언을 무시하면 올바른 결정을 하기 어려울 것이다. 우리 헌법 하에서는 민간인 정치 지도자들이 우위에 있는 것이 당연하다. 하지만 경험 있는 군 지도자들의 조언을 구하거나 들으려 하지 않거나 그들의 의견을 경시한다면 재앙을 초래할 수도 있다.

다수의 미국 시민은 가족의 안전과 건강 문제, 자녀 교육 문제에 치중한 나머지 이러한 우리의 상황 및 사고방식의 변화들이 어떤 중요한 의미를 갖는지 충분히 파악할 시간이 없다. 게다가 그들은 "전면전"이나 "무조건 항복", "완전한 승리"와 같은 일부 정치적 목적을 달성하기 위해 종종 사용되던 낡고 어리석은 구호들에 여전히 너무나 자주 현혹되고 있다. 상황이 이러니 외교 정책에 대한 크게 다른 견해, 가열된 논쟁, 그리고 혼란스러운 생각과 절망감이 여전히 미국 곳곳에서 계속되고 있는 것은 전혀 놀라운 일이 아니다.

다행히도 한국전쟁 이후 우리를 지배했던 이러한 변화의 깊이와 힘을 충분히 이해하지는 못하지만 우리가 새로운 사고방식과 계획을 요구하는 완전히 다른 시대를 살게 되었다는 것을 인식하는 국민이 점점 더 늘고 있는 것 같다.

그리고 생각이 없는 사람과 지각 있는 사람 중간에서 일부 국민은 다른 사고방식을 가진 사람들의 맹렬한 공격에 혼란을 느끼며 어느 쪽을 지지할지 결정하기가 점점 더 어렵다는 것을 알게 되었다.

나는 이 책에서 특정 관점에 대한 논쟁을 다루려고 한 것이 아님을 밝힌다. 그것보다는 미국의 역사에서 중요한 전환점이 되었음에도 상당부분 잘못 이해되고 있는 한국전쟁에 대한 올바른 이해를 돕고자 했다.

또한 이 책에서는 한국에서 유엔UN 공군과 해군이 수행한 작전들에 대한 세부 내용은 다루지 않았다. 그것들은 해당 군이 자체적으로 준비한 책들에서 이미 충분히 다루었기 때문이다. 이 책에서 다룬 전술적 작전들은 대부분 유엔군사령부 지상군의 것들이고 사용된 용어들도 대부분 그들이 쓴 것들이다. 한국전쟁에서 미군 전체 전투사상자 중 육군과 해병대의 비중이 97%를 차지했다는 사실에서 지상군의 역할을 가늠할 수 있다. 그리고 유엔의 노력의 성패를 결정한 것은 지상군의 성과였으며, 그것은 결과적으로 미국과 유엔의 정책 방향을 결정했다.

한국전쟁 초기 2, 3개월 동안 우리의 지상군이 공군 및 해군의 지원 없이 작전을 수행해야 했다면 공산군이 대한해협까지 밀고 내려왔을 것이라는 데는 의심의 여지가 없다. 1950년 11월 말과 12월 초 위기[2] 속에서 우리의 공군과 해군이 그들의 능력 한계치까지 지상군을 지원하지 않았다면 아군의 인적·물적 손실은 상당히 컸을 것이고 우리의 대의는 재앙을 맞았을지도 모른다. 하지만 분명히 말할 수 있는 것은 지상 전투에 많은 기여를 한 용감한 공군 및 해군 전우들이 지상 전투에서 싸운 보병과 해병 전우들의 마음속에서만큼은 가장 명예로운 자로 남아 있다는 것이다. 여전히 이 책이 수많은 낮과 밤 동안 포화 속에서 고생한 보병에 대해서만 다루고 있다고 보일 수도 있다. 한 가지 명심해야 할 것은 그들도 대부분은 운명을 피해갈 수 없었다는 것이다. 보병 사상자 명단이 그것을 증명해준다.

나는 이 책에서 특정 부분을 밝히거나 특정 사건에 대해 논쟁할 마음이 추호도 없다. 내가 이 책을 쓴 것은 오로지 앞에서 언급한 유일한 목적, 즉 미국이 한국에서 어떤 노력을 했고, 그 노력으로부터 우리가 배운 교훈을 전달하기 위해서다.

이 책의 집필에 도움을 준 미 육군 전사연구소Office of Military History의 핼 C. 패티슨Hal C. Pattison 준장과 스테슨 콘Stetson Conn 박사, 그리고 연구소 직원들에게 감사드린다. 그들의 훌륭한 전사 연구자료들이 큰 도움이 되었으며, 훌륭한 책인 『1950~1953년 한국전쟁 당시 미 해병대의 작전들U.S. Marine Operations in Korea 1950-1953』[3]에서도 많은 부분을 인용했다.

또한 책을 집필하는 데 큰 도움을 준 한국전쟁 당시 전투 현장에서 보병소대장과 중대장으로 복무했던 커트 앤더스Curt Anders 예비역 대위와 책 발간을 위해 최종 원고를 탈고할 수 있도록 도와준 인품과 재능을 겸비한 로버트 스미스Robert Smith에게도 고마움을 전한다.

그 누구보다도 책 내용을 검증해주고 어떤 사실을 수정하고 강조해야 하는지 조언해준 S. L. A. 마셜Marshall 장군에게 가장 감사드린다.

1967년 1월, 펜실베이니아주 피츠버그에서

매슈 B. 리지웨이

★ CONTENTS ★

리지웨이의
한국전쟁

CHAPTER 1

조용한 아침의 나라: 폭풍 전야

한국의 지형과 역사, 기후, 그리고 한국이라는 나라와 국민에 대한 최소한의 기본 지식 없이는 그 누구도 한국전쟁을 완벽하게 이해하기는 쉽지 않다. 한반도는 북쪽에서부터 동해안까지 뻗어나온 태백산맥에 의해 둘로 나뉘어 있다. 팔과 다리가 사람의 몸을 구성하는 것처럼 한반도는 남과 북으로 나뉘어 있지만 지정학적·전략적·경제적·민족적 측면에서 단일 독립체다.

한반도가 38선을 중심으로 분단된 것은 거의 우연에 가까웠다. 38선은 단순히 군사적 편의 때문에 그어졌고, 그 당시 군사사학자들이 거의 관심을 갖지 않을 정도로 아주 사소한 것에 지나지 않았기 때문에 오늘날 38선을 누가 처음으로 제안했는지 확실히 말할 수 있는 사람은 없다. 38선은 진정한 의미에서 국경이라고 할 수 없다. 방어할 수 있는 군사경계선도 아니고 전통적인 의미를 지닌 것도 아니다. 38선 북쪽에 사는 사람들은 남쪽 사람들과 동일한 언어를 사용하며 같은 음식을 먹고 같은 의복을 입으며 같은 관습을 가지고 있고 같은 민족적 자부심을 품고 있다. 주변 강대국들의 침략과 착취의 역사에도 불구하고 한국은 주민들의 마음속에 항상 하나의 독립국가로 자리 잡아왔다. 또한 자국의 일을 스스로 처리하고 싶은 욕망을 수세기 동안 억압당했다. 지정학적 불운으로 한반도는 유사 이래 거의 전쟁의 참화를 피할 수 없었다. 중국, 러시아, 그리고 일본은 상대국에 대한 국제적 공약에도 불구하고 때때로 한반도를 점령하려고 시도했다. 그리고 미국은 한반도가 공격받게 되면 지원하겠다고 여러 차례나 약속했지만 1950년 6월 이전까지는 이 작고 불운한 나라를 이웃한 적들로부터 구하기 위해 한 번도 손을 내밀지 않았다.

한반도는 남북으로 길이가 약 1,000km로 아시아 대륙 끝에 두툼하고 작은 엄지손가락 모양으로 튀어나와 있다. 손가락의 끝은 일본의 4대 섬 중 가장 남쪽에 있는 규슈九州를 향하고 있는데, 그 사이로 과거 침략 통로로 사용되던 좁은 대한해협이 흐르고 있다. 가장 큰 항구인 부산에서 일본 내해의 관문인 시모노세키下關까지의 거리는 160km가 조금 넘는다. 한반도는 아한대성의 동해와 아열대성의 서해로 나뉘어 있어 여름과 겨울에 극단적인 온도 차이를 보인다. 미국의 켄터키Kentucky주와 같은 위도의 온도대에 있지만, 북쪽은 1,800m 이상의 험준한 산악지대로 겨울에는 섭씨 영하 18도 이하로 내려간다. 반면, 벼농사 지역인 남쪽은 한여름에는 숨이 헐떡거릴 정도로 무덥다. 이곳에서 보병들은 겨울철 폭설과 진흙탕, 여름철 폭우와 극심한 먼지로 인해 고통을 겪지만, 벼농사가 한창일 때 푸른 곡창지대는 너무도 아름다워 숨이 멎을 정도였다.

한국에 싸우러 온 미군 대부분이 잊지 못하는 한 가지가 있는데, 그것은 바로 특유의 냄새다. 사람의 배설물(분뇨)을 밭을 비옥하게 만들기 위한 비료로 쓰는 바람에 그것을 뿌린 밭들과 크고 작은 저장용 통, 그리고 그것을 운반하는 새는 수레에서 분뇨 냄새가 너무 진동하여 처음에는 이 나라에 대해 혐오감을 가질 수밖에 없다. 한국은 매우 가난한 나라다. 오랫동안 나무와 풀 등을 연료와 식량, 사료로 사용해온 탓에 남쪽 평야 지대는 수목들이 듬성듬성 자라다 만 것처럼 보인다. 그래서 연료(땔감)로 쓸만한 수목들도 많지 않고 몸을 숨길 만한 공간도 없으며 최소한의 은신처와 녹지 정도가 남아 있을 뿐이다. 남쪽 주민들은 나무 막대기로 땅을 파헤쳐 땔감으로 쓸 수 있는 모든 것들을 찾는다. 뿌리나 잔가지, 지푸라기, 누더기, 쓰레기 등 모든 종류의 것들을 인내심 있게 분리해서 불을 때기 위해 모아둔다. 마을 도랑은 개방 하수open sewer[4]여서 사방에 악취가 진동한다. 주된 가축인 돼지들은 차마 말로 표현하기 어려운 오물 속에서 마구 뒹굴고 잔뜩 경계한 굶주린 개들은 온갖 쓰레기들을 게걸스럽게 먹어치운다. 초가집 주변에서 뛰어노는 아이들은 엉덩이가 뚫린 바지를 입고 있어 필요하면 언제라도 그 자리에서 용변을 본다.

남쪽의 논에서는 많은 양의 쌀을 수확한다. 한국 사람들은 배추를 많이 키우는데 배추 줄기 부분이 익으면 따서 큰 항아리에 넣고 절인 후 생선 대가리나 각종 재료를 넣어 김치를 담근다. 대부분의 서양 사람들의 입맛에는 맞지 않을 테지만, 한국 사람들이 좋아하는 김치는 비타민이 풍부하다.

초가집들은 초라하고 가구라곤 거의 없으며 기름을 먹인 종이를 붙인 창문으로 햇빛이 들어온다. 남쪽의 평야 지대에는 경작지가 밀집해 있고 곳곳에 거주지가 있다.

식량을 남쪽에 거의 의존하며 주요 산업시설이 있는 북쪽 지방은 가파른 산악지대에 키 큰 상록수들이 많고, 일부 지역은 1,800m 높이의 고지대로 깎아지른 듯한 바위 절벽들이 있다. 한반도 전체는 하늘에서 내려다보거나 산과 바다를 평화로이 거닐 때는 신의 축복이라도 받은 것처럼 아름답다. 여름이 지나면 산 구릉지대의 수목들은 황금빛, 노란색, 숲이

---

4 개방 하수: 표면에 만든 덮개가 없는 하수를 말하는 것으로, 쓰레기 등이 들어가 흐름을 막고, 때로는 악취 등이 발생해 위생적이지 못하다.

멎을 듯한 붉은색과 갈색으로 울긋불긋 물든다. 하늘은 대체로 끝없이 푸르고 동해와 서해는 깊고 깨끗하다.

멀리 북쪽 지방은 훨씬 더 험준해서 특히 겨울에는 저멀리 만주 벌판에서 예고 없이 불어오는 북풍한설로 산에는 3m 이상 눈이 쌓이기도 한다. 압록강 인근의 산악지대로 갈수록 지형이 동서로 완전히 분리되는 탓에 부대가 일정한 전선을 유지하는 것이 불가능하고, 심지어 연락병조차 길이 없는 산 정상 능선들을 통과하기 어렵다. 전국의 도로들은 구불구불하고 도로끼리도 멀리 떨어져 있다. 게다가 산악지대 도로들 대부분은 사람이나 조랑말이 한 명이나 한 마리씩 차례로 지나가야 할 정도로 협소하다. 삼림지대는 적 보병들에게 최상의 은폐지를 제공해주지만 수많은 계곡과 좁고 울퉁불퉁한 도로, 그리고 칼날 능선들은 아군 기계화부대가 접근하기에 거의 불가능하다. 이런 지형에서 중공군은 기갑부대 없이 극소수의 포병만 대동하고 이동에 방해가 되는 복잡한 통신장비 없이 경무장하고 개인화기만 휴대한 채 이동했다. 악천후와 식량 부족에 잘 단련된 데다가 사기가 높고 잘 훈련된 중공군은 바로 이곳이 기동과 은폐를 위한 최적의 장소임을 알게 되었다.

반면, 아군은 이러한 지형적 특성에 대해 무지했고 당시 군사지도들의 심각한 오류들로 인해 적의 상황은 더욱 유리해졌다. 적은 지형에 익숙해서 마치 비밀무기를 가진 것 같았다. 우리가 가지고 있던 군사지도 상의 도로들은 실제로 없거나 차량이 통행하기 어려운 소로小路인 경우가 많았다.

험한 지형과는 달리, 한국 사람들은 대체로 유순하고, 우호적이며, 친절하고, 훈련을 제대로 받으면 훌륭한 군인이 될 잠재력이 있으며, 검소한 농부인 동시에 한 세기가 넘도록 일본 경찰의 잔학성을 여전히 기억하고 일본에 대한 증오심을 품고 있는 맹렬한 애국자들이다. 아일랜드인처럼 개인주의적인 한국인들은 아일랜드인이 그랬던 것처럼 강제적인 정치적 만장일치에 굴복할 리가 없다. 그들은 자치自治를 위한 교육도 받아본 적 없고, 현대식 기계 사용에 대한 교육도 거의 받지 못했기 때문에 현대 자치국가를 자신들의 힘으로 건설하는 데 심각한 결함을 가지고 있었다. 한국인들은 미국식 방식에 익숙하지 않았고, 미국인들은 한글이라는 언어장벽을 극복하지 못했다. 이러한 점들과 한국을 대하는 미국의 태도가 너무 서툴렀다는 점이 복합적으로 작용하여 한국인들의 지지와 협조를 이끌어내기가 무척 어려웠다. 상호 간 규칙을 정하거나 계획을 수립할 시간적 여유가 없는 심각한 위기 상황에서는 특히 더 그랬다.

미국이 한국이라는 나라의 존재를 알게 된 지는 그리 오래되지 않았다(미국 지리 교과서에는 처음에 Korea가 아니라 Corea라고 표기되어 있었다). 외교관계를 맺게 된 것은 더 훨씬 역사가 짧다. 1834년에 일본의 문호 개방에 관심이 있던 미국은 조선과의 무역에 약간의 관심을 표명한 적이 있었다. 하지만 매슈 C. 페리^{Matthew C. Perry} 제독이 강제로 일본을 "개항"한 후부터는 조선의 존재는 철저히 무시되고 말았다. 1866년 미국인과 프랑스인이 조선에서 살해당하는 사건[5]이 발생하자, 분노한 미국과 프랑스는 공동으로 보복 원정을 검토하기도 했는데 다행히 이 계획은 중단되었다. 하지만 이후 조선과 협상을 시작하려는 노력은 이렇다 할 성과를 거두지 못하고 미 해군 함정과 조선군 연안포대가 포격을 주고받은 끝에 미군이 몇 명의 조선군 인질들을 잡아가는 결과만 초래했다.

그러나 미국은 포기하지 않고 먼저 일본에게, 그 다음 중국(청나라)에게 조선과의 협상을 중재해줄 것을 요청했다. 결국 미국과 조선 간의 무역관계를 설정한 미국과 조선 간의 첫 조약이 1882년에 제물포 화도진花島鎭에

---

5 1866년에 발생한 두 가지 사건을 말한다. 하나는 병인양요로, 당시 흥선대원군의 박해로 9명의 프랑스인 천주교 신부와 천주교 신자 8,000여 명이 목숨을 잃게 되자 프랑스 함대가 군함 7척, 병력 1,000여 명을 이끌고 강화도에 침입한 사건이다. 또 하나는 제너럴 셔먼 호 사건으로, 미국 상선 제너럴 셔먼 호가 대동강을 거슬러 올라와 통상 수교를 요구하자, 당시 평양 시민들이 배를 불태우고 선원들을 처형했다. 1871년 뒤늦게 이 사건을 알게 된 미국이 미국 아시아 함대(군함 5척, 병력 1,230명)를 파견해 강화도로 쳐들어옴으로써 신미양요가 일어났다.

서 체결되었다.[6] 이 조약에서 특히 흥미로운 대목은 "어느 한 나라가 부당한 대우를 받는 경우 서로 돕는다"라고 명시한 조항이다. "부당한 대우"라는 표현은 이후 70년 동안 다소 제한된 의미로 해석될 여지가 있었다.

그 후 조선 문제와 관련된 대부분의 조약, 문서, 결정, 선언들에서는 "독립independent"이라는 단어가 반복해서 언급되었다. 하지만 톈진 조약[7] 이후 조선의 독립은 한낱 동화 속 이야기에 지나지 않았다. 그것이 우리에게 시사하는 바는 인접 국가들이 "조용한 아침의 나라"를 점령하거나 개발하기 위한 권리를 놓고 싸우는 동안 미국은 한국을 무역 협정 대상으로만 보았을 뿐 어떠한 개입 노력도 하지 않았다는 사실이다.

톈진 조약이 체결되었을 때 미국은 중국의 주권적 권리sovereignty를 특별히 인정해주었다. 이후 일본과 중국이 조선에 대한 통제권을 차지하기 위해 다투는 상황에서도 미국은 의도적으로 두 국가의 감정을 상하지 않게 하려고 애썼다. 조선에 대한 중국의 점유권 강화 노력에 대해 조선에 거주하던 중국인들조차 반대하는 일이 발생했는데, 이때 미국은 심지어 특사단을 소환해버렸다.

한국을 사이에 두고 벌어진 중국과 일본 두 나라의 충돌은 1894년 청일전쟁[8]으로 폭발하게 되었다. 이때도 미국은 어느 편도 들지 않으려고

---

6 미국과 조선 간의 첫 조약은 1882년(고종 19년) 5월 22일에 조선과 미합중국 간에 체결된 조미수호통상조약을 말한다. 원서에 조약 체결 장소가 중국 톈진(天津)으로 잘못 기록되어 있어 이 책에서는 제물포 화도진으로 바로잡았다.

7 톈진 조약: 1885년 4월 청나라와 일본이 체결한 조약으로, 1882년 6월 임오군란(조선 구식 군대의 반란)과 1884년 10월 갑신정변으로 청나라 군대와 일본 군대가 창덕궁에서 충돌한 후 청나라와 일본이 중국 톈진에서 조약을 체결하고 두 나라 군대가 조선에서 철수했다. 톈진 조약에서 "장래 조선에 출병할 경우 상호 통보한다"라는 조항은 1894년 청일전쟁의 원인이 된다.

8 청일전쟁: 1894년 6월부터 1895년 4월 사이에 청나라와 일본이 조선의 지배권을 놓고 싸운 전쟁이다. 1894년 동학농민운동으로 위기에 처한 조선 정부가 청나라에 군사적 지원을 요청하면서 청나라는 군대를 파견했다. 그러자 일본도 톈진 조약에 근거하여 조선에 군대를 파병했는데, 동학농민운동이 진압된 이후에도 일본군은 철수를 거부하고 조선에 대한 침략 야욕을 드러냈다. 일본군은 1894년 6월 21일에 경복궁과 사대문을 장악하고, 6월 23일에 아산만 풍도에서 청나라 함정을 침몰시키고, 이어 충남 천안의 성환 전투에서도 청나라 군대를 격퇴했다. 8월 1일

하면서 일본이 방어할 힘도 없는 한 이웃 나라에 대해 부당한 전쟁을 일으키지 않을 것이라는 희망을 정중하게 표현한 정도에 그쳤다. 이렇듯 조선에 대한 미국의 외교적 "불개입" 기조는 1950년 딘 애치슨Dean Acheson 장관이 자신의 이름으로 딴 애치슨 선언[9]을 발표하기 전에 이미 형성되어 있었다.

청일전쟁 중 영국이 4개국(영국, 독일, 러시아, 프랑스) 공동 개입을 제안하자 미국은 거부 의사를 표했다. 일본이 청일전쟁에서 승리하면서 조선을 완전히 장악했을 때, 미국은 일본의 권리를 인정한 동시에 다시 한 번 조선의 "독립"도 인정했다. 이후 러시아와 일본이 한반도를 차지하기 위해 다시 전쟁을 벌이기 시작했을 때 미 국무부는 서울에 있던 미 공사에게 지시해서 조선 내 모든 미국인이 반일 감정을 표출하지 않도록 경고하기도 했다.

이후 20여 년 동안 미국은 조선이 산 채로 먹히는 일이 없도록 보호하겠다는 원래의 서약을 지켜야 한다는 두 번의 요청에 두 번 모두 단도직입적으로 거절했다. 러일전쟁[10]이 발발한 첫 달에 일본은 조선을 보호국으로 만들어버렸는데, 시어도어 루스벨트Theodore Roosevelt 대통령은 다음

두 나라는 선전포고를 하면서 전면전에 돌입했다. 이후 최대 규모 전투인 평양 전투와 황해 해전에서 일본군이 승리했다. 청일전쟁이 일본군의 일방적인 승리로 전개되자, 청나라는 미국의 중재를 받아들여 1895년 4월 시모노세키 조약을 체결하고 전후 처리(청나라가 일본에 전쟁배상금 지급과 랴오둥 반도, 타이완, 평후 제도를 일본에 할양)를 했다.

9 애치슨 선언: 1950년 1월 10일 당시 미국 국무장관 딘 애치슨이 미국의 극동방위선을 한국과 대만을 제외한 알류산 열도-일본-오키나와-필리핀을 연결하는 선(애치슨 라인으로 불림)으로 정한다고 발표한 것을 말한다. 미국의 극동방위선에서 한반도를 제외시킨 애치슨 선언이 한국전쟁의 원인이 되었다고 널리 알려져 있다.

10 러일전쟁: 일본과 러시아가 한반도와 만주에서의 주도권을 장악하기 위해 벌인 전쟁으로, 1904년 2월 8일 일본 함대가 여순 군항을 기습공격함으로써 시작되어 제물포항 공격, 봉천 전투, 압록강 전투, 그리고 쓰시마 해전에서 일본 해군이 러시아 발트 함대를 침몰시킴으로써 1905년 9월 5일에 종전되었다. 러일전쟁에서 승리한 일본은 1905년 7월과 8월에 영국과 미국으로부터 각각 한국에 대한 독점적 지배권을 확인받았다. 이어 9월의 포츠머스 강화조약(러일전쟁 종전)에 따라 러시아로부터 한국의 독점적 지배를 확인받음으로써 대한제국의 일본 식민지화는 사실상 시간문제였다.

과 같이 말하면서 조선에 대한 불개입 기조를 유지했다. "우리는 한반도 문제와 관련하여 일본과 적대관계가 될 수는 없다. 그들(조선인들)은 스스로 자신들을 지키기 위해 일격도 가하지 못했다." 이것이 강대국으로부터 조선의 안전을 보장하기로 약속한 5, 6년 전의 합의를 지키라고 요구한 것에 대한 미국의 "답변"이었다.

미국의 한반도 불개입 정책은 1905년에 체결된 가쓰라-태프트 밀약 Katsura-Taft Agreement[11]에 의해 공식화되었다. 미국은 일본이 조선을 보호국으로 삼는 것에 동의하는 대신, 최근 미국이 극동에서 획득한 영토인 필리핀에 대해 일본이 어떠한 적대행위도 하지 않겠다는 약속을 받았다.

제1차 세계대전 후 윌슨의 민족자결주의 선언이 전 세계로 확산하자 조선에서도 민족주의 운동이 활발하게 전개되었다. 사람들은 몰래 지하실에 모여 독립선언 문구들을 나무에 새겼다. 여학생들은 옷소매에 독립선언문을 감추고 일본 경찰의 감시망이나 군중 속 일본 첩자들의 눈을 피해 마을 간 행진을 하는 등 공개적으로 저항운동을 했다.

전국 각지의 수많은 마을에서는 조선의 애국자 수만 명이 독립의 그날을 기약하기 위해 비밀리에 모였으나 다행히 그들의 계획은 일본인들에게 새어나가지는 않았다. 1919년 3월 1일 이승만을 제외한 민족대표 33인이 서울 종로의 태화관泰和館에서 함께 식사한 후 독립선언서를 낭독하고 서명한 다음 일본 경찰을 불렀다. 동시에 전국 각지에서 수백만 명의 사람들이 독립선언서 낭독을 듣기 위해 거리에 모였고 기쁨에 넘쳐 각마을을 행진하면서 금지된 태극기를 흔들었다. 행진하는 인파들은 무장

---

11 가쓰라-태프트 밀약: 1905년 7월 29일 대한제국에 대한 일본의 지배를 비밀리에 인정한 밀약이다. 일본의 총리대신 겸 외상(가쓰라 타로)와 미국 육군장관(윌리엄 태프트, 훗날 미국의 제27대 대통령) 사이에 맺어졌다. 이 밀약의 목적은 일본의 대한제국 식민 지배와 미국의 필리핀 식민 지배라는 양국의 이해관계에 대해 상호 확인하고 인정하는 것이었다. 이는 서명된 문서나 조약의 형태가 아니라 서로의 합의를 기록한 각서만 존재했다.

하지도 않았고 폭력의 조짐도 없었지만 이후 몇 주간 수천 명의 사람들이 일본인에게 처형당했다. 당시 미국 국무부는 서울 주재 공사에게 "조선의 민족주의자들이 독립을 추진하는 데 미국이 지원할 것이라는 어떠한 믿음도 주어서는 안 되니 각별히 주의하라"고 경고했다. 동시에 미국 정부가 조선의 민족주의 운동에 공감한다고 일본이 믿을 만한 어떠한 빌미도 주어서는 안 된다고 경고했다.

1948년 4월 남북한이 미국과 소련 관할구역으로 분리되었을 때 해리 S, 트루먼Harry S. Truman 대통령이 미 합참의 촉구로 다음과 같은 정책을 승인한 것은 미국의 전통적인 대對한반도 정책 기조와 완전히 일치했다.

"미국은 한국의 어떤 당파나 정치 세력이 취하는 행동이 전쟁 명분으로 여겨지더라도 한국의 상황에 절대로 개입해서는 안 된다."

카이로 회담Cairo Conference [12]과 포츠담 회담Potsdam Declaration [13]에서 한반도에 독립국가를 건설하는 문제를 공개적으로 언급했음에도 불구하고 미국은 전통적인 불개입 정책으로 회귀했다. 카이로 회담에서 미국과 영국, 중국(국민당)은 한국이 "적절한 때에" 독립해야 한다는 것에 동의했다(소련 스탈린Iosif Stalin 서기장도 테헤란 회담Teheran Conference [14]에서 미국 루스벨트

---

12 카이로 회담: 1943년 12월 1일에 제2차 세계대전의 전세가 연합국에 유리하게 전개되면서 미국(루스벨트 대통령), 영국(처칠 수상), 중국(장제스 총통) 등 3국 지도자가 전쟁 수행과 전후처리 문제를 협의하기 위해 이집트의 카이로에서 회담 후 발표한 선언이다. 이 회담에서 연합국은 승전하더라도 자국(自國)의 영토 확장을 도모하지 않을 것이며, 일본이 제1차 세계 대전 후 타국으로부터 약탈한 영토를 반환할 것을 요구했다. 특히 한국에 대해서 앞으로 자유독립국가로 승인할 것을 결의함으로써 처음으로 한국의 독립이 국제적으로 보장을 받았다. 카이로 회담의 조항은 포츠담 회담에서 재확인되었다.

13 포츠담 회담: 1945년 7월에 미국, 영국, 중국의 3개국 대표가 독일 포츠담에 모여 일본의 항복 조건과 일본 점령지의 처리에 관해 논의한 회담이다. 제국주의적 지도 세력의 제거, 전쟁범죄인의 처벌, 연합국에 의한 점령, 일본 영토의 제한, 철저한 민주화 등을 항복 조건으로 내세우고, 한국의 독립도 약속했다.

14 테헤란 회담: 1943년 11월 28일부터 12월 1일까지 미국의 프랭클린 D. 루스벨트 대통령, 영국의 윈스턴 처칠 수상, 소련의 이오시프 스탈린 공산당 서기장이 이란의 수도 테헤란에 모여 연 회담이다. 미·영·소 세 나라의 공동 작전에 관한 선언을 발표했으며, 프랑스 상륙 작전과 소련의 대일전(對日戰) 참가 등을 결정했다.

대통령을 만났을 때 이 선언에 동의했다).

1945년 일본의 항복 직전에 열린 포츠담 회담에서 트루먼과 스탈린은 소련, 영국, 중국이 5년간 한국을 신탁통치한 후 독립을 보장한다는 선언문에 동의했다(처음에 미국은 언급되지 않았다가 스탈린의 주장에 따라 나중에 미국도 포함되었다).

일본이 항복한 후 미국은 자신들의 기대와 다르게 한반도의 남쪽을 떠맡게 되었다. 당시 미국인들은 사전 숙고도, 구체적인 계획도, 결과에 대한 계산도 없이 공식적으로 승인을 받지도 않은 신탁통치 이행 의무를 지키기 위해 남한에 왔다. 이런 이유로 그들은 남한에 오자마자 큰 실수를 저질렀고, 이로 인해 한국인들의 신뢰와 협조를 얻기 어려운 상황에 직면했다. 한국인들이 경멸했던 친일파 관료들을 정부 요직에 그대로 임명한 것이었다. 이 조치에 대해 한국인들이 즉각 분노를 표출하자, 이에 놀란 미국인들은 이 친일파 관료들을 서둘러 교체했다. 하지만 선의는 있으나 자질이 부족한 미국인들을 그 자리에 앉히면서 문제를 더욱 악화시켰다. 미국인 관료들은 한국어도 할 줄 몰랐고 새로 탄생한 대한민국 정부의 은행 및 통화 정책 수립 관련 문제들도 전혀 이해하지 못했다.

물론 소련과의 전반적인 합의에 도달하지 못해 위기는 더욱 고조되었고, 미국과 소련 모두 서로를 향해 기만적인 행동을 한다고 비난했다. 반면, 한국 국민은 미국과 소련이 다시 한 번 독립 약속을 어길 생각을 하고 있는 것 아니냐며 의심하면서 불만을 표출했고 점점 폭력적으로 변해 갔다.

미국은 마지막까지 신탁통치 준비를 위해 소련의 협조를 구했으나 실패하자, 이 문제를 유엔에 이관했다. 이에 소련은 최초 합의를 깨는 행위라며 미국을 비난했다. 유엔은 남한과 북한에서 자유선거를 실시하기로 결정했으나 소련은 유엔한국임시위원단UN Temporary Committee이 소련 관할 구역 내 들어오는 것을 거부했다. 소련은 처음부터 신탁통치에 관한 모스크바 합의Moscow agreement[15]를 "전폭적으로 지지한" 정당들만 선거에 참여할 수 있다고 주장했다. 이 말은 사실상 신탁이든 반탁이든 독립을 지연시키는 어떠한 조치에 대해 공개적으로 불만을 표현할 자유가 있었던 미국 관할구역 내 모든 정당들은 선거에 참여할 자격이 없다는 것을 의미했다.

결국 남한에서만 1948년 5월에 선거가 실시되었고, 이승만을 대통령으로 하는 대한민국 정부가 탄생했다. 소련은 이에 대한 반격으로 평양을 수도로 하는 "조선민주주의 인민공화국DPRK, Democratic People's Republic of Korea"을 수립했다.

미국은 남한 내 군정을 끝내고 1948년 9월에 군대를 철수하기 시작했다. 이는 한반도 불개입 정책에 대한 미국의 전통적인 입장을 다시 한 번 보여주는 것이었다. 소련은 그해 말까지 한국에서 모든 병력을 철수시키겠다는 의사를 밝히고 기한 안에 철수를 완료했다고 보고했지만, 당시 상황을 냉철히 평가하면 결과적으로 미국은 갓 태어난 신생 공화국(대한민국)을 제단 위에 발가벗은 상태로 올려둔 셈이었다.

한반도 문제에 대한 미국의 접근방법은 한반도의 "독립"을 어렴풋하게만 생각하여 그 이상의 구체적인 시행 목표들을 가지고 있지 않았다는 점에서 소련의 접근방법과 달랐다. 한반도가 독립하면 우리는 자유롭게 미국으로 돌아와 국내 문제에 다시 관심을 가질 수 있었다. 이와 대조적으로 소련은 처음부터 소련을 제외한 모든 국가로부터 한반도를 독립시키는 바로 그런 "독립"을 구상했다. 소련은 미국이 제2차 세계대전에 참전하여 승리가 확실해진 시기와 거의 동시에 이 목표를 향해 구체적인

---

15 모스크바 합의: 1945년 12월 16일부터 25일 사이에 소련의 모스크바에서 미국 국무장관, 소련 외무장관, 영국 외무장관이 모여 한반도에 임시 민주 정부를 수립할 것, 임시정부 수립을 위한 미·소 공동위원회를 설치할 것, 임시 정부 수립을 돕기 위해 최장 5년간 4개국(미국, 영국, 중국, 소련)이 신탁통치를 실시할 것을 결정했다.

준비 작업에 들어갔다.

소련은 일찍부터 한국 공산당원들을 선발하고 훈련시켜 소련식 공산주의 공화국을 건설하고 유지하도록 했다. 반체제 집단들은 어떠한 목소리도 내지 못하도록 만들었다. 그리고 즉시 보병사단, 기계화사단, 국경경비대를 포함한 대규모 북한군을 훈련시키고 무장시킬 준비를 했다. 소련은 처음에는 일본이 항복할 당시 일본군에게 빼앗은 무기들을 북한군에게 공급했다. 이후 1948년에는 소련군이 철수하면서 새로 훈련받은 북한군을 위해 무기들을 남겨두고 갔다. 그리고 1950년 38선을 남침하기 전 몇 달 동안 중포重砲, T-34 전차, 트럭, 자동화기, 그리고 약 180대의 신형 항공기를 포함한 많은 현대식 무기들을 북한군에게 공급했다.

소련은 북한군이 남침하기 전에 완편된 8개 보병사단과 그 2분의 1 규모로 편성된 2개 보병사단, 모터사이클 수색연대, T-34 중中전차로 무장한 1개 기갑여단, 그리고 5개 국경경비여단을 준비시켰는데, 총병력은 13만 5,000명에 이르렀다. 하지만 북한군에게는 단순한 병력 수와 현대식 무기보다 더 중요한 요소가 있었다. 북한군에는 일본군을 피해 러시아로 피신해 러시아군과 중국군으로부터 실전적 훈련을 받은 수많은 조선인과 1946년부터 소련에서 3년간 훈련을 받은 수천 명이 포함되어 있었다. 북한 정부 기관도 경험이 풍부한 인적 자원들로 충원되었는데 대부분 김일성처럼 1943년부터 소련에서 철저한 세뇌를 받았다. 북한군 사단 및 대규모 부대들은 제2차 세계대전 당시 소련군에서 초급장교로 근무한 경험이 있는 간부들이 지휘했고, 특히 각 사단에는 약 15명 규모의 소련군 고문관들이 배속되었다.

반면에 미국은 38선 이남에 잘 훈련되고 현대식 무기로 무장한 북한군을 상대하기에는 역부족인 군대라고 할 수조차 없는 남부끄러운 병력만을 남겨두었다. (미국은 한반도 문제에 개입하지 않겠다는 목표에 지나치게 집착해 미군 철수 후 질서 유지를 위해 경찰예비대Police force를 창설했는데, 한국 내 미군은 이들을 "군대"라고 불러서는 안 된다고까지 강조했다). 남한 사람들은 북한 사람들 못지않게 자유를 사랑하고 가정에 헌신적인 편이어서 미국 관할구역에는 소련 관할구역에서 도망온 사람들이 많이 있었다. 한국군에게 부족한 것은 싸우려는 의지나 용기가 아니었다. 이들에게는 체계적이고 강한 훈련과 훌륭한 리더십이 너무도 부족한 것이 문제였다. 핵심 능력 중 우리가 충족시키지 못한 것이 바로 이 두 가지였다.

(한국전쟁 발발 원인에 대해) 단순히 우리가 능력이 부족했다거나 선견지명이 없었다고 말하는 것만으로는 충분하지 않다. 딘 애치슨 장관이 미국의 극동방위선에서 한반도를 제외하면서 "불개입" 원칙을 공개적으로 밝힌 것이 한국전쟁의 원인이라고 비난하는 것도 아주 잘못된 단순화의 오류다. 애치슨 국무장관은 이미 미국이 채택하고 있던 정책을 그저 언급한 것뿐이었다.[16] 한반도는 언제나 미국의 방위선 밖에 있었고 미국은 오랫동안 한반도 문제와 관련해서 수차례나 개입하지 않으려고 노력했다. 한국군은 무기도 충분하지 않았고 훈련된 간부도 부족했다. 이것은 미국이 한국에 대해 아무런 전략적 중요성도 부여하지 않았고 잘못된 시기와 잘못된 지역에서 전쟁에 연루되지 않도록 하는 데 주로 관심을 두었기 때문이다. 그래서 미국은 한국군에 필요한 무기도 적절히 공급하지도 않았고, 군사적 식견이 매우 낮은 한국군 리더십의 결함을 바로잡는 데 적극적이지 않았다.

물론 실제 장애 요소들도 있었다. 한국군에는 북한군처럼 중국(만주)에서 전투 경험을 쌓고 돌아온 인적 자원들이 거의 없었으며, 현대 전투 수행 방식에 대해 교육받은 인원들도 상대적으로 적었다. 소수의 장교만이 영어를 구사할 수 있었고 한국어를 할 줄 아는 미군 고문관도 거의 없었기

---

16 애치슨 국무장관이 1950년 1월 12일 워싱턴 내셔널 프레스 클럽에서 열린 전(全) 미국 신문 기자협회에 참석해서 "아시아의 위기"라는 제목의 연설을 하면서 미국의 극동방위선을 재확인하는 발언을 했다. 이것이 이른바 '애치슨 라인(Acheson line)'이다.

때문에 미군 군사 용어에 대응하는 한국어로 된 대응어가 거의 없었다.

무엇보다 한국군 내에서는 "체면"이 가장 중요했다. 한국군 장교들은 자신들보다 계급이 낮았던 미군 고문관들의 조언을 수용하지 않았다. 또한 지휘관들은 부하들이 자신의 견해와 다를 경우 종종 노골적으로 분노를 표출해서 예하 참모들이 반대 의견을 제시하길 주저했다. 제1차 세계대전 이전의 평화 시기에 많은 미국 주방위군National Guard 장교들이 그랬던 것처럼 한국군 장교들 다수도 정치적 이유로 임명되었다. 그 때문에 그들의 군사적 역량은 한 번도 제대로 검증되지 않았다. 게다가 많은 부대가 공비 토벌 임무와 내부 치안유지를 위해 전국 각지에 분산되어 있었다. 훈련도 제대로 이루어지지 않아서 1949년 말에 훈련을 마친 대대는 전체 67개 대대 중에서 절반도 되지 않았다. 한국군에는 중포도 없었고 전차와 대전차무기, 항공기도 없었다. 북한군이 전력을 증강하고 있는 상황에서 이에 대응하는 한국군이 약하기 그지없다는 것을 안 이승만 대통령과 한국군 수뇌부가 충격을 받고 우려를 표명한 것은 당연했다.

이러한 점들은 당시 미국의 대한반도 정책을 있는 그대로 보여주었다. 1948년 미국 국가안전보장회의NSC, National Security Council에서는 남한 내 군대 창설 문제를 매우 진지하게 검토했지만, 맥아더Douglas MacArthur 장군의 권고에 따라 그 계획은 폐기되었다. "미 점령군의 능력이 저하된다"는 것이 주된 이유였다. 1949년 당시 우리는 미국이 개입하게 될 다음 전쟁은 세계대전이 될 것이라는 이론에 완전히 빠져 있었기 때문에 한반도는 상대적으로 덜 중요한 곳이었고 어떤 상황에서도 방어될 수 없는 지역이었다. 미국의 모든 계획과 공식 발표, 군사적 결정들은 근본적으로 이러한 판단 위에서 이루어졌다.

"제한전"이라는 개념은 미국 국가안전보장회의에서 단 한 번도 언급된 적이 없었다. 미국은 유엔에 대한 강한 믿음을 가지고 있었고, 당시 개발된 원자폭탄은 군인들을 모두 귀국시키고, 군대를 해산하고, 칼을 칼집

속에 집어넣고, 육·해·공군 군인들의 제복을 벗기려는 국가적 욕구를 합리화하는 데 도움이 되는 일종의 심리적 마지노선을 만들어냈다. 이후 일어난 사건들을 돌아보면, 미국이 보유했던 가장 위대한 군대 조직을 해체하고 해산시키라는 다수의 요구를 모두가 비판하기는 쉬웠다. 하지만 당시 어떤 정치인이 미국으로부터 1만 3,000km나 떨어진 먼 곳에 대규모 군대와 무기들을 배치해야 한다고 주장했다면, 과연 그의 정치적 생명을 유지할 수 있었을까?

한반도 상황을 평가할 때 우리는 적의 의도 분석에 너무 치중한 반면, 적의 능력에 대해 우리가 알고 있는 사실은 너무 등한시했다. 북한 내 대규모 공격부대들의 존재와 38선 일대 대규모 부대들의 집결은 당시 아군의 정보망 내에서 공공연한 비밀이었다. 우리의 정보 판단에 문제가 있었던 것이다. 이와 관련하여 나는 우리가 공산군이 무력 침공을 감행함으로써 핵전쟁 위험을 감수할 준비가 되어 있지 않다고 확신해서 잘못된 정보 판단을 하게 되었다고 생각한다. 제한전은 앞에서 내가 언급한 대로 모든 전쟁은 그에 상응하는 대가를 치르겠다는 참전국들의 의지에 의해 제한된다라는 점을 제외하면 제한전은 앞에서 언급했듯이 우리에게는 여전히 생소한 개념이었다.

이런 상황에서 어떤 이는 미국의 극동방위선에서 한반도를 제외한 딘 애치슨 국무장관의 연설(1950년 1월) 시점이 확실히 잘못되었다고 생각할 수도 있다. 소련은 한국군의 약점과 함께 미 정부가 국민으로부터 모든 미군을 안전하게 집으로 돌아오도록 해야 한다는 강한 압력을 받고 있다는 사실을 잘 알고 있었다. 미국이 한국을 방어할 의사가 없음을 보여주는 이러한 확실한 증거가 있었으니 적은 잠시라도 주춤할 이유가 없었다. 물론 극동방위선에서 한반도를 제외한 것은 딘 애치슨 국무장관의 조치도 아니었고, 트루먼 행정부가 단독으로 결정한 것도 아니었다.

1947년 9월 초 트루먼 대통령의 검토 지시에 따라 미 합동참모본부

(리히Leahy 제독, 아이젠하워Eisenhower 장군, 니미츠Nimitz 제독, 스파츠Spaatz 장군)는 다음과 같은 내용이 포함된 검토 보고서를 미 국무장관에게 전달했다. "… 군사 안보 관점에서 현재 미국이 남한 내 부대나 기지를 유지하는 것은 전략적 이익이 거의 없다…." 이 4명의 군 최고 당국자들이 검토한 내용은 당연히 대통령의 승인을 받았어야 했다.

1949년에 맥아더 장군은 영국의 저널리스트인 워드 프라이스Ward Price, 미국 애리조나주《데일리 스타Daily Star》지의 월터 매슈스Walter Mathews와 각각 인터뷰를 하면서 극동방위선에서 대만은 확실히 제외되었다고 설명했다. 이것은 특별한 반향을 불러일으키지는 않았는데, 미국의 군 당국이 대만이 곧 중국 공산당에게 점령되리라는 것을 기정사실로 받아들이고 있었기 때문이다. 그리고 미국의 극동에 대한 비상계획에도 한반도나 대만 방위에 대한 언급은 없었다. 하지만 미 국무부가 대만 함락 시 발생될 미국의 국가 신뢰 손상을 만회할 외교적 대안에 대해 보고했을 때 공화당 의원들은 미국이 대만을 방어해야 한다고 강하게 요구했다. 그러나 한국에 대한 미국의 정책을 바꾸려는 움직임은 없었다. 미국은 여전히 전통적인 한반도 "불개입" 입장을 변함없이 고수했다.

당시 정보 보고에 대한 우리의 터무니없는 해석을 어떻게 설명할 것인가 하는 문제는 훨씬 더 복잡한 문제가 아닐 수 없다. 우리는 이미 1949년에 북한군이 총동원령 발령과 추가 징집을 통해 두 배 가까이 전력을 증강했다는 점을 알고 있었다. 그리고 아군의 약점이 무엇인지도 알고 있었다. 실제로 맥아더 장군은 1947년 이후부터 극동의 위협을 계속 경고하면서 병력 증강 외에는 다른 대안이 없다고 주장했다. 하지만 미 행정부는 국방비 감축이라는 강한 압박을 받고 있었고, 각 군의 모든 병과는 마치 외과수술칼로 뼈를 깎는 듯한 고통을 감내해야 했다. 미 해군은 전투함과 상륙정, 기뢰전을 위한 소해함과 각종 장비가 심각할 정도로 부족했다. 공군은 제트 전투기가 없었으며 재래식 전투기와 병력 수송기도 부족했다. 항공 사진정찰 능력도 저하되었고 항공사진 판독관이 부족해서 지상군 부대에 필요한 항공사진 정보를 제공하지도 못했다. 미 본토에서는 무기 비축량과 기갑전력이 점점 감소하여 얼마 남지 않은 상태였고 생산시설은 해체되거나 사장되었다. 미국은 유엔의 능력을 완전히 신뢰하고 있었기 때문에 어떤 심각한 침략행위에도 유엔이 이를 예상하고 대비할 것이라고 생각했다. 우리는 제2차 세계대전으로 인해 전 세계가 지쳐 있으며, 공산국가들이 핵무기에 의한 대참사를 자초할 만큼 "준비되어 있지 않다"는 것을 잘 알고 있었다. 게다가 우리 자신도 적대국을 자극해서 대규모 분쟁으로 확대되는 일이 없도록 극도로 자제하며 고통을 감내하고 있었다.

이러한 희망적 관측 때문에 우리가 공산군의 남침 직전 보고되었던 정보를 잘못 판단했는지도 모른다. 북한군이 38선을 넘어 남침하기 불과 6일 전 미 중앙정보국CIA, Central Intelligence Agency은 38선 이북 지역에서 "대규모 부대가 이동" 중이며 "북한군이 38선 북쪽 2km 밖으로 주민들을 소개疏開시키고 있음. 원산-철원 간 민간 철도 화물운송은 중단되었고, 군보급품 수송만 허용하고 있음. 38선 일대로 부대 및 대량의 화기와 탄약이 이동 중"이라고 보고했다. 과연 누가 이런 보고 내용을 읽고도 적의 공격을 예측하기 어려웠다고 할 수 있을까. 하지만 도쿄東京의 극동군사령부 GHQ, General Headquarters 정보참모부(G-2)는 이 보고서를 보고도 이것을 근거로 어떠한 판단도 하지 않았다. 그리고 긴급 내용이라는 표시도 없이 평소와 같이 워싱턴으로 보고 내용을 전송했다. 나중에 극동군사령부가 적의 전형적인 전쟁 준비 분석에 실패한 모든 책임을 부인하면서 "모든 사실을 워싱턴으로 전달했다"고 주장했다. 하지만 북한군이 남침하기 6일 전 극동군사령부가 워싱턴에 다음과 같은 분석 보고서를 보냈다는 사실에 대해서는 해명하지 못하고 있다. "소련군 고문관들은 남한에서 전개한 게릴라전에서 심각한 패배를 당하자, 바로 지금이 '정치적 수단'에 의해 남한 정부 전복을 시도할 적절한 때라고 믿고 있다."

아니, 나는 극동군사령부도 국내 및 해외에 있는 많은 미국인들처럼 이러한 모든 경고와 이상한 움직임들이 그저 미국이 한국뿐만 아니라 그보다 더 중요하게 여긴 다른 지역에 관여함으로써 생긴 심리적 "냉전cold war"의 일반적인 양상에 불과하다는 확신에 영향을 받은 게 분명하다고 생각한다. 게다가 당시 도쿄 극동군사령부는 동양인 정보원들의 보고 내용을 크게 신뢰하지 않았는데, 특히 한국 사람들이 "양치기 소년"처럼 실제로 늑대가 나타나지도 않았는데도 자꾸 늑대가 나타났다고 외치는 경향이 있다고 생각했다. 또한 1947년 북한군이 38선과 후방지역 사이에서 완전편성 부대들의 연례 교대를 시작했을 때도 이런 경향을 볼 수 있었다.

정말이지 내가 변명의 여지가 없다고 생각하는 부분은 북한군이 고도의 전투태세를 갖추고 있었다는 사실을 정확히 판단하지 못함으로써 우리가 엄청난 피의 대가를 치러야 했다는 점이다. 한국전쟁이 발발하자, 극동군사령부는 북한군 저지에 필요한 부대 규모를 거의 매일 증가시켜야 했다. 솔직히 말해서 우리는 적의 병력을 제대로 계산한 적이 없었다.

남한과 북한 간에 이렇게 눈에 띄게 긴장이 고조되고 있었음에도 불구하고 미국은 남한에서 마지막 전투부대들을 철수시키기 시작했다. 미국은 유엔 총회 결의안을 존중하기 위해 그렇게 했다고 주장했다. 하지만 그 결의안은 유엔 임시위원회와 이승만 대통령이 한반도가 "끔찍한 내전"에 휩싸일 것이라고 경고했음에도 불구하고 미국이 스스로 만들어 제시한 것이었다. 당시 미국은 이 난처한 군사적 개입을 끝내기로 결심한 상태여서 미군 부대가 고국으로 향하는 마지막 배에 올라탔을 때 38선 일대에서 울려 퍼진 무력 충돌 소리에 우리는 스스로 귀를 막고 말았다. 당시 남한에서 미국이 행한 유일한 조치는 1949년 3월 6만 5,000명 수준의 경찰예비대(대한민국 정부는 경찰예비대 명칭을 즉각 "국군army"으로 바꾸었다)에 무기 공급을 결정한 것이었다. 4,000명 수준의 해안경비대에도 필요한 함정을 공급해서 "밀수나 해적행위, 해안침투 행위 저지 임무"를 수행하도록 했다. 당시 한국군의 "기갑부대" 수준은 몇 대의 정찰용 차량과 반궤도식 차량이 전부였다. 미군 1개 사단은 3개 보병연대로 편성되어 있었으나 한국군 4개 보병사단은 사단별 3개 연대가 아닌 2개 보병연대로 편성되었다. 그리고 전체 한국군은 105mm 포 91문만을 보유하고 있었다(미 육군 조직편성표에는 사단별 432문의 포를 보유한다고 되어 있었고, 편제포병 외의 동일 구경이나 대구경 포를 추가 보충한다고 되어 있었다.)

남한 내 미군의 규모는 처음에 1개 연대전투단Regimental Combat Team[17]까지 축소되었다가 나중에는 윌리엄 로버츠William L. Roberts 준장이 지휘하는 약 500명 규모의 군사고문단KMAG, Korea Military Advisory Group만 남게 되었다. 당시 이 군사고문단은 한국군 대대급까지 미 고문관을 파견해 지원하는 임무를 맡았는데, 북한군이 남침 준비를 마쳤을 때 남한에 남아 있던 미군은 이들이 전부였다. 남침 1년 전인 1949년 6월 북한군은 38선 일대에서 일련의 소규모 기습을 감행한 후 옹진반도의 남한 영토를 침범했는데, 이때는 미군 전투부대의 철수가 거의 끝나가고 있는 시점이었다. 옹진반도 일대의 38선은 7월이 되어서야 겨우 회복되었다. 같은 달 개성(38선 이남에 위치)이 북한군 보병과 포병부대의 공격을 받았다. 8월에 또다시 옹진반도를 북한군이 침공했고, 치열한 전투 끝에 북한군은 퇴각했다. 한국전쟁 발발 직전인 1950년 5월에 개성이 또 한 번 북한군의 포격을 받게 되었는데, 그러는 동안에도 미군의 철군은 빠르게 진행되었다.

하지만 미군과 심지어 미 정부 당국이 남한 내 미군 철수를 만장일치로 주장했다거나 불행한 한 나라에서 벌어지고 있는 사건들을 낙관적으

---

17 연대전투단: 주축이 되는 보병연대에 추가해서 기갑, 포병, 공병 등을 배속(또는 작전통제, 직접지원)시킨 특수임무부대다.

로만 보려고 했다고 생각해서는 안 된다. 1948년 초 미 육군참모총장 오마 브래들리Omar N. Bradley 대장은 "한국은 미국에 아무런 전략적 가치가 없다", "남한 내 미군 부대의 사용에 대해 공약하는 것은 적절하지 않다"라고 했던 미 합참 내 다수의 주장에 이의를 제기했다. 브래들리 장군은 당시 북한군의 침공 가능성이 매우 높다고 판단하고 만약 그런 일이 일어나면 미국인들을 남한에서 신속히 대피시켜야 하고 이 문제를 즉각 유엔 안보리에 회부해야 한다고 주장했다. 또한 남한 내 미군 부대가 철수하기 이전에 한국의 상황에 대해 재검토해야 한다고 강하게 주장했다. 하지만 그의 견해는 받아들여지지 않았다.

　미 군사고문단 선임 장교였던 존 바이어드John Baird 대령도 홀로 이러한 경고를 하고 있었다. 그는 새로 임명된 존 무초John Muccio 대사에게 한국군이 보유한 물자들의 유형과 수준이 38선을 경계하는 데도 충분치 않다고 보고했다. 수적으로도 북한군에 열세한 한국군은 포병 화력에서도 열세를 면치 못하고 있다고 보고했다(당시 미군이 지급했던 105mm 포는 사거리가 약 11km였던 반면, 북한군의 122mm 포는 사거리가 약 27km에 달했다). 바이어드 대령은 한국군에 대공방어 무기들과 F-51 항공기(머스탱Mustang)를 공급해야 한다고 주장했으나 그의 주장은 무시되었다.

　트루먼 대통령을 포함한 민간 관료들도 일찍이 미국 내 전쟁 무기들을 급격히 감축하는 것에 반대하면서 무기생산시설들을 유지해야 한다고 공개적으로 말한 적이 있었다. 하지만 트루먼 대통령이 회고록에서 말한 것처럼 "이러한 주장들은 미 의회와 언론에 의해 묻혀버렸다." 마침내 대규모 포성과 함께 한반도에 전면전 발발 신호가 울려 퍼지고 나서야 우리가 탄생시킨 약소국 대한민국은 자신들이 저항 시늉만 할 뿐 싸울 준비가 전혀 되어 있지 않다는 것을 깨달았다. 우리도 상호 지원한다는 과거 합의를 이행할 수 있는 군사적 준비가 전혀 되어 있지 않다는 것을 깨달았다.

CHAPTER 2

도전과 응전:
스미스 특임부대의 용감한 저항

1950년 6월 38선을 사이에 두고 서로 대치했던 남북의 상대적인 군사력과 대비태세를 감안하면, 남한 전체를 점령하려는 북한군의 진군이 지연되었다는 것은 놀라운 일이었다. 북한군은 전차를 보유하고 있었으나, 한국군은 전차가 한 대도 없었다. 북한군이 보유한 대포는 미군이 한국군에게 제공했던 것(105mm 포)보다 수도 많았고 사거리도 훨씬 길었으며, 게다가 한국군은 수년간 실탄 사격도 하지 않았다. 북한군은 공중엄호가 가능했으나, 한국군은 대공무기도 부족했고 북한군 전차를 지연시킬 수 있는 대전차무기도 없었기 때문에 마치 손에 무기를 든 '보이스카우트Boy Scouts' 몇 명이 적의 '기갑부대'를 상대하는 모양새였다.

포병을 효과적으로 운용하기 위해서는 군사적으로 중요한 표적에 화력을 집중해야 한다. 이를 위해서는 반드시 사전에 계획하고 병사들을 훈련시켜야 하며 시험 사격도 실시해야 한다. 하지만 한국군에서는 이러한 조치들이 이루어지지 않았다. 반면, 북한군은 수개월 동안 남한 내 주요 표적들을 지향하고 있었고 앞서 언급한 대로 두 차례나 개성을 포격

(1949년 7월과 1950년 5월)했다. 북한군은 단지 공격작전만을 철저하게 준비한 것이 아니었다. 남침 시 특수 임무를 띤 부대원들을 피난민 대열에 잠입시켜 한국군 통신망을 파괴하고, 공포 분위기를 조성하며, 주요 거점을 무력화하려는 치밀한 계획을 세웠다.

1950년 6월 25일 비가 내리는 여름 새벽, 강력한 포병 준비 사격을 시작으로 북한군의 남침이 시작되었다. 서울과 춘천을 잇는 주요 도로와 회랑에 적의 화력이 집중되었다. 적 주력부대들은 T-34 전차를 앞세운 채 한국군의 저항이 있을 때마다 보병들이 신속하게 전선으로 산개하면서 주요 도로를 따라 밀고 내려왔다. 이런 방식으로 북한군은 옹진반도를 완전히 점령했고 동해안에 상륙한 후 해안도로 방어부대들과 남서쪽으로 홍천, 원주, 제천에 이르는 주요 도로 상의 한국군 부대들의 퇴로를 차단했다. 기갑부대를 공격할 수 있는 아무런 무기도 없이 눈앞에서 적들을 마주쳐본 사람이라면, 서울을 향한 2개 축선(3번과 43번 국도)으로 전차를 앞세운 채 공격하는 북한군을 상대해야 하는 열세한 한국군이 느낀 공포를 짐작할 수 있을 것이다. 과거 몇 달 동안 게릴라 활동을 막기 위해 투입된 일부 부대들만이 겨우 적의 화력을 경험할 수 있었다. 대다수의 한국군 부대들은 거의 훈련이 되어 있지 않았으며 보유한 무기를 운용할 줄도 몰랐다. 또한 그들의 리더십에 대한 신뢰도 부족했고(지휘관 중 일부는 개전 초 자신들의 부대를 버리고 도망가기도 했다) 측방에서 위협하는 수적으로 우세한 적을 어떻게 상대해야 하는지도 몰랐다. 종심 깊은 방어를 위한 준비나 물자 및 장비 보급을 위한 준비도 거의 되어 있지 않았다. 당시 한국군은 국내 치안 목적으로만 장비 보급과 준비가 되었기 때문에 무서운 기세로 진격하는 훈련된 적을 상대로 싸우는 방법을 알지 못했다. 실제 미군이 참전했을 때까지도 어떻게 싸워야 할지도 모르고 완전히 기강이 무너져버린 한국군 부대들도 다수였다.

반면, 예외적인 부대들도 있었다. 전투 준비를 갖춘 소수의 한국군 부대의 용맹함이 없었다면 천금 같은 하루나 이틀의 시간을 허비해 끔찍한 재앙으로 이어졌을지도 모른다. 그중 한 부대가 한국군 6사단이었는데, 한국군 6사단은 적이 남침하기 이전부터 전투준비태세를 잘 갖추고 있었다. 고문관으로 6사단에 배치되었던 토머스 D. 맥페일Thomas D. McPhail 중령은 김종오 사단장의 승인을 받아 훈련 강화 프로그램을 시작했다. 당시 6사단은 춘천 지역을 방어하고 있었는데, 춘천-강릉 간 도로를 따라 38선을 침투하던 게릴라들을 자주 상대함으로써 북한군 남침 이전 몇 주 동안 다양한 규모의 적과 교전을 벌였기 때문에 높은 훈련 수준을 유지할 수 있었다.

포병과 공병부대들도 이러한 훈련 프로그램에 포함되어 제한적으로나마 포병사격 훈련을 시행했고, 화력 집중을 위한 계획을 수립하고 진지를 강화했다. 고문관 맥페일 중령의 기민한 지침에 따라 정보부대원들이 모집 및 훈련되었으며 38선 이북으로 자주 투입되어 첩보 수집 활동을 했다. 그들이 복귀할 때는 북한군의 공격이 임박했다는 확실한 정보들을 가지고 왔다. 정보부대원들이 목격한 잘 위장된 적 전차들, 새로 식별된 부대들, 방공포대, 이 모든 것들이 맥페일 중령에게는 적의 침공이 임박했음을 암시하는 것이라고 생각했다.(하지만 그에게 이것을 보고받은 상관들은 그렇게 생각하지 않았다). 그는 김종오 사단장을 설득해서 6월 23일(당시 금요일)에 장병들의 주말 휴가를 취소하고 전 부대의 전투준비태세를 유지하게 했다. 그 결과, 북한군의 남침이 시작되었을 때 한국군 6사단은 적에 맞설 준비가 되어 있었고, 용감하게 싸워 서울로 향하는 북한군의 진격을 3일 동안 춘천에서 지연시켰다. 만약 인접한 다른 한국군 부대들도 6사단과 비슷한 수준으로 준비되었더라면 한강을 따라 어느 정도 저항하면서 적의 공격을 상당히 지연시킬 수 있었을 텐데, 그러지 못해 상상을 초월하는 결과가 초래되었다. 그러나 6사단은 여러 차례 적의 공격을 격퇴하면서 정확한 포병사격으로 적을 와해시키고, 예비 병력을 투입해 적의 조기 침투를 방지했다. 하지만 좌우 인접 부대들이 철수해버림으로써 측방이 노출된 6사단은 적에게 포위될 위험에 직면해 철수 외에는 다른 방안이 없었다. 6사단은 춘천 남쪽의 방어진지들을 이미 강화해두었기 때문에 추가 저항을 할 수 있었다. 이때쯤 미 군사고문단에게는 서울에서 철수하라는 명령이 하달되었고, 6사단 고문관이었던 맥페일 중령도 항공편을 이용해 대구로 철수했다. 이후 그가 다시 돌아와 휘청거리는 한국군의 재편성을 도울 당시 서울은 이미 적의 수중에 떨어졌고 대규모 후퇴 행렬이 이어지고 있었다.

6사단과 마찬가지로 한국군 1사단 또한 서울 방어를 위해 용감히 싸웠다. 1개 보병중대는 서울 북방 고지에서 최후의 순간까지 전투를 수행했다. 하지만 여러 곳에서 공황 상태가 발생했고, 옹진반도는 6월 25일 다음 날 밤 적의 수중에 완전히 넘어갔으며, 그곳에서 빠져나온 부대들은 서울로 향하는 철수 대열에 합류했다. 살아남은 한국군 부대들은 헛된 서울 방어를 돕기 위해 상륙함LST, Landing Ship Tank을 타고 철수해야 했다. 고려의 수도였던 개성은 한국전쟁 발발 4시간 만에 북한군의 수중에 떨어지고 말았다. 그리고 6월 26일 야간에 전차를 앞세운 적의 공격부대가 의정부에 이르는 좁은 회랑(지금의 3번·43번 국도)을 따라 남진하여 의정부를 점령하자, 서울로 가는 직통 도로가 무방비 상태로 뚫리고 말았다. 피난민들과 무질서한 군인들, 가재도구들을 실은 달구지, 말과 소가 뒤섞여 모두가 시끄럽게 아우성을 치면서도 이상하게 인내심을 발휘하며 총소리가 들리기 전에 피난길에 올랐다. 한국군 부대들은 축차적으로 투입되었으나 서울로 향하는 북한군의 공격을 막지는 못했다.

북한군이 서울 외곽에 도달하기 직전 한국군 육군참모총장 채병덕 장군[18]은 참모들과 수행원 모두를 집합시킨 후 한강 남쪽으로 철수했다. 한

---

18 채병덕 소장은 제2대(1949년 5월 9일~9월 30일)와 제4대 육군참모총장(1950년 4월 10일~6월 29일)을 지냈다. 한국전쟁 초기 패전의 책임을 지고 1950년 6월 30일 직위에서 해임되었고, 후임으로 정일권 장군이 임명되었다. 이후 채병덕 장군은 영남지구 편성사령관으로 임명되어 임무

국군의 기록에 따르면, 채병덕 장군은 "(누군가에 의해) 지프차에 태워져 한강 남쪽으로 보내졌다"라고 주장했지만 이를 입증할 수도 없고 누가 지프차에 그를 태웠는지도 알 수 없었다. 미 육군의 한국전쟁 공식 기록에 따르면, 한국군 육군본부는 미 군사고문단에 아무런 통보도 없이 서울과 수원 사이에 있는 시흥으로 철수했다. 미 군사고문단의 철수 당시 선임 장교였던 윌리엄 라이트^{William H. S. Wright} 대령(나중에 중장으로 진급)은 참모들을 소집해서 한국군 육군본부의 복귀를 설득하기 위해 남쪽으로 출발했다. 하지만 복귀 설득을 위한 논쟁은 아무 소용이 없었고, 그로 인해 여전히 서울 북쪽에서 전투를 벌이고 있던 한국군 부대들은 육군본부와 연락할 방법이 없었다. 민간인들은 공황 상태에 빠졌고 대규모 피난이 시작되었다(3일 후인 6월 30일 대한민국 정부는 채병덕 육군참모총장을 해임하고 정일권 장군을 그 후임으로 임명했다. 정일권 장군은 재임 간 모범을 보였으며 나중에 주미 한국대사를 역임했고, 1967년 5월 현재 대한민국 총리다).

6월 28일 이른 아침 북한군은 서울에 진입했다. 도시는 이미 불타고 있었고 인공기가 휘날리고 있었다. 대한민국의 문화, 정치, 통신, 심리적 중심지였던 서울이 함락됨으로써 모든 저항 노력은 물거품이 되고 말았다. 한국군 부대들은 흰옷 차림의 피난민 대열에 섞인 채 한강을 건너 남쪽으로 향했다. 피난민 대열 속에는 훈련된 적군이 상당수 포함되어 있었다. 당시 도쿄의 극동군사령부는 한강이 적의 공격을 막기에 매우 적절한 지형적 장애물이라고 판단했다.

6월 29일 극동군사령관 맥아더 장군은 이전에도 자주 그랬던 것처럼 위험을 무릅쓰고 직접 전선을 시찰하고는 대규모 부대 투입 없이는 전세를 역전시키기 어렵다고 판단하기에 이른다. 당시 도쿄에서 서울 남쪽 약 30km 거리에 있는 수원으로 날아온 맥아더 장군과 에드워드 알몬드

___

를 수행 중 7월 26일 경남 하동 전선에서 적탄에 맞아 전사했다.

Edward Almond 장군, 조지 스트레트마이어George Stratemeyer 장군을 포함한 그
의 고위 참모 7명은 미 군사고문단의 전방지휘소ADCOM, Advanced Command에
서 이제 막 서울에서 복귀한 미군 장교 2명으로부터 상황 보고를 받았다.
맥아더 일행은 그들과 함께 지프차 2대에 나눠 타고 한강 방향으로 출발

했다. 지프차를 타고 가면서 남쪽으로 향하는 피난민과 짐을 가득 실은 달구지 행렬, 그리고 군인들과 군용 트럭들과 마주쳤다.

맥아더 장군은 한강이 내려다보이는 고지에서 참패의 광경을 목격했다. 그리고 무전으로 미 합참에 다음과 같이 보고했다.

"한국군은 혼란에 빠져 있고 정상적인 전투 수행을 하지 못하고 있다. 리더십도 부족했으며… 그들은 전쟁에서 주도권을 회복하기 어려울 것으로 보인다."

이때 맥아더 장군은 보고받은 시간과 이동 시간을 합쳐 지상에 5시간 정도 머물렀는데, 현장을 직접 확인한 것은 1시간 정도였다. 앞서 언급한 한국군에 대한 혹평에서 두 부대(1·6사단)를 제외하고 한국군에 대한 맥아더 장군의 평가는 사실 그대로였다. 한국군은 참패했고, 대규모 미군 지상군이 신속히 투입되지 않는다면 한반도는 곧 점령될 것이다.

(맥아더 장군의 전선 시찰을 통해 우연히 알게 된 한 가지 재미있는 사실이 있다. 맥아더 장군은 그의 회고록인 『회상Reminiscences』에서 한국군의 후퇴 장면을 다음과 같이 생생하게 기록했다. "패배하여 뿔뿔이 흩어진 군대의 모습은 충격적이었다. 한국군은 완전히 와해된 상태로 패주하고 있었다." 그는 한강이 내려다보이는 언덕에서 "파괴된 서울 시내 곳곳에서 피어오르는 연기"와 "먼지를 뒤집어쓴 대규모 피난민 행렬 속에서 모든 도로를 막은 채 허둥지둥 후퇴하는 와해된 한국군 행렬"을 목격했다고 썼다. 하지만 당시 맥아더 장군 옆에서 같은 장면을 목격한 알몬드 장군은 그렇게 처절한 모습은 아니었다고 보고서에 기술했다. 그가 본 한국군은 허둥지둥대거나 와해된 상태도 아니었고 "모두 웃으면서 소총과 탄띠를 휴대하고 있었고 경례를 했다." 종종 박격포탄이 떨어졌으나 공포를 느낄 정도로 가까운 거리는 아니었다. 게다가 12시간 정도 간헐적으로 비가 내리고 있었기 때문에 "먼지를 뒤집어쓴 대규모 피난민 행렬"이라는 표현은 정확하지 않다. 그러나 나보다 더 통찰력이 있는 사람들은 맥아더 장군의 대필 기록물 다수에서 이처럼 삶의 어두운 면은 더 어둡게, 밝은 면은 더 밝게 묘사하는 경향이 있음을 발견했다.)

이제 미국은 서서히 몰려오는 재앙을 물리치기 위해 시간대별로 계획을 평가했고, 필요한 부대 소요는 기하급수적으로 늘어나고 있었다. 우리가 수집한 정보가 판단 근거가 될 만한 사실들을 우리에게 제공했음에도 불구하고 우리는 그것들을 올바르게 해석하고 심각하게 받아들이지 않았다. 그 예로 북한군이 매우 잘 훈련되고 높은 수준의 군기를 유지함으로써 완전한 전투태세를 갖추었다는 사실에 대해 우리는 한 번도 생각해 보지 않았다. 그 결과, 전쟁의 실상과 우리의 인식 사이에 큰 괴리가 생겼다. 지금 우리는 잠들어 있는 우리 자신들을 흔들어 깨워야 했고 고통스러운 수준까지 감축된 부대 수를 다시 세어가면서 눈앞에 닥친 재앙에서 벗어나기 위해 서둘러야 했다.

당시 우리의 관심사는 북한의 침공으로 위험에 처한 한국 내 미국인들을 안전하게 후송하는 것이었다. 이를 위해 1년 전 도쿄의 극동군사령부 참모들은 주한미국대사관, 군사고문단과 협조하여 작성했던 '크럴러 Cruller' 계획을 시행했다.[19] 무초 대사는 주요 비상사태 시 이 계획을 시행할 책임이 있었다. 비상사태가 발생하자, 그 계획은 지체 없이 시행되었다. 해군과 공군, 미 대사관은 상호 협조하면서 단 한 명의 부상자나 희생자도 없이 효율적이고 순조롭게 후송 작전을 수행했다. 미군이 극동에서 이룬 이 작은 성과는 더 큰 비극의 소용돌이 속에 너무나도 빨리 묻히는 바람에 워싱턴으로부터 성공적으로 임무를 수행했다는 어떠한 메시지도 전달되지 않았다.

맥아더 장군에게 시급한 문제는 우리가 준비한 것보다 다섯 배나 더 큰 전투를 벌일 수 있는 병력과 탄약을 확보하는 것이었다. 이를 위해 신속한 결심과 조치들이 필요했는데, 대통령과 군 수뇌부의 신뢰 덕분에 주저나 의심 없이 대응할 수 있었다. 미국 시간으로 6월 24일 토요일 밤 9시 30분에 북한군의 남침을 알리는 전문이 서울로부터 워싱턴에 전해졌다. 밤 10시 이전에 전문의 사본 한 장이 애치슨 국무장관에게 전달되었

---

19 지금도 주한미군은 '비전투원 후송 작전(NEO, Non-combatant Evacuation Operation)' 계획을 수립하고 한국에 있는 미국 국민(정부 요원, 군인 가족 등)을 안전하게 제3국으로 철수시킬 준비를 하고 있으며 연례적으로 훈련하고 있다.

●●● 1950년 6월 28일 북한군 전투기들의 공격을 받아 불타고 있는 미 공군 더글러스(Douglas) C-54 스카이매스터(Skymaster) 수송기. 〈사진 출처: WIKIMEDIA COMMONS | U. S. Air Force | Public Domain〉

는데, 애치슨 국무장관은 곧바로 트루먼 대통령에게 전화를 걸어 보고했다. 트루먼 대통령은 당시 고향인 미주리주의 인디펜던스Independence에서 짧은 휴가를 막 시작한 참이었다. 다음 날 아침 정부 기관의 당직 근무자들은 비상연락망을 확인해서 한반도에서 전쟁이 발발했다는 사실을 전파했다.

한국을 스스로의 운명에 맡겨둔 오랜 역사를 가진 미국이 이번에는 다른 방식으로 행동하기로 결론 내린 것은 아니었다. 미국은 전쟁 준비가 되어 있지 않았고 지구 반대편에서 전해진 이 불길한 메시지를 처음 듣게 된 우리 대부분은 제3차 세계대전이 시작되었다고 말했다. 트루먼 대통령이 제일 먼저 조치할 사항들을 결정하기 전에 참모들과 진지하게 의논하기 위해 하던 일을 잠시 중단한 것에 대해 아무도 비난하지는 않았을 것이다. 하지만 전쟁이라는 큰 위기 앞에서 트루먼은 흔들리거나 뒤로 물러서는 유형의 지도자가 아니었다. 몇 시간 내로 트루먼 대통령은 "미 해군과 공군을 투입하여 한국군을 지원하라"는 명령을 하달했다. 6월 30일에는 맥아더 장군이 1개 연대전투단RCT, Regimental Combat Team을 요청한 것을 승인했고, 곧바로 그에게 "지상군을 지휘할 모든 권한"을 부여했다.

이러한 결정이 미국 내에서 즉시 반향을 불러일으킨 것은 아니었다. 내가 보기에 대부분의 미국 시민은 언론보도나 정치인들의 설득과 자기자신의 강한 바람에 이끌려 한반도에서 발발한 이 전쟁이 그 문제를 책임져야 하는 당사자들이 충분히 스스로 즉시 진화鎭火할 수 있는 모닥불에 불과하다고 생각했던 것 같다. 반면, 군인들 대부분은 이 소식을 접하고 큰 불안감에 사로잡혔다. 그들은 미 의회 예산 감축이 어떻게 미군을 뼈대만 남도록 만들었는지 너무도 잘 알고 있었다. 군인들은 당시 소련의 의도가 아니라 능력에 대해 오랫동안 우려해왔다. 이제 모든 군인은 마침내 공산군이 행동을 개시하게 되었다는 사실에 두려움을 느꼈다.

나는 당시 그 소식이 어떻게 나에게 전해졌고 나에게 얼마나 큰 충격을 주었는지 생생히 기억한다. 1950년 6월 나는 육군본부 참모부장Deputy Chief of Staff of the Army으로 펜타곤에서 근무하고 있었는데, 펜실베이니아주 주방위군인 28보병사단 방문을 마치고 온 직후였다. 그날 밤 다른 많은 졸린 사람들과 마찬가지로 나는 침대맡에 있는 전화기가 울리는 소리에 잠을 깼다. 자정에 워싱턴에서 걸려온 전화를 받은 나는 무초 대사의 메시지를 전하는 조용하고 또렷한 목소리를 들으면서 점점 불안에 휩싸였다. 나는 아내를 깨워 소식을 전하면서 옷을 갈아입고 워싱턴 D. C.로 돌아갈 준비를 하라고 했다. 아내와 내가 차로 이동하는 동안 펜실베이니아주 칼라일 기지Calisle Barracks 내 귀빈 숙소는 고요했다. 우리는 새벽을 뚫고 어두운 도로를 달리면서 많은 대화는 나누지는 않았지만 나치 독일이 항복한 후에 짧게 지속되었던 평화가 드디어 끝나게 되었다고 생각했다.

차를 타고 달리는 도로 주변뿐만 아니라 미국 전역의 잠든 국민을 생각하지 않을 수 없었다. 날이 밝으면 그들의 삶은 그토록 아무런 경고도 없이 갑자기 고통스럽게 바뀌게 될지도 모른다고 생각했다.

우리가 한반도에 가장 먼저 투입할 수 있었던 병력은 당연히 해군과 공군이었는데, 이들은 이미 미국 시민들과 일부 지정된 외국인들을 안전하게 후송하고 있었다. 해군의 주력부대인 아서 스트러블Arthur Struble 해군 중장이 지휘하는 7함대는 예하 주요 전술 조직인 77기동부대Task Force에게 소수의 적 해군을 격멸한 후 주요 해안을 봉쇄하는 임무를 맡겼다. 한국전쟁에 대한 기록은 지상에서 벌어진 치열한 전투에 관한 것이 대부분이다. 이는 지상군이 우세한 무기와 병력을 가진 적에 맞서 밤낮없이 싸웠기 때문이다. 하지만 미 해군도 바다와 공중에서 한반도 해안을 따라 차단 임무와 위험천만한 기뢰 소해 임무, 그리고 혹한의 날씨에서 수중 폭파 임무 등을 수행하면서 용맹하게 효과적으로 싸웠다. 또한 미 공군이 없었다면 한반도는 공산주의자들의 수중에 떨어져 한국전쟁은 60일 만에 끝나고 말았을 것이다. 숙련된 항공사진 판독 전문가들이 부족한 상태에서 육군·해군·해병대 조종사들과 지상 승무원들이 온갖 기상 조건 하에서 24시간 열악한 활주로와 미끄러운 갑판에서 임무를 수행하여 북한 공군의 위협을 조기에 제거하고 많은 적 전차들을 파괴하고 가장 위험한 곳에 시급한 병력과 물자들을 수송할 수 있었다. 해군은 해상 보급로를 통제하는 가운데 적의 사소한 해안 침투도 허용하지 않았고 엄청난 양의 보급품과 장비들을 수송함으로써 미 8군이 신속하게 전력을 회복할 수 있도록 지원했다. 공군은 제공권을 완전히 장악해 지상군이 빈약하나마 발판을 확보하고 증원 병력이 도착할 때까지 버틸 수 있도록 해주었다.

승인받은 연대전투단(증강된 보병연대)이 적기에 하와이로부터 한반도에 투입되지 못할 것으로 생각한 맥아더 장군은 임시로 1개 보병대대에게 즉시 수송기를 타고 한반도로 날아와서 가능한 한 최전방에서 적과 접촉하면서 지연전을 통해 증원부대들이 도착할 때까지 시간을 벌라고 명령했다. 이 부대는 당시 아군 수중에 있던 수원 비행장에 도착할 예정이었는데, 기상 악화로 출발이 지연되면서 결국 부산 비행장에 도착했다. 그곳에서부터 그들은 계속 남하 중인 적과 접촉하기 위해 도로와 철도를 따라 전방으로 이동했다.

이 부대가 바로 대대장 스미스[C. B. Smith] 중령의 이름을 딴 스미스 특임부대[Task Force Smith](미 24사단 21연대 1대대)였다. 스미스 특임부대는 초기 엄청난 고통 속에서 한국에 있던 유일한 미군 지상군 전투부대였다. 약 500명으로 구성된 스미스 특임부대는 2개 보병중대와 4.2인치 박격포 2개 소대, 75mm 무반동총 사수 1명과 2.36인치 바주카포 6개 팀으로 편성되어 있었다. 이들이 상대해야 하는 적은 T-34 전차와 포병을 포함해 100배나 많은 전투력을 보유하고 있었다. 스미스 특임부대는 예비대도 없었고, T-34 전차의 두꺼운 장갑을 파괴할 대전차무기도 없었으며, 적 포병을 상대할 무기도 갖고 있지 않았다(스미스 특임부대에는 52포병대대 A포대가 있었는데, 52포병대대 A포대는 이동이 지연되어 7월 5일 전투에는 참여할 수 없었다).[20]

전투보다는 점령 임무를 위한 훈련을 받은 얼마 안 되는 이들이 평시 일본에서 맛있는 음식을 먹고 여자친구와 한가롭게 시간을 보내며 심지어 구두를 닦아주는 하인도 부릴 수 있었던 사치와 나태함에서 막 벗어나 빈약한 장비를 소지한 채 은신처도 은폐물도 없는 이름 없는 한국의 산비탈에서, 때로는 무릎까지 빠지는 고약한 인분 냄새가 진동하는 논에서 죽음을 맞이하기 위해 어떠한 이의 제기도 불평도 없이 터벅터벅 걸어가는 모습을 떠올리는 것은 비극적이었다. 그들이 싸운 행위 자체가 어

---

20 미 육군전사연구소 공식 간행물 등을 통해 실제로 52포병대대 A포대(105mm 4문)가 7월 5일 오산 전투에 참가했음을 확인했다.

쩌면 헛되고 희망 없는 것처럼 보였을지 모른다. 그들이 할 수 있는 것이
라고는 기껏해야 적에게 완전히 포위당하거나 탄약이 떨어질 때까지 고
지를 지키는 것뿐이었다. 그러다가 적에게 완전히 포위당하거나 탄약이
떨어지게 되면 모든 사람이 적일지도 모르는 미지의 시골로 후퇴해 또다
시 가망 없는 저항을 위해 전열을 가다듬어야 했다.

●●● 1950년 7월 2일 대전역에 도착한 스미스 특임부대원들. 한국전쟁 발발 후 미국은 일본에 주둔한 24사단 예하 스미스 특임부대를 부산으로 파견했고, 이들은 7월 5일 오산 죽미령에서 북한군과 교전했다. 스미스 특임부대는 북한군과 싸운 첫 미군 부대로 기록되었다. 〈사진 출처: WIKIMEDIA COMMONS | U. S. Army | Public Domain〉

●●● 1950년 7월 5일 오산 전투에서 북한군에 맞서 바주카포를 겨누고 있는 스미스 특임부대원들. 사진 속의 오른쪽 병사는 이 사진 촬영 직후 적이 쏜 기관총 탄환에 맞아 전사하여 한국전쟁 최초의 미군 전사자로 알려진 케네스 섀드릭(Kenneth Shadrick) 이병이다. 〈사진 출처: WIKIMEDIA COMMONS | U. S. Army | Public Domain〉

스미스 특임부대는 첫 전투에 직면하자, 겁에 질려 큰 혼란에 빠졌다. 7월 5일 08시 오산 근방에서 적은 30여 대의 전차와 강력한 보병부대로 공격해왔다. 스미스 특임부대는 후퇴와 전멸 중 하나를 선택해야 했다. 결국 그들은 탄약이 떨어질 때까지 고지를 지키다가 많은 사상자를 내며 무질서하게 후퇴하고 말았다.

이러한 방식의 전투가 수주 동안 이어졌다. 적은 아군보다 수적으로 많은 병력으로 측방을 공격했고, 아군의 화력에 맞서 마치 콩 껍질을 날려버리기 위해 사용하는 송풍기처럼 전차들을 앞세운 채 밀고 내려왔다. 미 24사단 장병들은 예비대도 없이 계속 전투해야 했다. 때로는 걸어가면서 잠을 자기도 하고 마지막으로 따뜻하게 식사했던 때가 언제였는지 기억하기도 어려울 정도였지만 시간을 벌기 위해 사투를 벌였다. 7월 5일 저녁 24사단의 나머지 부대들이 대전 지역에서 방어진지를 편성하기 시작했을 때쯤 스미스 특임부대의 전 장병들은 전투에 돌입했다.

맥아더 장군의 계획은 처음부터 광범위하고 포괄적이었다. 그는 가능한 한 전방에서 적과 교전을 하면서 시간을 끄는 동안 투입 가능한 부대들을 신속하게 적의 공격 방향으로 투입하여 한강이라는 자연장애물의 이점을 즉시 활용할 계획이었다(한강은 남한 내 많지 않은 하천 중 하나로 수심이 깊어 도섭이 어려웠다). 그는 2개 미군 보병사단을 신속히 준비시킨다면 한국군과 연합해서 적을 지연시키고 남한 내 적절한 교두보를 확보할 수 있을 것으로 보았다. 그런 다음 충분한 병력이 확보되면(그는 2개월 정도 걸릴 것으로 예상했다) 1개 군단(2개 사단 규모)으로 상륙 강습을 통해 공세로 전환해 인천-서울 지역을 확보하고 적의 병참선을 차단한 후 격멸할 생각이었다.

하지만 이 계획은 극동군사령부가 적의 능력을 제대로 파악하기 전에 수립된 것이었다. 일단 전투가 시작되자 필요한 부대의 규모는 맥아더 장군이 판단했던 것보다 훨씬 늘어났다. 한강은 적의 공격 속도를 늦추지 못했고 한강 방어선에 투입된 한국군 보병들은 적의 강력한 포병 공격에 빠르게 와해되어 다시 진지로 돌아오지 않았다. 북한군은 한강을 신속히 도하한 후 남하하기 시작했다. 미 24사단 전방부대들은 서울에서 부산에 이르는 주도로(1번 국도)와 복선 철로를 따라 후퇴해야 했다. 미 공군이 다수의 적 전차를 파괴하고 보병부대를 공격해서 피해를 입히고 적의 움직임을 면밀히 감시했다. 하지만 병력과 장비도 부족하고 적에게 심하게 두들겨 맞은 24사단의 잔여 병력만이 그곳에서 싸우고 있었다.

녹초가 된 장병들은 17일간의 고된 전투에서 다섯 차례나 지연전을 수행하면서 110km 정도 후퇴했다. 이들은 7월 5일과 6일 오산 근방에서 첫 전투를 치렀고, 8일에는 천안 일대, 11일에는 전의(지금의 세종시 전의 면)와 조치원 일대, 그리고 7월 13일부터 15일까지 3일간 금강 방어선 전투를 치렀다. 마지막으로 대전을 중심으로 가장 격렬한 전투를 치르면서 윌리엄 딘^{William Dean}[21] 사단장이 적에게 포로로 잡혔다. 그들은 혼잡한 도로와 지붕 위 등 사방에서 적으로부터 저격 사격과 심지어 자동화기 사격을 받으면서 위험한 시가전을 치렀다.

전차를 앞세운 적은 아군 방어선을 돌파한 후 양측으로 포위하기 위해 보병을 투입했다. 포병부대를 공격한 후 아군 후방으로 침투하기도 했다. 이때 아군 포대 인원들과 헌병^{MP, Military Police}(지금의 군사경찰), 의무병 등 너나 할 것 없이 소총을 들고 임시 사주 방어선을 구축하거나 후방을 보호하기 위해 전투를 벌였다.

보급로는 수많은 난민 행렬에 침투한 게릴라들과 훈련된 공산주의 선동가들이 장악해서 지속적으로 공격받았고, 후방지역도 안전을 확보하기가 어려웠다. 전투와 후퇴, 위험한 상황이 끝없이 이어졌다. 본대에서 낙오된 장병들을 수색하던 아군 정찰대는 팔이 등 뒤로 묶인 채 머리 뒤에 총상을 입고 죽은 아군 시신들을 발견하곤 했다. 게다가 날씨까지 변덕스러워 비가 억수같이 내리기도 했다. 때로는 여름 땡볕이 작열하여 장병들의 피부를 벌겋게 달구고 극심한 갈증까지 느끼게 했다.

7월 20일 대전은 함락되고 말았다. 며칠 후 일본에 주둔하고 있는 7보병사단으로부터 장비와 물자를 지원받아 최소한의 전투 수준으로 끌어올린 25보병사단과 1기병사단은 대전-대구 간 도로와 포항 북쪽의 동해

---

21 윌리엄 딘: 1945년 9월 주한미군 군정청 장관을 역임했고, 1948년에 본국으로 귀국했으나 한국전쟁 발발과 동시에 24사단장에 보직되어 한국으로 파병되었다. 7월 20일 대전전투 이후 전황이 불리하여 그의 사단과 함께 철수하던 중 길을 잃어 실종된 후 북한군에게 포로로 잡혔다. 이후 포로 중 최선임자로서 오랫동안 포로생활을 했으며 정전협정이 체결될 때 북한군 포로 이학구와 교환되어 석방(1953년 9월 4일)되었다. 석방된 후 미국에서 6야전군사령부 부사령관을 역임 후 1955년에 전역했고 1981년 사망했다.

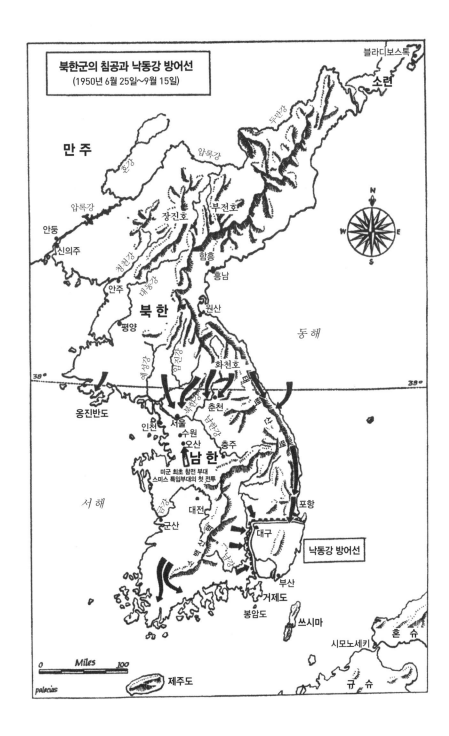

북한군의 침공과 낙동강 방어선
(1950년 6월 25일~9월 15일)

블라디보스톡

소련

만 주

압록강

두만강

안둥

신의주

압록강

장진호

부전호

장진강

함흥

흥남

안주

대동강

북 한

원산

평양

동 해

38°

화천호

38°

옹진반도

춘천

인천

서울

수원

오산

충주

남 한

미군 최초 참전 부대
스미스 특임부대의 첫 전투

서 해

대전

포항

군산

대구

낙동강 방어선

부산

거제도

봉암도

쓰시마

혼 슈

시모노세키

규 슈

Miles

0   100

palacias

제주도

안 철도 서쪽으로 160km 정도 떨어진 여러 지역에서 전투를 벌였다. 많은 사상자가 발생한 미 24사단은 먼지를 뒤집어쓰고 지치고 고통스러워 잠시라도 숨을 돌리길 원했으나 누구도 그럴 수 있는 상황이 아니었다. 곧바로 그들은 남서쪽 낙동강 방어선으로 이동해서 아군의 남쪽 측방으로 공격하려는 적의 시도를 막아야 했다.

적은 강화된 아군 전선을 계속해서 세게 압박했다. 아군은 전선을 축소해서 충분한 방어 종심을 유지하고 적의 돌파를 막아야 했다. 다행히 이 시점에 아군 전선에 투입할 새로운 부대들이 부산항에 속속 도착했다. 8월 1일에는 하와이에 있던 미 육군 5연대전투단이 도착했고, 같은 날 2보병사단(미 본토에 주둔했음)이 부산항에 하역했다. 다음 날은 해병 1임시여단1st Provisional Marine Brigade[22]이 도착했다. 이 부대들은 거의 백척간두의 위기 상황에서 한국에 도착했다.

한편 펜타곤 관계자들은 오래전부터 항공정찰을 통해 적이 서해안 쪽으로 우회해 마산 방면으로 향하고 있다는 것을 알고 있었기 때문에 남쪽 지역을 위태롭게 만드는 재앙과도 같은 일이 벌어지리라는 것을 짐작하고 있었다. 마산 방면이 돌파된다는 것은 낙동강 방어선이 완전히 붕괴되어 한반도를 포기해야 하는 상황에 직면하게 된다는 것을 의미했다. 그렇게 되면 아군 부대들이 안전한 곳으로 탈출하기 위해 고군분투하는 과정에서 유혈극이 벌어질 게 분명했다.

하지만 미 8군 사령관 월튼 워커 중장Walton Walker은 이미 '바탄Bataan'과 같은 상황[23]은 없을 것이라고 발표했다. 7월 29일 (경남) 진주가 적에게

---

22 해병 1임시여단: 그 이름대로 정식 조직이 아니라 특정 작전 목적을 위해 구성된 임시부대였다. 1912년부터 1950년까지 운용되었고 부대 애칭도 '소방여단'이었다.

23 제2차 세계대전 중인 1942년 4월 필리핀 바탄에서 미군이 일본군의 공세에 밀려 철수했던 것을 의미한다. 지금도 미군은 바탄 철수작전을 상기하는 '죽음의 행군(Death March)'을 연례적으로 시행하고 있다.

●●● 1950년 한국전쟁 당시 극동군사령관이자 연합군사령관 맥아더 장군(가운데)과 미 8군 사령관 워커 중장(오른쪽)의 모습. 워커 미 8군 사령관은 대한민국에 부임 당시 미숙한 장병들만으로 낙동강 방어선을 사수하면서 죽는 한이 있더라도 무조건 낙동강 방어선을 방어하라고 부하들에게 명령했다. 미국에서 반대 여론이 일자, 맥아더 장군은 "군대에는 민주주의가 없다"라는 말로 워커 중장을 옹호했다. 워커 미 8군 사령관은 1950년 12월 23일에 그가 탄 차량이 전복되는 교통사고로 순직했다. 사망 당시 계급은 중장이었으나 사후에 대장으로 추서되었다. 그의 후임으로 미 8군 사령관직에 오른 인물이 바로 매슈 리지웨이이다. 〈사진 출처: WIKIMEDIA COMMONS | Public Domain〉

함락되어 상황이 급속도로 악화하고 있을 때, 그는 "더 이상 후퇴는 없을 것이다! … 죽는 순간까지 싸워야 한다! … 우리는 낙동강 방어선을 반드시 지켜낼 것이고 반드시 승리할 것이다!"라고 했다. 결국 그의 말대로 결사적인 전투와 눈부신 기동을 통해 아군은 승리를 거두었다.

워커 장군은 전선 전체를 포위하기 위해 남쪽으로 접근하는 적의 가장 심각한 위협에 직면하자, 서둘러서 가장 먼저 뼈대만 남은 부대들을 전투 태세를 갖추게 했다. 미 25사단은 노련함과 신속함으로 적의 위협이 상대적으로 약한 북쪽 지역에서 철수해서 붕괴 위기에 놓인 마산-진주 방면으로 이동했다. 해병 1임시여단은 도착 즉시 같은 지역에 투입되었는데 제 역할을 톡톡히 했다. 해병 1임시여단장 에드워드 크레이그Edward

●●● 1950년 8월 27일 낙동강 방어선에서 북한군 진지를 향해 105mm 곡사포를 발사하고 있는 25보병사단 64야전포병대대 포병대원들. 〈사진 출처: WIKIMEDIA COMMONS | U. S. Army | Public Domain〉

Craig 준장 예하에는 5해병연대와 33해병항공단이 있었다. 해병여단은 육군보다 부대 수는 적었지만(각 보병대대는 3개가 아닌 2개 중대로 편성되었고, 포대도 6문이 아닌 4문으로 편성되어 있었다) 6,500명으로 구성되어 있었고 M-26 퍼싱Pershing 전차, 90mm 무반동총을 보유하고 있어 적의 T-34 전차에 충분히 맞설 수 있었다. 이 부대는 남쪽에 투입된 그날 적의 진격을 멈추게 했다(아군 항공기들은 적이 야간에 행군했기 때문에 이들의 진군을 지연시키지 못했다).

이제 미 8군은 "낙동강 방어선[24]"으로 알려진 최종 방어선을 구축했다.

---

24 원서에는 "Pusan Perimeter(부산 방어선)"로 기술하고 있으나 일반적으로 알려진 "낙동강 방어선"으로 표기했다.

●●● 1950년 8월 낙동강 방어선에서 부상당한 동료를 들것으로 운반하는 미 해병대원들. 〈사진 출처: WIKIMEDIA COMMONS | U. S. Marine Corps | Public Domain〉

낙동강 방어선은 대구-마산-부산-경주를 연결하는 철도망을 보호하는 3면 전선에 흩어져 있는 아군에게는 마지막 생명줄과도 같았다. 비록 일부 지역에서는 적이 방어선을 넘어 침투했으나, 워커 장군은 낙동강을 따라 이어진 방어선을 적의 침투와 화력으로부터 지키기로 결심했다.

전선은 결코 연결되어 있지도 않았고, 고정된 방어선을 지키기 위한 충분한 병력도 없었다. 방어선은 당시 부대들이 미 8군 참모장 레벤 앨런 Leven Allen 대령의 표현대로 "하나씩 차례로 불을 끄기" 위해 투입될 정도로 분산된 중요 거점들로 구성되어 있었다. 지친 부대들을 위한 휴식도, 예비대도 없었다. 적은 6주 동안 방어선 중앙의 약한 부분을 찾으면서 계속 측방을 압박했다. 아군은 새벽이고 자정이고 할 것 없이 요청이 있을 때마다 가용 병력이 얼마가 되었든 간에— 1개 사단에서 1개 대대, 또 다른 사단에서 1개 중대, 다른 부대에서 50~100명을 차출하는 식으로—
투입해서 급한 불을 꺼야 했다. 그리고 한쪽 불을 끄고 나면 다른 쪽에 또
다른 불이 발생해 위협이 점점 높아지자, 결국 아군은 부대들을 축차적으
로 투입해서 이를 막아야 했다.

미 8군은 이렇게 6주간 계속된 전투에 감소편성된 4개 사단, 영국군
27여단, 한국군 잔여 부대들(약 5개 사단 규모), 해병 1임시여단, 그리고
모든 항공기(해병대·공군·해군 소속)를 투입했다. 하지만 인천상륙작전
준비를 위해 미 해병대 부대들이 차출되면서 워커 장군에게는 병력과 보
급품이 절실히 필요했다. 워커 장군은 오직 그의 강한 의지와 부대원들의
용맹함으로 낙동강 방어선을 고수했다.

워커 장군은 당시 많은 미 8군 장교들이 느낀 대로 극동군사령부가 맥
아더 장군의 참모장인 알몬드 장군에게 10군단의 지휘권을 주고 인천상
륙작전을 준비하게 함으로써 미 8군이 부당하게 희생을 강요받고 있다
고 개인적으로 느꼈지만, 이것을 단 한 번도 내색하지 않았다. 그 대신 그
는 불쌍할 정도로 빈약한 부대들을 가장 필요한 곳에 과감하게 투입하기
위해 고군분투했으며, 인천상륙작전 성공 후 적이 붕괴하면 방어선을 뚫
고 반격할 준비를 했다. 하지만 지친 그의 부대들은 적절한 장비들이 부
족해서 낙동강을 건널 수 없었다. 인천상륙작전 성공 소식과 함께 아군은
적의 병참선을 폭격했으나 적은 북쪽에서 벌어지고 있는 일을 전혀 알지
못하는 것 같았다. 미 공군의 공식 기록에는 당시 미 공군의 난타전으로
이미 "북한군을 굴복시켰다"라고 되어 있으나 어디에도 그런 증거는 없
었다. 낙동강이라는 넓고 어려운 장애물을 건너야 하는 워커 장군 앞에는
잘 훈련된 강력하고 단호한 적이 여전히 버티고 서 있었다.

워커 장군은 필요한 공병 장비들을 제공받지 못하자, 극동군사령부에
전화를 걸었다. 그는 "우리는 서자庶子 취급을 받고 있다"라고 하면서 "…
하지만 내가 일부러 꾸물거린다고 생각하지 않았으면 좋겠다"라고 항변

했다. 워커 장군은 실제로 꾸물거리지 않았다. 하지만 북한군이 인천상륙작전 이전과 다름없이 맹렬한 기세로 싸우고 있는 상황에서 미 8군 기갑부대를 낙동강 방어선 너머로 진격시키는 것은 장군의 현재 능력을 넘어서는 일이라고 생각했다. 워커 장군은 9월 15일 공격을 개시해서 낙동강 방어선을 돌파하라는 명령을 받았고, 그 뒤 공격을 하루 정도 늦춰도 좋다는 맥아더 장군의 승인을 받았다. 하지만 적이 9월 21일이 되어도 퇴각할 움직임을 보이지 않아서, 낙동강 방어선을 돌파해 진격하기가 어려웠다. 그러자 맥아더 장군은 그가 구상한 일정에 걸림돌이 될 것을 우려하며 참모들에게 단기 종결 작전을 계획하도록 지시했다. 서울에서 남쪽으로 170km 거리에 있는 군산에 상륙하는 작전이었다. 다행히 이 계획이 완성될 무렵 적의 기세가 약화되기 시작했다. 인천상륙작전이 대성공을 거두었고 북한군은 섬멸될 위기에 처했다.

9월 23일 미 8군 참모장 앨런 장군은 도쿄의 극동군사령부에 전화를 걸어 "특단의 조치가 있어야 한다. 우리는 종일 반격하지 못하고 있다"라고 했다. 그때쯤 포위될 위험에 처했던 적이 북쪽으로 철수하기 시작했다. 워커 장군은 즉시 모든 부대에 추격을 명령했다. 측방의 위협을 고려하지 말고 서울 방향으로 지체 없이 진격하도록 지시했다. 이렇게 함으로써 마침내 아군 부대들은 승리의 냄새를 맡기 시작했다.

9월 27일 북진하던 1기병사단은 수원 근방에서 남진하던 미 7사단(인천상륙작전 부대)과 연결에 성공함으로써 포위망의 입구가 드디어 닫히게 되었다. 이제 북한군은 와해되기 시작했고, 수만 명의 북한군 포로들이 미 8군과 10군단이 서둘러 설치한 포로수용소에 수용되었다.

맥아더 장군은 늘 해오던 대로 낙관적인 반응을 보이며 최종 결과가 나오기도 전에 승리를 예단했다. 9월 25일 맥아더와 알몬드 장군은 "아군이 서울을 수복했다"라고 발표했으나, 10군단 예하 해병 1사단의 상황은 그렇지 못했다. 3일 동안 계속된 치열한 시가전으로 군인과 시민의 사상자 수는 계속 늘어만 가고 있었다. 서울이 완전히 수복된 것은 9월 28일이 되어서였다. 맥아더 장군은 간소하면서도 감동적이었던 수복 행사를 통해 이승만 대통령에게 공식적으로 대한민국의 수도를 돌려주게 되었다. 전투에 참여한 부대들뿐만 아니라 천재적인 기획자였던 맥아더 장군 자신에게도 영광스러운 순간이었다. 그는 위대한 군사지도자 중 단연 으뜸이었으며, 승리를 쟁취하기 위해 무엇을 해야 하는지 그리고 그것을 통해 무엇을 달성할 수 있는지 알고 있었다.

하지만 한국전쟁의 첫 단계를 끝내면서 많은 사람들의 마음 속에는 용감하게 임무를 수행한 스미스 특임부대(미 24사단 21연대 1대대)와 미 24사단에 대한 고마움으로 가득 찼다. 그들은 부족하고 빈약한 무장으로 우세한 적에게 절망적일 정도로 압도당했다. 그들은 거의 잊힌 미국 군인들이자 전투 경험이 전혀 없는 너무나 젊은 신병들이었다. 트루먼 대통령은 그들에 대해 경의를 표하면서 "이들은 미국 역사상 가장 훌륭하게 방어 임무를 수행했습니다. 몇 명의 탁월한 장군의 지휘 하에 이 젊은 영웅들이 재앙을 막아준 덕분에 우리는 카운터 펀치를 날릴 힘을 얻을 수 있었습니다"라고 말했다. 우리 공군이 끊임없이 북한군을 타격했기 때문에 버틸 수 있었으나, 일부 공식 자료들의 주장처럼 실제로 북한군을 흔들어서 지상군의 쉬운 먹잇감으로 만든 것은 미 공군의 공격도 아니었고, 북한군에서 가장 유능한 지휘관인 강건 중장(미국인들이 강건Kang Kon이라는 이름을 부를 때 킹콩King Kong 발음과 비슷해서 그를 킹콩이라고 불렀음. 지뢰 폭발 사고로 전사)의 죽음도 아니었다. 낙동강 방어선을 따라 북한군과 마주한 병사들은 북한군이 사납고 교활하며 무자비하고 단호한 적임을 알게 되었다. 그리고 그들은 지상에서 북한군과 끝까지 싸워 이겨야 했다.

CHAPTER 3

유엔군의 공세:
인천상륙작전과 낙동강 교두보 돌파

아군이 한반도에서 주도권을 회복하고 바다로 밀려나가는 것을 막은 5000 대 1 확률의 대담한 모험인 '크로마이트 작전Operation Chromite'으로 불린 인천상륙작전은 작전 구상에서부터 실행까지 전형적인 맥아더 장군의 작전이었다. 나머지 미국 사람들이 미국이 전쟁 중이라는 것을 완전히 이해하기도 전에 맥아더 장군은 상륙 포위 작전을 구상하기 시작했는데, 이는 적이 예상하지 못한 방향에서 공격함으로써 적의 병참선을 끊고 '모루와 망치anvil and hammer' 사이에 적을 가두는 그의 전형적인 태평양 전략을 고스란히 담은 것이었다. 다른 사람들이 미군을 안전하게 철수시키는 방안을 고민하고 있을 때, 맥아더는 승리를 쟁취하기 위한 계획을 준비하고 있었던 것이다.

처음에는 맥아더의 의견에 반대하는 사람이 많았다. 그의 계획이 합참에 제출되었을 때, 계획의 실현 가능성에 대해 의구심을 품은 것은 나뿐만이 아니었다. 심지어 인천상륙작전이 성공할 때까지도 수긍하지 못하는 사람들도 있었다. 하지만 맥아더 장군은 단순한 군사적 천재가 아니었다.

그는 설득력 있게 자신의 주장을 펼쳐 자신에게 반대하기로 결심한 사람들까지도 그를 열광적으로 지지하게 만드는 뛰어난 능력을 갖고 있었다.

압도적인 북한군에 의해 아군이 피를 흘리며 낙동강 방어선까지 내몰리고 있는 동안에도, 그리고 맥아더 장군이 더 많은 병력과 보급품의 공급을 요청하는 동안에도 미국 내에서는 전쟁의 시작을 알리는 전초전에 미국의 감축된 군사력을 너무 많이 투입하면 유럽으로까지 전쟁이 확대되어 빠르게 전 세계 국가들이 참전하게 될 것이라고 경고하는 냉철하고 이성적인 목소리가 들렸다. 미국은 다른 전구에 한국보다 훨씬 더 중요하고 방어가 가능한 다른 전략적 요충지들이 있어서 그것을 보호하느라 예비 병력이 거의 없었다. 극동 지역에는 미국의 주요 야전 사령부인 미 8군이 있었는데, 이 부대에게는 사실상 한국 방어에 대한 어떤 책임이나 임무도 부여되어 있지 않은 상태였다. 일본 내 군정과 치안의 임무를 완수하기 위해 미 8군은 일본 전역에 분산되어 있었고, 전투준비태세를 갖출 수 있는 훈련장도 거의 없었다. 사실 전투준비태세를 위한 이들 부대의 훈련은 2순위로 밀려난 지 오래되었다.

맥아더 장군은 극동지역의 위험이 실제로 존재한다고 자신이 경고했음에도 불구하고 휘하의 극동군이 계속 감축되는 것을 지켜봐야 했다. 미 8군 예하 4개 보병사단(1기병사단 포함)의 병력은 평시 승인된 임시 편제 인원인 1만 2,500명 미만이었는데, 이는 전시 편제 인원인 1만 8,900명보다 위험할 정도로 낮은 수준이었다. 모든 사단은 소총도 1,500정이나 부족했고 90mm 무반동총 같은 대전차화기도 부족했다. 각 사단 예하의 9개 보병대대 중 3개 대대가 없었고, 사단 포병은 3개 포대 중 1개 포대가 없었으며, 보병연대에 전차중대도 없었다. 유일하게 1기병사단 예하에만 중中전차대대가 편성되어 있었다. 미 8군 예하에는 군단 사령부도 없었고, (구경이 105~155mm 야포인) 중포中砲부대, (구경이 155mm 이상인 야포인) 중포重砲부대, 공병부대, 통신부대와 같은 중요한 군단 직할부대들도 없었다.

해군과 공군 또한 감축된 상태였다. 해군 전투함정과 각종 상륙함, 소해함과 소해장비 모두 보유 기준보다 낮은 수준이었다. 초기에 공군에는 제트기가 전혀 없었고, 전투기나 수송기도 거의 없었을 뿐만 아니라 이미 지적했듯 사진 정찰은 훈련된 인력의 부족으로 인해 심각한 문제를 겪고 있었다.

하지만 미군의 군사력이 빈약한 것은 극동지역뿐만이 아니었다. 경제적 군 운용을 주창한 이들 때문에 미 본토에는 거의 뼈대만 남은 3보병사단과 더불어 82공정사단만 있었고, 이들이 미국 내 예비대^{General Reserve}의 전부였다.

이것이 바로 군 감축이 우리에게 남긴 결과물이었다. 더구나 우리는 군 감축으로 인해 예비대 외에 훈련된 군인들을 충원할 수 없는 상황에 처하게 되었다. 제2차 세계대전에서 갓 전역한 군인들 대부분은 수년간 싸우면서 꿈에 그리던 새 직장과 좋은 집에 정착한 상태였다. 그런데 자신의 노고와 피땀을 바친 후 이제 막 돌아온 그들이 또다시 전쟁이 발생하여 참전해야 하는 최악의 상황에 직면했으니 당연히 실망이 클 수밖에 없었다. 미 행정부 또한 이들을 다시 소집하는 것에 주저했지만 과연 어디서 더 나은 방안을 찾을 수 있었을까? 수천 명의 젊은이들을 징집해 전투준비를 시키는 데 1년 정도의 기간이 소요될 것이다. 게다가 현재 전투가 매우 위태로운 상황이어서 부대들을 항공기로 투입해야만 했다. 결국 전역한 군인들을 다시 소집해서 전투에 투입하는 것 외에는 다른 방법이 없었다.

이런 상황에서 더 많은 부대를 투입해야 한다는 맥아더 장군의 다급한 요청이 있었다. 맨 처음에 그는 1개 연대전투단^{RCT}의 투입 승인을 요청한 다음 다시 완편된 2개 사단이 필요하다고 판단했다. 7월 7일에 그는 다시 1개 공정연대 전투단과 4개 중^中전차대대로 편성된 1개 기갑부대로 증강된 4.5개 사단을 요청했다. 그리고 이틀 후에는 추가로 "최소 4개 사단과 모든 전투 근무 기능을 갖춘 1개 야전군"이 지금 당장 필요하다고 합참에 무전을 보냈다. 성급한 그는 기다리지 못하고 펜타곤의 상관들을 들볶았고, 그의 상관들 또한 당연히 현재 가용한 모든 부대와 아직 준비도 되지 않은 부대들을 주 전구도 아니고 미국이 선택하지도 않은 한반도에 투입하는 것을 주저했다.

극동군사령부의 군수품 요청이 무리한 것은 아닌지에 대해서도 의구심이 들었고, 미국이 이미 보유하고 있는 물자를 너무 많이 소비하고 있는 것은 아닌지, 그리고 1~2년 안에 만들어낼 수 있는 능력 이상으로 군수품을 낭비하고 있는 것은 아닌지 하는 우려도 있었다. 통탄스러울 정도로 전쟁 준비가 되어 있지 않은 상태에서 제3차 세계대전 발발을 막기위해 가능한 모든 방안을 마련하려고 했던 트루먼 대통령의 정책을 도쿄의 극동군사령부가 충분히 이해하고 있었는지는 확실치 않았다. 그래서 애버렐 해리먼^{Averell Harriman}을 대통령 특사로 도쿄에 보내 맥아더 장군과 면담할 필요가 있다는 결정이 내려졌다. 나와 래리 노스태드^{Larry Norstad} 대장도 함께 가라는 명령을 받았다.

워싱턴에서 출발할 당시 펜타곤 내에는 맥아더 장군의 3보병사단 요청을 승인해준 것에 대해 강한 반대 기류가 있었다. 당시 3사단은 비참할 정도로 병력이 부족한 데다가 전투 준비가 안 되어 있는 상태였다. 게다가 3사단을 투입하면 미 본토에는 유일하게 82공정사단만 예비대로 남게 될 것이다. 82공정사단 파병이나 맥아더 장군이 요청하고 있는 공정연대전투단 파병에 대해서라면 나는 반대할 준비를 단단히 하고 있었다. 그러나 나는 우리 모두가 그랬듯 맥아더 장군이 강한 설득력과 자신감, 웅변술, 그리고 대담한 군사작전 계획을 제시할 줄 아는 노련함을 가지고 있다는 중요한 사실을 간과하고 있었다.

8월 6일부터 이틀간 도쿄에서 열린 회의는 맥아더 장군의 개인적인 승리로 끝났다. 그 자리에는 해리먼 특사와 노스태드 장군, 알몬드 장군, 그리고 내가 배석했다. 맥아더 장군은 약 2시간 30분에 걸쳐 한국에 대한 그의 전반적 계획을 설명하고 이를 달성하기 위해 필요한 사항들을 이야기했다. 브리핑을 마쳤을 때쯤 그는 우리 모두의 반대 의견을 누르고 승리했다. 맥아더 장군의 훌륭한 설명이 끝나고 크로마이트 작전계획을 검토한 결과 내가 가졌던 의구심이 대부분 해소되었다. 돌아오는 비행기 안에서 해리먼 특사와 노스태드 대장, 그리고 나는 귀국 후 우리가 맥아더 장군의 요청을 지원할 채비를 해야 한다는 데 동의했다. 다른 대안들은 극도로 위험해 보였기 때문이다.

맥아더 장군은 겨울이 오기 전에 한국에서 신속하게 승리를 달성해야 한다고 주장했는데, 이 주장은 나름대로 일리가 있었다. 그는 한국의 혹독한 겨울 날씨로 인해 발생할 비전투사상자가 단기간 예상 전투사상자보다 많을 수도 있다고 했으며, 11월 중순에 눈과 강풍이 작전지역 내에 불어닥칠 것이라고 경고했다. 이 당시 맥아더 장군은 하루에 약 1,000명의 병력을 잃고 있었고, 교체 병력도 제대로 전투를 수행하지 못하고 있었다. 맥아더 장군은 아군의 승리 달성이 지연되면 중공군과 소련군이 공개적으로 개입할 위험성도 커질 것이라고 경고했다. 남한에서 적 부대를 격멸하기 위해서는 충분한 병력을 투입해 9월 25일에 공세를 개시해야만 했다. 그래야 이 작전이 성공할 가능성이 컸다. 그렇지 않으면 우리에게 불리한 시기에 진지 안에 파고든 적과 그들의 증원군을 상대로 우리가 훨씬 더 어렵고 희생이 큰 작전을 치르게 될 것이다.

물론 이러한 요약으로 맥아더 장군이 고심 끝에 제시한 상세하고 설득력 있는 주장을 전부 보여주기는 어렵다. 나는 이 회의와 전날 오찬 테이블에서 맥아더 장군 옆에 앉아 있는 동안 그가 문민통제의 우월성, 지휘계통, 자신의 책임 범위를 분명히 인식하고 있다는 사실과 헌법상의 군 통수권자에 대한 그의 충성심을 확인할 수 있었다.

회의 직후 해리먼 특사, 노스태드 대장과 따로 가진 자리에서 나는 이 부분에 대해 매우 깊은 인상을 받았다고 말했는데 그들도 모두 동의했다.

해리먼 특사는 마지막으로 다음과 같은 자신의 견해를 덧붙였다. "정치적이고 개인적인 고려사항들은 차치하고 우리 정부는 맥아더 장군을 위대한 국가적 자산으로 여기고 그에게 그에 걸맞은 아주 높은 수준의 대우를 해줘야 한다."

우리 일행은 귀국 후 맥아더의 요구사항을 즉각 이행하고, 특히 3사단에 대한 신속한 파병을 검토할 준비를 했다(3사단에 푸에르토리코에 있던 65보병연대와 파나마에 있던 33보병연대 예하의 1개 대대를 추가했다).

내가 지금도 보유하고 있는 복사본 없는 유일한 도쿄 회의 기록을 보면, 당시 회의에서 극동군사령관인 맥아더 장군이 한국의 긴박한 상황뿐만 아니라 다행히 아직 발생하지 않은 비상사태에 대처하기 위한 자신의 개인적인 많은 계획들을 비롯해 광범위한 주제들에 대한 이야기를 솔직하게 털어놓았음을 알 수 있다. 맥아더 장군은 특히 대만Formosa에 대해 열변을 토했다. 만약 중국 공산당이 어리석게 대만 공격을 감행한다면, 그는 신속히 현지로 가서 지휘권을 인수하여 "적에게 대참패를 안겨줄 것이다"라고 호언장담하면서 "이것은 세계에서 가장 결정적인 전투 중 하나가 될 것이며, 아시아를 뒤흔들 정도로 막대한 피해를 입혀서 아마 공산주의를 저지할 것이다"라고 했다. 맥아더 장군은 중국 공산당이 그런 어리석은 행동을 할 가능성에 대해서는 확신할 수 없지만 "나는 밤마다 그들이 그렇게 하기를 무릎 꿇고 기도하고 있다"라고 말했다. 자신이 공산주의라는 사악한 용을 죽일 검객이라는 환상이 그가 결국 만주 국경으로 무모하게 진군하게 된 계기가 되었는지의 여부는 지금까지 아무도 모른다. 하지만 나는 그것이 그의 승리에 대한 꿈을 더욱 부추겼다고 생각한다.

앞서 말했듯이 당시 나는 맥아더가 문민통제의 우월성을 인정했다는 점에 특히 깊은 인상을 받았다. 그의 브리핑에서 헌법상의 군 통수권자에 대한 충성심을 조금이라도 의심할 만한 대목은 없었으며, 이 용감한 노병의 갑작스러운 해임으로 이어질, 거의 반항에 가까운 의지의 충돌을 보여주는 어떤 징후도 찾아볼 수 없었다. 그는 자신감이 넘쳤고, 낙관적이었으며, 자존심이 강했고, 달변가였으며, 대담했다. 그는 상관이 어떤 결정을 내리든 간에 불평불만 없이 임무를 수행할 준비가 되어 있는 것처럼 보이는 완벽한 군인이었다.

나는 인천상륙작전이라는 계획의 탁월함, 개념의 논리, 세부적인 사항까지도 다루는 극도의 섬세함에 빠르게 설득당해 작전을 지지하게 되었다. 하지만 이것은 내가 내린 결정이 아니었기 때문에 작전을 승인받기 전에 맥아더의 구상에 의구심을 품은 합참의 장군들을 설득해야 했다.

완벽한 타이밍과 행운, 긴밀한 협조, 완전한 기습 달성, 극한의 용기가 모두 필요했기 때문에 계획의 성공 가능성에 대해 의구심을 품을 만했다. 복잡한 한반도 해안에서 상륙 지점을 찾는 것이 쉽지 않았고, 게다가 강습은 더욱 어려운 문제였다. 인천의 지형적 특성상 바다를 통해 접근하는 것도 어려웠다. 약 9m에 이르는 조수간만의 차와 좁고 구불구불한 수로 중간의 1.6km 너비의 갯벌들은 아군 상륙정들을 그곳에 가두고 적 포병의 표적으로 만들기에 안성맞춤으로 보였다. 특히 난공불락으로 보였던 점은 작은 섬 하나(월미도)가 그 수로를 내려다보는 위치에 있다는 것이었다. 그 수로는 항구에 이르는 유일한 접근로로 기뢰가 설치되어 있을 것이 분명했고, 적이 월미도를 강력하게 방어하고 있을 것으로 생각되었다. 게다가 작전이 태풍 시즌에 맞춰져 있어서 아군 상륙부대들이 풍랑에 휩쓸려 모든 것이 파괴될 가능성이 있었다.

합참의 장군들이 이 작전에 대해 계속해서 의구심을 품은 것은 당연했다. 제임스 도일James Doyle 제독이나 올리버 스미스Oliver Smith 소장과 같이 이미 제2차 세계대전 때 상륙작전을 경험한 전문가들도 이 작전에 동의하지 않았다. 낙동강 전선의 적을 더 빨리 압박할 수 있는 동해안 원산이나 인천 남쪽의 군산에 상륙하는 계획을 포함해 대안이 될 만한 다른 많

●●● 1950년 8월 21일 더글러스 맥아더 장군이 인천상륙작전에 관한 회의를 위해 일본 도쿄 비행장에 도착한 합동참모본부 일원인 육군참모총장 J. 로튼 콜린스(왼쪽)와 해군참모총장 포레스트 P. 셔면 제독을 맞이하고 있다. 〈사진 출처: WIKIMEDIA COMMONS | U. S. Navy, | Public Domain〉

은 계획들이 제시되었다. 나중에 맥아더 장군은 참모들이 원산상륙작전을 위한 구체적인 계획을 준비한 것에 대해 고맙게 여기기는 했으나, 당시에는 이런 대안들을 가지고 있지는 않았다. 겨울이 오기 전에 적을 격멸하려면 극적인 반전을 가져올 일격이 필요한데, 그 일격의 기회를 제공할 수 있는 것은 오로지 인천에 상륙하는 것뿐이었다. 인천상륙작전만이 적의 보급 및 병참선을 끊고 낙동강 방어선을 돌파하는 부대와 합류해 그 사이에서 적의 병력을 분쇄할 수 있는 기회를 제공할 수 있었다.

지금까지 개념으로만 제시되었던 이 계획의 실현 가능성을 조사하기 위해, 합참은 8월 중순에 해군참모총장 포레스트 셔먼Forrest Sherman 제독과 육군참모총장 로튼 콜린스Lawton Colllins 대장을 도쿄로 보내 맥아더 장군과 참모들을 만나도록 했다. 도일 제독과 스미스 소장을 포함한 주요 직위자들이 모두 이 회의에 참석했다. 맥아더 장군은 크로마이트 작전에 대한 논리적인 설명과 함께 조기에 승리 달성이 가능하다는 강한 자신감을 표현했다(맥아더 장군은 인천상륙작전이 성공한다면 군사적 이점 외에도 수도 서울을 해방시키는 심리적 가치도 클 것이고, 남한 사람들이 전처럼 추수도 할 수 있게 될 것이라고 설명했다).

회의가 끝날 무렵 도일 제독은 자청해서 이 작전이 최소한 "불가능하지는 않다"고 말했다. 터너 조이Turner Joy 제독은 그의 의구심과 불안감이 해소되었다고 했다. 조이 제독에 따르면, 모든 이들 중에서 가장 비판적이었던 셔먼 제독도 "거의 설득당했다"고 했다. 맥아더 장군은 다음 날 셔먼 제독과 장시간 비공개 회담을 하면서 셔먼 제독을 완전히 설득하는 데 성공했다. 셔먼 제독은 맥아더 장군과 비공개 회담을 한 후 "내가 그의 신뢰를 얻었기를 바란다"라고까지 말했다.

물론 그의 신뢰를 얻는 것만으로는 충분하지 않았다. 그 다음 미 본토의 예비대 파병에 대한 승인과 정부의 동의를 얻어야 했다. 다음과 같이 단 한 번의 대담한 모험을 위한 찬반 의견과 장단점이 모두 검토되었다. 상륙 일자로 선정된 9월 15일, 만조 2시간 후에는 상륙정들이 갯벌 위에 무력하게 갇히게 될 것이다. 해병 1임시여단은 해병 1사단의 공백을 메우기 위해 절박한 상황이었던 부산으로부터 철수시켜야 한다. 화물의 선적량도 부족했다. 상륙을 통한 포위 작전이 너무 북쪽에서 실시되기 때문에 남쪽의 압력을 조기에 해소하는 데 어려울 수도 있다. 태풍이 다가오고 있지만 이러한 모든 상륙작전에 필수요소인 기습 효과만큼은 거의 확실했다. 북한군은 미군이 "불가능하고 제정신이 아닌" 이런 시도를 할 것이라고는 예상하지 못할 것이다(아이러니하게도 맥아더 장군 자신도 그해 말 중공군 지휘관들이 압록강을 건너 대규모 부대를 투입할 가능성을 예상하지 못했다. 왜냐하면 제정신을 가진 지휘관이라면 누구라도 그렇게 하지 않을 것으로 생각했기 때문이다).

루이스 존슨Louis Johnson 국방장관은 신속하게 맥아더 장군의 계획을 승

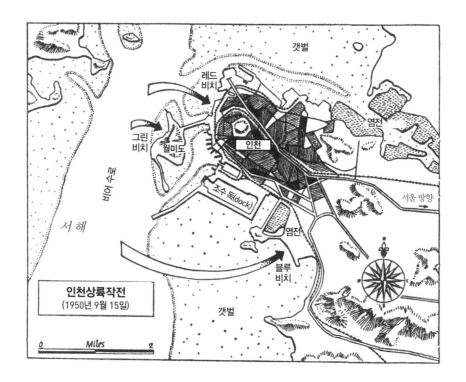

인했다. 약 5000 대 1의 성공 확률인 크로마이트 작전의 시행이 승인되
었다. 낙동강 방어선에 포위된 미군 병사들이 매순간 절망 속에서 싸우고
있을 때 극동군사령관은 적을 완전히 패주시키고 한국을 장악할 수 있는
작전을 준비하기 시작했다. 인천상륙작전은 적이 공격이 있을 거라고 전
혀 "예상하지" 못한 바로 그 지점에서 공격을 가했다는 점에서 1759년
제임스 울프James Wolfe의 퀘벡 공격[25]과 유사한 기동이었다.

크로마이트 작전의 첫 단계는 길게 뻗은 수로가 내려다보이는 인천항
주변의 섬들을 정찰하는 것이었다. 젊은 해군 장교인 유진 클라크Eugene
Clark 중위는 9월 1일 야간에 인천 인근에 상륙해 2주 동안 주로 야음을

---

25 제임스 울프(1727~1759)는 영국군 장군으로 1759년 프랑스군을 상대로 한 퀘벡 공격을 승
리로 이끌었다. 1756년 영국과 프랑스 간 7년 전쟁이 발발하자, 울프는 원정 작전을 지휘하여 세
인트로렌스(St. Lawrence)강을 거슬러 올라가 퀘벡을 점령하면서 영국 제국의 확장에 기여했다.

●●● 1950년 9월 15일 미 해병대원들을 태우고 상륙지점으로 향하고 있는 미 상륙정. 중앙에 불타고 있는 월미도가 보인다. 〈사진 출처: WIKIMEDIA COMMONS | U. S. Navy, | Public Domain〉

틈타 주요 화기의 배치 장소를 확인하고 방파제의 높이를 측정했다. 그의 노력이 매우 성공적이어서 9월 15일 동이 트기 전에 그는 인천항으로 진입하는 첫 상륙돌격함을 유도하는 등대[26]의 불을 켰다.

동이 틀 무렵 적의 포구를 향해 고속으로 전진하는 미군 구축함과 미군 및 영국군 순양함들의 강력한 포격과 함께 인천상륙작전이 개시되었다. 첫 임무는 해협 바로 맞은편에 위치한 작은 섬이자 해협을 항해하는 모든 선박을 직사거리 안에 두고 있는 월미도를 무력화시키는 것이었다. 그러나 월미도는 우려했던 것만큼 강력하게 요새화되지 않아서 해군의 포격으로 쉽게 잠잠해졌다. 미 해병대의 코르세어Corsair 항공기들이 월미

---

26 팔미도 등대를 말한다. 팔미도 등대는 1903년에 세워진 국내 현존 최고(最古)의 근대식 등대로서, 1950년 9월 인천상륙작전 당시 연합군 함대를 인천으로 진입할 수 있도록 인도하여 한국전쟁의 국면을 일시에 뒤바꾸는 중요한 역할을 했다.

●●● 1950년 9월 15일 인천상륙작전 당시 레드 비치(Red Beach) 북쪽의 방파제를 선두에서 오르고 있는 미 5해병연대 1대대 A중대 3소대장 발도메로 로페즈(Baldomero Lopez) 중위. 로페즈 중위는 몇 분 후 북한군 벙커를 공격하던 중 전사했다. 2023년 4월 23일 윤석열 대통령은 방미 기간 중 한국전 쟁에서 살신성인한 영웅 로페즈 미 해병 중위에게 태극무공훈장을 추서했다. 〈사진 출처: WIKIMEDIA COMMONS | U. S. Marine Corps | Public Domain〉

도 해안가에 기총소사를 퍼부었고, 06:30경 5해병연대 3대대가 해안에 강습상륙했다. 방어하는 적을 제압하고 약 45분 만에 섬을 확보했다. 방파제에 대한 공격을 지원하기 위해 포병이 섬에 배치되었다. 그곳에서 해병들은 사다리를 사용해서 상륙정LST 뱃머리보다 1.2m 정도 높은 방파제를 기어올랐다. 상륙정들이 부딪쳐 방파제에 구멍을 내거나 해병들이 다이너마이트로 구멍을 뚫어 강습부대들이 그곳을 딛고 올라갈 수 있었다. 그들이 내륙으로 파고들기에는 해가 너무 짧았다. 해질녘이 되어서야 해병 1사단 선두 부대가 해안교두보를 확보하고 적의 반격을 격퇴할 준비에 들어갔다. 그러나 너무나 완벽하고 강력한 기습으로 작전이 성공하자, 적의 반격은 없었다. 다음날(9월 16일) 치열한 기갑전 끝에 서울 김포 비행장을 확보했다. 하루가 지난 후 7보병사단이 인천에 아무런 저항 없이 상륙해 내륙으로 신속히 진출함으로써 낙동강 일대에서 여전히 전투 중인 북한군의 퇴로를 차단하기 시작했다.

서울 재탈환을 위한 전투는 치열했다. 맥아더 장군은 9월 25일 "서울을 안전하게 아군 수중에 확보했다"고 보고했으나, 북한군이 마지막으로 빠져나가고 모든 지역에서 연기가 솟아오르고 있던 9월 28일까지 아군 해병들은 여전히 적의 기관총과 대전차포, 저격수 공격에 맞서 모든 가옥과 바리케이드에서 전투를 벌이고 있었다.

인천상륙작전은 대담한 작전개념, 전문적인 작전기획 역량과 용기, 과감성, 그리고 작전 시행 기술 측면에서 군사사軍事史에서 높은 평가를 받고 있다. 모든 위대한 군사적 승리와 마찬가지로 인천상륙작전의 성공으로 인해 사전에 충분히 고려되지 않은 갑작스러운 새로운 문제들이 발생했다. 이런 종류의 대규모 작전은 통상 개시하기 전에 주요 지휘관과 참모들을 모두 소집해서 지도상에서 워게임을 실시하게 된다. 이를 통해 각 지휘관은 완전한 실패에서 놀라운 승리에 이르기까지 가능한 모든 상황에 대처하기 위한 자신의 계획을 개략적으로 설명해야 한다. 하지만 인천상륙작전의 경우 완벽한 승리를 위한 충분한 작전기획 과정이 부족했다. 유엔군사령부는 이러한 실패로 인해 막대한 대가를 치렀다. 이 때문에 북한군의 다수가 탈출하여 북쪽에서 부대를 조직해 싸우거나 남쪽의 아군 후방에서 대규모 게릴라전을 펼쳤다.

워싱턴 역시 인천상륙작전의 승리에 대해 중국이 어떤 반응을 보일 것인지, 러시아가 어떻게 대응할 것인지 모르는 상황에서 이러한 중요한 문제들을 해결하기 위한 결정들을 미룬 채 승리의 전과를 확대하기 위한 세부적인 행동 방침을 제시하기를 주저했다.

대부분의 작전계획관들과 워커 장군은 당시 도쿄에 있던 맥아더 장군의 직속 부대였던 10군단이 (원산)상륙작전을 끝내면 미 8군 예하 부대로 전환되어 보다 효율적으로 기동하고 원활한 보급이 이루어질 것이라고 생각했다. 하지만 맥아더 장군은 10군단을 계속 자신의 지휘 하에 둘 것이라고 주장했다. 맥아더 장군의 "총애를 받는" 10군단으로 인해 8군이 다시 소외되는 신세가 되었다는 느낌이 더욱더 강하게 들었다. 당시 8군 내에서 이를 공개적으로 비난하거나 협조를 꺼리는 모습은 보이지 않았지만, 협조를 원활히 하는 데 필수적인 상호 신뢰의 분위기가 부족했던 것은 부인할 수 없는 사실이었다.

인천상륙작전 승리가 가져온 또 하나의 미묘한 결과는 맥아더 장군의 무오류성infalibility에 대한 맹신이 널리 퍼지게 되었다는 것이었다. 심지어 맥아더 장군의 상관들조차도 맥아더 장군의 결정에 어떤 반론이나 의문을 제기하는 것이 옳은지 의심하기 시작했다. 그 결과, 그는 모든 지휘관이 특히 1,000km 이상 떨어진 곳에서 전쟁을 수행하려고 할 때 필요한 정보에 입각한 솔직한 비판을 받아본 적이 없어서 그것의 이점을 알지 못했다. 많은 훌륭한 군 지도자들은 상관의 잘못된 계획이나 의견에 맞서는 데 도덕적 용기가 필요하다는 것을 알고 있다(나는 육체적 용기보다는 이러한 도덕적 용기를 발휘하기가 더 어렵고 또 드물다고 생각한다). 바로 그때가 조지 마셜^{George C. Marshall} 장군의 말처럼 "직을 걸고 솔직하게 말해야 할" 시기였다. 가장 낮은 계급에서부터 가장 높은 계급에 이르기까지 모든 군 지도자는 심각한 실수가 곧 일어날 것이라고 느낄 때 자신의 손에 생명을 맡긴 부하들을 위해 주저함 없이 분명하게 말해야 한다.

맥아더 장군의 새로운 결정이었던 원산 상륙 계획—제2의 인천상륙작전이자 맥아더의 전형적인 우회 작전—에 대해 극소수가 소극적으로 반대 목소리를 냈지만, 그 계획에 일부 결함이 있다는 것이 분명했음에도 불구하고 아무도 적극적으로 이의를 제기하지 않았다. 맥아더 장군이 10군단을 극동군사령부 직속으로 유지하기를 원했던 것은 원산상륙작전을 실시하기 위해서였던 게 분명하다. 원산상륙작전 계획 자체에 심각한 결함이 있었지만, 이것은 어느 정도 이해가 되었다.

원산상륙작전을 실시하기 위해서는 10군단의 병력 대부분과 장비들을 인천항과 부산항에서 재승선시켜야 했다(해병 1사단은 인천에서 철수해야 했고, 7보병사단은 내륙으로 기차를 이용해 부산까지 이동해야 했다). 두 항구와 연결된 철도, 그리고 부족한 시설들을 10군단이 우선 사용하게 되면서 가장 중요한 시기에 곧 바닥이 날 8군의 보급품을 수송하는 데 심각한 차질이 생겼다(도로와 철도가 정체되어 심지어 포탄은 서울까지 항공기로 수송해야 했다).

원산에서 제2의 인천상륙작전을 실시하기 위해 어떤 주장이 오갔든지 간에 패주하는 북한군을 신속히 포위망에 가두는 것보다 더 중요한 것은 없었다. 일부 폭격을 받아 파괴되기는 했으나 서울과 원산 간에는 한반도 내에서 비교적 평탄한 지역을 지나는 도로와 철도가 있었다. 인천에 상륙했던 부대들은 이 도로를 따라 북동쪽으로 원산까지 신속하게 이동해서 동해안을 따라 진격하는 아군 부대와 합류할 수 있었다. 그렇게 되면 빠르게 도망가는 적은 이들에게 가로막혀 병력을 재정비할 시간을 갖지 못하게 될 것이다.

하지만 인천상륙작전 승리의 전과를 확대하기 위해 중요했던 계획의 수립은 서울에서 시가전이 끝나기 이틀 전인 9월 26일까지 착수되지 않고 있었다. 당시 맥아더 장군은 "내륙의 추격 작전과 협조하여 또 다른 상륙 포위 작전으로 북한군을 전멸시킬 수 있는" 계획을 수립하도록 요구했다. 두 가지 계획이 제시되었는데, 하나는 미 8군이 평양 방향으로 북쪽 및 북서쪽을 향해 진격하면서 서해의 진남포 항에 상륙하는 계획이었다. 또 다른 계획은 미 8군이 서울-원산 회랑을 따라 북쪽과 북동쪽으로 공격하는 한편 원산을 목표로 유사한 상륙작전을 실시하는 것이었다. 워커 장군은 10군단이 자신의 지휘권 아래 들어올 것이라고 예상하고 원산을 향해 가장 빠르게 내륙으로 부대를 진격시키는 방안을 선호했다. 그러나 그러한 일은 일어나지 않았다.

평양에서 원산까지 유엔군을 배치하기 위해 한반도의 허리, 즉 쑥 들어간 지점에서 한반도를 가로지르자는 또 다른 의견도 있었다. 이것은 이론상으로 충분히 실효성이 있어 보였다. 그러나 짧은 기간 내 지형을 연구한 결과, 설명하기 어려울 정도로 험하고 좁은 길, 구불구불한 도로와 많은 철도 터널(아군 공군에게는 큰 제한 없이 작전 수행이 가능했다)은 보급 전문가들에게는 '악몽'을 안겨주었을 것이다. 만약 10군단을 극동군사령부 직속으로 유지하는 것에 찬성하는 어떤 타당한 논거가 있었다 하더라도 가파르고 거의 길이 없는 험한 산악지대 반대편에 있는 지휘관의 통제 하에 식량과 탄약, 유류를 보급하는 것은 극도로 어려운 일이었다.

서쪽과 북쪽에서 작전을 펼칠 전투부대에게 식량, 탄약, 휘발유 등을 실어 나를 수 있는 원산과 같은 항구가 필요하다는 사실을 부정한 사람은 아무도 없었다. 현실적인 문제는 내륙으로 진격해서 원산으로 가야 하는가 아니면 해상을 통해 접근해야 하는가였다. 맥아더 장군은 해상을 통해 원산에 상륙하는 것으로 결정했다. 현장에 있던 해군 관계자들과 사단장들 모두 상륙작전에 대해 반대했으나, 그 누구도 강하게 반대 목소리를 내지 않았다. 군사적인 기적을 막 이루어낸 한 사람의 판단이나 선견지명에 대해 그 누구도 의문을 제기할 수 없었기 때문이다. 만약 맥아더 장군이 1개 대대에게 물 위를 걸어서 항구까지 가라고 지시했더라도 누군가는 그것을 이행할 준비를 했을 것이다.

한반도의 모든 적대세력을 파괴하기 위해 38선을 넘는 계획은 당연히 워싱턴의 사전 승인이 필요했다. 중국 공산당은 거의 매일 라디오 방송을 통해 북한이 침략당하면 개입하겠다고 위협해왔다. 소련 또한 아군이 38선을 넘게 되면 개입을 해야 한다고 느낄지도 모른다는 생각이 들었다. 그러나 북한군이 신속하게 격멸되지 않거나 북쪽 안전지대로 무사히 피해 전투력을 회복하는 것이 허용된다면 또다시 공격해올 것이 분명했다. 그래서 트루먼 대통령은 이런 점들을 고려한 후 맥아더 장군의 북한 지역 작전에 대한 합참의 건의를 승인했다. 여기에는 한 가지 조건이 있었다. 맥아더는 이 조건을 의식해서 중공군의 전쟁 개입을 극구 부인하게 되었을 수도 있다. 9월 27일 그에게 무전으로 전달된(9·27훈령) 38선 이북에서의 작전 수행에 대한 그의 권한은 "소련군이나 중공군의 대규모 개입이 없는 경우, 의도적으로 개입하겠다는 어떠한 발표도 없는 경우, 그리고 북한 내 아군의 군사작전에 어떠한 위협도 없는 경우"로 한정한다는 단서가 달려 있었다. 그 외에도 마셜 국방장관은 맥아더 장군에게 다음과 같이 말했다. "우리는 장군이 38선 이북으로 진격하는 데 전술적으로나 전략적으로 아무런 방해를 받지 않기를 바랍니다."

눈부신 군 경력에서 최고의 노력의 결실을 상징하는 황금사과와 같은 완전한 승리가 이제 눈앞에 있는 것 같았다. 일단 이곳에 다다르자, 맥아더 장군은 자신을 지체하게 만드는 어떠한 것도, 어떠한 권고도 허용하지 않았다. 그 대신 그는 사라져가는 적을 추격하기 위해 북쪽을 향해 돌진했고, 곧 닥칠 재앙의 희미한 징후들을 고려하지 않은 채 그의 계획을 수시로 바꾸면서 진격 속도를 더욱 높였다.

CHAPTER 4

압록강에서의 절망: 중공군의 개입과 미 해병 1사단의 후방으로의 공격

인천상륙작전 승리의 전과를 확대하기 위해 38선을 넘어 2개 방향으로 북진하기로 한 맥아더 장군의 초기 계획은 충분히 합리적이고 단순해 보였다. 하지만 작전의 효과는 기상, 지형, 그리고 중국의 반응이라는 세 가지 불확실한 요인에 달려 있었다. 그리고 나중에 밝혀진 것처럼 맥아더 장군이 그의 기본계획을 완전히 변경하게 된 데는 또 다른 요인들이 작용했다. 그가 10군단의 부대들을 험준한 북한 지역 이곳저곳에 분산시킴으로써 부대 간 상호 지원이나 심지어 직접 통신조차 할 수 없게 되었고, 게릴라들로부터 반복적으로 공격을 받거나 수적으로 우세한 적에게 포위될 위험이 높았다.

맥아더 장군은 중공군의 개입 위협에 대해 귀를 닫아버렸고 중공군이 압록강을 건넜다는 초기의 뚜렷한 징후들을 명백히 무시하거나 경시했다. 그는 날씨와 상관없이 무리를 해서라도 빨리 밀고 올라갈 계획이었다. 그는 겨울이 깊어지기 전에 압록강에 접근하여 적대행위들을 종식하고자 했다. 그러나 그가 경험해보지 못한 험준한 지형은 그가 그것의 힘을 제대로 평가한 적이 없는 또 다른 적이었다. 험준한 지형은 한반도의 동쪽과 서쪽에서 작전 중인 부대 간의 간헐적인 연락조차 불가능하게 만들었다.

맥아더 장군은 우측(동쪽)에 있는 10군단을 자신의 직접 통제 하에 두고 좌측(서쪽) 지역을 워커 장군과 그의 8군에게 맡김으로써 통행이 불가능한 지형과 도로가 없는 깊은 계곡으로 인해 두 부대가 양분될 수 있다는 점을 고려했을지도 모른다. 그러나 맥아더 장군이 워커 장군에게 8군뿐만 아니라 10군단의 군수 지원 책임을 맡겼다는 사실은 그가 그것을 전혀 고려하지 않았음을 분명하게 보여준다. 실제로 맥아더 장군이 워커 장군에게 10군단에 대한 전술 통제권(워커 장군에게 이미 안겨준 부담에 비하면 이것은 거의 부담이 되지 않았을 것이다)을 주지 않고 이런 무거운 짐을 지운 것은 그의 10군단에 대한 집착이 이해할 수 없을 정도로 너무 크다는 것을 보여주었다. 이 일로 인해 두 지휘관 사이의 나쁜 감정은 조금도 개선될 여지가 보이지 않았다.

최초에 제시된 계획은 상륙작전 개시 예정일A-Day(10월 17일로, 상륙작전 개시일D-Day인 10월 20일보다 3일 빨랐다)에 8군이 개성-사리원-평양 축선을 따라 평양을 향해 공격하는 것이었다. 그리고 상륙작전 개시일 D-Day(10월 20일)에는 10군단 예하 해병 1사단이 원산에 상륙작전을 실시해 도시를 점령한 후 두 부대가 동서 축선을 따라 서로를 마주보고 공격하기로 했다. 두 부대가 일단 연결에 성공하면 퇴각하는 북한군을 봉쇄할 수 있을 것으로 판단했다. 그 후 8군과 10군단이 협력하면서 정주-영원-함흥 방향으로 진격하기로 했다.

이 계획에는 두 가지 뚜렷한 장애요인이 있었다. 첫 번째는 10군단을 서울-인천 지역에서 철수시켜야 했기 때문에 항구와 수송 시설들을 사용할 수 없게 되어 8군이 수주 동안 보급품 부족에 시달려야 했다는 것이다. 두 번째는 지형 연구에서 명백하게 밝혀졌듯이 8군과 10군단이 합류할 때까지 동서 노선을 따라 공격하는 것은 불가능하다는 것이었다. 당시에 나는 8군을 낙동강 교두보에서부터 북진할 때 미군 1개 사단에 필요한 보급품을 지급해 측방을 고려하지 않은 채 육로로 원산까지 이동시키는 것이 타당하다고 생각했고, 지금도 그 생각에는 변함이 없다. 그랬더라면 원산 지역을 보다 신속하고 효율적으로 점령할 수 있는 절호의 기회를 얻을 수 있었을 것이다. 당시 가장 가까운 중공군 부대들은 여전히 압록강 북쪽에 있었다.

결국, 때마침 운 좋게 일어난 한 가지 중요한 일로 인해 계획이 조정되었다. 극동군사령부 계획관들이 사실상 잊고 있었던 한국군 1군단이 원산을 점령하기 위해 한국군 3사단을 동해안을 따라 북진시킨 것이었다. 해병 1사단의 원산 상륙을 위한 해군의 소해작전이 여전히 진행 중이어서 수로가 개통되기 전이었다. 만약 부대들이 서울에서부터 내륙을 통해 진격해서 즉시 연결작전을 했다면 북진 작전이 일정보다 훨씬 빨리 시작되었을 것이다. 한국군은 맥아더의 계획이 승인되고 합참의 실행 명령이 떨어진 지 불과 9일 후인 11일에 항구를 점령했다.

그럼에도 불구하고 해군이 원산항 일대에서 정교하고 위험한 소해작전을 통해 2,000여 개의 기뢰들 사이로 수로를 개통한 것은 10월 26일이었다. 그런 다음 해병 1사단이 적의 저항이 없는 상태에서 "행정상륙 administrative landing"을 했고, 한국군 1군단은 자유롭게 북진해서 흥남-함흥 일대의 북한 핵심 공업지대를 점령했다.

그러나 이 무렵 최초 계획에서 벗어난 일들을 위해 새로운 목표들이 설정되었다. 10월 17일 맥아더 장군은 만주 국경선으로부터 남쪽으로 약 60~90km 떨어진 진출선을 새로운 목표로 설정하라고 명령했다. 그리고 곧이어 예하 지휘관들에게 이 선을 중간 목표로 생각하라고 지시했다. 만주 국경 근처에서 한국군 부대들을 제외한 다른 부대들의 작전을 반대했던 미 국무부의 정책에도 불구하고 그는 그의 군대를 압록강까지 보낼 작정이었다. 하지만 중공군이 능력을 발휘해 대거 국경을 넘

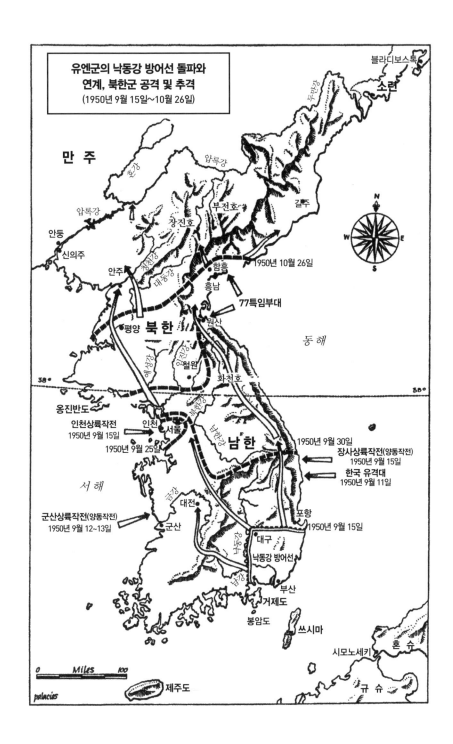

을 것이라는 명백한 사실에도 불구하고 그의 군대는 그 길고 구불구불한 선을 방어할 만한 힘이 부족했다. 보급을 위한 항구들은 굴곡이 심하고 가파르며 염소가 겨우 지나갈 수 있을 정도로 폭이 좁은 산길들로부터 120~200km 멀리 떨어져 있었다. 멀고 험한 산악지대 너머로 이토록 빈약한 부대들을 투입하면서 식량과 탄약을 보급하거나 거의 본거지에서 전투하고 있는 강력한 적을 상대로 부대를 유지하는 것은 아무리 맥아더 장군이라도 자신의 능력을 초과하는 일이었다. 만약 만주 지역의 적기지들에 대한 아군 공군의 공격이 허용되었다면 그것들이 가능했을지도 모른다. 하지만 아군 공군이 그러한 과업을 수행했다면, 호이트 반덴버그Hoyt S. Vandenberg 장군이 언급했듯이 미 공군이 자연적 소모와 전투 손실로 전투력이 저하되어 유럽에 있는 미군이 약 2년 동안 적의 공군력에 무방비 상태로 노출된다는 것을 의미했다. 당시 펜타곤은 그 방안에 대해 강하게 반대하기로 결정했다. 맥아더 장군도 이 결정에 대해 알고 있었다. 하지만 그는 워싱턴이 한반도를 벗어난 지역에서 미군을 운용하는 것을 금지했음에도 불구하고 예하 부대들에게 만주 지역 근처까지 밀어붙이라고 재촉했다.

한국군 1군단 예하의 3사단이 원산을 점령했을 때 워커 장군은 상황을 파악하고 자신의 지휘권 아래에 있는 한국군 부대들을 방문하기 위해 그곳으로 직접 날아갔다. 이때 8군의 우측을 담당하고 있던 한국군 2군단은 원산으로 가는 육로를 따라 개성 북동쪽 철원 인근 지역까지 진출했다. 워커 장군은 즉시 한국군 1군단과 연결하기 위해 한국군 2군단을 원산으로 진격시키는 계획을 세웠다. 일단 평양을 점령하면 처음 계획한 대로 한반도의 서쪽에서 동쪽 해안까지 한반도를 가로질러 전선을 확장할 수 있었다. 그러나 맥아더는 단호하게 이 계획을 기각하고, 일단 해병대가 상륙하면 한국군 1군단(대한민국 육군에서 가장 우수한 부대)의 지휘권을 8군에서 10군단으로 전환하겠다고 통보했다.

이 시점에 맥아더 장군은 한반도의 허리 부분을 가로질러 연결한다는 최초의 계획을 포기하고 새로운 목표선을 설정했다. 그리고 워커의 8군이 평양을 점령하자, 8군과 10군단 간에 책임 지역을 구분하고 예하 지휘관들에게 "새 목표선"을 "최초 목표"로 간주하라고 지시했다. 이제 국경선이 유일한 최종 목표로 남게 되었다.

10월 26일, 미 해병 1사단이 마침내 원산에 상륙했다. 바로 그날 한국군 2군단 예하의 6사단 선두 부대가 압록강 변 초산에 도달했다. 8군의 좌측 부대인 미 24사단 선두 부대도 청천강을 건너 불과 100km 떨어진 압록강을 향해 진격하고 있었다.

유엔군은 다양한 경로로 압록강을 향해 진격 중이었기 때문에 부대 간 상호 지원이 불가능하거나 심지어 지상군 정찰부대들끼리의 접촉도 유지할 수 없었다. 처음 원산에서 해병대를 따라 상륙할 예정이었던 미 7사단은 해안에서 약 240km 떨어진 이원으로 상륙지역을 변경하여 10월 29일 상륙한 후 압록강 인근의 혜산진으로 이동했다. 한국군 1군단은 해안도로를 따라 소련 국경선으로 진격할 예정이었다. 미 해병들은 좁은 외길을 따라 강계에 이르는 산악지대를 통과하여 압록강 변의 만포로 진격할 예정이었다. 한국군 3사단은 후방에 남아 원산-함흥-흥남 지역을 방어하기로 되어 있었다.

이러한 기동 계획들이 순조롭게 개시되기도 전에 얼어붙은 능선들로부터 한기가 북동쪽으로 불어닥쳤다. 유엔군 최초로 압록강에 도달한 한국군 6사단 7연대는 압도적인 중공군의 공격을 받고 후방으로 철수했다. 7연대는 갑자기 나타난 적과의 근접전투로 거의 괴멸되고 말았다. 나중에 밝혀진 바에 따르면, 당시 7연대는 중공군이 공세를 위해 집결하고 있던 지역에 부지불식간에 접근했던 것 같다. 공세 준비도 안 되어서 발각되면 안 되었던 중공군은 사실상 이 부대를 거의 전멸시키고 말았다.

10월 26일 동쪽 멀리 함흥에서 장진호 쪽으로 이동하던 한국군 1군

단 예하 26연대는 수동 지역에서 적의 강한 저항에 부딪혔으며, 중공군 124사단 예하의 2개 연대 소속이었던 포로 18명을 생포했다. 며칠 후에 미 해병 1사단이 한국군을 지원하기 위해 도착했을 때 26연대는 중공군 전차들(10군단이 접촉한 유일한 부대였음)을 파괴했고, 새로 투입된 중공군 126사단 소속의 포로들을 생포했다. 중공군 124 · 126사단은 모두 42군 예하 부대들이었다.

그러나 이 기간에 이루어진 공식적인 보고들은 모두 낙관적이었다. 워

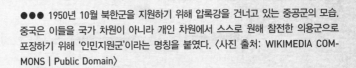

●●● 1950년 10월 북한군을 지원하기 위해 압록강을 건너고 있는 중공군의 모습. 중국은 이들을 국가 차원이 아니라 개인 차원에서 스스로 원해 참전한 의용군으로 포장하기 위해 '인민지원군'이라는 명칭을 붙였다. 〈사진 출처: WIKIMEDIA COMMONS | Public Domain〉

싱턴은 약 2만 명의 중공군이 북한 지역으로 들어왔다는 언론 보도들에 대해 "확인된 바 없음"이라는 보고를 받았다. 10월 28일 워싱턴은 여전히 중공군의 공개적인 개입에 대해 어떠한 "확실한 징후"도 없다고 확신했다. 이틀 후(10월 30일) 극동군사령부는 반대되는 보고에도 불구하고 한국에 있는 것으로 알려진 중공군 39군과 40군 부대가 실제로 국경을 넘었다는 것을 믿지 않는다고 보고했다. 소수 중국인 "의용군"의 존재는 극동군사령부에 즉각적인 영향을 미치지 않는, 외교 체스 게임에서 또 하나의 사소한 움직임 정도로 받아들여졌다.

중국인들은 처음부터 매우 신중하게 살폈다. 물론 그들은 미국의 반응이 어떨지, 즉 미국이 중국 영토를 공격할지 아니면 그들에게 원자폭탄을 퍼부을지 가늠할 수 없었다. 그리고 한반도 내에 있는 중공군이 북한군 깃발 아래 자발적으로 참전한 자원병이라고 끝까지 우겼다. 중공군은 대부분 야간에 도보로 이동했으며 주간에는 도로 이용을 피했다. 때로는 이동 중에 고의로 산불을 내어 아군의 공중정찰을 차단했고, 터널이나 갱도, 마을에 숨었다. 작전에 투입되는 중공군 병사들은 각자 4~5일간 전투할 수 있도록 쌀, 콩, 옥수수가 들어간 조리된 식량(위치가 발각되지 않기 위해 불을 사용하지 않았음)과 소화기 탄약을 휴대한 채 전투에 투입되었고, 전투 경과에 따라 교대되거나 본진으로 후퇴함으로써 새로운 부대들로 교체되었다. 중공군은 어떤 방식으로 이동하든 아무런 흔적도 남기지 않기 때문에 유엔군최고사령부가 대규모 중공군의 출현 여부에 대해 부정적으로 판단한 것은 일부 이해할 만한 부분도 있었다. 하지만 계속되는 징후들의 명확한 의미를 해석하기를 거부한 것은 유엔군최고사령부뿐만이 아니었다.

10월 말 압록강 남쪽 약 100km 정도 떨어진 청천강 변 북쪽 운산 마을 일대에 진지를 구축하고 있던 아군 부대는 중공군의 위협을 심각하게 여기지 않았다. 이는 당시 모든 아군 부대들의 전형적인 모습이었다. 대규모 중공군이 출현하고 있다는 정보들은 다양한 곳에서 여러 차례 보고되었다. 어느 한국 민간인은 중공군 2,000여 명이 운산 남서쪽 15km 지점의 주 보급로를 차단할 수 있는 계곡에 있다고 알려주기도 했다. 또 다른 주민은 나중에 중공군 3,000여 명이 운산 남서쪽 10km 지점에 있다고 알려왔다.

11월 1일 정오에는 적 1개 종대가 운산 남서쪽 12km 지점에서 관측되었는데, 그들은 아군 공군과 포병 공격으로 흩어지면서 100여 구의

●●● 1950년 10월 31일 한국군 1군단이 잡은 중공군 포로들. 이들은 중공군 124사단 소속으로 확인되었다. 〈사진 출처: WIKIMEDIA COMMONS | U.S. Marines in the Korean War | Public Domain〉

말과 그 수가 확실하지 않은 시체들을 도로에 유기한 채 도주했다. 이후에도 공중 관측을 통해 여전히 운산 남쪽과 북쪽에서 적의 대규모 행렬이 이동하고 있다고 보고되었다. 아군 공군이 그중 한 부대를 공격해 운산 15km 지점에서 수송 트럭 21대를 파괴했다고 보고했다. 같은 날 오후에는 L-5 경비행기 관측장교가 포병사격을 요청하면서 "운산에서 약 11km 거리의 좁은 통로를 따라 대규모의 적 보병부대가 2개 종대 대형으로 남쪽으로 이동 중"이라고 보고하기도 했다.

미군 사령부는 이렇게 계속되는 징후들을 여전히 믿지 않았다. 이전에도 중공군 포로들이 한국군에게 생포된 적이 있었지만, 정보 당국은 어떤 병사도 고급 기밀 정보를 가지고 있으리라고 생각하지 않았기 때문에

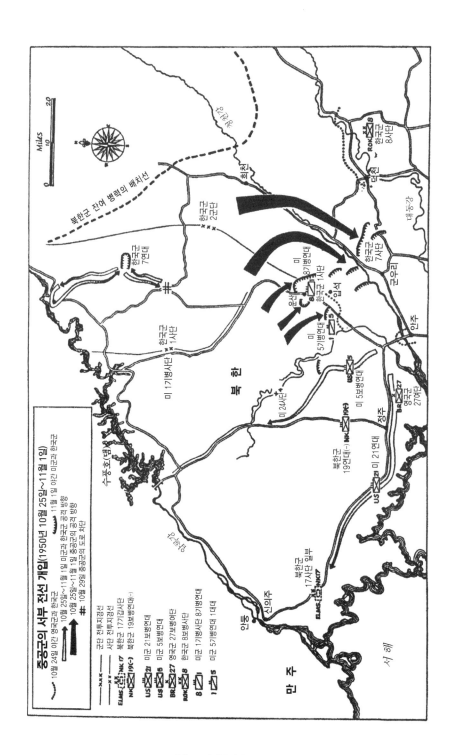

중공군의 서부 전선 개입(1950년 10월 25일~11월 1일)

━━━ 10월 24일 야간 역국군과 한국군
━━━ 11월 1일 야간 미군과 한국군
━━━ 10월 25일~11월 1일 미군과 한국군 공격 방향
━━━ 10월 25일~11월 1일 중공군의 공격 방향
10월 29일 중공군의 도로 차단

XXX ━━━ 군단 전투지경선
XX ━━━ 사단 전투지경선
ELLMS[한국]17 NK17 북한군 17기갑사단
NK[19(-)] 북한군 19보병연대(-)

US[21] 미군 21보병연대
US[5] 미군 5보병연대
BR[27] 역국군 27보병연대
ROK[8] 한국군 8보병사단

8[17] 미군 17보병사단 8기병연대
1[57] 미군 57보병연대 1대대

당연히 중공군이 한국에 있는 목적과 중공군 병력에 대한 포로들의 이야기를 신뢰하지 않았다. 심지어 미 1군단 정보참모였던 퍼시 톰슨^{Percy Thompson} 대령이 운산 지역에서 작전 중이던 1기병사단에 중공군과의 접촉을 사전에 경고했는데도 미군은 믿지 않고 무관심으로 일관했다. 1기병사단은 적의 격렬한 저항에 맞서 평양으로 진격했고, 하룻밤 사이에 격렬한 교전을 벌였다. 그 이후 북한군은 그들의 전진을 늦추기 위해 산발적으로 저항했을 뿐, 저항 의지가 약화된 듯 보였다. 사실 미 8군은 대규모 적에 맞서 장기간 교전을 지속할 수 있는 보급 능력이 부족했다. 그리고 미군 병사들도 북한 지역 내에 더 이상 저항할 수 있는 적이 남아 있다는 사실을 받아들이지 않는 분위기였다. 운산 북쪽과 서쪽을 점령하고 있던 8기병연대(1기병사단 예하) 참모는 한국군 1사단과 사단의 미 고문관들이 운산 일대에서 중공군과 마주쳤으나 그들을 격퇴할 수 없었다고 말해주었지만, 이 말에 귀를 기울이지 않았다. 당시에는 중공군을 북쪽에서 내려와 북한군에 편입된 일부 증원 병력이라고만 생각했다. 1기병사단장 호바트 게이^{Hobart Gay} 소장은 8기병연대를 운천 남쪽 수 km 지점으로 철수시킬 것을 건의했지만, 미 1군단 사령부는 이를 거부했다. 불길한 보고 내용들을 진지하게 여기는 장교는 거의 없었다.

평양 시내를 경계하고 있던 부대들은 벌써 행복한 주둔지 생활을 다시 꿈꾸기 시작했다. 중공군의 개입에 대한 계속된 소문들보다는 도쿄에서 있을 "귀국 퍼레이드" 준비에 훨씬 더 관심이 많았다.

그때 갑자기 적이 기습 공격을 가해왔고, 많은 아군 부대들은 무슨 일이 일어났는지 제대로 파악하기도 전에 적의 기습에 처참하게 쓰러져갔다. 중공군은 맨 처음 운산 동쪽 30~40km의 온정-희천²⁷ 지역에 있던

---

27 원서에 Hunchon이라고 표기되어 있으나, 당시 6사단이 위치하고 있었던 희천 지역으로 판단된다.

한국군 6사단(당시 2군단 예하)을 공격해 와해시켰으며, 11월 1일 오후에 워커 장군은 미 1군단장 프랭크 밀번^{Frank Milburn} 장군에게 연락해 한국군 2군단의 지휘체계가 와해되어 1군단 우측이 적에게 노출되었다고 알려 주었다.[28] 밀번 장군이 운산에서 남쪽으로 약 32km 떨어진 군우리에 있는 한국군 2군단 사령부에 서둘러 도착했을 때, 한국군 7사단장은 그의 예하 부대와 연락이 완전히 끊겼고, 군우리 근처에는 조직적인 저항을 할 수 있는 아군 부대가 3개 대대밖에 없다고 말했다.

한편 운산 북쪽에 있던 8기병연대에 대한 적의 공격은 오후 5시경 박격포 사격과 소련제 카츄샤^{Katusha} 로켓[29](한국전쟁에 처음 등장) 발사와 함께 개시되었다. 땅거미가 지면서 적의 공격이 더욱 치열해졌고 동쪽에서 서쪽으로 점차 확대되었다. 이때 미군은 처음으로 중공군의 나팔 소리를 듣게 되었다. 축구경기의 선심이 반칙행위 시 사용하는 호각을 크게 만든 것처럼 보이는 놋쇠 나팔의 요란한 소리와 미친 듯이 울려 퍼지는 휘파람 소리가 뒤섞인 야만적인 소리는 전투의 새로운 국면의 개막을 알리는 신호탄이 되었다. 그동안 대규모 중국군의 개입에 대한 모든 말들이 꾸며낸 이야기라고 말해왔던 많은 사람들은 적어도 이러한 소리들을 통해 그 이야기가 사실이라는 것을 믿게 되었다.

전투는 밤새 이어졌고 상당히 가까운 거리에서, 그리고 전쟁 초기 이후로 거의 발생하지 않았던 높은 산악지역에서 계속되었다. 미군은 자정이 되기도 전에 탄약이 거의 바닥이 났다는 것을 알게 되었다. 밤 10시가 되자, 미 1군단은 낙동강 교두보를 돌파한 이후 처음으로 방어 태세로 전

---

28 당시 미 1군단(밀번 장군 지휘)은 사리원-평양 축선을 따라 북진했으며, 1군단의 우측에는 한국군 2군단이 작전하고 있었다. 한국군 2군단(유재흥 장군 지휘) 예하에는 6·7·8사단이 편성되어 있었다.

29 카츄샤 로켓(Katusha rockets)은 트럭에 탑재해 발사하는 다연장 로켓으로, 제2차 세계대전 때 처음 만들어지고 사용된 소련의 로켓포다.

환하게 되었다. 그날 밤 적의 병력은 운산을 지키고 있던 8기병연대의 삼 면에 배치되어 있었다. 한국군 1사단 15연대가 동쪽을 지키고 있었으나, 중공군은 동쪽이 아닌 다른 세 방향에 있는 미군 부대들을 상대로 용감 하게 싸웠다. 미군은 철수 명령이 내려지기 전까지는 탈출로가 차단당했 다는 것을 알지 못하고 있었다. 강력한 중공군은 그날 오전에 주 도로를 차단하고 미군을 몰아냈고 운산에 있는 8기병연대를 지원하려는 5기병 연대(1기병사단 예하)의 후속 노력에 맞서 진지를 굳건히 지켰다.

11월 2일 이른 아침, 운산에서 철수하던 부대는 간선도로에서 매복 공 격을 받아 파괴된 차량으로 인해 도로가 막혔고 전차부대와 보병은 혼란 에 빠져 흩어졌다.

미군은 혼자 또는 서너 명씩 무리 지어 부상자들을 부축한 채 고지로 올라갔다. 일부는 도로를 피해 동쪽으로 우회한 후 남쪽으로 향했다. 또 다른 이들은 무작정 어둠 속에서 남쪽을 향해 달리면서 후방으로 향하는 길을 찾았다. 많은 이들이 포로로 잡혔고 전사자와 부상자들을 바로 확인 하기도 어려웠다.

가장 괴멸적인 기습은 운산 서쪽의 8기병연대 3대대에 대한 중공군의 공격이었다. 당시 3대대 병사들은 주변에 적이 없다고 확신하고 있었다. 11월 1일 오후, 일부 미군은 주요 보급로 근처 남쪽 어딘가에서 적진을 폭격하는 아군 비행기를 발견했지만 아무도 걱정하지 않았다. 철수 명령 이 하달되자 포병이 맨 먼저 철수했고 8기병연대 3대대는 연대의 후방을 엄호하라는 임무를 받았다. 3대대는 남면강[30] 다리 북쪽 끝에 자리를 잡 고 2개 분대를 배치해 다리를 경계 중이었다. 새벽 3시경 1개 소대인지 중대인지 확실치 않은 소규모 병력이 다리 남쪽으로부터 접근해오고 있

---

30 남면강: 자강도 위원군 낙민리에서 시작하여 위원 저수지로 흘러드는 하천으로, 남면 쪽으 로 흐른다고 해서 남면강으로 불렸다.

었다. 다리를 경계 중이던 분대는 아무 의심 없이 이들을 통과시켰다. 사전에 통보되지 않은 한국군이라고 생각했던 것이다. 미상의 병력이 대대지휘소에 접근하자, 그중 한 명이 나팔을 요란스럽게 불었고 그 신호에 따라 중공군이 소화기와 수류탄으로 사방에서 지휘소를 공격하기 시작했다. 또 다른 중공군은 강을 헤엄쳐 건너 남쪽으로 향했다. 남서쪽에서는 강둑을 따라 또 다른 적 부대들이 3대대 L중대와 치열한 교전을 했다. 처음으로 다리를 건너 대대본부 지역을 곧장 돌파했던 중공군은 총과 대검, 수류탄으로 공격하면서 아군 차량에 폭약 가방satchel charge을 던져 불을 지르기도 했다. 아군 다수는 적의 나팔 소리(중공군이 심리전의 한 형태로 운용했던 나팔 소리는 우리에게 고통스럽다 못해 나중에는 익숙하게 들렸다)와 귀에 익숙하지 않은 이상한 소리에 잠을 깼다. 철수 지시를 기다리며 잠에 빠져들었던 미군은 진지에서 나와 적과 백병전을 벌였다. 적을 때려눕히기도 하고 직사거리에서 권총으로 쏘기도 했다. 마치 카우보이와 인디언들이 싸우는 것처럼 적과 아군이 사방에서 전투를 벌였다.

미군 병사들은 지프차 뒤에 웅크리기도 하고 땅 위에 쓰러진 전우를 구하기 위해 달려가기도 했다. 박격포탄이 한가운데 떨어지기 시작하자, 아군이 있는 방향을 찾기 위해 개울을 건너 어두운 고지를 향해 무작정 달렸다. 아군은 두세 명씩 또는 대여섯 명씩 이동했는데 그들 중 다수가 부상을 입었다. 밤이 깊어지면서 낙오자가 된 전우들을 찾으면서 남쪽과 동쪽으로 계속 이동했다.

계곡에 남겨진 아군은 고립된 채 간신히 힘을 합쳐 저항을 이어갔다. 일부는 날이 밝아 아군 항공기가 지원하러 올 때까지 저항하며 버텼다. 그날 밤 지휘소 주변에서 적에게 포위되었던 아군은 적의 수류탄 공격으로 20명 중 15명이 목숨을 잃기도 했다. 날이 밝자 3대대 인원 중 66명의 장교와 200여 명의 병사들만이 전투 수행이 가능했다. 대대장 로버트 J. 오몬드Robert J. Ormond 소령은 다리를 건너던 적군이 지휘소에 던진 첫 번째 수류탄에 치명상을 입었다. 지휘소 주변 약 450m 반경 내에서 아군 부상자 170명이 발견되었다. 전사자 수는 집계되지 않았다.

남은 생존자들을 구출하려는 노력은 허사였다. 적이 견고하게 버티고 있었고 아군의 포병 지원도 부족했기 때문이다. 공중 공격도 짙은 연막 때문에 무용지물이었고, 연무로 인해 표적들이 제대로 보이지도 않았다. 살아남은 대대원들은 필사적으로 노력했으나 중공군의 포위망을 뚫지는 못했다. 날이 밝자 아군은 정교한 참호 시스템을 구축해서 많은 양의 보급품과 탄약을 유지할 수 있었으나, 적의 포위망을 벗어나려는 모든 노력은 물거품이 되었다. 때마침 사단 연락기가 날아와서 3대대는 야음을 틈타 철수하라는 내용의 전문을 지상으로 떨어뜨렸다. 지원부대는 구출 노력을 중단해야 했고, 3대대는 자력으로 탈출해야 했다. 보병과 전차부대들이 서로 협동해서 방어선을 형성하고 다음 날 밤까지 견디기로 결정했지만, 적 박격포탄이 떨어지자 아군 전차들이 먼저 방어선 밖으로 나가는 바람에 안전한 길을 택해 남서쪽으로 이동하기로 했다. 그런데 각 전차가 이미 두세 번 공격을 받은 상태여서 보병에게 아군 전차들은 아무 쓸모가 없었다. 보병들은 그들에게 행운을 빌고는 초조해하며 다음 공격에 대비했다.

중공군은 어둠 속에서 박격포를 쏜 뒤 보병을 앞세워 그들을 공격했다. 적의 포위망 안에 있던 아군은 고장 난 차량에 불을 질러 사방을 밝힌 다음 떼로 몰려드는 중공군을 격퇴했다. 약 400명 규모의 적이 여섯 차례나 포위망 안으로 공격해왔지만 모두 물리쳤다. 요란한 아군의 사격 소리를 들은 2대대는 고지 위에 피해 있다가 아군과 합류하기 위해 적을 공격했다. 탄약은 점차 줄어들고 있었고 포위망 내 아군은 매번 공격이 끝날 때마다 겹겹이 쌓인 중공군 시체 위를 기어가서 적의 무기와 탄약을 회수해왔다. 중공군도 지휘소 주변의 포위망을 뚫고 많은 부상자를 후송해갔다. 중공군 또한 살기 위해 중공군 전사자의 시체 더미 위를 기어가야만 했다.

날이 밝아도 아군 항공지원은 없었다. 남은 식량은 부상자들에게 나누어주었다. 부상병 250명 중 전투가 가능한 병력은 200명 정도 되었다. 11월 4일 이른 아침 부상자들은 중공군에게 항복하고 생존자들은 탈출을 시도하기로 결정했다. 대대 군의관 클래런스 R. 앤더슨^{Clarence R. Anderson} 대위는 부상자들을 돌보면서 항복을 돕기 위해 자진해서 남았다. 선발대가 길가 도랑을 따라가면서 북쪽 마을을 지나 강의 도하 지점에 이르러 강을 건널 수 있는 방법을 찾은 뒤에야 생존자들이 동쪽으로 이동하기 시작했다. 다행스럽게도 중공군이 공격에 대비해 쏜 백린 연막탄이 아군의 이동을 가려주어서 그들은 이내 적 포위망을 빠져나가 적이 없는 개활지를 통과할 수 있었다. 그들은 밤새 쏟아지는 비를 뚫고 동쪽과 북쪽, 그리고 결국에는 남쪽과 남서쪽으로 이동해서 아군이 기다리고 있는 입석(평안남도 안주군) 근처까지 도달했다. 그러나 아군 진지에 도달하기 전에 중공군이 그들을 포위하는 바람에 소그룹으로 나누어 탈출을 시도했으나 그중 일부만이 아군 진지에 도착할 수 있었다. 이때 얼마나 많은 아군이 전사하고 부상을 입고 포로로 잡혔는지 정확한 집계는 이루어지지 않았다. 포로로 잡힌 일부 아군은 탈출해서 며칠 후 연대에 합류하기도 했다. 대대장 올몬드 소령을 포함한 부상자 일부는 포로로 잡힌 뒤 사망해서 중공군이 이들을 묻어주었다. 또 탈출한 아군 일부는 도중에 친절한 한국인들이 숨겨준 덕분에 몇 주 후에 본대로 복귀했다. 11월 22일 중공군은 대부분 운산 근처에서 잡은 포로 27명을 풀어주었다. 처음에는 희생자가 1,000여 명이 넘을 것이라고 우려했으나, 총 600여 명으로 집계되었다.

아군 포로들을 풀어준 중공군의 행동은 뒤에서 아군 포로들의 머리를 총으로 쏘곤 하던 북한군의 만행과는 극명한 대조를 이룬다. 한번은 실제로 중공군이 부상당한 아군 포로들을 들것에 실어서 도로 위에 놓고 철수한 다음 아군 의무병이 와서 그들을 트럭에 싣는 동안 사격을 하지 않은 경우도 있었다. 사실 이러한 중공군의 행동은 서양인의 삶에 대한 무지에 비롯되었는데, 그들은 통제된 교육을 받은 탓에 서양인의 삶에 대해 무지할 수밖에 없었다. 중공군이 포로가 된 아군 병사들을 아군 진영으로 돌려보내기 전에 "자신이 받은 인도적 대우에 대해 동지들에게 말하고 장교들에게 총을 겨누어 스스로 압제에서 벗어나라"고 강요한 것으로 볼 때, 그들은 자본주의의 모든 희생자가 고통받고 있다고 믿도록 세뇌교육을 받은 것이 틀림없었다. 아마도 그들은 자본주의 지옥에서 벗어나 공산주의 천국에서 자유를 누리게 하려는 자신들의 초대에 아군의 전 사단이 응답하리라고 자신 있게 기대했을 것이다.

우리가 알고 있는 중공군은 인명 피해에는 신경쓰지 않고 공격을 감행하는 강인한 전사들이었다. 하지만 그들은 우리가 알고 있는 북한군보다 어떤 면에서는 더 문명화된 적이었다. 많은 경우 중공군은 부족한 식량을 포로들에게 나눠주고 호의를 베풀면서 공산주의 세상에서 사는 것이 훨씬 나은 삶이라는 것을 일깨워주고자 노력했다. 우리가 서울을 재탈환했을 때, 우리는 폭격으로 파괴된 도시를 수리하기 위해 우리가 가져다놓은 건설 자재들을 중공군이 무자비하게 파괴하지는 않았다는 사실을 알게 되었다. 하지만 그들이 영등포에서 수원으로 내려올 때는 매우 조직적으로 모든 가옥에 불을 질렀다.

8기병연대는 운산에서 거의 절반이 넘는 병력이 희생되었고, 105mm 포 12문, 전차 7대, 그리고 125대가 넘는 트럭과 무반동총 12정을 포함한 장비의 상당 부분을 잃었다. 운산 근처에서 한국군 1사단과 미 1기병사단 예하의 5·8기병연대와 교전한 것은 중공군 39군 예하의 115·116사단과 347연대의 병력이었던 것으로 나중에 확인되었다. 이 교전 이후 중공군은 늘 하던 식으로 어느 정도 거리를 유지하며 북쪽으로 물러났지만, 5기병연대와 7기병연대는 가벼운 저항에 맞서 11월 11

일까지 청천강 북쪽의 얕은 교두보를 구축하고 유지할 수 있었다.

워커 장군은 확실히 수적으로 우세해 보이는 적을 지속적으로 공격하기에는 아군의 전력과 장비가 부족하다는 점을 잘 알고 있었다. 그는 곧바로 도쿄에 "새로 투입된 조직적이고 잘 훈련된 적의 부대들로부터 매복공격과 기습공격을 받았으며, 그들 중 일부는 중공군이었다"는 것을 알리는 전문을 보냈다.

하지만 도쿄에서 돌아온 대답은 오히려 워커 장군이 계획대로 북진하지 못하고 있는 것에 대한 불만과 조바심 섞인 내용뿐이었다. 1기병사단의 전투를 통해 중공군이 대규모 전투에 참전했다는 것이 확실해졌는데도 불구하고 사령관(맥아더)은 새로운 낙관적인 판단으로 일관하고 있었다. 맥아더 장군은 압록강 교량들에 대한 폭파 명령을 철회하라는 합참의 지시를 재앙이라고 하면서 압록강을 넘어온 중공군이 "내 휘하의 부대들을 괴멸시키려고 위협을 가하고 있다"라고 경고했다. 이때가 11월 8일이었다.

그러나 11월 9일 극동군사령부는 다시 한 번 긍정과 낙관적인 분위기에 사로잡힌 채 합참에 전문을 보내어 아군 공군력으로 적의 증원부대들이 압록강을 넘어오지 못하도록 할 수 있으며 유엔군의 능력으로 현재 당면한 모든 군사적 위협을 파괴할 수 있다는 자신감을 표명했다. 이것이 중공군의 개입이 이제 확인된 사실로 보인다는 합참의 경고에 대한 맥아더 장군의 답변이었다. 달갑지 않은 모든 사실을 무시하거나 배제해버리는 이러한 모든 인간적 결점은 맥아더의 본성에서 평균적인 수준을 넘어 점점 커지고 있는 것처럼 보였다. 예를 들어, 맥아더 장군의 정보참모부는 중공군이 매달 20만 명의 병력을 압록강 너머로 투입했을 것으로 추산했지만, "대규모 예비대와 충분한 보급을 받은 새로운 적 부대들이 나타났다"라고 보고한 지 채 2주도 지나지 않아 맥아더 장군은 또다시 완전한 승리를 달성하는 것이 가능하며, 북한에서 저항하는 모든 적 부대들을 파괴하기로 했던 최초 계획을 폐기하는 것은 "치명적인" 결과를 초래할 것이라고 합참에 장담했다.

11월 24일 맥아더는 즉각 도쿄로부터 날아와 압록강을 향해 "진격"하라는 명령을 내리면서 조금의 의심도 없이 "중공군은 이 전쟁에 참전하지 않을 것이며" 전쟁은 2주 이내 끝나게 될 것이라고 단언했다. 이로 인해 이 진격 작전을 크리스마스 공세Home-by-Christmas offensive라고 부르게 되었다.

맥아더 장군이 압록강을 향한 진격을 "공격"이라고 표현했지만, 실제로는 적과 접촉하기 위한 진격에 지나지 않았다. 적의 위치는 식별되지도 않았고 존재 자체가 확인되지도 않았다. 아군과 완전히 접촉이 단절된 적을 공격하는 것은 가능하지 않았기 때문이었다. 당시 많은 야전 지휘관들은 강력한 중공군 부대들이 어딘가에 대기하고 있다고 확신하고 있었고, 한두 명의 지휘관은 인접 부대와 협조 없이 측방 위협도 고려하지 않고 맹목적으로 진격하는 것이 현명한 일인지에 대해 강한 의구심을 품고 있었다. 하지만 아무도 진격 명령을 이행하는 것에 주저하지 않았다. 많은 이들이 맥아더 사령관의 열정적인 낙관주의를 그대로 받아들였다. 심지어 청천강 북쪽에서 적이 아군을 기다리고 있을지도 모른다는 합리적 의심을 하고 있었던 워커 장군조차도 불길한 예감이 가시지 않았음에도 불구하고 8군이 보급품을 충분히 보충받는 즉시 전진할 것이라고 서둘러 극동군사령부를 확신시켰다.

중공군의 대규모 개입 위협이 개연성 있고 임박해 보이는 상황에서 펜타곤도 맥아더 장군이 부대들을 분산시키고 있는 것이 달갑지 않았다. 그러나 야전부대에서뿐만 아니라 펜타곤에서도 다른 모든 사람들의 판단이 잘못되었을 때 대부분 옳았던 이 거물급 군인을 거의 미신에 가까울 정도로 경외하는 분위기였다. 그가 판단 착오를 일으킨 적은 눈에 띄게 적었으나 판단 실수를 그가 인정한 적은 없었다. 그래서 당시에 고집과 열정으로 가득 찬 채 자신의 뜻대로 하면서 비판에 귀 기울일 줄 모르는 인간을 저지하려 해봤자 소용없다고 생각하는 이들도 있었다.

펜타곤은 맥아더 장군이 소련 국경 인접 지역이나 만주 국경 지역에 한국군 이외의 군대를 투입해서는 안 된다고 1950년 9월 27일 합참이 하달한 훈령을 의도적으로 불복종했다는 사실을 곧 알게 되었다. 맥아더 장군은 압록강과 두만강을 향한 최종 진격을 개시할 때 한국군 외 다른 부대들의 투입을 금지한 조항들을 모두 삭제하도록 지시했고, 미 합참이 의문을 제기하자 그것은 군사적 필요에 따른 결정이었다고 말했다. 나중에 콜린스 미 육군참모총장은 의회 군사위원회에 증인으로 출석하여 당시 펜타곤은 맥아더 장군이 또 다른 명령에 불복종하여 더 심각한 결과를 초래할지도 모른다는 점을 우려했다고 증언했다.

하지만 맥아더 장군의 상관들이 개인적으로 어떤 태도를 보였든 간에 맥아더 장군에게 공개적으로 이의를 제기하는 사람은 없었다. 내가 개인적으로 이의를 제기했으면서도 "공개적으로 이의를 제기하는 사람이 없었다"고 한 것은 사적인 것을 넘어서 공적으로 맥아더 장군에게 이의를 제기할 수 있는 권한이 나에게 없었기 때문이다.

12월 3일 침울한 일요일에 열린 회의에서 내가 더 이상 참지 못하고 이의를 제기한 것을 나는 지금도 생생하게 기억하고 있다. 그날 우리는 합참 워룸War Room에서 모여 장시간 북한 지역에서 벌어지고 있는 불길한 상황에 대해 토론했다. 국무장관과 국방장관도 오랜 시간 동안 그 회의에 참석했다. 급격하게 악화하고 있던 사태를 바로잡기 위해 극동군사령관에게 단호한 명령을 내려야 한다고 주장하는 사람은 아무도 없었다. 그러한 책임과 권한은 명백히 그 회의에 참석한 사람들에게 있었기에 나는 양심상 그만 내 재량권을 넘어서는 행동을 하고 말았다. 발언 기회를 얻은 나는 우리가 이미 토론에 빌어먹을 시간을 너무 많이 허비했으니 즉각적인 조치를 취할 필요가 있다고 너무 직설적으로 나의 속내를 불쑥 털어놓았다. 나는 우리 모두 전쟁터에 있는 장병들의 생명을 책임져야 하는 의무와 신에 대한 의무를 지고 있기 때문에 토의를 중단하고 즉각 조치를 취해야 한다고 주장했다. 회의실 큰 책상에 앉아 있던 20명과 뒤편 벽면에 앉아 있던 다른 20명은 나의 주장에 아무런 대답도 하지 않은 채 침묵으로 일관했다. 내 뒤에 앉아 있던 한 해군 동료로부터 "당신을 알게 되어 자랑스럽습니다"라고 적힌 메모지를 받은 것이 전부였다. 나도 그에게 메모로 답했다.

결국 이 회의는 아무런 결정도 내리지 못한 채 해산되고 말았다. 국무장관과 국방장관은 회의실을 떠났고, 합동참모 위원들은 남아서 잠시 더 논의했다. 나는 호이트 반덴버그Hoyt Vandenberg 장군에게 다가갔다. 내가 웨스트포인트West Point(미 육사) 교관이었을 때 그는 생도였기 때문에 서로 잘 알고 있었다. 밴Van과 나 사이에는 서로 구차한 설명이 필요 없었다.

나는 그에게 물었다. "합동참모 위원들 명의로 맥아더 장군에게 명령을 보내서 지시하는 건 어떨까?"

밴은 고개를 저었다.

"그게 무슨 소용이 있겠습니까? 맥아더 장군은 명령에 따르지 않을 겁니다. 우리가 할 수 있는 게 있을까요?"

그 말을 듣고 나는 화가 나서 소리쳤다.

"명령에 복종하지 않는 지휘관은 누구든지 해임할 수 있잖아?"

당시 밴의 표정을 나는 영원히 잊지 못할 것이다. 그는 입을 벌린 채 어리둥절해하며 놀란 표정으로 나를 쳐다보았다. 그리고 아무 말 없이 회의실을 나가버렸다. 이후에 다시는 이 문제에 대해 그와 논의할 기회가 없었다

이런 장시간 회의에서 분별력을 잃고 내 감정을 드러낸 것은 이번이 처음이 아니었다. 이전에도 나는 토론을 하는 것보다 행동을 위한 조치가 필요하다고 주장한 적이 있었는데, 그때도 침묵 이외에 아무런 답을 듣지 못했다. 하지만 내 직속상관이었던 육군 참모차장 웨이드 헤이슬립Wade

Haislip 대장이 내 사무실로 들어와 웃으면서 말했다.

"아까는 멋졌어. 근데 머지않아 자네는 여기에서 내쫓겨서 당나귀를 타고 눈보라 속을 헤매는 신세가 될 거네."

그럼에도 불구하고 나는 이때의 돌발 행동에 대해 후회하지 않았고 그 이후에도 후회한 적이 없다. 나는 지휘관은 그에게 잠시 목숨을 맡긴 부하들이 불필요하게 희생되지 않도록 해야 하는 무거운 의무를 안고 있다고 항상 생각해왔다.

한국전쟁에 참전한 몇몇 지휘관은 압록강에 가까워질수록 그들 앞에 놓인 위험을 분명히 인식하고 있었다. 그들은 맥아더의 명령을 충실히 따르는 한편 재앙을 미연에 방지하기 위해 그들이 할 수 있는 조치들을 취했다. 실제로 일부 지휘관들의 선견지명이 아니었더라면(어떤 경우에는 고의적으로 시간을 끌기도 했다) 이후의 패배는 일부 언론이 그렇게 만들려고 했듯이 완전한 파멸로 끝났을 것이다.

워커 장군은 수적으로 훨씬 우세한 대규모 중공군이 국경지대 남쪽 어딘가에 숨어 있다는 것을 그 누구보다도 민감하게 느끼고 있었을 것이다. 다른 사람들이 불안하게 느끼고 있을 때 여전히 일부 동료들은 낙관주의에 사로잡혀 있었다. 최초의 유혈 충돌 이후 중공군은 또다시 자취를 감추고 사라져버린 것처럼 보였다. 불을 피운 흔적도, 눈길 위를 이동한 자국도, 도로를 따라 보급품을 운송하는 모습도 보이지 않았기 때문이다. 우리의 정보 보고들이 기대에 미치지 못하는 수준도 아니었다. 돌이켜보면 이 정보 보고들은 사실에 상당히 가까웠던 것으로 판명되었다. 우리는 그러한 정보를 수집하는 데 실패했던 것이 아니라 수집된 사실들을 제대로 해석하지 못했던 것이다. 11월 10일 극동군사령부 정보참모부는 함흥 북쪽 고원의 저수지(장진호) 일대에 집결하고 있는 중공군이 "주도권을 잡고 함흥 북쪽과 북동쪽의 유엔군 부대를 차단하기 위해 남쪽으로 협조된 공격을 가할지도 모른다"고 보고했다.

하지만 맥아더 장군은 리틀 빅 혼 전투^{Battle of the Little Bighorn}³¹에서 조지 커스터^{George Custer} 중령이 그랬던 것처럼 북한군 잔류 병력을 완전히 파괴하고 한반도 전체의 평화라는 그의 목표를 신속하게 달성하는 데 지장이 되는 정보들에 대해서는 눈과 귀를 닫아버렸다.

맥아더 장군의 표현대로 작전 개념은 "10군단이 적에게 지형적 이점을 줄 수 있는 북쪽 지역을 양분하여 포위할 수 있는 유리한 위치에 이르게 되면" 8군이 "대규모 압축 포위를 완성하여 포위망을 닫는 것"이었다. 그의 명령을 이행하기 위해 워커 장군은 용감하면서도 신중하게 부대를 기동시켰다. 하지만 장비와 예비대의 부족으로 인해 부대를 청천강 남쪽으로 철수시킬 수밖에 없었다. 그는 간신히 임무 수행이 가능한 수준으로 부대를 보강한 후에 통제선^{phase lines}으로 북진시켰다. 그는 험한 산악지형에 가로막혀 8군과 10군단이 상호 지원할 가능성이 없게 되자 노출된 그의 우측과 압록강과 전방 부대 사이에 있는 강력한 적을 항상 의식해야 했다. 간단히 말해 워커 장군은 자신의 약점과 적의 강점을 너무 잘 알고 있었기 때문에 측면을 고려하지 않는 패튼 방식으로 진격할 수는 없었던 것이다. 맥아더와 그의 관계를 고려하면 그가 그것보다 더 잘 할 수는 없었을 것이다. 워커 장군의 의도는 항상 8군을 가까이에서 직접 통제하려는 것이었다. 8군 전투서열^{Order of Battle}은 미 1군단(미 24사단, 영국군 27여단, 한국군 1사단), 미 9군단(미 1사단, 미 25사단, 터키여단), 한국군 2군단 (한국군 6·7·8사단)으로 구성되어 있었고, 예비병력으로는 1기병사단이 있었다.

---

31 리틀 빅 혼 전투: 1876년 6월 25일~26일 미국 몬태나주의 리틀 빅 혼 강 일대에서 미 연방군과 인디언 원주민 부족 간에 벌어진 전투였다. 이 전투에서 7기병연대를 지휘한 커스터 중령은 지형은 물론 인디언 전사들의 수를 잘못 파악한 상태에서 증원군을 기다리지 않고 급하게 공격에 나섰다. 무리한 공격으로 600명의 기병 중 268명이 전사하고 55명이 부상을 입었으며 커스터 자신도 전사했다. 맥아더 장군은 커스터와 마찬가지로 7기병연대를 지휘했는데, 이 두 사람은 모두 고집이 세고 과장을 좋아하는 리더의 전형으로 비유되기도 한다.

한반도는 북쪽으로(청천강 이북) 갈수록 지형이 상당히 넓어지는데, 이는 빈약한 워커 장군의 부대가 광범위한 지역에 흩어진다는 것이고 8군 우측에 있는 10군단과의 간격이 더 벌어진다는 것을 의미했다. 위험할 정도로 노출된 8군의 우측은 점점 더 위험에 빠질 수밖에 없었다. 더구나 이 우측을 담당했던 부대는 사실 8군 예하 부대 중에서 가장 신뢰도가 낮은 한국군 2군단이었기 때문에 워커 장군은 항상 마음을 졸여야만 했다. 당시 워커 장군이 극동군사령부와의 관계가 좋지 않게 된 것에 대해 크게 불안해했다는 사실은 그가 갑자기 교통사고로 죽기 직전 나눈 사적인 대화를 통해 알려지게 되었다. 워커 장군은 어느 종군기자와의 사적인 대화에서 자신이 청천강 이북으로 또다시 진격하는 것에 대해 심사숙고할 수밖에 없었던 이유를 설명하고 싶어했다. 그는 필요할지도 모른다고 생각하여 후퇴할 준비를 했고 이것을 알게 된 그의 상관(맥아더 장군)으로부터 메시지를 받게 되었다고 했다. 하지만 그는 이러한 후퇴 준비가 8군 병력 대부분을 구해내고 다시 싸울 수 있는 기회를 마련할 수 있는 길이라고 확신했다. 그런데 이번에 중공군 공세 앞에서 8군을 후퇴시켰다는 이유로 자신이 곧 해임될 것으로 생각하고 있다는 사실을 기자에게 털어놓았다.

워커 장군(8군)의 우측에 인접해 있던 올리버 스미스Oliver Smith 장군이 지휘하는 해병 1사단은 한반도의 지붕에 해당하는 북서쪽으로 진격하라는 명령을 받고 압록강의 강계와 만포진으로 진격했다. 해병 1사단이 북진하면서 이용할 수 있었던 유일한 길은 흙과 자갈이 깔린 좁고 구불구불한 외길뿐이었는데, 이 외길은 가파른 절벽과 능선들을 따라 한반도의 어느 곳에서도 볼 수 없는, 사람이 살지 않는 험준한 산악지대로 이어져 있었다. 황초령 길로 알려진 한 구간은 좁고 아슬아슬한 바위를 따라 700여m를 오르는 16km 길이의 구간으로, 한쪽에는 통과할 수 없는 절벽이 있고 다른 한쪽에는 협곡이 있었다. 이 길은 아군에게 큰 재앙이 될

●●● 미 해병 1사단장 올리버 스미스 장군. 해병 1사단장 스미스 장군은 워커 장군과 마찬가지로 자신에게 위기가 닥쳐오리라는 것을 예상하고 임무 달성에 필요한 보급품과 병력이 충분하지 않다는 확신 하에 바다를 향한 전진을 시작했다. 지적이고 말투가 부드러우며 외유내강형인 그는 장진호 전투 당시 상부의 독촉에도 불구하고 의도적으로 진군 속도를 늦추고 하갈우리에 임시 활주로를 건설하는 등 탁월한 리더십으로 미 해병 1사단을 전멸 위기에서 구출하는 후퇴작전을 성공시켰다. 〈사진 출처: WIKIMEDIA COMMONS | Public Domain〉

뻔했던 황량하고 거센 바람이 부는, 얼음으로 덮인 장진호 남서쪽 모퉁이에 있는 유담리라는 비참한 마을에서 끝났다. 유담리에 닿으려면 그 전에 심하게 구불거리는 이 길을 따라 올라가 고도 1,200미터가 넘는 덕동 고개를 넘어야 했는데, 덕동 고개의 기온은 미국 알래스카주와 비슷했다.

해병 1사단장 스미스 장군은 워커 장군과 마찬가지로 자신 앞에 위기가 닥쳐오리라는 것을 알고 있었고 임무 달성에 필요한 보급품과 병력이 충분하지 않다고 확신했음에도 불구하고 진격하기 시작했다. 10군단 사령부가 진격 속도를 높이라고 지시했음에도 불구하고 그는 부대의 안전을 먼저 확보하면서 주의 깊게 이동했다. 스미스 장군은 자신 앞에 어떤 재앙이 닥칠지 알 수는 없었으나 진격을 개시하기 전에 워커 장군의 맨 우측 부대인 한국군 2군단이 덕천 일대에서 붕괴되었다는 소식을 들었다.[32] 당시 덕천에서 북동쪽으로 약 110km 떨어진 유담리에는 해병 1사단의 선두 부대인 5연대전투단이 진출해 있었는데, 이들은 사단의 첫 목표였던 무평리 마을까지 약 90km를 남겨둔 상태였다. 유담리에서 덕천, 그리고 유담리에서 무평리에 이르는 지형은 황량한 데다가 험하고 거의 길도 없었다. 이제 스미스 장군의 부대는 인접 부대(한국군 2군단)의 붕괴로 좌측이 넓게 노출되어 이전보다 더 위험해졌다.

　스미스 장군은 적의 능력이 어느 정도인지 판단하고 거의 통과가 불가능한 지형으로 둘러싸인 채 먼 길을 가야 한다는 것을 알고 불안했음에도 불구하고 목표를 향해 과감하게 전진했다. 그는 비장한 각오로 해병대사령관에게 "합리적으로 확보가 가능한 지역"에 그의 사단을 투입하고 있다고 보고했다. 주 보급로(그곳의 유일한 도로였음)를 확보하고 경계하기 위해 모든 노력을 강구하고 있으며, 장진호 남쪽 끝에 활주로를 만들어서 필수 보급품의 공중보급과 부상자들에 대한 항공후송을 준비하고 있다고 했다. 그리고 부대가 진격할 때는 항상 좌우 고지를 반드시 확보하기 위해 노력하고 있다고 보고했다. 나중에 밝혀진 바에 따르면, 이와 같은 교과서적인 예방 조치들 덕분에 훌륭한 전투부대가 후방으로 공격하면서 적의 포위망을 빠져나올 수 있었고 미군 역사상 가장 성공적인

32　1950년 말 한국군 2군단 예하에는 3개 사단(6, 7, 8사단)이 있었다. 이 중 6사단은 10월 말 압록강에 선착했다가 중공군의 포위에 사단이 무너졌고 한 달 뒤 7사단과 8사단은 각각 덕천과 영원으로 진출했다가 중공군의 공격으로 하룻밤 사이에 무너짐으로써 2군단 전체가 붕괴했다.

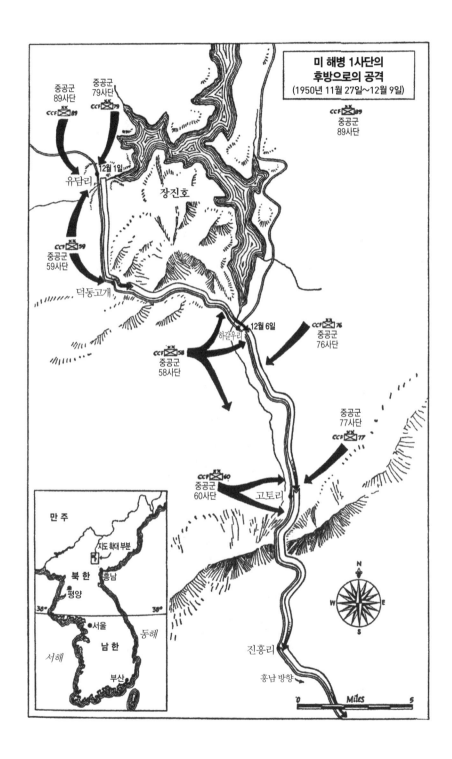

미 해병 1사단의
후방으로의 공격
(1950년 11월 27일~12월 9일)

중공군
89사단
CCF 89

중공군
79사단
CCF 79

중공군
89사단
CCF 89

12월 1일
유담리

장진호

중공군
59사단
CCF 59

덕동고개

12월 6일
하갈우리

CCF 76
중공군
76사단

CCF 58
중공군
58사단

중공군
77사단
CCF 77

CCF 60
중공군
60사단

고토리

만 주

지도 확대 부분

북 한
흥남

평양

38°   38°

서울

동해

남 한

서해

부산

진흥리

흥남 방향

N
W   E
S

0   Miles   5

후퇴작전이 순조롭게 진행될 수 있었다.

해병 1사단의 우측, 한반도의 동북쪽에서는 미 7사단이 이원에서부터 압록강 변의 혜산진까지 진격 중이었다. 같은 시기에 한국군 부대 중 가장 우수했던 1군단이 동해안 도로를 따라 소련과 맞닿은 국경지대로 진출 중이었다. 미 7사단장 데이비드 바David Bar 소장은 해병 1사단장처럼 적으로부터 잔인한 공격을 받지는 않았지만, 해병 1사단 앞에 펼쳐졌던 것과 같은 가파르고 좁고 구불구불한 외길을 따라가야 했다. 더구나 해병 1사단과 7사단 사이에는 접근 불가능한 산악지대뿐이어서 상호 지원은 불가능했고 정찰대끼리의 접촉도 어려웠다.

맥아더 장군이 가능하면 신속히 임무를 종결해야 한다는 강한 의지를 표명한 것은 이해할 수 있지만, 적의 능력이나 아군의 보급 상황, 지형, 그리고 아군 부대들이 분산된 상태 등 확인된 모든 점을 고려했을 때 그의 계획이나 명령이 바람직했다고 정당화하기는 어렵다. 실제로는 그렇지 못했으나 부대들이 충분한 장비와 보급품을 갖추고 충분한 병력을 보유했더라도 결과는 마찬가지였을 것이다.

일반적이지는 않지만 적어도 정부 "절약론자들"이 우리 군대에게 가한 짓 중에서 기억할 만한 점은 당시 7사단 17연대전투단이 병력과 보급품에 있어서 최하위 수준이었다는 것이다. 당초에는 17연대전투단(10군단 예하)을 해상을 통해 원산-흥남 지역으로 이동시킨 뒤 서쪽으로 진출시켜 8군과 연결할 계획이었다. 그들이 한반도를 가로질러 이동했더라면 틀림없이 사람이 살 수 없을 정도로 지형이 험하며 길이 거의 없고 있다 해도 위험하다는 것을 알게 되었을 것이다. 하지만 그렇다고 해서 나중에 명령을 받은 대로 압록강을 향해 북서쪽으로 진격하는 것이 그것보다 덜 힘든 것은 아니었을 것이다.

H. B. 파월H. B. Powell 대령(나중에 주 뉴질랜드 미국 대사를 역임)이 지휘한 17연대전투단은 10월 29일에 이원 지역에 상륙해 압록강을 향해 북

진할 준비를 했지만, 이미 3일 전 한국군 부대들이 명령에 따라 북진 경쟁 중이었다는 것을 전혀 알지 못했다. 병사들은 가죽 전투화를 신고 있었으나 일부 인원만이 극지방용 전투화를 신고 있었다. 동계 신발류도 부족했고 심지어 다수가 장갑도 끼고 있지 않았다. 동계 피복들이 전반적으로 부족한 상태였다. 탄약은 나중에 약간 부족하게 되었지만 대체로 임무를 수행하는 데 충분한 수준이었다. 식량 사정도 비교적 양호했고, 병력은 약 85% 수준이었다.

17연대전투단의 목표는 압록강으로부터 약 160km 떨어져 있는 혜산진이었다. 그곳에 가려면 험준한 흙길을 따라 산악지역을 올라가야 했다. 그곳은 몸을 숨길 만한 것이라고는 낮은 관목이 전부였고, 만주벌판에서 불어오는 칼바람으로 기온이 섭씨 영하 35도까지 떨어졌다. 행군 도중 한 지역에서 4명의 정찰대가 빠른 유속의 하천을 건널 지점을 찾던 중 살을 에는 추위에도 불구하고 허리 깊이의 하천으로 뛰어들었다가 즉시 몸이 얼고 말았다. 그들은 곧바로 따뜻한 텐트로 옮겨져 입고 있던 옷들을 모두 잘라내야 했다.

다행히도 해병 1사단에 비해 17연대전투단이 상대해야 했던 중공군의 저항은 약하고 간헐적이었다. 하지만 밤이 되면 차량이 얼었고 전투화의 땀이 얼음으로 바뀔 정도로 추웠다. 부족한 동계 피복, 동상에 걸린 손가락, 빈약한 식량 사정으로 인해 끊임없이 고통을 겪으면서도 17연대전투단은 마침내 11월 21일 압록강에 성공적으로 도달했다. 압록강에 도달한 유일한 미군 부대였던 그들이 만주의 끝없는 얼음 황무지를 바라볼 수 있는 시간은 며칠밖에 없었다.

그런 다음 모든 곳에서 전황이 급속도로 나빠지자, 10군단은 17연대전투단의 안전에 대해 걱정하며 즉각 철수를 명령했다. 함정에서 벗어나기 위한 탈출은 급하게 이루어졌으나 부대가 공황상태에 빠지지는 않았다. 17연대전투단은 밤낮으로 이동하면서도 우리의 훌륭한 지휘관들이 지략, 창의성, 결단성, 전술적 기량을 발휘하여 모든 장비와 보급품을 유지한 채 성공적으로 철수했고 가벼운 피해만 입었을 뿐이었다. 그들은 어느 한 지역에서 협궤 철로를 확보해서 병력과 장비들을 신속히 남쪽으로 이동시키기도 했다. 또 다른 곳에서는 연대의 중장비를 운반하기 위해 일본이 제2차 세계대전 이전에 설치했던 광산 케이블카를 이용하여 도로도 없는 산악지형을 16km 정도 이동했다.

중공군의 소규모 유격대가 후퇴하는 그들을 괴롭히기도 했으나, 해병 항공대가 끊임없는 근접항공지원으로 적을 저지했다. 그리고 처음으로 전투 현장에서 대대장이 상공에 있는 비행편대장과 직접 교신할 수 있게 되어 밀집된 적에 대한 정밀공격을 즉각 요청할 수 있었다. 사실 이때 중공군의 집중공격은 다른 지역에서 진행되고 있었다. 하지만 17연대전투단이 전투의지가 부족하고 전술적 능력이 없었거나 창의적 리더십이 부족했더라면 악천후와 적의 공격으로 인해 대규모 피해를 입었을지도 모른다. 17연대전투단은 비교적 적은 인명피해를 입고 대부분의 장비들을 보유한 채 무사히 해안교두보 지역으로 철수할 수 있었다.

반면에 미 해병 1사단과 7사단 예하 2개 대대는 훨씬 더 고통스러운 경험을 해야 했다. 하지만 사단장 스미스 소장의 탁월한 리더십과 선견지명 덕분에 부대의 완전 괴멸을 막을 수 있었다. 앞서 설명했던 것처럼 스미스 장군은 10군단의 강압에도 불구하고 후방 철수로를 개방하고 안전하게 유지하기 위해 시간 여유를 가지고 해병 1사단을 장진호 근처의 황량한 고원으로 이동시켰다. 또한 도로 중간중간에 탄약과 유류, 보급품들을 모아두도록 지시했고 도로 인근의 고지대를 확보했으며 부상자 후송을 위해 활주로도 만들었다. 그리고 합리적 판단으로 확신이 섰을 때만 부대를 앞으로 이동시켰다. 곳곳에서 치고 빠지는 형태의 간헐적인 적의 저항이 있었는데, 포로를 통해 확인한 결과 모두 중공군이었다.

군의관들에 따르면, 갑작스러운 강추위는 적의 사격보다도 더 큰 충격을 주었다. 스미스 장군은 중공군 대규모 부대가 전방 어딘가에서 아군을 기다리고 있다는 것을 확실히 알았고, 적의 포위망 속으로 끌려 들어가는 것은 아닌지 걱정했다. 하지만 10군단 사령부는 맥아더 장군의 기대를 충족시켜야 한다는 생각에 스미스 장군에게 신속히 목표지역으로 진격하라고 요구했다. 그곳은 장진호 서쪽 끝에 있는 초가 마을이었는데, 부대가 11월 말 그곳에 도착했을 때는 이미 한반도에 혹독한 겨울이 시작되고 있었다. 중공군은 오래전부터 라디오 방송을 통해 위협했던 대로 대규모 공세를 준비하고 있었다.

한편 서쪽에서는 8군이 청천강 북쪽을 향해 다시 한 번 진격했다. 첫 이틀 동안은 적의 부분적인 저항이 있었을 뿐이었다. 극동군사령부의 낙관적인 예상이 맞는 것처럼 보였지만, 워커 장군은 국경지대로 무모하게 진격하는 것에 대해 여전히 강하게 반대하고 있었고 그의 두려움은 곧 현실로 다가왔다.

11월 26일 중공군은 맹렬한 기세로 8군을 다시 공격했다. 첫 공격 대상은 8군의 우측 부대인 한국군 2군단이었다. 중공군은 한국군 잔여 병력을 몇 시간 만에 쓸어버리며 워커 장군의 우측을 사실상 붕괴시켜버리고 말았다. 중공군은 미국인들을 모독하듯 쉴 새 없이 나팔을 불어대며 다음 표적으로 미 2사단을 공격하기 시작했다. 미 2사단은 계속되는 적의 공격으로 4,000명이 넘는 병력과 다수의 포병, 통신, 공병 장비를 잃었다. 유일하게 폴 프리먼Paul Freeman 대령의 23연대전투단만이 사단장의 승인을 받아 큰 피해를 입지 않고 서쪽으로 철수했다. 워커 장군은 20만 명으로 추산되는 중공군의 공격이 있었고 상황은 절망에 가까웠다고 도쿄에 보고했다. 워커 장군이 경고한 대로 이것은 적의 역습이 아니라 대규모 공세였다. 그는 유엔군 전선 전체를 조정할 필요가 있다는 것을 직감했다.

●●● 한국전쟁의 주요 전투 중 하나인 청천강 전투(1950년 11월 25일~12월 2일) 당시 유엔군 진지를 기습하고 있는 중공군의 모습. 청천강 전투에서 중공군에게 패배하면서 미군을 중심으로 한 유엔군과 한국군은 38선 이남으로 후퇴해야만 했다. 〈사진 출처: WIKIMEDIA COMMONS | U.S. Marines in the Korean War | Public Domain〉

미 해병 1사단은 동쪽을 향해 절벽과 음침한 협곡을 따라 이동했다. 유담리에서 고토리, 하갈우리를 거쳐 남쪽으로 60km 정도 떨어진 진흥리까지 구불구불한 도로를 따라 부대가 흩어져 있었다. 이때쯤 중공군의 공세로 인해 8군의 우익(한국군 2군단)이 붕괴되었다는 소식을 듣게 되었다. 고토리에서 진격을 지휘하던 레이먼드 머레이Raymond Murray 중령의 해병 5연대, 그 뒤를 이어 호머 B. 리첸버그Homer B. Litzenberg 대령(나중에 중장까지 진급)의 해병 7연대가 워커 장군의 8군에 대한 중공군의 압박을 풀기 위해 서쪽으로 공격하라는 명령을 받았다. 스미스 해병 1사단장은 그들에게 경계 태세를 늦추지 말고 적의 매복 공격에 주의하라고 지시했다. 해병 5연대와 해병 7연대가 이동을 개시했을 때 오랫동안 숨어 있던 중공군으로부터 맹렬한 공격을 받았다. 머레이와 리첸버그는 공격작전이 가망이 전혀 없다는 것을 깨닫고는 사단장과 아무 상의도 없이 알몬드

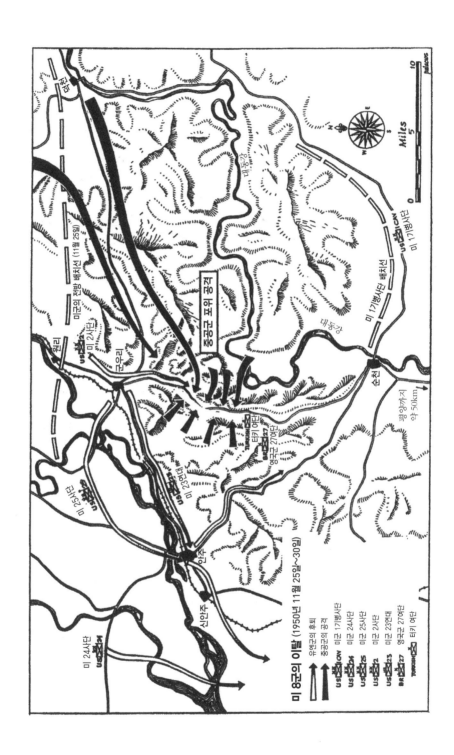

미 8군의 이탈 (1950년 11월 25일~30일)

덕천

미군의 전방 배치선 (11월 25일)

대동강

중공군 포위 공격

미 2사단

운산

군우리

대동강

순천

미 17병사단 배치선

US CN 미 17병사단

평양까지 하 50km

터키 여단

영국군 27여단

미군 23연대

미 25사단

안주

신안주

미 24사단

유엔군의 후퇴
중공군의 공격
US CN 미군 17병사단
US 24 미군 24사단
US 25 미군 25사단
US 2 미군 2사단
US 23 미군 23연대
BR 27 영국군 27여단
TURGRP 터키 여단

군단장의 명령을 무시한 채 공격을 취소하고 방어 태세로 전환하기로 결정했다.

미 해병들은 일격을 노리고 있었고 마을 근처 고지대를 고수하기 위해 애썼다. 박격포의 지원을 받는 중공군 79·89사단 예하 2개 대대가 공격하기 시작했다. 이 공격은 밤에 되자 중공군 3개 사단이 가담해 아군 해병 2개 연대에게 달려들면서 대규모 공격으로 확대되었다. 적은 아군의 공군력을 피해 야간에 이동하면서 아군 해병 2개 연대 전방으로 압도적인 병력을 집중했다. 그들은 좁은 정면을 따라 종대 대형으로 공격한 다음 수류탄 투척 거리에 도달하면 넓은 횡대 대형으로 산개하며 공격했다. 해병대의 지략과 투지, 화력의 우위로 균형을 맞췄지만 전투는 아주 가혹했다. 섭씨 영하 27도의 혹한으로 인해 다수의 M-1 소총과 브라우닝 기관총이 제대로 작동을 안 하자, 해병들은 브라우닝 기관총을 정상적으로 작동하게 만들었다. 02:30경 해병 1개 소대가 초가집에 불을 지르고 주변을 밝혀서 공격하는 중공군을 참혹하게 살육할 수 있었다. 하지만 적은 공격대형이 무너지면 다시 새로운 공격대형을 갖추고 시체 위를 기어오면서 계속 공격했다.

이 전투와 이후 남쪽 마을로 확대된 해병 부대에 대한 공격은 한국전쟁 중 가장 피비린내 나는 전투 중 하나였다. 적은 아군 해병 1사단에 큰 대가를 치르게 만들었다. 하지만 부대가 도주하는 상황이나 괴멸되는 비극은 초래되지 않았다. 스미스 사단장은 장진호 남쪽 끝 하갈우리에 6일분의 보급품을 비축할 계획을 세웠고, 소구경 탄약과 화기, 의료품, 식량과 심지어 식수까지 항공기로 투하했다. 곤경에 빠진 해병들은 1공병대대 D중대 장병들에게 깊이 감사하지 않을 수 없었다. 그들이 밤새 조명을 켜고 얼어붙은 땅 위에 활주로를 설치한 덕분에 부상자들이 후송될 수 있었기 때문이었다. 그들은 12시간 내 설치 작업을 끝냈는데 때때로 그들 앞에 있는 부대를 지원하기 위해 작업을 잠깐 멈추고 총을 다시 집

어 들기도 했다. 전투는 갈수록 격렬해졌으나 불도저는 작업이 끝날 때까지 굉음을 내며 쉴 새 없이 움직였다.

중공군 9개 사단이 아군 해병 사단을 공격해올지도 모르는 절망적인 상황에서 알몬드 군단장은 불과 며칠 전에 스미스 사단장에게 진격을 서두르라고 압박했던 것처럼 그에게 철수를 재촉했다. 심지어 철수가 지연된다면 어떤 장비들이라도 버려도 좋다고 했다. 하지만 스미스 사단장은 자신에게 필요한 어떤 장비도 버리지 않았다. 그는 철수 속도는 부상자들을 얼마나 신속하게 후송할 수 있느냐에 좌우될 것이라고 말했다. 그는 자신의 방식대로 싸우기로 결심했기 때문에 모든 장비가 필요했고 그 대부분을 다시 가져올 생각이었다. 사단장은 부상자들을 모두 트럭에 실어서 이동시키도록 했다. 그는 유담리 전투에서 전사한 사람들만 남겼다.

그곳에서 목숨을 잃은 85명의 장병들을 기리기 위해 철수를 시작하기 전에 그곳에서 매장식을 거행했다.

미 해병들은 질서 있게 철수했고 많은 피난민이 그 뒤를 따랐다. 중공군이 절벽 위에 걸려 있는 수력발전소 배수로를 가로지르는 길을 파괴했지만, 스미스 장군은 위협을 사전에 예상하고 부교와 불도저 등을 항공기로 수송시켜 제때 부대가 건널 수 있었다. 진흥리에서 온 해병 1연대 2개 중대는 고지대를 점령한 뒤, 유리한 위치에서 철수 대열을 차단하려는 적의 모든 시도를 격퇴했다.

철수는 길고 우여곡절이 많았으며 이동하는 내내 계속 싸우면서 조금씩 움직이는 것처럼 보였다. 선두 부대가 맨 남쪽 마을인 진흥리에 도착했을 때 마지막 부대는 여전히 북쪽으로 16km 정도 떨어진 고토리에 있었다. 실제 후퇴 과정은 후퇴라기보다 공격에 가까웠는데, 각 부대가 남쪽에 있는 아군 부대들과 합류하기 위해 우세한 적에 맞서 싸워야 했기 때문이다. 이것은 적 포병들이 도로를 따라 철수하는 아군 행렬을 향해 포를 쏘지 못하도록 하기 위해 감제 고지들을 점령하기 위한 공격을 자주 해야 한다는 것을 의미했다.

한편 장진호 북서쪽 유담리에 있던 부대들은 장진호 남쪽 하갈우리로 이동하기 위해 고군분투했다. 하갈우리의 해병들은 중공군의 갑작스런 공격으로 둘로 갈라져 거의 전멸 상태에 이른 미 7사단의 맥클린 특임부대TF MacLean의 잔여 병력을 구출하기 위해 얼어붙은 호수 위에서 전투를 벌여야 했다. 미 7사단 32연대 1대대장 돈 C. 페이스Don C. Faith 중령은 이곳에서 500명이 넘는 부상자들을 트럭으로 후송시키다가 목숨을 잃었는데, 그 공로로 사후에 의회명예훈장Congressional Medal of Honor이 추서되었다.

해병들과 일부 보병들, 영국군 특공대원들은 고토리와 진흥리를 통과하면서 포복으로 길을 헤치고 나가기도 하고, 도로 위 장애물들을 치우기도 했다. 도로 양쪽에서 공격하는 적을 격퇴하기도 하고 도로 좌우의 감

●●● 12월 9일 저녁, 교량이 설치된 후 황초령 고개를 통해 이동하는 해병 1사단 장병들. 〈사진 출처: WIKIMEDIA COMMONS | U.S. Marine Corps| Public Domain〉

●●● 황초령 고갯길과 진흥리 사이의 길을 지나고 있는 해병대원들. 〈사진 출처: U. S. Marine Corps History Division | OFFICIAL USMC PHOTO | CC BY 2.0〉

제 고지들을 점령하기도 했다. 해병 항공대와 5공군이 계속 근접지원을 제공하면서 필요한 보급품들을 공중에서 투하했다. 하갈우리에 있는 활주로에는 4,000명이 넘는 부상자와 심각한 동상 환자들이 있었는데 모두 안전한 지역으로 후송되었다.

12월 11일이 되자 고통스런 철수작전은 끝났고 스미스 장군은 용감하고 전투적이며 반쯤 얼어붙은 부대원들을 데리고 나올 수 있었다. 그들은 모든 장비와 물자들을 여전히 보유하고 있었고 전투의지도 변함이 없었기 때문에 흥남 근처에 머물도록 명령받은 기간 동안 해군과 공군의 도움을 받아 방어선을 유지할 수 있었다.

11월 28일 도쿄에서는 8군과 10군단 주요 지휘관들이 참석한 회의가 열렸다. 맥아더 장군은 워커 사령관에게 8군의 우측이 뚫리는 것을 막을 필요가 있다고 판단되면 철수해도 좋다고 했다. 8군은 심각한 타격을 입었는데 특히 미 2사단은 청천강 일대에서 너무 큰 피해를 입어 11월 말 전투 불가 판정을 받고 부대 재편성을 위해 남쪽 지역으로 철수했다.

8군은 이제 청천강 남쪽으로 철수해서 비교적 질서 있고 안정을 유지하며 남쪽으로 이동했다. 12월 5일 워커 장군은 평양을 포기하고 그곳을 떠났다. 중공군은 아군과의 접촉을 끊고 추격하지 않았다. 이는 아마도 한 번에 며칠 동안만 전투를 벌이고 하루에 약 10km씩 진격하는 중공군의 행동 패턴 때문이었을 것이다.

8군이 38선까지 철수하고 있을 때 10군단은 흥남 일대의 해안교두보에서 철수하기 시작했다. 당시의 뉴스 기사들이나 헤드라인들은 유엔군이 대재앙에 가까운 큰 피해를 입었다는 인상을 주었다. 그러나 사실 유엔군은 수적으로 우세한 적의 끊임없는 공격에 맞서 아주 용감하게 싸운 몇몇 부대, 특히 해병 1사단과 미 2사단 덕분에 성공적으로 철수하여 피해를 최소화할 수 있었다.

그 과정에서 특히 한국군 2군단 예하 부대들이 참패를 당하고 일부 부대가 전멸할 뻔했다는 사실을 부인할 수는 없었다. 하지만 12월 초 콜린스 미 육군참모총장이 유엔군 부대들을 방문했을 때, 그들이 전체적으로 "차분하고 자신감에 차 있는 상태"라는 것을 알게 되었다. 8군은 계획된 철수를 시행할 수 있었고, 10군단은 혼란이나 공황 상태 없이 흥남 해안 교두보에서 철수했다.

비록 언론의 주목을 받지 못했으나 해군은 흥남에서 놀라운 능력을 발휘하며 10군단 전 부대와 장비들을 해상으로 철수시켰다. 적 지역에서 10만 5,000명의 군인들과 9만 1,000여 명의 피난민, 1만 7,000대가 넘는 차량과 수만 톤의 화물을 철수시키는 일은 그 자체가 결코 작지 않은 군사적 승리였다. 게다가 배에 싣지 못한 장비들과 보급품들을 해안에서 파괴해 적에게 아무것도 남겨주지 않았다.

미 2사단이 심각한 피해에도 불구하고 청천강을 확보했기 때문에 8군의 나머지 부대들이 청천강을 건널 수 있었고 1개월 내 전투력을 회복해서 중부 전선에 투입될 수 있었다는 사실도 기억해야 한다. 해병 1사단은 한반도의 지붕에서 철수하면서 최소한 중공군 6개 사단 규모의 심각한 공격을 받았지만 채 30일도 채 되지 않아 다시 전장으로 복귀할 수 있었다. 하지만 부대들의 전투력이 심각할 정도로 감소했기 때문에 패배의 충격은 컸고 손실은 비극적인 수준이었다. 이 시점에서 뒤를 돌아보며 총사령관이 이러저러한 점에서 잘못이 있었다거나 그 결정을 유지하지 말았어야 했다거나 이러저러한 명령을 내리지 말았어야 했다고 말하기는 쉽다. 또한 일부 사람들은 만약에 맥아더의 손을 묶지 않고 압록강 교량들을 폭파하고 만주 지역에 있는 적의 기지들을 폭격할 수 있도록 승인해주었다면 결과가 좋았을지도 모른다고 주장하기도 한다. 하지만 나는 우리나라와 우리 지도자들이 미래에 이와 유사한 실수를 반복하지 않도록 도우려는 목적이 아니라면, 실패에 대한 책임을 묻는 것은 큰 이익이 되지 않는다고 생각한다.

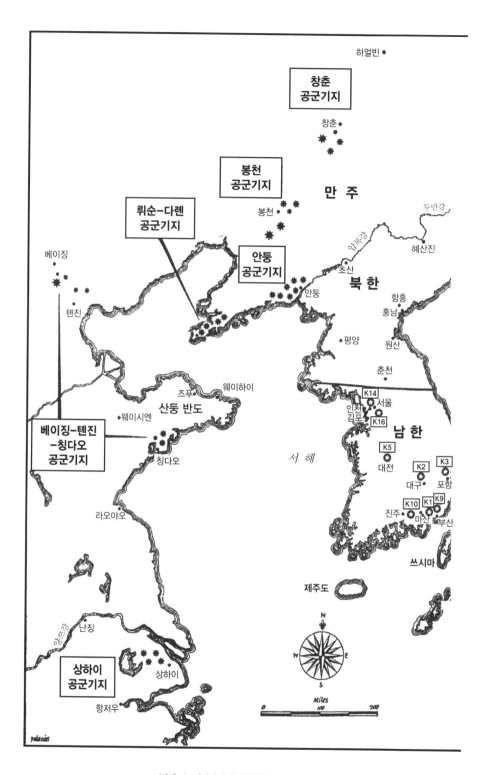

하얼빈 •

**창춘
공군기지**

창춘 •
✹
✹

**봉천
공군기지**

**뤼순-다롄
공군기지**

봉천•
✹

**안둥
공군기지**

만 주

두만강

혜산진

초산

베이징
✹
✹

텐진 •

조산

✹
✹
안둥

북 한

함흥

홍남

평양 •

원산

춘천 •

즈푸•
웨이하이

산둥 반도

웨이시엔 •

**베이징-톈진
-칭다오
공군기지**

✹
칭다오

서 해

K14
인천 서울•
김포 ✪
K16

남 한

K5
✪
대전

K2 K3
✪ ✪
대구 포항

K10 K1 K9
✪ ✪ ✪
진주 마산 부산

라오야오 •

쓰시마

제주도

N
W E
S

난징 •

✹
✹
상하이 •

**상하이
공군기지**

Miles
0   100   200

항저우 •

palacius

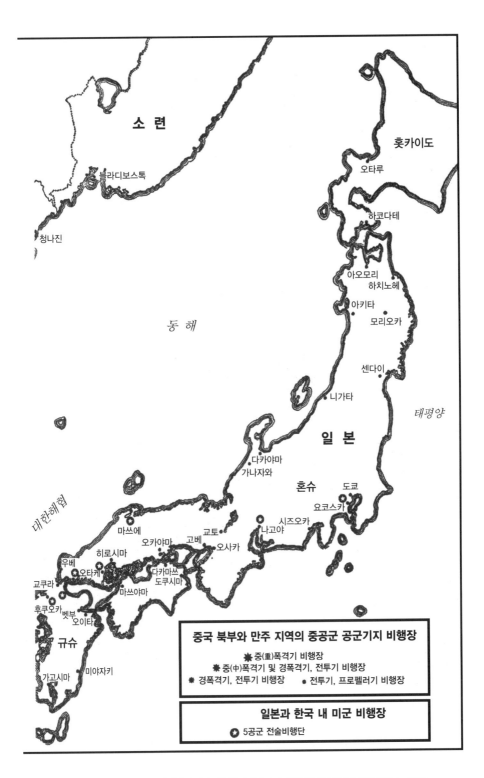

소 련

블라디보스톡

청나진

홋카이도

오타루

하코다테

아오모리
하치노헤

아키타

모리오카

동 해

센다이

니가타

태평양

일 본

다카야마
가나자와

혼슈

도쿄

요코스카

시즈오카

교토

나고야

마쓰에

오카야마

고베

오사카

우베

히로시마

오타케

다카마쓰
도쿠시마

교쿠라

마쓰야마

후쿠오카
벳부

오이타

규슈

미야자키

가고시마

대한해협

중국 북부와 만주 지역의 중공군 공군기지 비행장

✹ 중(重)폭격기 비행장
✹ 중(中)폭격기 및 경폭격기, 전투기 비행장
✳ 경폭격기, 전투기 비행장   ● 전투기, 프로펠러기 비행장

일본과 한국 내 미군 비행장

◉ 5공군 전술비행단

앞서 말한 것처럼 한반도에 있는 모든 적대적인 군대의 파괴라는 주어진 임무를 완수하려는 맥아더 장군의 열망은 충분히 이해할 만하다. 그리고 인천상륙작전의 눈부신 승리 후에 맥아더 장군의 군사적 판단이나 휘하 부대의 위험한 배치에 대해 의문을 제기하기를 주저한 그의 상관들과 동료들을 너무 많이 비난할 수도 없다. 맥아더 장군은 틀림없는 위대한 장군이자 군인 그 이상의 능력을 보여준 인물이었다. 자신의 힘으로 패망한 일본을 봉건국가로부터 민주국가로 탈바꿈시키고 조기에 자유시민사회로 이끌었기 때문이다. 맥아더 장군은 탁월함, 설득력, 외교적 능력, 개인적 용기, 이 모든 것을 겸비한 영웅적인 인간이었다.

그러나 신격화된 사령관이라기보다는 인간임을 나타내는 맥아더의 너무나 인간적인 약점들을 때로는 너무 관대하게 봐주는 경향도 있었던 것 같다. 실수하지 않는 군지휘관은 없으며, 많은 지휘관이 때때로 인명 손실 등 값비싼 손실을 초래하는 실수를 저질러 국가에 손해를 끼치기도 했다. 하지만 큰 실책에 대한 책임을 겸허히 받아들이고 실책의 원인을 정직하게 조사하려는 노력은 군인으로서 중요한 자세 중 하나다. 맥아더 장군은 바로 이런 노력을 거부했다. 맥아더 장군은 대규모 중공군 개입 징후들이 넘쳐나고 있었는데도 불구하고 이를 받아들이길 거부함으로써 부대를 한반도의 모든 지역에 무모하게 분산 배치하게 만든 주요 책임이 자신에게 있다는 것을 분명하게 인식했어야 했는데 그러지 않았다.

맥아더 장군이 중국은 종이호랑이에 불과하고 중공군의 라디오 경고 메시지는 허풍에 불과하며 심지어 소수의 중공군 의용군이 나타난 것은 그러한 허세의 일부라고 판단한 데에는 정당한 이유도 있었을 것이다. 어떻게 자신의 명성에 집착하지 않는 사람이 중공군 전투 부대에 소속된 것으로 알려진 많은 수의 중공군 포로들이 잡혔을 뿐만 아니라 1개 미군 연대전투단의 끔찍한 패배와 한국군 1개 사단이 전멸에 가까운 피해를 입었는데도 상세한 정보 보고서와 전쟁터에서 실제 발생한 사건들을 잘못 해석할 수 있었을까? 그리고 최고사령관이라는 사람이 어떻게 휘하 부대들이 압록강과 두만강에 대규모로 집중되어 있는 것으로 알려진 적에 대항하기에는 너무 빈약하고 보급이 부족해서 압록강과 두만강의 전선을 지킬 수 없다는 사실을 깨닫지 못했을까? 나중에는 정상을 참작하여 맥아더 장군이 만주 지역을 자유롭게 폭격했더라면 유엔군 부대들이 임무 수행을 더 잘 할 수 있었을 것이라는 주장이 제기되기까지 했다. 이것이 사실인지 확인할 수는 없지만, 그렇다고 가정한다면 그가 총진격 이전에 전면전을 일으킬 위험이 있는 만주 기지 폭격을 허락받지 못할 것이라는 것을 이미 알고 있었을 것이다. 그리고 우리가 이러한 방식으로 중국과 전쟁을 벌이면서 (소련 공군 일부를 포함한) 중공군 공군과 교전하게 된다면 전투 손실과 자연적 손실로 인해 미 공군력이 약화되어 회복하는 데 2년 정도 소요될 것이라는 반덴버그 대장의 견해를 어렵지 않게 확인할 수 있었을 것이다. 그랬다면 그사이 전 세계의 다른 지역에 대한 미국의 약속은 실현되기 어려웠을 것이다.

일부 평론가들은 한국과 일본 내 공군 기지들이 중공군의 공격을 받게 내버려두지 않겠다는 일종의 불문율을 통해 우리가 한반도에서 거의 완전한 제공권을 확보하고 있었다는 사실을 잊고 있었다. 이를 통해 우리는 "특권을 누릴 안전지대"를 보유하게 되었는데, 만약 그렇지 않았다면 한국전쟁은 훨씬 더 비극적으로 변했을 것이다.

사실 적의 병참선을 아군의 공군력만으로 "차단"할 수 있다고 생각했던 것이 얼마나 잘못된 것인지를 보여주는 좋은 예를 한국에서 얻게 되었다. 아군 공군은 북한 지역 상공에서 임무를 수행하면서 거의 아무런 제약을 받지 않았다. 심지어 첫해를 제외하면 지상의 적 대공화기 외에는 아무런 방해 없이 적의 병참선을 자유롭게 공격할 수 있었다. 그 결과 도로에 있는 적의 장비나 보급품들을 파괴하고 적의 인명과 시설을 파괴함으로써 적에게 혹독한 대가를 치르게 했다는 것은 의심할 여지가 없다.

그러나 적은 우리가 그들과 싸워야 했던 땅에서 여전히 강했고 군대는 온전히 유지되고 있었으며 점령지역도 여전히 그들의 수중에 있었다.

전쟁에서 멀리 떨어져 있는 사람들은 언제나 해상 봉쇄나 대규모 폭격과 같은 값싸고 손쉬운 해결 방안을 매력적인 것으로 생각하는 경향이 있다. 하지만 가까운 거리에서 전쟁을 직접 수행해야 하는 사람들은 핵무기 사용으로 적을 소멸시키는 결정이 내려지지 않는 한 해군과 공군이 매우 중요하다는 점과 함께 오직 지상 작전만이 적 부대를 격멸할 수 있다는 점을 반드시 알아야 한다. 북한과 같은 험한 산악지형이나 정글 지역의 나라에서 전쟁을 수행하며 적의 보급선을 "차단하는" 일은 간단하지 않다. 그리고 아시아에서처럼 적이 보급품과 장비들을 등에 짊어지고 밤에 이동하고 낮에는 아군 공군으로부터 관측되지 않는 산악도로를 이동하는 경우에 단지 폭탄을 떨어뜨려서 적을 파괴할 수 있다고 생각하는 것은 자기기만이다. 심지어 끝없는 폭격으로 적을 일시적으로나마 정지시킬 수 있는 곳이라 하더라도 적을 굴복시키거나 그런 상태를 유지하기 위해서는 여전히 지상에서 적을 상대해야 한다.

물론 일각에서는 전선이 교착상태에 빠졌을 때 즉각 핵무기를 사용함으로써 적의 본토를 먼지로 만들어버리고 "고대 석기시대"로 돌려놓아야 한다는 주장들도 있다. 나는 이런 주장들이야말로 부도덕함의 극치라고 생각한다. 핵무기 사용은 적의 핵 공격에 대한 보복이나 국가 생존을 위한 마지막 수단으로 사용이 가능한 것이다. 그 외의 필수적이지 않은 이유로 인해 핵을 사용하는 것은 전혀 다른 성격의 문제다. 논란이 될 수는 있겠으나 우리는 사실 정글의 원시시대로부터 그렇게 멀리 진보했다고 보기 어렵다. 우리가 이룬 진전이 거의 없고, 우리와 짐승 사이에 여전히 존재하는 경계선이 무엇이든, 나는 우리가 핵을 사용하지 않는다는 원칙을 고수해야 한다고 믿는다. 만약 우리가 인간으로서 존엄성보다 어떠한 희생을 치러서라도(핵무기를 사용해서라도) "승리"를 고집한다면, 신이 우리의 대의를 위해 신의 축복을 빌 권리가 우리게게 있는지 의문을 가질 지도 모른다고 나는 생각한다.

한반도 문제로 다시 돌아가서 모든 징후가 재앙을 예고했음에도 불구하고 맥아더 장군은 압록강으로 진격하겠다는 고집스런 의지를 굽히지 않았다. 이 점에서 나는 그가 리틀 빅 혼 전투 당시의 커스터와 너무도 유사하다고 생각한다. 당시 지휘관이었던 커스터는 오직 자신만이 옳다는, 도를 넘는 신념에 사로잡혀 자신의 마음을 닫아버리고 다른 사람들의 의견에 귀를 기울이지 않았다. 맥아더 장군이 적의 존재나 능력을 알지 못했다고 주장할 수는 없다. 왜냐하면 그는 압록강 교량과 만주 지역 폭격 승인을 요청했을 때 압록강 일대의 중공군이 "나의 부대를 파괴하려고 위협하고 있다"라고 미 합참에 경고했기 때문이다.

또한 맥아더 장군이 북한 지역의 지형적 어려움을 사전에 알지 못했기 때문에 2개로 분리된 사령부(8군, 10군단)가 서로 지원하지 못하게 되었다는 점도 논란이 될 수 없다. 그가 초기에 한반도의 허리에 해당하는 지점을 가로지르는 선(평양-원산 선)을 제안하여 자신의 통제 하에 있던 10군단이 한때 8군의 우익에 대한 적의 압박을 완화하기 위해 서쪽을 공격할 것이라고 예상되었음에도 불구하고 중공군의 개입을 더 이상 부인할 수 없게 된 후에도 8군과 10군단이 서로 연결작전을 할 수 없다고 주장했던 사람이 바로 맥아더 장군이었기 때문이다.

미 합참은 중공군의 공세로 인해 8군과 10군단이 피해를 입게 되자 맥아더 장군에게 2개 사령부의 지휘를 통합하고 두 부대 간의 간격을 좁히면서 연결된 선을 설정해야 한다고 제안한 적이 있다. 맥아더 장군은 이를 강하게 반대했다. 그는 압록강을 향해 북진하려는 자신을 막는 역할을 하는 다음과 같은 모든 이유를 반대 이유로 들었다. 부대들의 전투력이 너무 약해 넓게 퍼져 있는 전선을 담당하는 것이 불가능하고, 2개 부대가 너무 멀리 떨어져 있으며, 1개 항구가 8군과 10군단 보급을 전부 담당하기에 불가능하고, 태백산맥이 한반도를 둘로 분할하고 있어서 통과하는 것이 불가능하다는 것이었다.

12월 3일 맥아더 장군은 합참에 "아군을 보강하거나 적을 격멸하는 어떤 희망적이고 즉각적인 조치가 취해지지 않는다면 작전의 성공에 대한 희망을 "보장할 수 없으며 아군이 파멸에 이르는 지속적인 소모전이 전개될 수 있다"고 보고했다. 맥아더 장군에 비판적이었던 일부 의견들처럼 그는 지금 상황을 타개하기 위한 유일한 대안이 중국 본토에 대한 공격뿐이라고 주장하며 미 정부를 압박하고 있었다. 하지만 내가 생각하기에 그의 의견은 합리적인 제안이 아닌 것 같았다. 오히려 나는 맥아더가 승리에 대한 집착과 중국이 종이호랑이에 불과하다는 신념에 사로잡힘으로써 자신 이외의 모든 사람들의 조언에 귀를 닫아버렸다고 믿고 싶다. 불과 몇 달 전 5000분의 1 확률의 도박에서 승리했던 맥아더 장군은 이제 더 많은 위험을 감수한 채 또다시 그러한 도박을 감행하려고 했다.

내가 가장 아이러니하다고 생각한 것들 중 하나는 단순히 "동양인의 마음을 이해하지 못했다"는 이유로 자신을 비판하는 사람들을 자주 꾸짖어 침묵하게 만들었던 맥아더 장군이 적의 의도를 파악하는 데 실패했다는 점이다. 물론 내가 지금 이렇게 말할 수 있는 것은 1950년 11월 말과 12월 초에 벌어진 비극적인 사건을 되돌아보고 각 상황을 따져볼 수 있기에 가능한 일이다. 하지만 당시에는 아무도 그렇게 할 수 없었다.

당시 나는 아군 부대들이 위험천만할 정도로 분산되었다는 일부 의견에 공감하고 있어서 합참이 맥아더 장군에게 직접 명령을 내리기를 꺼려하는 것에 대해 참을 수 없었지만, 맥아더 장군 개인의 능력과 용기, 전술적 탁월함에 대해서는 깊이 존경하고 있었다. 내가 맥아더 장군을 처음 알게 된 것은 1920년대에 내가 웨스트포인트의 젊은 대위로 근무하고 있었고 그가 교장이었을 때였다. 그 이후로 나는 그의 리더십, 그의 빠른 두뇌, 그리고 어떤 주제의 요점을 곧장 파고들어서 평범한 사람들은 감을 잡지 못할 정도로 빠르게 조명해내는 그의 비범한 능력에 대해 깊은 존경심을 갖게 되었다. 그가 보여준 인간적인 약점에도 불구하고 맥아더 장군은 군사적 천재였고 위대한 행정가인 동시에 용감한 리더였다. 그리고 갑자기 내가 한국에서 그의 직속 부하로 근무하기로 결정되었을 때, 나는 몇 안 되는 천재들 중 한 명과 다시 근무할 수 있게 된 것을 환영했다. 그것은 나에게는 특권이었다.

CHAPTER 5

미 8군 사령관으로 부임:
전투의지 회복과 공세로의 전환

모든 군인은 어느 순간엔가 전쟁은 외로운 일이라는 것을 깨닫게 된다. 평소에 연구와 교육, 훈련에 매진하는 것은 전쟁에서 계속 버틸 것인지, 아니면 물러날 것인지, 또는 부하 수천 명을 갑작스런 죽음에 이르게 할 수도 있는 공격 명령을 내릴 것인지 즉시 결정해야 하는 책임이 오직 자신에게만 주어지는 순간에 대비하기 위한 것이다.

내가 한국전쟁에 직접적으로 개입하게 된 것은 한 발의 총성처럼 갑작스럽게 찾아왔다. 어느 날 저녁 한 친구의 집에서 식사 후 하이볼 한잔을 마시면서 아주 사소한 이야기를 나누고 있었을 때였다. 친구가 육군참모총장 콜린스 장군이 전화를 걸어 나를 찾는다고 했다. 육군참모총장이 전한 소식은 나의 일상적인 저녁 분위기를 한순간에 뒤바꾸고 말았다. 8군 사령관 워커 장군이 교통사고로 사망했으며 내가 그의 후임으로 8군을 지휘하게 되었다는 소식이었다.[33] 내가 몰랐던 사실이지만 맥아더 장군은

---

33 워커 장군은 1950년 12월 23일 의정부 북쪽에 있던 미 24사단과 영국군 27여단에 표창을

오래전부터 나를 후임 사령관으로 지목해두고 있었다. 나는 곧바로 보고해야 했고 준비할 시간이나 작별인사를 나눌 시간도 없었다. 내 친구 부부는 둘 다 군인 가족이었기 때문에 통화 내용을 묻지 않고도 어떤 전화인지 잘 알고 있었다. 나는 아내의 궁금증을 덜어주기 위해 다시 거실로 가서 남은 술잔을 비우고 아내와 함께 친구의 집을 나섰다.

아내는 오랜 습관대로 참모총장이 그토록 늦은 시간에 전화한 이유에 대해 내가 말해줄 때까지 기다렸다. 하지만 나는 시급한 일들을 생각하느라 마음이 급했기 때문에 날이 새기 전까지 새로운 보직에 대해 말하지 않기로 했다. 아내는 잠을 더 잤지만 나는 그럴 수가 없었다. 아침 7시가 되자 나는 커피를 들고 위층으로 올라갔다. 아내에게 사실대로 말했고, 그녀는 군인의 아내다운 특유의 강인함으로 담담하게 받아들였다.

시급한 상황임에도 불구하고 챙겨야 할 일상적인 일들이 있었다. 그중 꼭 해야 할 의무가 있었다. 워커 장군 부인을 찾아가 위로를 전하는 일이었다. 나는 워커 장군과 함께 전쟁터에서 복무한 사람들의 깊은 위로와 오랫동안 그의 동료였던 모든 사람들의 애틋한 마음을 전했다. 이 일을 한 후에야 비로소 나는 다른 일들을 차분하게 챙길 수 있게 되었다.

토요일 아침에 나는 사무실에서 서류 몇 장을 가지고 합동참모본부 동료 중 누가 있는지를 확인하기 위해 펜타곤으로 서둘러 갔다. 사무실에 있던 포레스트 셔먼Forrest Sherman 해군참모총장과 인사를 하고 유쾌한 대화를 나누었다. 이어서 육군 참모차장이자 동료였던 햄 헤이슬립Ham Haislip 장군과도 인사를 나누었다. 그때까지 나는 아직 12월 23일이고 비행기가 언제 이륙할지 몰랐기 때문에 아내와 크리스마스 연휴를 보낼 수 있다는 희망을 갖고 있었다. 하지만 바로 그날 밤 도쿄로 출발해야 한다는 사실을 알게 되었다. 차마 아내에게 전화할 엄두가 나지 않아 헤이슬

수여하기 위해 지프차로 이동하던 중 한국군 6사단 트럭과 충돌하여 순직했다.

립 장군에게 부탁했다.

"그건 너무 어려운 일이잖아, 맷. 하지만 내가 할게"라고 그가 말했다. 이 말을 듣는 순간 깊은 감사의 마음이 가슴에 사무쳤다.

이런 일처럼 갑작스러운 스트레스가 몰려올 때면 언제나 가장 사소한 것들이 기억에 떠오르는 것 같다. 새 보직을 받고 난 후부터 시애틀의 타코마Tacoma와 알래스카의 아닥Adak을 경유해 도쿄로 향하는 비행기에 오르기까지 몇 시간 동안 수십 가지의 중요한 일들이 머릿속에 떠올랐다. 시간을 내준 동료들 덕분에 대부분 처리했고, 일부는 연기하거나 비행기 안에서 처리했다. 그 일들이 무엇이었는지 지금은 잘 기억나지 않지만, 한 가지는 정확하게 기억한다. 나는 유럽 아르덴Ardennes 전역에서 즐겨 입었던 아끼던 겨울 잠옷바지들을 다락방에서 찾아서 침낭에 쌀 수 있게 준비해놓아야지 하고 생각한 나의 선견지명에 내 스스로 얼마나 흡족해했는지 생생하게 기억한다. 그런데 한국에서 짐을 풀었을 때 정작 그것을 빠뜨리고 가져오지 않은 것을 알고 너무 실망한 나머지 그대로 팔다리를 뻗은 채 누워버린 일도 생생하게 기억한다. 하지만 이 실수로 인해 제대로 동계 피복을 갖추지 못한 부하들이 느꼈을 한국의 혹독한 겨울을 공감할 수 있는 좋은 기회가 되었다.

12월 23일 밤 나는 도쿄로 출발했다. 동쪽으로 비행하면서 날짜 변경선을 지났기 때문에 하루가 지난 12월 25일 자정 직전에 도쿄 하네다 공항에 도착했다. 미국은 여전히 크리스마스 아침이라는 것을 알고 출발하기 전에 마지막으로 한 일 중 하나는 PX에 들러서 아침에 아내에게 보낼 크리스마스 선물을 고르는 일이었다. 다음 날 맥아더 장군과의 회담에 필요한 메모를 서둘러 정리한 후, 나는 마침내 미국에서의 모든 임무를 마치고 어두운 대한해협 너머에서 나를 기다리고 있는 것이 어떤 것이든 준비가 되어 있다는 마음에 잠자리에 들었다.

맥아더 장군과 면담은 다음날 12월 26일 09:30에 극동군사령부가 있는 도쿄 다이이치第一 빌딩의 사령관 집무실에서 시작되었다. 벌지 전투 Battle of the Bulge 초기에 내 군단 예하에 있던 3기갑사단의 히키 특임부대 Task Force Hickey를 용감하게 이끌었던 도일 히키Doyle Hickey 장군이 배석했다. 그가 함께 자리한 것을 기뻐하면서도 나는 온 신경을 맥아더 장군이라는 인상적인 인물에게 집중했다. 나는 웨스트포인트 교관 시절부터 그를 알고 있었으나 그를 상대한 거의 모든 사람들과 마찬가지로 그의 강한 개성에 다시 한 번 깊은 감명을 받았다. 그와 대화할 수 있는 기회는 보통 사람들에게는 흔치 않은 경험이었다. 그는 또한 훌륭한 배우이기도 했는데, 그의 극적인 어조와 몸짓에서 타고난 배우의 소질을 느낄 수 있었다. 그러나 그의 설명과 분석은 너무나 명쾌하고 예리했다. 그가 청취자들을 압도한 것은 그의 태도나 신체적 외모보다는 그의 생각이었다.

내 수첩의 기록을 보면, 그날 아침 우리가 구체적이고 진솔하게 대화를 나누면서 광범위한 주제에 대해 이야기했음을 알 수 있다. 내가 도쿄에 도착하기 몇 주 전 맥아더 장군은 육군성에 자신의 계획은 "축차방어진지逐次防禦陣地[34]들을 활용하면서 부산 지역까지 철수하는 것"이라고 보고했다. 나를 만났을 때 맥아더 장군이 긴급하게 지시한 것은 "가능한 한 최전방에서" 최대한 버티라는 것이었다. 서울이 최후의 보루가 되지만 않는다면, 나는 심리적·정치적 이유로 서울을 가능한 한 오랫동안 지키려 했다. 당시에는 몰랐지만 이미 적의 대규모 공세로 인해 서울을 지킬 가능성은 희박했다.

맥아더 장군은 미군의 보급 수준은 그리 좋지 않다고 설명했다. 나는 곧 그것을 눈으로 직접 확인할 수 있었다. 부대들은 추운 날씨에 적절하게 관리되고 있지 않다고 했다. 이날 대화에서 한 가지 흥미로웠던 점은 맥아더 장군이 전술공군 지원의 효용성에 대해 비판했다는 것이었다. 그

---

34 축차방어진지: 지연전에서 사용할 수 있도록 축차적으로 후방에 구축된 방어진지.

는 전술공군이 북한군의 진격이나 보급을 차단하지 못했고 전장을 고립시키지도 못하고 있다고 단호하게 말했다. 일부 현역 장교들과 고위 민간 관료들은 이 점에 대해서 아직 모르고 있었을 것이다.

이번 회의에서 그의 주된 관심사는 외교가 제 갈 길을 찾으려고 노력하는 동안 우리가 당시 이른바 "임무 공백^{mission vacuum}" 속에서 작전하고 있다는 사실인 것 같았다. 그는 "군사적 승리가 우리의 외교력을 높여줄 것이다"라고 말했다.

그는 중국 공산당이 중국 본토 남쪽에 넓게 퍼져 있으며 일찌감치 대만에 미군을 투입했더라면 한반도에 미치는 압력을 상당 부분 해소할 수 있었을 것이라고 언급했다. 그는 이미 그러한 공격작전을 제안했으나 워싱턴이 이를 승인하지 않았다고 말했다. 그러나 그는 이런 말을 하면서도 워싱턴을 비난하는 어떠한 말도 암시도 하지 않았다. 그것은 단지 상부의 결정 사항이었고, 그는 직업군인으로서 그 결정을 받아들였다.

맥아더 장군은 중공군의 능력을 과소평가하지 말라고 나에게 특별히 당부하며 "적은 매우 위협적이네"라고 말해주었다. "워커 장군이 보고한 바에 따르면, 중공군은 이동할 때 도로를 피하고 산악 능선이나 고지를 주로 이용한다네. 적은 종심 깊숙이 공격하는 경향이 있고 적 보병들은 아군보다 훨씬 광범위하게 화력을 운용하고 있네. 적은 주로 밤에 기동하고 싸운다네. 중공군 전체가 이런 식으로 싸우지"라고 했다.

맥아더 장군이 목표로 하는 최상의 상태는 "남한의 존치와 안전을 위해 적에게 광범위한 패배를 안겨주는 것"이라고 말했다. 회의를 마치면서 맥아더 장군은 "자네 스스로 판단을 내리길 바라네. 나는 자네를 적극 지원할 것이고 완전히 신뢰하네"라고 말했다. 그때 내가 몇 가지 질문을 할 차례였지만 그는 이미 내가 질문할 준비가 되어 있던 대부분의 것들에 대해 말했다. 나는 몇 가지 남은 질문 중에서 소련의 참전 가능성에 대해 질문했다. 그것은 가능성이 희박한 일이지만 만약 그렇게 된다면 어떻게 해야 할 것인지를 물었다. 맥아더 장군은 그런 일이 발생한다면 몇 개월이 걸려서라도 8군을 일본으로 철수시킬 것이라고 말했다. 나는 또 다른 질문으로 만약 적이 지금보다 더 남쪽까지 밀고 내려온다면 한국인들이 탈출해야 할 정도로 큰 위협으로 생각하는지 물었다. 맥아더 장군은 그러한 상황이 발생한다면 명백한 위협이 되겠지만 현재 그 정도의 위기 상황은 아니라고 했다. 만약 우리가 더 남쪽 지역으로 물자를 이동시키게 되면 우리가 그들 편에 서겠다는 것을 남한 사람들에게 강하게 안심시켜야 한다는 내 의견에 대해 맥아더 장군도 동의했다. 마지막으로 "만약 제가 상황에 따라 공격해야 한다고 판단한다면 사령관님께서는 반대하시겠습니까?"라고 짧게 물었다. 맥아더 장군은 "맷, 이제부터 8군은 자네의 것이야. 자네가 최선이라고 생각하는 대로 하면 돼"라며 나를 한껏 격려했다.

이제 남은 것은 내가 직면한 일에 대한 구체적인 세부사항을 알려줄 수 있는 사람들과 함께 앉아 부대 전체의 현재 수준과 같은 내가 알아야 할 모든 것을 확인하는 것이었다. 히키 장군은 극동군사령부의 참모부장들을 모두 소집해서 기다리고 있었다. 그중에는 극동군사령부 해군 사령관 터너 조이Turner Joy 중장과 공군 사령관 조지 스트레트마이어George Stratemeyer 중장도 있었다. 정오가 되기 전에 내가 궁금했던 것들에 대해 대부분의 답변을 들을 수 있었고, 그들로부터 필요한 정보들을 확인했다.

정오에 나는 한국행 비행기를 타기 위해 하네다 공항으로 출발해 오후 4시경 대구 비행장에 도착했다. 화창한 겨울 햇살을 받으며 오랜 전우였던 8군 사령부 참모장 레벤 앨런Leven Allen 소장의 환영을 받았다. 도쿄에서 떠나기 전 나는 8군 장병들에 대한 2개의 서신을 준비했다. 첫 번째 서신은 도쿄에서 발송했는데 워커 장군의 사고에 대한 유감과 그에 대한 나의 존경심을 표현하는 내용을 담은 것이었다. 두 번째는 내가 한국에 도착 직후 발표할 예정이었는데 내가 8군의 지휘권을 인수하게 되었다는 내용을 담은 것이었다.

부임 첫날에 마무리할 중요한 일들이 많았다. 사소한 일들에도 신경 써야 했고 보낼 메시지들도 많았다. 그런 다음 나는 8군 부대들을 사열하고 부대들이 얼마나 신속하게 공세로 전환할 수 있는지를 확인하기로 결심했다. 하지만 그 이전에 먼저 우리의 동맹인 한국군에게 확신을 줄 방법을 찾아야 했다. 우리가 예고 없이 갑자기 군대를 철수해 그들이 홀로 공산군을 상대하도록 내버려두지 않을 것이라는 메시지를 전달해야 했다. 그래서 한국 육군참모총장 정일권 장군에게 다음과 같은 서신을 보냈다.

> 미 8군 사령부
> 1951년 1월 11일
> 한국 육군참모총장 정일권 대장 귀하
>
> 나는 충분한 시간을 가지고 현재 우리가 처한 상황과 한국의 지형을 둘러보았으며, 주요 지휘관들과 개별적으로 대화를 나누었습니다. 아래와 같이 나의 개인적인 결론을 공유하게 된 것을 매우 시기적절하다고 생각합니다.
>
> 첫째, 오직 하나의 궁극적 목표가 있다면 그것은 대한민국 국민의 자유를 지켜내는 일입니다. 이 목표를 달성하기 위해 우리는 하나의 부대(연합군)가 되어야 합니다.
> 둘째, 연합군에게 주어진 공동의 단일 운명이 있습니다. 그것은 미래 어떤 상황이 발생하든 간에 우리가 같이 지내며 함께 싸워야 한다는 것입니다.
>
> 위와 같은 매우 간단한 메시지를 전 장병들에게 전해주길 바라며 동시에 경의를 표합니다.
>
> 미 8군 사령관 육군 중장 리지웨이

나는 만약 그러한 상황이 발생한다면 그것은 대학살극이 될 것이라는 점을 잘 알고 있었다. 그래서 공산 치하에서 한국인들이 홀로 살아남아야 한다고 믿게 되었을 때 그들이 태도를 바꾸더라도 비난할 수는 없다고 생각했다.

무초 대사와 이승만 대통령을 즉각 예방하고 이 문제에 대해 이야기할 기회를 갖는 것이 나의 의무였다. 무초 대사는 우리의 새로운 철수가 남한의 관료사회에 미칠 영향에 대해 깊이 우려하고 있었기 때문에 나의 걱정을 공감해주었다. 이어서 나는 이승만 대통령을 예방했다. 내가 가장 먼저 해야 했던 일은 결의에 찬 고령의 전사에게 내가 미 8군을 일본으로 철수시키기 위해 오지 않았다는 것을 이해시키는 일이었다. 처음에 이승만 대통령은 무덤덤하게 환영 인사를 건넸는데, 나는 바로 손을 내밀면서 의례적인 표현을 빼고 진심으로 이야기했다. "대통령님, 뵙게 되어 반갑습니다. 저는 한국에 오게 되어 기쁘고 여기에 머물기 위해 왔습니다." 이 말은 나이 든 신사가 기다리고 있었던 유일한 말이었다. 그는 마치 동쪽의 태양처럼 따스한 미소를 지었고, 눈은 촉촉하게 젖었으며, 두 손으로 내 손을 잡았다. 그리고 나를 영부인에게 데리고 가서 다정하게 차 한 잔을 나누었다. 나는 남한에서 미군을 철수시키지 않을 것이며 신속히 부대를 정돈하는 대로 다시 공세를 취할 것이라는 미국의 결의를 이 대통령에게 인식시켜주기 위해 최선을 다했다.

앞서 나는 1군단장 프랭크 밀번Frank Milburn 장군과 9군단장 존 콜터John Coulter 장군, 8군 부참모장 윌리엄 콜리어William Collier 대령과 회의했다. 나의 가장 큰 관심사는 모든 수단을 동원해 8군의 전투력을 신속하게 향상시키는 것이었다. 나는 전투력이 충분하다면 가능한 한 빠른 시기에 공세로 전환하기로 결심했다. 우리는 대전차 및 대인지뢰 운용과 전장 조명 대책을 위해 탐조등을 적절히 운용하는 방안도 논의했다. 그리고 각 군단 간의 통신 대책도 논의했는데, 특히 미 9군단과 그 우측 한국군 3군단[35]

---

35 한국군 3군단은 1950년 10월 16일 서울 중구 남산동에서 창설되었다. 창설 당시 예하에 9사단과 11사단을 두었는데, 한국전쟁 당시 이들은 주로 동부 산악지대에서 전투를 수행했다.

간의 통신 향상 방안을 검토했다. 또한 가용한 교량 장비들이 얼마나 되며, 한강 북쪽에 2개 사단 규모의 교두보를 유지하는 문제에 대해서도 토의했다. 나는 미 2개 군단(1군단, 9군단)이 서로 계획을 수립하고 시행할 때 긴밀하게 협조할 것을 강조했다.

8군이 공세로 전환하기 위해서는 무엇보다 먼저 전투의지의 회복과 부대에 대한 자긍심, 리더십에 대한 신뢰, 그리고 임무에 대한 신념을 가지는 것이 급선무였다. 이러한 문제들은 간접적으로는 평가할 수 없는 것들이었다. 그래서 나는 즉시 전투 현장과 예하 부대 전방지휘소를 방문해서 야전 지휘관들과 대화를 나누기로 결정했다. 내 눈으로 직접 보고 느끼면서 8군의 전투의지를 평가하기로 결심한 것이다. 전투의지는 말로 설명하거나 글로 표현할 수 있는 것이 아니다. 경험 있는 지휘관은 전투 현장에 있는 부하들의 모습과 태도, 대화 내용, 그리고 행동 하나하나를 보고 모든 감각을 통해 전투의지를 느낄 수 있다.

무초 대사의 용기와 능력을 높이 평가하게 된 나는 그와 함께 전술적 상황을 검토하던 중 원주를 통해 남하하고 남서쪽으로 이동하여 부산으로 가는 주요 보급로와 철도를 차단하려는 적에게 우리의 우익이 위험하게 노출되어 있는 것을 발견했다. 나는 미 2사단이 청천강에서 패배한 이후에 전투력을 회복하는 과정에 있다는 것을 알고 있었지만 상황이 긴박했기 때문에 미 2사단을 곧바로 원주로 이동하도록 명령해 아군 우측에 대한 적의 위협을 차단하도록 했다(나중에 밝혀진 바에 따르면, 이때부터 아군은 적의 움직임을 예측하고 제시간에 적의 공격을 저지할 수 있게 되었다). 하지만 이후 며칠 동안 나는 이것을 제외하고 공세 작전을 위한 8군의 대비 태세를 평가하는 데 몰두했다.

나는 경비행기와 헬리콥터, 지프차를 이용해 미 1군단, 영국군 29여단, 미 25사단, 미 27보병연대, 한국군 1사단 지휘관들을 각각 방문했다. 48시간 동안 예하 모든 군단장과 멀리 동쪽 해안에 있는 한국군 수도사단장을 제외한 모든 사단장들을 만나보았다. 나는 대규모 공세 작전 개시에 대한 지휘관들의 생각을 그들의 입을 통해 직접 들을 수 있었다. 그들은 현재는 아군이 어떤 노력을 한다고 해도 실패할 것이 분명하고 대규모 피해가 초래될 것으로 생각하고 있었다. 나는 예하 부대들이 정신적으로나 심리적으로 현재 내가 계획하고 있는 공세 작전을 펼 준비가 되어 있지 않다는 것을 알게 되었다. 그들은 여전히 용감해서 부여된 어떤 임무라도 수행할 각오가 되어 있었다. 하지만 너무 많이 불안해하는 태도를 보였고, 자신감에 차서 승리를 향해 나아가는 군대에서 볼 수 있는 특유의 열정과 기민함, 활력이 부족했다. 지프차를 타고 전방 지역을 순회할 때 처음 만난 헌병은 유럽에 있을 때 봤던 헌병과는 너무도 대조적인 모습을 보여주었다. 태도와 동작 등 모든 외적인 면에서는 정확했으나, 그들의 정신력은 그렇지 못했다. 전투 경험이 많은 미국 병사가 갖추어야 할 절도 있는 경례, 씩씩한 목소리와 동작, 자신감 넘치는 미소 등 모든 것이 사라지고 없었다.

길을 가다가 만난 병사들, 잠시 이야기를 나누기 위해 발걸음을 멈춘 나에게 불만을 토로했던 장병들, 그들 모두를 통해 나는 이것이 혼란에 빠진 군대라는 확신을 갖게 되었다. 그들은 모두 자기자신이나 지휘관들에 대한 확신이 없었고, 자신이 왜 여기에 있어야 하는지 모르고 있었으며, 언제 고향으로 돌아갈 수 있는지 궁금해했다. 이런 군대를 다시 투지에 불타게 만들려면 분명히 엄청난 노력이 필요했다. 그중 즉시 시작할 수 있는 일은 그들의 불평을 들어주는 것이었다. 그들의 불평은 승리에 대한 의지가 강한 부대에서 전형적으로 들을 수 있는 그런 것이 아니라 불만족과 불투명한 미래에 대한 걱정 일색이었다. 식사가 제시간에 따뜻하게 충분히 공급되지 않는 경우가 많았고, 고향에 보낼 편지를 쓸 필기구도 제공되지 않았으며, 겨울 날씨에 맞는 피복도 지급되지 않았다고 했다. 이것들은 내가 즉각적인 조치를 취할 수 있는 문제였다. 그래서 나는 즉시 헬기로 문구류를 공수했고 부대 취사장을 병사들 근처로 이동시켜 따뜻하고 충분한 식사를 하도록 급식의 양과 질을 높이도록 했다. (아직 면역력이 형성되지 않은 미군 병사들이 위장 장애를 일으켰기 때문에 한국 현지 음식을 먹는 것은 금지했다.) 대부분의 부대에 장갑이 지급되지 않아서 12월 찬바람에 병사들의 손은 빨갛게 갈라졌다. 나는 장갑을 놓고 가거나 사격 중에 벗어놓게 되면 잃어버리기 십상이라는 것을 개인적인 경험을 통해 알게 되었다. 그래서 유럽 전역에서는 항상 여분의 장갑을 차에 싣고 다니면서 병사들을 마주칠 때마다 선물로 주곤 했다. 나는 한국에서 군인들이 따뜻한 손으로 전투할 수 있도록 충분한 장갑을 즉시 보급하도록 노력했다.

1951년 1월 21일 나는 전 장병에게 아래와 같은 지휘서신을 하달했다.

"우리는 왜 이곳에 있으며, 무엇을 위해 싸우고 있는가?"

내가 한국에 온 후 지난 몇 주 동안 8군 장병들의 마음속에 두 가지 질문이 가장 중요한 부분을 차지하고 있는 것처럼 보였습니다. 그 두 가지 질문은 "우리는 왜 이곳에 있는가?", "우리는 무엇을 위해 싸우고 있는가?"입니다.

나는 사령관으로서 전 장병들이 이 두 질문에 대한 나의 대답을 들을 권리가 있다고 생각했기 때문에 이것을 1951년 1월 21일 8군 전 장병들에게 전파하도록 지시했습니다. 두 가지 질문에 대한 나의 대답은 다음과 같습니다.

첫째, "우리는 왜 이곳에 있는가?"에 대한 나의 대답은 아주 간단하고 단호합니다. 우리가 여기 와 있는 것은 합법적인 절차를 거쳐 구성된 우리 정부 당국자들이 그렇게 결정했기 때문입니다. 유엔군사령관 맥아더 장군은 "유엔의 정치지도자들이 그렇게 해야 한다고 결정하는 한, 유엔군사령부는 한국에서 군사적 대비 태세를 유지할 것입니다"라고 말했습니다. 나의 대답이 간단한 것은 이 이상의 추가 설명이 필요하지 않기 때문입니다. 나의 대답이 단호한 것은 우리가 맹세하고 기대하는 충성심이 이러한 명령에 대한 어떠한 의심도 허락하지 않기 때문입니다.

둘째, "우리는 무엇을 위해 싸우고 있는가?"라는 질문은 훨씬 더 중요하며, 8군 전 장병들은 완전하고 논리적인 답변을 들을 자격이 있습니다. 내 답변은 다음과 같습니다.

이 문제에 대한 나의 생각은 분명합니다. 그것은 단순히 한국의 도시나 마을 이곳저곳을 지키느냐 마느냐의 문제가 아닙니다. 그런 영토의 문제는 부수적인 사안입니다. 이 문제는 가장 혹독한 전투 상황에서도 충성심과 용맹함을 유지하는 동맹국인 남한의 자유 문제에만 국한되지 않습니다. 하지만 남한의 자유는 다양한 문제들을 상징하는 것으로서 그 안에 포함됩니다.

문제의 본질은 하느님이 축복받은 땅에 꽃을 피우도록 우리에게 허락하신 것처럼 서구 문명의 힘이 공산주의를 저지하고 물리칠 수 있느냐, 포로를 총으로 쏴 죽이고 시민들을 노예로 만들며 인간의 존엄성을 모욕하는 공산주의자들이 개인과 그 개인의 권리를 신성하게 여기는 사람들을 지배하게 될 것이냐, 우리를 인도하시는 하느님의 손길로 우리가 살아남을 것이냐 아니면 하느님이 없는 세상에서 죽은 존재로 소멸할 것이냐 하는 것입니다.

이것들이 사실이고, 도전의 가능성을 넘어선다면, 이것은 더 이상 동맹국 한국의 자유와 국가 생존만을 위한 싸움이 아닙니다. 이것은 명예롭고 독립적인 국가에 사는 우리 자신의 자유와 생존을 위한 싸움이며, 앞으로도 계속될 것입니다.

우리가 치른 희생과 앞으로도 치러야 할 희생은 다른 사람을 위한 자선이 아니라 바로 우리 자신을 직접 지키기 위한 행동입니다.

결국 이곳 한국에서 발생한 문제의 본질은 공산주의와 자유주의 중 어느 쪽이 승리할 것이냐, 우리가 이곳에서 보았던 겁에 질린 사람들의 대탈출을 중단시켜야 할 것인가 아니면 먼 미래 언젠가 우리가 사랑하는 사람들까지도 절망의 소용돌이 속으로 빠지도록 내버려둘 것인가 하는 것입니다. 바로 이것들이 우리가 이곳에서 싸워야 하는 이유입니다.

어떤 군 사령부의 구성원도 우리보다 더 큰 도전을 하거나, 우리 자신과 우리 국민들에게 최고의 모습을 보여줄 수 있는 더 좋은 기회를 가져본 적이 없습니다. 따라서 우리는 군인이라는 직업과 우리를 길러준 용감한 사람들에게 그 영광을 되돌려주어야 합니다.

모든 지휘소를 방문하면서 나는 자신감과 전투의지를 상실한 것 같은 느낌을 받았다. 부사관 이상 간부들은 냉담한 듯 보였고, 내 질문에 대답을 꺼리는 눈치였다. 심지어 불만이 있어도 묻지 않으면 말하지 않았고, 정보도 제대로 제공되지 않아서 전투의지가 높은 간부들에게서 느낄 수 있는 경계심이라고는 조금도 찾아볼 수 없었다. 나는 이들의 태도를 어느 영국군 위관장교와 비교하지 않을 수 없었다. 그 영국군 장교는 내 차량에 붙은 계급장을 보고 언덕을 내려왔다. 그는 웃으며 경례를 하고 자신의 이름과 계급, 소속을 밝혔다. 그가 속한 영국군 여단은 충분하지 않은 병력으로 넓은 책임 지역을 담당하고 있었는데, 거의 매시간 중공군의 새로운 공격이 예상되는 상황이었다. 나는 그가 어떻게 상황을 인식하고 있는지 물었다. 그는 "괜찮습니다"라며 바로 답변했고 "이곳은 외풍이 꽤 심합니다"라고 웃으면서 말했다. 외풍이 심하다는 말은 중대 책임 지역으로 대부대가 지나갈 수 있을 정도로 공간이 넓다는 의미였다.

그러나 나는 그들의 심리 상태가 그런 데에는 충분한 이유가 있다는 것을 알았기 때문에 우리 군을 비난할 수 없었다. 무기가 심각하게 부족하고 의복과 식량이 충분하지 않은 상태로 그들을 이 불행한 나라에 데려와 광범위한 지역에 걸쳐 전선을 유지하도록 만든 것은 그들의 책임이 아니었다. 그들이 왜 이곳에 있고 무엇을 해야 하는지 알고 싶어하는 것은 그들의 잘못이 아니었다.

만약 미국이 참전한 전쟁 중에서 잊힌 전쟁이라고 부를 수 있는 전쟁이 있다면 그것은 바로 이 전쟁이다. 만약 지금까지 우리가 전쟁 준비가 전혀 되어 있지 않은 상태에서 참전한 전쟁이 있다면, 바로 이 전쟁이 그런 경우다. 항상 효과적으로 싸울 준비가 되어 있어야 한다는 군대의 주요 목적은 잊혀진 것 같았다. 경제적 군 운용이라는 이유로 우리 군대는 거의 전투가 불가능한 상태가 되어버렸다. 시대에 뒤처진 무기들로 현대식 전쟁을 수행하도록 요구받았고, 미 본토의 가을 기동훈련에나 적합한 복장으로 극지방과 비슷한 추위 속에 던져졌다. 내가 아는 한 미국 사람들은 대체로 생계를 유지하는 필수적인 일에 너무 몰두해서 그들의 직계 가족 중 한 명이 참전하지 않는 한 멀리 떨어진 곳에서 벌어지는 전투에 관심을 갖지 않았다. 끝날 것 같지 않았던 전쟁에서 상당한 희생을 치른 후에도 또다시 많은 이들이 재소집되었고, 징병법Selective Service Act[36]이 시행되면서 본토에서 별 영향력이 없다는 이유만으로 젊은이들을 군복을 입혀 전선으로 보냈다.

이 모든 것을 고려할 때 우리 병사들이 그러한 잔인한 역경에 맞서 훌륭하게 싸우고 그들이 어디로 보내지든 용기와 강인한 의지를 계속 유지했다는 것은 기적이고, 그들을 키운 사람들에게는 자랑거리였다.

리더십이 너무 부족한 경우를 많이 봐서 나는 리더십을 소리 높여 강조했다. 편안함을 과감히 떨쳐버리지 못하는 군대, 이동할 때 도로만 이용하는 행태에서 벗어나지 못하는 나약함, 무전이나 유선이 통하지 않을 때는 이동하길 주저하는 모습, 그리고 화력이 우세한 적을 상대할 때의 상상력이 부족한 모습 등은 병사들의 잘못이 아니라 최고 정책입안자들의 잘못이었다. 유감스럽게도 이러한 결점들을 지적하는 나의 말이 종종 무례하게 들린 것 같다.

나는 야전 지휘관들에게 우리 군대가 본질적으로 도로를 따라서만 이동하려 하고, 주변의 감제 고지를 점령하는 것을 자주 잊으며, 전방에서 적과 접촉하려고 시도하지 않고 접촉했더라도 그것을 유지하지 못하고, 지형을 파악하고 이를 유리하게 이용할 줄 모르며, 차량이 공격받으면 신속하게 하차해서 대응하고 적이 있는 곳이라면 고지든 숲이든 찾으려고

---

36 1948년 징병법 시행에 따라 18세 이상의 모든 미국 남성은 의무적으로 등록을 해야 했고, 18~25세의 남성들은 21개월간의 복무를 위해 소집되어야 했다. 1948년에는 제2차 세계대전 이후 대규모 예산 감축으로 약 10만 명이 군 복무 대상으로 선정되었다. 하지만 한국전쟁이 발발하자 그 수가 대폭 증가했고 소집 연령도 낮춰졌으며 복무 기간도 24개월로 증가했다.

●●● 워커 장군의 후임으로 미 8군 사령관으로 부임한 리지웨이 중장(가운데)은 8군이 공세로 전환하기 위해서는 무엇보다 먼저 전투의지의 회복과 부대에 대한 자긍심, 리더십에 대한 신뢰, 그리고 임무에 대한 신념을 가지는 것이 급선무라고 생각하고 즉시 전투 현장과 예하 부대 전방지휘소를 방문해서 병사들과 야전 지휘관들과 대화를 나누고 그들의 모습과 태도, 대화 내용, 그리고 행동 하나하나를 통해 그들의 전투의지가 어떠한지 파악했다. 1951년 1월 21일에는 전 장병에게 "우리는 왜 이곳에 있으며, 무엇을 위해 싸우고 있는가?"라는 지휘서신을 하달하여 사기가 떨어진 부대원들에게 전의(戰意)를 고취했다. 〈사진 출처: U. S. Army〉

해야 하는데 이를 주저하는 모습을 과거 우리 선배들이 본다면 아마도 무덤에서 뛰쳐나올 것이라고 말했다. 통신에 대해서도 유무선이 불통이 될 경우, 조부들이 살았던 시대로 거슬러 올라가 그들이 사용했던 전령을 운용하거나, 더 좋은 방법을 생각해낼 수 없다면 연기 신호를 사용하라고 말했다.

나는 한반도 작전지역에서 일정한 전선을 유지하기에는 병력이 너무 부족하다는 점을 잘 알고 있었지만, 각 사단과 각 군단끼리 왜 상호 협조조차 하지 않았는지 납득하기 어려웠다. 아군의 곡사포 사거리가 약 10km였기 때문에 많은 경우 각 부대는 인접 부대를 상당한 정도로 지원할 수 있었고, 특히 좌우측의 부대들은 필요한 경우 충분한 화력을 상호 지원할 수 있었다.

적은 경무장을 한 채 야간에 이동했고 우리보다 지형에 대해 더 잘 알고 있었다. 추운 날씨와 모든 종류의 결핍에도 잘 적응되어 있었다. 적은 식량을 스스로 해결했으며 소달구지, 조랑말, 심지어 낙타 등 모든 수단을 동원해 자신들에게 필요한 무기와 보급품을 운반했다. 현지 인부들이나 심지어 중공군 병사들이 등에 지고 나르기도 했다. 반면, 아군은 편안함에 너무도 익숙한 나머지 도로에서 벗어나지 못하고 있었다. 나는 우리도 차량에서 내려서 높은 산악지대로 들어가 적을 찾아낸 뒤 그들을 진지에 고착시켜야 한다고 강조했다. 내가 지휘관들에게 최대한 강한 어조로 반복해서 말한 것은 육군의 오랜 구호였다. "적을 찾아라! 고착시켜라! 싸워라! 해치워라!Find them! Fix them! Fight them! Finish them!"

8군의 즉각적인 공세 전환에 대한 희망을 버린 후 내가 가장 시급하게 생각했던 문제는 중공군의 공세에 대비하는 것이었다. 처음에는 크리스마스에 공세가 개시될 것으로 예상했으나, 새해에 시작될 것이 거의 확실해졌다. 적은 수적으로 우리를 압도했으나, 아군 기갑부대는 이제 적보다 훨씬 강했고 아군 공군력 또한 우세했다. 다만 아군은 적의 야간공격을 저지할 병력이 부족했다. 그러나 야간에는 부대 단위로 경계를 강화하고 주간에는 기갑부대와 보병을 동원하여 강력하게 반격함으로써 아군 방어선의 틈을 비집고 들어와 공격하는 적에게 심각한 타격을 입힐 수 있는 절호의 기회를 얻게 되었다. 나는 지휘관들에게 고지 점령의 중요성과 야간에 적의 침투를 유인할 수 있도록 병력을 집중해서 배치할 것을 강조했다. 그래서 주간에는 아군의 강력한 화력과 공군의 지원으로 적을 격

●●● 한국전쟁 당시 부상병을 들것에 실어 구호소로 옮기고 있는 노무부대원들. 1950년 7월 26일 정부의 "징발에 관한 특별 조치령"에 의해 징집되거나 자원한 민간인 노무자들은 지게를 주 수송수단으로 하여 산지와 험지를 도보로 주파하여 각종 군수물자를 비롯하여 부상자 및 전사자 이송 등의 임무를 도맡아 수행했다. 〈사진 출처: WIKIMEDIA COMMONS | National Museum of Health and Medicine | CC BY 2,0〉

퇴할 수 있었다.

우리가 어느 정도의 영토를 적에게 내줘야 한다는 데는 의문의 여지가 없었지만, 나는 철수가 계획적이고 단계별로 이루어져야 하며 후방의 진지들이 적절한 정찰을 통해 준비가 잘 되어 있길 원했다. 이승만 대통령의 지시로 현지 노무부대들이 우리에게 배속되었는데 철수할 지역의 진지를 구축하는 데 큰 도움이 되었다. 나는 또한 병사들의 전투의지를 회복시키기 위해서는 모든 지휘관들에게 병사들의 안전에 관심을 가지고 불필요하게 생명을 위험에 빠뜨려서는 안 되며 고립된 부대를 버려서는 안 된다는 생각을 확실하게 심어주는 것이 가장 중요하다는 것을 알고 있었다. 그래서 각 군단장과 사단장에게 어떤 경우라도 적에게 포위되거나 공격받았을 때 부대를 버려서는 안 되며 반드시 그들을 고국으로 데리고 가야 한다고 강조했다. 적에게 포위된 아군 부대를 구할 때 주요 지휘관은 적과 비슷하거나 적보다 더 많은 인명피해가 발생할 것으로 예상하지 않는 한 끝까지 싸워서 그들을 구출해야 한다고 강조했다.

나는 어느 군단장이 이러한 노력들을 분명히 보여주기 위해 사단장들에게 "어떠한 대가를 치르더라도" 해당 진지를 고수하라는 명령을 내린 것을 알게 되었다. 나는 명령에서 "어떠한 대가를 치르더라도"라는 표현을 즉시 철회하라고 지시했다. 나는 직접 지형을 답사하고 현장의 상황을 관찰한 후 그러한 조치가 필요하다고 판단한 경우가 아니라면 그런 명령을 내려서는 안 된다는 것이 나의 굳은 다짐이라고 그들에게 말했다.

개선된 방안들은 한국에서만 적용될 문제는 아니었다. 이러한 실패의 근본적인 원인이 본국의 실패에 뿌리를 두고 있었기 때문이다. 우리 군단장들과 사단장들의 공세 의지가 부족했던 것은 미국에서 전쟁에 대한 열기가 식어가고 있었기 때문이었다. 나는 콜린스 육군참모총장에게 서신을 보내 미국 국민에게 이 문제가 얼마나 시급한지 알리기 위해 최대한 노력해줄 것을 요청했다. 전쟁의 규칙을 인정하지 않은 채 거칠고 험난한 지형에서 싸우면서 우리의 화력을 피하기 위해 무기력한 민간인들을 인질로 이용하는 무자비한 적에 대처하기 위해 지금 우리에게 필요한 것은 강인한 육체와 정신력임을 강조했다. 그리고 미국 국민에게 이 전쟁에 대한 진실을 알려야 한다고 주장했다.

미국 국민이 진실을 알게 되면 우리가 훈련을 강화하고 군대를 먹이고 보살피기 위해 필요한 더 많은 인력, 더 많은 기갑 전력, 더 많은 희생을 요구하는 것을 지지할 것이다. 무엇보다도 우리는 장군들부터 무자비해지는 법을 배워야 했다. 그렇지 않으면 우리 군이 요구하는 공격적이고 지략이 뛰어난 간부들을 결코 키울 수 없을 것이다.

군단장들과 사단장들은 강력한 부대를 배치해서 주간 역습을 감행하라는 나의 지시를 이행하는 것처럼 보였지만, 그들의 노력이 충분하지 않다는 것을 알게 되었다. 결국 우리는 적에게 대량 피해를 줄 많은 기회들을 잃고 말았다. 나는 더 이상 그러한 노력의 낭비가 있어서는 안 된다는 점을 확인시켜주기 위해 지휘관들을 강하게 몰아붙여야 한다는 것을 알고 있었다.

우리 장군들 사이에서 패배주의 분위기는 찾아볼 수 없었지만, 극동군사령부와 워싱턴에서는 한반도에서 군대를 모두 철수시켜야 할지도 모른다는 분위기가 퍼지고 있었다. 12월 말 합참에서는 중공군이 총공세 감행을 결정한다면 유엔군을 한반도 밖으로 충분히 밀어낼 수 있을 것으로 결론을 내고 이를 맥아더 장군에게 통보했다. 맥아더 장군은 중국의 신정 공세가 성공한 후 합참이 내린 결정들—우리는 대규모 증원군을 받지 않을 것이고, 중국 해안 봉쇄도, 중국 본토에 대한 어떠한 공습도 없을 것이며, 만주 기지 폭격에 대한 승인도 없을 것이고, 대만 국민당 군대의 "투입"도 없을 것이라는 결정들—이 바뀌지 않는다면, 정치적 고려사항들을 무시하지 않는 한 "유엔군사령부는 전술적으로 가능한 한 빨리 한국에서 철수해야 한다"는 데 동의했다.

나는 적이 아군을 한반도에서 몰아낼 능력이 있다거나 우리 스스로 철수해야 한다는 주장에 절대 동의하지 않았다. 물론 나는 일본으로 다시 돌아가든 아니면 또다시 38선을 넘어 북진하든 간에 우리 군대를 지휘할 준비가 되어 있었다. 하지만 어떤 결정을 내릴 때는 반드시 사전에 충분한 시간을 가져야 한다고 생각했다. 그래야만 철수 명령이 내려지면 잘 준비해서 질서 있게 부대를 철수시켜 안전한 항구를 통해 병력을 귀환시킬 수 있기 때문이다. 부대를 신속하고 안전하게 이동시킬 선박들을 모을 시간도 없이 방어선을 철저하게 준비하지도 못하고 제대로 된 일정과 우선순위도 정하지 못한 채 갑자기 계획된 철수를 해야 할 때 그 대가가 얼마나 큰지 너무 잘 알고 있었다. 또한 그러한 철수 결정이 너무 성급하게 발표되거나 소문이 나게 되면 대한민국 정부에 미치는 충격이 어떠할지도 잘 알고 있었다. 그래서 나는 이런 결정을 내릴 때 정보가 절대 외부로 새어나가지 않도록 최대한 주의를 기울여야 한다고 주장했다.

이러한 것들 외에 내가 정말 심각하게 고민했던 것들이 있었다. 그것은 한국군과 한국 정부 관료, 그리고 전쟁포로들을 어떻게 처리해야 하는가였다. 분명한 것은 우리가 절대로 야만적인 적 앞에 그들을 버려두고 떠나서는 안 된다는 것이었다. 한국군은 무기도 제대로 갖추지 못한 채 압도적으로 많은 적에 맞서 지난 3개월간 용감히 싸웠다. 그런데 어떻게 그들을 버리고 철수할 수 있으며 대한민국 정부와 이승만 대통령은 또 어떻게 할 것인가? 나는 이 사람들을 비롯해 우리를 도운 정부의 모든 사람들과 민간인들의 안전을 제공해야 하는 우리의 의무를 주장하는 것 외에는 별다른 해결책이 없었다. 내가 추산해 보고한 이들의 수는 대략 150만 명 정도였다.

전쟁 포로의 처리는 정말 중요한 문제라고 생각했다. 만약 아군이 철수할 경우 포로들을 어떻게 해야 할 것인가 하는 문제에 대해 나는 뚜렷한 해결 방안을 찾지 못하고 있었다. 하지만 나는 지금 당장 내가 전쟁 포로 문제를 제기해서 그것이 얼마나 복잡한 문제인지를 강조해야 한다고 생각했다. 포로들을 수용하고 관리·감독하려면 많은 병력과 식량, 물자를 전용해야 했기 때문이다. 당시 나는 그 문제가 얼마나 어려운지에 대해서 당연히 예측조차 할 수 없었다.

철수 문제는 빠르게 해결되었다. 트루먼 대통령은 미국이 군사적 필요에 의해 밀려나지 않는 한 한반도에서 철수하지 않을 것이라는 단호한 결정을 내렸다. 그는 부대의 안전을 보장하거나 일본 방어라는 기본 임무를 완수하기 위해 필요하다고 생각되는 경우 군대를 철수할 수 있는 권한을 맥아더 장군에게 위임했다.

하지만 여전히 우리는 부산까지 물러나야 할지도 모르는 긴 후퇴를 준비해야만 했다. 적의 병력에 대한 정보는 부족했고, 적은 매일 라디오를 통해 우리를 바다로 밀어넣겠다고 떠들고 있었다. 나는 이번에는 임시 방어선이나 구멍 뚫린 방어시설을 원하지 않았다. 그래서 장군으로 진급하기 전까지 줄곧 공병에서 복무했던 개리슨 데이비슨Garrison Davidson 준장(나중에 중장으로 미 육사 교장을 역임)에게 멀리 남쪽으로 부산항 일대를 포괄하는 방어선을 구축하는 임무를 맡겼다. 데이비슨 장군은 한국인 수천 명을 고용해서 종심 깊은 방어지대와 참호를 구축하고, 포병 진지와 철조망을 설치했다. 나는 비행기를 타고 저공으로 날면서 그 지역을 둘러보았다. 나는 우리가 그 지역에서 진을 쳐야만 하는 상황이 발생해도 그 지역을 굳게 지킬 수 있을 것 같아서 만족스러웠다. 몇 주 후 다시 "데이비슨 라인Davidson Line"을 비행기로 둘러보았는데 보강작업이 신속하고 효과적으로 끝난 것을 보고 깊은 감명을 받았다. 다행히 우리가 현 위치에서 후방으로 300km 정도 떨어진 그 지역에서 진을 칠 필요도, 방어시설을 시험할 필요도 없었다. 그렇다고 그것이 전혀 쓸모없는 일이었다고 할 수는 없다. 그 지역에 사는 가난한 농부들이 집이나 제방을 고치기 위해 거의 모든 모래주머니들을 가져가고 꽤 값비싼 철조망을 "해체"해 시장에 내다 팔았기 때문이다. 나는 그 보고를 받고 처음에는 화가 났으나 나중에는 오히려 만족해했다.

이러한 문제들 대부분은 중공군이 아군을 한강 이남으로 밀어낸 후에 내가 관심을 가졌던 것들이다. 취임 초기에 나는 적의 다음 행동에 온 신경을 쏟아야 했다. 적은 우리의 예상대로 새해 전날 밤 공세를 개시했다. 강력한 포병 준비사격을 시작으로 나팔을 불거나 서툴고 야비한 영어로 고함을 치면서 밀고 내려왔다. 내가 그날 밤 처음 받았던 보고는 적이 대규모 공세를 개시한 것이 확실하고 아군이 이를 저지하기 어려울 수도 있다는 내용이었다. 다행히 우리 후방에는 준비된 진지가 있었기 때문에 이번에는 아군이 강한 역습을 통해 적에게 치명타를 줄 수 있을 것으로 기대했다.

1951년 새해 아침 나는 서울 북쪽으로 차를 타고 이동해 당황스러운 광경을 목격했다. 트럭에 탄 한국군 병사들이 질서도, 무기도, 지휘관도 없이 전면 후퇴하며 남쪽으로 내려가고 있었다. 일부는 걷거나 온갖 종류의 징발된 차들을 타고 이동하기도 했다. 그들에게는 중공군으로부터 가능한 한 멀리 달아나는 것이 유일한 목표였다. 소총과 권총도 버리고 포병과 박격포, 기관총 등 공용화기들도 모두 버린 상태였다.

나는 한국어를 몰랐기 때문에 공포에 질린 대규모 병사들의 철수를 멈추려는 노력이 무의미하다는 것을 알았다. 하지만 최소한 노력은 해야 했다. 그래서 차에서 내린 다음 도로 한가운데 서서 다가오는 트럭을 향해 팔을 머리 위로 흔들었다. 처음에는 차들이 속도를 줄이지 않고 지나쳐버렸지만 이내 병사들이 탄 트럭들을 멈추게 하는 데 성공했다. 선두 트럭에 탄 병사들은 내 말을 듣지도 않았고 멈추라는 내 동작에 따르려고 하지도 않았다. 곧 차량 행렬이 또다시 이동했다.

당시 효과적이었던 유일한 조치는 통제권을 되찾기 위해 장교의 지휘 하에 헌병이 운영하는 낙오자 초소$^{straggler\ post}$[37]를 후방에 설치하는 것이었다. 이 방법은 효과가 있었다. 패주하는 한국군 부대들은 재조직되었고, 다시 무장하게 되었다. 식사도 공급되었고 한국군 장교들의 지휘 아래 새로운 지역으로 배치되었다. 그 후 그들 대부분은 잘 훈련받고 적절한 지휘를 받으면서 용감하게 잘 싸웠다(나는 전쟁 초기 한국군이 적 전차를 보고 도망친 것에 대해 비난할 수가 없었다. 적의 전차보다 더 흉측하거나

---

37 낙오자 초소: 낙오자의 집결, 후송 및 정리를 위해 설치된 헌병초소.

더 무서운 것은 거의 없었다. 포구로 연기를 내뿜으면서 자신의 머리를 조준한 채 굉음을 내며 모든 장애물을 뚫고 돌진하여 자신을 죽이려고 하는 것 같았기 때문이다. 나는 심지어 미군도 적 전차가 돌진해올 때 총을 버리고 숲으로 도망가는 모습을 보았다. 적 전차들이 아군 점령 지역에 있었고 그것도 공포탄밖에 없는 경우에도 마찬가지였다).

미 19보병연대 1개 대대도 인접한 한국군 부대가 적에게 뚫리자 무질서하게 후퇴했다. 나는 그날 아침 사단 치료소에서 이 대대의 부상자들과 대화하면서 그들이 완전히 전투의지를 상실했다는 것을 알게 되었다. 보통 미군은 부상이 심하지 않은 경우 부대에 다시 합류하려고 하는데, 그들은 그럴 생각이 전혀 없는 것처럼 보였다. 제대로 싸울 수 있도록 전투의지를 불어넣으려면 참으로 갈 길이 멀었다.

대체로 8군은 대부분의 장비를 가지고 질서정연하게 철수했다. 하지만 상황은 이제 더 심각해졌다. 아군의 등 뒤에는 한강이 떠다니는 거대한 유빙 덩어리들로 막혀 있었는데, 이것들은 특히 한 지점에서 강한 조수에 떠밀려 유일한 다리의 두 교각을 파괴할 수도 있었다. 한강 북쪽 제방에 구축한 교두보는 유엔군과 한국군 수만 명, 그리고 영국군 센추리온^{Centurion} 전차와 미군 8인치 곡사포를 포함한 중장비들로 인해 비좁고 복잡했다. 우리를 압박했던 것은 공포에 휩싸인 피난민 수천 명이 다리를 지키는 경계병들에게 한순간에 몰려들어 다리 통행이 막힐 수도 있다는 것이었다. 더구나 적이 야간에 아군을 밀어붙이겠다고 결심한다면 한강 교량도 이내 적 대포의 사정거리 안에 들어갈 위험까지 있었다.

나는 미군 군단장 2명과 한국군 참모총장, 미 군사고문단장과 논의하면서 적이 정면공격과 함께 한국군이 공포에 질린 채 패주하여 무방비상태였던 동쪽 측면을 포위공격하고 있어 8군 전체가 위험한 상황에 처하기 일보직전임을 알게 되었다. 안타깝게도 나는 내가 현 진지를 고수하라는 명령을 내리더라도 각 부대가 그럴 능력이 있는지 확신할 수 있는 충분한 근거를 가지고 있지 못했다. 그래서 나는 1월 3일 무초 대사에게 아군이 전방에서 곧 후퇴할 것이고 다시 한 번 서울에서 철수해야 한다는 사실을 이승만 대통령께 대신 전달해줄 것을 요청했다.

나는 또한 오후 3시부터 다리와 주요 진입로 및 출구 도로들에서 군 차량을 제외한 모든 차량의 통행이 금지될 것이라는 사실과 한국 정부의 어떤 기관이 아직 서울에 남아 있는지 알려주었다. 3시 이전에 모든 정부 차량이 빠져나가야 하고 이후에는 일체 민간 차량 통행이 허용되지 않을 예정이었다.

명령을 하달하는 것과 그것을 이행하는 것은 물론 다른 차원의 문제다. 나는 이 명령을 실행하는 데 실패할 경우, 이에 따르는 위험을 감수할 수 없었기 때문에 각 도로에 헌병들을 배치해서 통제를 강화했다. 8군이 원활하게 이동할 수 있도록 평소에 깊이 신임하고 있던 1기병사단 부사단장 찰스 팔머Charles Palmer 준장(나중에 대장까지 진급)을 교량 현장에서 내 이름으로 필요한 모든 조치를 내릴 수 있는 전권을 가진 책임자로 임명했다. 공포에 질린 수천 명의 피난민이 하나밖에 없는 도로와 다리에서 떨어지라는 지시를 받았을 때 어떻게 반응할지는 그 누구도 예측하기 어려웠다. 그래서 팔머 장군에게 만약 피난민들이 거부한다면 헌병에게 지시해서 피난민들 머리 위로 경고사격을 하라고 구체적으로 지시했다. 만약 그래도 통제에 따르지 않는다면 최후 수단으로 직접 조준사격을 하라고 지시했다.

오랜 세월 동안 고난과 함께 사는 법을 배운 온순한 민족인 한국인들은 차분히 그 지시를 따라 무력을 사용하는 일은 발생하지 않았다. 그러나 나는 가끔 이 가엾은 수십만 명의 사람들─그중 일부는 온 가족이 살림살이 전부를 지게에 짊어지고 있었다─이 자신들을 혼비백산하게 만든 공포에 굴복했더라면 어떻게 되었을지 상상하며 몸서리를 쳤다. 내 기억 속에는 당시 남자, 여자, 아이들, 동화책에 나올 법한 턱수염을 기른

●●● 1951년 1월 4일 유엔군이 서울에서 철수한 후 1군단 공병대 에머슨 C. 잇슈너(Emerson C. Itschner) 대령(앞줄 가운데)에게 부교를 해체하라는 명령을 내리는 리지웨이 사령관(앞줄 왼쪽). 〈사진 출처: WIKIMEDIA COMMONS | U. S. Army | Public Domain〉

할아버지들, 아이처럼 아들의 등에 업힌 할머니들이 영하의 추위 속에서 목적지도 없이 멍하니 차례를 기다리는 장면이 아직도 남아 있다. 그들은 중공군으로부터 멀리 도망가는 것 외에는 마땅히 갈 곳도 없었다. 짊어지고 가는 물건 외에 남아 있는 것이 하나도 없는 그들은 공산주의의 공포로부터 탈출하여 그저 자유를 찾기 위한 일념으로 피난을 가고 있었다.

나는 어두워질 때까지 교량 북쪽에 서서 군인들과 트럭, 전차, 자주포, 그리고 온갖 종류의 들것들이 긴 행렬을 이루어 천천히 이동하는 장면을 지켜보았다. 큰 8인치 곡사포와 센추리온 전차가 도착해 부교가 물속으로 깊이 가라앉자 가슴이 철렁했다. 센추리온 전차의 전투하중(약 50톤)

●●● 1951년 1월 8일 강릉을 벗어나 눈길을 뚫고 남쪽으로 향하고 있는 끝없는 피난민 행렬. 〈사진 출처: WIKIMEDIA COMMONS | U. S. Army | Public Domain〉

이 교량의 통과 하중을 초과했으나 다행히 교량은 이상이 없었고 육중한 장비들은 마지막까지 안전하게 다리를 건너 남쪽으로 이동했다. 그 뒤에 는 인내심을 가지고 모여 있는 피난민들이 마치 전설 속의 야수들이 살아 돌아온 모습처럼 칠흑같이 어두운 밤에 이동하기 시작했다. 내가 영등포의 임시야간지휘소를 향해 차를 타고 다리를 건넜을 때 온갖 종류의 차량 행렬 속에 뒤엉키기도 했다.

한강 남쪽에서 8군은 장비가 손상되지 않고 기동할 공간이 있었기 때문에 3개 미군 군단 중 2개 군단(10군단은 남쪽에서 여전히 집결 중이었다)과 한국군 2개 군단(1·2군단)과 함께 유리한 지형을 이용해 방어진지를 구축했다. 곧 10군단 병력도 가용할 수 있게 되었다. 해병 1사단과 미 2·3·7사단도 모두 합류했다. 이로써 그곳을 지나 남하하려는 어떠한 적도 강하게 타격할 수 있는 만반의 준비를 갖추게 되었다.

하지만 우리는 공세로 전환하기 전에 우리의 나약함부터 없애고 실수로부터 배워야 했다. 그리고 잘못된 절차를 바로잡고 자부심을 회복해야만 했다. 도쿄 극동군사령부와 일본 군수지원사령부, 그리고 미 본토에서는 우리에게 필요한 물자와 장비를 보충하기 위해 강제 징집 절차를 진행 중이었다. 점차 아군 기갑 전력과 포병 전력은 강화되었고, 잘 훈련된 인원들이 보충되기 시작했다. 양질의 식량도 충분히 공급되었고 야전 의무 지원과 외과 서비스도 최상의 수준으로 향상되었다. 그 결과 최고 수준의 군대로 변모하게 되었다. 선발된 장교들이 연대장과 대대장에 임명되어 훈련 분야의 기본적인 문제들도 개선되기 시작했다.

여전히 나는 8군의 전투의지 회복에 많은 관심을 갖고 있었다. 전투의지는 상부의 강요에 의해 생기는 것이 아니라 말단 병사부터 그 위 모든 장병에 이르기까지 스스로 마음속에서 길러서 갖춰야 하는 자질이다. 그것은 개인의 안전보장, 부대에 대한 소속감, 그리고 좌우와 후방에 다른 아군 부대들이 버티고 있다는 믿음을 가질 때 비로소 뿌리를 내리게 된다고 나는 믿는다. 전투에서 때때로 병사들을 엄습하는 홀로 남겨진다는 공포심과 아무도 나 따위에게는 신경쓰지 않으니 오로지 믿을 것은 나뿐이라는 생각은 적절한 훈련을 통해 떨쳐버릴 수 있다. 나는 때때로 미군이 다른 국가의 군인들보다 더 강하다는 자부심을 가지고 있다고 생각한다. 그러나 그들이 어떤 위험 속에서도 자신의 충성심으로 보답해야 할 집단에 자신이 속해 있다는 확신을 심어주기 위해서는 여전히 도움이 필요하다.

부지 선정 당시 타당한 이유가 있었겠지만, 내가 8군을 인수했을 때 전방지휘소는 서부 지역 끝에 있는 큰 도시(부평)에 설치되어 있었고, 8군본부는 전선에서 240km 후방(대구)에 있었다. 전투지휘소는 도시의 대형 빌딩 내에 설치하지 않는 것이 일반적이다. 사령부 근무 병사들과 전투 현장의 병사들을 정신적으로나 육체적으로 분리하는 경향이 있기 때문이다. 고위급 사령부에서 근무하는 장병들은 그들이 지원해야 할 부대들과 동일시하는 것이 거의 불가능하다는 것을 알게 된다. 그 결과, 군사적 승리 달성에 필수요소인 상호 존중과 신뢰는 얻지 못하게 된다.

아군이 서울에서부터 밀려난 후 몇 주 동안 나는 전방지휘소를 최소 인원으로 유지했다. 그중 훌륭한 전속부관 2명이 있었는데, 월터 윈튼 Wlater Winton과 조 데일Joe Dale이 그들이다. 윈튼은 제2차 세계대전 동안 나와 함께 복무했고 이후 카리브해 사령부에서도 함께했다. 데일을 한국에서 만난 것은 행운이었다. 그리고 당번병, 지프차 운전병, 무전차량 운전병, 무전병이 각각 한 명씩 있었다. 나는 1군단장 밀번 장군이 군사령관인 나와 항상 같이 있는 것을 불편하게 여길 수도 있다고 생각했다. 그러나 나는 미봉책으로 나와 최소 인원이 그의 전방지휘소에서 함께 숙영하는 것이 최선이라고 생각했다. 밀번 장군도 이 점을 이해하고 도와주었다. 이것은 이미 병력이 너무 부족한 내 휘하의 전투부대들로부터 한 명이라도 차출할 필요가 없다는 것을 의미했다. 우리는 1군단 사령부의 경계병과 취사병들을 그대로 활용할 수 있었고 군단 통신망과 정보망에도 바로 접속할 수 있었다.

마지막 센추리온 전차가 한강을 아슬아슬하게 건너는 장면을 보았던 그날 이후 약 6주 동안 우리는 모든 지역에 전화 케이블과 통신시설을 설치하고 여주(경기도)의 한 고지에 8군 전방지휘소를 설치했다. 이곳은 한반도를 동서로 가로지르는 선의 3분의 1 정도 되는 지점이었다. 대략 미 9군단의 후방이었으며 서쪽의 미 1군단과 동쪽의 10군단의 중간쯤 되는 지점이었다. 이곳은 내가 8군 사령관 직책을 마치는 순간까지 어떤 의미에서 내 집과도 같았다.

전방지휘소에서의 생활방식은 정말 단순했다. 우리는 적과의 실제 교전 시 필요한 것들을 제외하고 모든 부대에서 볼 수 없는 편의시설이나 도구는 소유하지 않았다. 전방지휘소에는 각각 2.4~3.6m 크기의 텐트 2개가 있었는데, 양쪽 끝을 연결해서 방 2개가 있는 아파트처럼 만들었다. 한쪽 텐트에는 내 간이침대와 침낭, 작은 테이블과 접이식 의자 하나, 세면대가 있었다. 그리고 작은 휘발유 난로는 현장을 다녀온 후 얼어붙은 손발을 녹여주는 안식처가 되었다. 다른 텐트에는 작은 테이블과 접이식 의자 2개, 그리고 합판 위에 멋진 전투지역 기복지도起伏地圖[38]가 놓여 있었다. 이 지도는 미 공병 군사지도 제작반이 준비해준 귀한 물건이었다.

나는 추위 속에서 전투해보았거나 야지에서 오랫동안 일해본 사람들은 내가 만든 이 작은 원시적인 아지트에 대한 애착을 이해할 수 있을 것이라고 확신한다. 전쟁 자체는 엄청난 공포이지만 정직한 군인이라면 누구나 전쟁 중에도 기쁨을 느끼게 되는 순간이 있다는 것을 알고 있다. 그들은 함께 싸우는 전우들로부터 동료애를 느낄 때 기쁨을 느끼고, 전투의지가 충만해졌을 때 기쁨과 자부심을 느끼며, 훌륭한 지휘관의 지휘 하에 잘 훈련된 부대원들의 얼굴에서는 싸워 이길 수 있다는 자신감을 느낀다. 그리고 춥고 힘든 하루 끝에 누릴 수 있는 따뜻한 온기와 간소한 따뜻한 음식에서도 작지만 소중한 기쁨을 느끼게 된다. 지금도 한국을 떠올릴 때마다 덮개가 없는 지프차 속에서 보낸 차디찬 나날들이 생각난다. 강철 바닥으로부터 차가운 바람이 발가락 사이로 스며들어 조금씩 양말을 타고 올라와 발이 나막신처럼 꽁꽁 얼었을 때 작은 난로 하나가 주었던 따뜻함과 김이 모락모락 나는 차 한 잔을 양손으로 들고 입에 가져갔을 때 느꼈던 행복감을 지금도 잊지 못한다. 그렇게 하면 추위로 얼어붙은 입이 감사의 말을 제대로 할 수 있을 정도로 녹기까지 1분이면 충분했다.

---

38 기복지도: 색채나 명암 따위를 써서 지형의 높고 낮음을 나타낸 입체모형지도.

그 장소 자체는 전쟁으로 얼룩진 나라의 그 어떤 장소보다 쾌적했다. 내 텐트들은 비행기와 대포 소리가 들리지 않고 주변의 작은 생물 소리만 들리는, 강바닥이 말라버린 남한강의 한 제방 위에 있었다. 주변에는 도시에서 볼 수 있는 차들도, 썩은 양배추 냄새와 고약한 인분 냄새가 진동하는 마을도 없었다. 이곳에서 아무런 방해도 받지 않고 지도를 보거나 보고서들을 읽을 수 있었다. 부관들과 함께 작전계획을 수립하고 부하들의 전투의지 향상에 완전히 집중할 수 있었다. 우리는 강둑 옆 넓은 자갈밭에 경비행기 활주로[39]를 설치했는데, 나중에 공병들이 확장공사를 해서 4개의 엔진이 달린 나의 B-17 수송기도 착륙할 수 있게 되었다. 8군 사령관으로 있는 동안 나는 이곳에서 이륙해서 대구에 있는 8군 주 지휘소처럼 멀리 떨어진 곳까지 날아갈 수 있게 되었다.

새 전방지휘소를 고립된 장소에 설치한 덕분에 누리게 된 가장 큰 이점은 어떠한 방해도 받지 않고 조용히 지도 연구에 몰두하면서 미 8군의 전술 계획tactical operation을 세우는 데 집중할 수 있었다는 점이었다. 나의 오랜 신념은 세심한 지휘관일수록 부대 작전환경을 정확하게 이해해야 하고 특히 지형상 장애 요소나 유리한 요소를 반드시 알고 있어야 한다는 것이다. 그것을 위해서 나는 많은 시간 기복지도를 보면서 연구했다. 때로는 저공비행으로 작전 지형을 직접 확인하기도 했는데, 야간에도 그 지역에서 길을 찾을 수 있을 때까지 연구했다. 우리가 전투하거나 통제하고자 하는 지역 내에 있는 모든 도로와 소로, 언덕, 하천, 능선들은 집 뒷마당처럼 나에게 익숙해졌다. 그래서 내가 어떤 지역에 부대를 투입하는 것을 검토할 때 보병들이 무기와 탄약, 식량을 등에 짊어지고 600m 고지까지 기어 올라갈 수 있는지, 또는 중장비를 가지고 이동할 수 있는지,

---

39 한국전쟁 당시 만들어진 남한강 변의 이 활주로는 현재 여주시 금사면 금사리에 있는 이포 비행장일 것으로 추정된다.

하천을 걸어서 건널 수 있는지, 차량 통행이 가능한 도로를 찾을 수 있는지 알 수 있었다.

나는 군 생활 동안 한 번도 지금처럼 무거운 책임감에 부담을 느끼며 근무해본 적이 없었다. 유럽 전역에서 전투할 때 나의 부대는 언제나 상급 부대의 일부로서 참가했다. 역사상 최대 규모의 단일 군사작전이었던 노르망디 침공작전 때도 오마 브래들리Omar Bradley 장군이 지휘하는 1군 소속 콜린스 7군단장의 예하 사단장 중 한 명이었다. 벌지 전투에서 나는 1개 군단을 지휘하고 있었지만 내 군단은 코트니 H. 호지스Courtney H. Hodges 장군의 1군에 속한 여러 군단 중 하나에 불과했고, 1군은 버나드 몽고메리Bernard Montgomery 야전사령관의 21집단군 소속이었다. 두 전역 모두에서 내가 지역적 주도권을 발휘할 여지는 많았지만, 전체의 노력을 증진시키기 위해 더 많은 자원을 사용할 수 있는 권한을 가진 더 높은 지휘관이 후방에 있었다. 그러한 환경에서 내가 어려움에 봉착했을 때 즉시 도움을 요청할 직속 상관이 항상 있었다.

한국에서는 맥아더 장군이 나의 직속 상관이었다. 유엔군사령관으로서 맥아더 장군은 지상군과 태평양 전역의 해군과 공군에 대한 전권을 행사하고 있었다. 하지만 내가 증원을 요청할 경우 지원해줄 만한 추가 병력을 가지고 있지는 않았다. 게다가 그는 1,000km 이상 떨어진 도쿄에 있었다. 처음에 나는 할 일은 너무 많고 시간은 턱없이 부족해서 잠시 물러나서 상황을 돌아볼 여력이 없었다. 수주간의 숨 가쁜 시간이 지난 후에야 나는 맥아더 장군이 작년 12월 26일 "맷, 이제부터 8군은 자네 것이야. 자네가 최선이라고 생각하는 대로 하면 돼"라고 했던 말의 의미를 완전히 깨닫게 되었다.

나는 해군이 계속 한반도 주변 해상로를 지배할 것이라는 것을 알고 있었다. 공군과 해군, 그리고 해병 항공대도 제공권을 유지할 것이다. 그러나 날씨가 좋을 때나 나쁠 때나 낮이나 밤이나 성공하거나 실패하거나 지상군―미군과 유엔군, 한국군―에 대한 안전을 보장하는 책임은 전적으로 나에게 있었다. 나를 지원하기 위해 추가로 투입될 예비대도 없었고 다른 전구로부터 추가 병력을 차출해올 수 있는 권한도 없었다. 내가 가진 전력은 현재 보유하고 있는 것이 전부였고, 추가 전력은 기대할 수 없었다. 맥아더 장군은 나에게 모든 전술적 통제권을 주었다. 한 번도 그 권한을 축소하지 않았으며 지휘관이 요구할 수 있는 모든 권한을 주었다. 그것은 모든 헌신적인 군인들이 언젠가는 될 수 있다고 꿈꾸는 기회이자 도전이었다. 나는 그러한 직책을 수행하게 된 것을 명예롭게 생각하면서도 지나친 자만심에 눈이 멀어 무거운 책임감을 보지 못하는 일이 없도록 노력했다.

내가 스스로 설정한 첫 번째 임무는 예하 부대들의 전투의지를 회복시키는 일이었다. 그것은 지휘관들이 부하들 개개인의 안전에 더욱더 관심을 가져야 한다는 것 외에도 고위 지휘관들이 내리는 결정이 옳다는 믿음을 부하들에게 심어주어야 한다는 것을 의미했다. 모든 지휘관은 전투에서 그에게 주어진 임무 완수에 몰두한다. 그가 분대, 소대, 중대에서부터 군단에 이르기까지 어떤 부대를 지휘하든 그에게 부여된 임무를 완수하기 위해서는 모든 직업적 능력, 강한 체력과 강한 정신력을 요구한다. 소부대 지휘관들은 상급 지휘관들이 임무를 어떻게 수행하고 있는가에 대해 신경 쓸 시간이 없다. 분대부터 대대급까지 소부대 지휘관들의 눈에는 종종 상급 지휘관들이 비교적 단순한 과업을 수행하는 것으로 보인다. 소부대 지휘관들은 상급 지휘관들이 그저 검정 펜으로 지도 위에 선을 그리거나 목표와 전투지역, 전투지경선과 통제선을 표시하면서 보급이나 통신 문제, 그리고 적과 싸우면서 생기는 어려움들을 제대로 이해하지 못한 채 명령을 내린다고 생각한다. 그리고 그들은 때때로 상급 지휘관들이 시행 버튼을 누르기만 하고 불가능한 일들을 달성하는 문제는 예하 지휘관들에게 떠넘기는 것으로 의심하기도 한다.

그러나 사실 지휘관들은 그들이 맡은 부대가 크면 클수록 작전계획을 수립하는 데 더 많은 시간을 투입해야 한다. 그들이 맡은 부대가 크면 클수록 부대를 이동시키고, 정찰을 실시하고, 탄약과 보급품을 확보하고, 지상과 공중에 투입된 전투부대들이 협력하는 데 더 많은 시간이 걸릴 것이다. 세심한 지휘관에게는 작전 구상과 계획 수립에 있어서 시간이 가장 중요한 요소다. 그들은 적절한 예측과 올바른 사전 조치를 통해 가장 소중한 부하들의 생명을 지킬 수 있다는 것을 알고 있기 때문에 가능한 한 앞을 내다보려고 하고, 전술적 조치들은 가능하면 단순하게 계획하고, 가능한 한 많은 변수들을 제거하려고 노력한다. 그리고 상황이 허락하는 한 많은 지형을 직접 둘러보고 임무를 부여받을 부하들과 계획상의 과업들을 함께 점검한다. 그런 다음 부하들이 부여받은 임무를 진심으로 받아들이고 실현 가능성에 동의할 때 명령을 하달한다.

전투의 흐름이 변하면서 기존의 조건들이 바뀌고 사전에 계획하지 않은 새로운 과업들이 생기는 경우가 종종 있다. 전체 임무의 성패는 당연히 자원과 훈련 수준, 기민함, 그리고 소부대 지휘관들의 결단력에 달려 있다. 신속하게 결정을 내리고 그것을 과감하게 실행할 수 있는 능력은 부하와 상관에 대한 신뢰를 바탕으로 승리할 수 있다고 자신할 때 가장 잘 길러진다. 지휘관은 세세한 문제들에 계속 관심을 기울이고 모든 부대의 구성원의 복지에 신경을 쓰며 과업과 그것을 수행해야 하는 부하들을 끊임없이 확인하는 모든 노력을 통해 부하들에게 자신감과 훌륭한 지휘관이 이끄는 단결된 부대에 소속되어 있다는 소속감, 그리고 부대 전체에 기운을 불어넣어 실제로 승리를 달성할 수 있게 만들려는 의욕을 심어줄 수 있다.

나는 또한 사소한 일들에 관심을 기울였는데, 그중 어떤 것은 지나치게 사소한 것으로 보였을 수도 있지만 이 모든 것들이 전투의지를 조금씩 향상시키는 데 도움이 되었다. 예를 들어 내가 8군 사령부 주 지휘소에서 처음 식사하게 되었을 때 식탁보와 식기를 보고 충격을 받았다. 식탁

위에는 침대 시트용 모슬린^{muslin}이 식탁보로 깔려 있었고 음식이 10센트 균일 가게의 싸구려 식기에 담겨 있었다. 사실 나는 개인적으로 식탁에 린넨^{linen}이 깔려 있든 리놀륨^{linoleum}이 깔려 있든 식사하는 데는 아무 상관이 없었지만, 전 세계 귀빈들이 방문하는 사령부의 식당 수준이 이 정도라는 것은 모든 군사작전에서 부대의 자부심이 전반적으로 낮다는 것을 보여주는 것이었기 때문에 충격을 받았다. 이를 통해 이 전쟁이 미국 본토에서는 "잊힌 전쟁^{Forgotten War}"으로 불리고 있다는 것을 확인할 수 있었다. 나는 즉시 식탁보를 깔끔한 리넨^{linen}으로 교체하고 식기를 남 앞에 내놓을 만한 도자기 그릇으로 바꾸도록 했다.

또한 나는 우선적으로 고려해야 하는 사항들로 인해 방해를 받기는 했지만 타군이나 타 병과 동료들이 자신들의 임무를 완수하는 데 어떤 어려움을 겪고 있는지 알려고 노력했다. 민간인들은 국내에서 일어나는 각 군 간의 다툼을 다룬 기사의 제목들만 보고 육·해·공군 간에는 항상 시기와 질투로 인해 끝없는 다툼이 있다고 믿을지 모른다. 각 군 간에 뿌리 깊은 의견 차이가 있는 것은 사실이며, 그로 인해 가끔 그들 간에 격렬한 언쟁이 오가기도 한다. 하지만 그것들은 각 군에서 다양한 경험을 하면서 평생 복무한 명예로운 군인들이 힘들게 얻은 신념의 결과물인 동시에 각 군이 국가의 안전과 번영에 기여하면서 자연스럽게 형성된 자부심의 증거이기도 하다. 이러한 각 군 간의 뚜렷한 "의견 차이"는 주로 최고 수뇌부가 언급한 말을 받아 쓴 언론 기사를 통해 널리 알려지게 된다. 워싱턴 D. C.에서는 이러한 일이 일상적으로 일어난다. 하지만 해외 전쟁터에서는 이러한 각 군 간의 "의견 차이"는 거의 발생하지 않는다. 만약 내가 이렇게 생각하지 않았다면, 한국에서 근무하는 동안 매일 나는 그런 나의 생각을 고쳐야 했을 것이다. 5공군 사령관 얼 E. 패트리지^{Earle E. Patridge} 대장이 "오늘은 우리 공군이 무엇을 하면 좋겠습니까?"라고 전화로 묻지 않은 날이 단 하루도 없었고, 테크레이^{Thackrey} 제독, 도일^{Doyle} 제독, 스트러블^{Struble} 제독도 기회가 있을 때마다 같은 질문을 했기 때문이다.

나는 육군 부사관들과 해군 부사관들을 서로 교환하는 계획을 세워 일정 부분 실행해 효과를 보기도 했는데, 잠시 동안이지만 지상군에 합류한 해군 부사관들은 등에 보급품을 짊어진 채 적의 포화 속에서 험한 언덕을 오르고, 추위 속에서 밤새 전방의 진지에서 버티는 것이 어떤 느낌인지 알게 되었다. 그리고 육군 부사관들은 겨울 바다 위에서 직접 순찰하면서 파도가 칠 때마다 손으로 구조물을 꽉 잡고 버텨야 하고 새벽 어둠 속에서 거친 파도에 갑판이 기우는 가운데 항모 활주로 위의 눈을 치우는 일이 얼마나 위험한지, 그리고 해군 항공대원들이 온갖 날씨 속에서 항공 차단이나 무장 정찰 임무를 수행하면서 어떤 어려움을 겪는지도 알게 되었다. 우리는 많은 방해 요소로 인해 우리가 기대했던 것만큼 이 계획을 많이 시행하지 못했다. 하지만 이 프로그램에 참여한 육군 부사관들과 해군 부사관들은 서로를 진심으로 존경하게 되었고, 이는 전체적으로 부대 단결력 향상에 크게 도움이 되었다.

하지만 전투의지 고취와 공격적 자질 함양이 필요한 것은 부사관과 병사들뿐만이 아니었다. 나는 1월 말 어느 날 참모 연구$^{Staff\ study}$ 결과를 듣고 충격을 받았다. 나는 "1951년 2월 20일부터 8월 31일까지의 기간에 8군 주요 부대들을 어떻게 배치하는 것이 바람직한지" 연구하라고 지시했다. 이는 내가 처음부터 공격작전을 염두에 두고 요구한 것이었다. 3월이면 최악의 겨울이 끝나게 되고 6월, 7월, 8월에는 짙은 먹구름을 동반한 장마철 폭우로 대부분 지역이 진흙탕으로 변해서 도로는 통행이 어렵거나 산간 지역 배수로와 다리들이 파괴되어서 근접항공지원의 효과도 떨어질 것으로 예상되었다. 우리는 38선을 향해 다시 북진할 수 있도록 현재의 진지 배치를 획기적으로 개선할 필요가 있었다.

하지만 정보참모부(G-2)·군수참모부(G-4)와 공병부, 극동해군사령부 파견대와 5공군 기상반이 확인하고 작전참모부(G-3)가 검토한 문서의 권고 사항에는 소백산맥 남쪽까지 단계적으로 부대를 전개하는 방안이 담겨 있었다. (지금도 내가 가지고 있는) 참모 연구 보고서는 우리가 모든 공세 계획들을 중단하고 겨울이 끝날 때까지 현재의 진지들을 고수해야 하며, 그런 다음 장마가 오기 전에 인천상륙작전의 승리로 우리를 자유롭게 했던 낙동강 교두보까지 철수해야 한다고 권고했다. 이것을 승인한다는 것은 우리의 모든 주도권을 적에게 넘겨주는 것이나 다름없었다. 이것은 상상조차 할 수 없는 일이었다. 나는 즉각 이것을 불허했다.

현재로서는 추가적인 부대 지원도 받기 어렵고 한강 북쪽 진지들을 방어하기도 어렵다는 것을 알고 있었기 때문에 나는 적의 전선 상황을 파악하기 위해 미 1군단과 9군단이 서로 협조하면서 단계적으로 북진하는 계획을 즉시 작성했다. (이때 미 10군단은 아직 작전지역으로 이동하지 않은 상태였다.) 각 부대는 명령이 떨어지면 한강을 향해 북진해서 그곳을 점령할 준비가 되어 있었다.

이 당시 우리와 대치하고 있던 중공군의 수는 17만 4,000명 정도로 추산되었다. 하지만 적이 어디에 배치되어 있고 심리 상태가 어떤지에 대해서는 정확히 알 수 없었다. 대규모 적을 찾기 위해 수색작전과 항공정찰을 지속적으로 실시했지만 모두 실패하고 말았다. 허술한 정보 보고에 실망한 나는 8군 전체에 첫 공세작전 명령을 하달하기 전에 적 대부대의 위치를 알아내기 위해서는 단호한 노력이 필요하다고 생각했다. 나는 5공군 사령관 패트리지 장군의 제안으로 그가 조종하는 AT-6 구형 저속 훈련기의 후방석에 앉아 항공정찰을 시행했다. 아군 전방부대부터 적진 30km 지점까지 날면서 정찰했다. 우리는 때로는 나무를 스치듯 날기도 했고, 때로는 황량한 산등성이 아래로 날기도 했다. 움직이는 생물체나 불을 피우는 연기, 차량 바퀴자국도 발견하기 어려웠고 심지어 눈 위에도 적 대부대가 지나간 흔적은 발견할 수가 없었다. 결국 적에 대한 궁금점을 해소하기 위한 유일한 방법은 적이 있는 방향으로 진격하는 것뿐이었다. 하지만 이번에 실시하는 아군의 진격 작전은 상호 협조하지 않은 채 압록강을 향해 진격했던 무모한 기존의 작전과는 차이가 컸다. 이번에는 오로지 8군 사령부의 지휘 아래 모든 주력 부대들이 상호 협력하기로 되어 있었으며, 8군 전체는 엄격하게 통제되고 있었다. 1월 25일 아군은 진격을 시작했고[40] 8군은 내 예상대로 그 능력을 곧 증명해 보였다. 8군은 지금까지 미국이 양산해낸 적이 없는 멋진 야전군으로 변모하고 있었다.

나는 이 시기에 워싱턴(펜타곤)과 도쿄(극동군사령부)로부터 많은 축하 메시지를 받았다. 그러나 우리가 매일 비행하면서 북쪽을 향해 진격하고 있는 군인, 포병, 전차, 트럭, 지프차의 긴 행렬을 볼 수 있게 되었을 때 "사령관님, 이제 제대로 싸우는 부대를 확실히 만드셨습니다"라고 했던 내 인트레피드Intrepid 전용기 조종사 유진 린치Eugene Lynch 대위의 말보다 더 만족스러운 메시지는 없었다. 8군은 다시 제대로 전투하게 되었지만, 그것은 나를 위한 것이 아니었다. 그들은 자부심을 회복했고, 불과 1개월 전의 패배를 두 번 다시 반복하지 않겠다는 결의로 자기 자신을 위해 싸우고 있었다. 8군은 적을 가차없이 응징해온 전통적인 미국의 역할을 다시 수행했다.

아군은 치열한 전투를 앞두고 있었다. 중공군은 링컨 대통령 생일(2월 12일)에 즈음해서 4차 공세를 개시했다.[41] 적은 매일같이 라디오를 통해

---

40 1951년 중공군의 신정 공세로 인해 37도 선에 연한 새로운 진지로 후퇴했던 유엔군은 적의 다음 공세에 대비했다. 유엔군은 축차적인 방어를 하면서 중공군을 타격한다는 방침에 따라 작전을 수행하고 있었다. 하지만 적은 좀처럼 공격해오지 않았고 그 주력의 행방도 알 수 없었다. 그래서 1월 중순 적정을 탐지하기 위해 유엔군은 분대 · 소대급에 이어 중대 · 대대 · 연대급 수색 부대를 계속 투입하여 적과 접촉을 시도했다. 이때도 전선 북쪽 일대에서 적의 대부대를 확인하지 못했다. 그래서 유엔군은 적의 병참선이 지나치게 신장되었고 적 전투력이 약화되었다고 판단하고 1월 하순 수원-여주 선에서 한강에 이르는 지역에 대해 대규모 위력정찰인 '선더볼트(전격)' 작전을 개시했다. 이어 2월 초순에는 적에게 재편성의 기회를 주지 않기 위해 중동부 전선에서 '라운드업(몰아내기)' 작전을 개시해서 재반격의 발판을 마련했다.

41 1951년 2월 중순 중공군은 방어 태세에서 다시 공세로 전환하여 중부 지역에서 공세를 개시했다. 중공군은 소백산맥 방향으로 침투하는 동시에 지평리를 포위하고 수원까지 위협했다.

●●● 1951년 2월 2일 유엔군 부상병 후송 열차에 탄 미 8군 사령관 리지웨이 중장이 영국군 27여단 소속 부상병인 도널드 포브스(Donald Forbes) 일병과 이야기를 나누고 있는 모습. 〈사진 출처: WIKIMEDIA COMMONS | National Museum of the U. S. Navy | Public Domain〉

이번 공세의 목표가 아군을 바닷속으로 밀어버리라는 것이라고 떠들어 댔다. 아군은 다시 한 번 적에게 영토를 빼앗겨야 했고, 미 2사단은 중공군에게 큰 타격을 받고 대규모 피해를 입었는데, 특히 사단 포병 전력에 큰 피해가 발생했다. 그 원인은 적의 야간공격으로 붕괴한 한국군 8사단이 겁에 질려 퇴각하면서 미 2사단의 측방이 과도하게 노출되었기 때문이었다. 중공군으로부터 심각한 피해를 입은 한국군은 중공군을 아주 두려운 대상으로 여기게 되어 적의 야간 공격을 막아낼 수 있다는 자신감을 회복하기까지는 오랜 시간이 걸렸다. 많은 한국군이 자신들의 진지로 몰래 침투한 중공군을 보고 깜짝 놀라서 줄행랑을 치곤 했다.

1951년 1월 31일부터 2월 18일까지 미 2사단은 제1·2차 세계대전 참전 당시 그들이 보여주었던 훌륭한 전통을 재현했다. 3주 동안의 힘겨운 여러 전투 중에서 전술적 기량과 용맹함, 끈기 면에서 가장 훌륭했던 전투는 폴 프리먼Paul Freeman 대령(대장까지 역임)의 지휘 아래 23연대전투단(랄프 몽클레어Ralph Monclar[42] 중령이 지휘하는 프랑스군 대대를 포함하여)이 수행한 전투였다.

23연대전투단은 중공군의 4차 공세 내내 "쌍둥이 터널twin tunnels"[43]과 원주 북서쪽 약 30km에 있는 지평리 지역에서 작전하면서 중공군 5개 사단에게 포위되었다. 중공군 5개 사단은 아군의 방어선을 돌파해 아군을 섬멸하기 위해 반복해서 공격했다. 23연대전투단은 적의 공격 대부분을 막아내면서 적에게 심각한 피해를 주었다. 아군 진지 전방에서 확인

42 랄프 몽클레어: 당시 프랑스군 대대장이었던 랠프 몽클레어 중령은 프랑스가 배출한 용감하고 걸출한 군인으로 국가가 줄 수 있는 모든 훈장을 받았고 전투에서 17차례나 부상을 입었다. 한국전쟁 당시 스스로 요청해서 중장에서 중령 계급으로 낮추어 참전해서 프랑스군 대대를 이끌고 지평리 전투를 승리로 이끈 영웅이다.

43 쌍둥이 터널: 대한민국 경기도 양평군 지제면 동쪽에 있는 중앙선을 따라 이어진 일련의 철도 터널을 말한다.

●●● 1951년 2월 지평리 전투에서 기관총을 조준하고 있는 유엔군 병사의 모습. 미군 23연대전투단 및 프랑스 대대의 치열한 저항과 후방의 화력 지원 덕분에 중공군의 2월 공세를 성공적으로 격퇴할 수 있었다. 〈사진 출처: WIKIMEDIA COMMONS | Public Domain〉

한 적 시체만 해도 2,000구나 되었다. 지평리 전투[44] 때 1기병사단 예하의 기갑특임부대가 아군을 지원하기 위해 포위망으로 진격한 직후 중공군은 공격을 중단했다. 내가 헬기로 그곳에 도착했을 때 여전히 매장되지 않은 적 시체 수백 구를 보았다.

전투의 격렬함과 적의 결연한 전투의지에도 불구하고 나는 지평리 전투의 승리를 조금도 의심하지 않았다. 지상에 있든 아니면 전체 국면을 관찰하기 위해 비행 중이든 간에 나는 아군이 드디어 적의 공격에 버틸

---

44 지평리 전투: 1951년 2월 13일부터 2월 16일까지 경기도 양평군 지평면 지평리 일대에서 원형 방어진지를 구축한 미 2보병사단 23연대전투단에 배속된 프랑스 대대가 중공군 39군과 3일간 벌인 격전이다. 3일 동안 완전히 포위된 23연대전투단과 프랑스 대대는 포위 3일째인 2월 16일에 미 1기병사단 5기병연대 3대대를 주축으로 편성된 크롬베즈 특임대(Task Force Crombez)에 의해 구출되었고, 중공군은 큰 피해를 입고 철수했다.

수 있겠다는 자신감을 얻게 되었다. 나는 당시 장병들도 나처럼 이번에는 적의 공격이 성공하지 못할 것이라고 확신했을 거라고 믿는다.

일단 적의 공격을 막아낸 뒤, 나의 다음 계획은 2개 사단을 투입하여 서울 동쪽에서 한강을 도하한 후 적 보급로를 차단하고 서쪽에 집중된 적을 포위하는 제한된 목표를 향한 강력한 공격을 실시하는 것이었다. 나는 처음에 서울 재탈환은 군사적 가치가 전혀 없다고 보았다. 건너기 힘든 한강을 등 뒤에 둔 채 효과적으로 작전하기는 쉽지 않다고 생각했기 때문이다. 하지만 맥아더 장군은 항공 지원을 강화하고 아군의 보급 문제를 해소하기 위해서는 김포 비행장과 인천항의 시설을 되찾아 이용할 필요가 있다고 하면서 서울 재탈환의 가치를 나에게 언급했다. 맥아더 장군은 서울의 군사적 가치가 사실상 전혀 없다는 데는 동의하지만, 서울을 재탈환했을 때 얻게 되는 심리적 가치와 외교적 성과는 상당히 클 것이라고 말했다. 나는 맥아더 장군의 의견을 수용해서 제안된 내용들을 나의 작전계획에 포함시켰다. 하지만 나의 근본적인 개념은 변함이 없었다. 적군을 격멸하고 우리 자신을 보호하는 데 필요한 경우가 아니라면 영토를 점령하는 것은 나에게 아무런 의미가 없었다.

우리가 본격적으로 반격했던 1951년 1월 말과 2월 20일 사이에 맥아더 장군은 개인적으로 세 차례나 지휘부를 방문해 격려했으며, 매번 우리의 작전 성과와 계획에 대해 아주 만족스럽다고 했다. 2월 20일 맥아더 장군의 세 번째 방문지는 원주였는데, 나는 그날 모든 군단장과 한국군 참모총장에게 보내기 위해 준비한 비밀 문건EYES ONLY memorandum을 그에게 보여주었다. 그 비밀 문건에는 현재 확인된 사실과 작전의 목적, 그리고 특히 그때 고려되고 있었던 2개 사단의 한강 도하 작전 실시 등이 포함되어 있었다.

- 확인된 사실: 평양 지역에 있는 것으로 보고된 중공군 4개 사단의 병

력과 장비 현황, 보급품 수준, 사기, 적의 의도는 확인되지 않았다. 하지만 이들은 수주 이내에 현재 우리가 접촉하고 있는 적 부대를 증원하기 위해 평양 지역으로부터 남쪽으로 내려올 것이며 언제라도 불시에 전선 지역에 나타날 것이다. 이것 외에 우리가 예하 지휘관들에게 줄 수 있는 정보나 첩보는 없다.

• 작전 목적: 작전 목적은 여전히 적에게 최대한 피해를 주는 동시에 아군의 피해를 최소화하고 모든 주요 부대의 전투력을 보존하는 것이다. 그리고 적의 계획에 의해서건 아군 공세 작전의 결과로 인해서건 적 포위망에 걸려 각개격파되지 않도록 각별한 주의를 기울여야 한다. 아군은 강력한 지원을 계속 제공할 수 있거나 최소한 적시에 교전을 중지하고 철수할 수 있는 지점까지만 적을 추적하도록 한다.

이러한 나의 작전 구상은 앞으로 시행할 공세작전 계획의 기초가 되었다. 그 작전의 암호명은 '킬러 작전Operation Killer'이었다. 나는 맥아더 사령관의 방문(2월 20일) 이틀 전인 2월 18일 일요일 저녁에 이 작전을 구상했고, 미 9군단장과 10군단장, 그리고 해병 1사단장에게 작전 개념을 설명했다.

이 공세작전의 재개는 내가 8군 사령관으로 임명된 이후부터 구상해온 계획의 최종 실행이었다는 점에 주목해야 한다. 그리고 최고사령관부터 말단 지휘관까지 후퇴 심리에 사로잡혀 있는 것처럼 보였음에도 불구하고 그 계획을 추진했다고 말할 수 있다.

공격작전 개시 전날 밤인 2월 20일에 언론 기자들을 상대로 한 맥아더 장군의 발표를 들었을 때 내가 얼마나 놀랐는지, 심지어 얼마나 당황했는지 상상할 수 있을 것이다. 당시 나는 10군단 전술지휘소 내 뒤쪽 테이블 옆에 서 있었다. 맥아더 장군은 기자 10여 명 앞에 서서 "나는 방금 공세작전을 재개하도록 명령했습니다"라고 차분히 이야기했다. 그가 자신을 가리키는 인칭 대명사를 지나치게 강조하지는 않았지만, 그가 기자들에게 주고자 하는 메시지가 무엇이었는지는 분명했다. 자신은 도쿄에서 출발해 비행기로 이제 막 한국에 도착했으며, 전장 상황을 평가하고 예하 지휘관과 논의 후에 드디어 8군에 공격을 명령했다는 메시지였다. 물론 실제로는 맥아더 사령관이나 도쿄의 극동군사령부 참모부로부터 하달된 작전과 관련된 어떠한 명령도 없었다. 맥아더 장군은 나로부터 구체적인 내용을 보고받기는 했으나 그와 참모 중 누구도 킬러 작전을 구상하거나 계획 수립 과정에 참여하지도 않았다. 작전계획에 대한 갑작스러운 공개 발표로 인해 자존심이 상해서 화가 났다기보다는 이미 알고 있었지만 거의 잊고 있었던 맥아더 장군의 달갑지 않은 행동을 다시 생각해보게 되었다.

이 일은 의심할 여지 없이 나에게 도움이 되었다. 이 사건 직후 나는 맥아더 총사령관이 자신의 눈부신 대중적 이미지를 항상 유지하려고 애쓰는 또 다른 측면이 있다는 것을 명심하게 되었다. 이런 식의 그의 행동이 위험을 자초할 것은 불을 보듯 뻔했기 때문에 이번에는 내가 개입해야 한다고 생각했다. 맥아더 장군은 대규모 공세작전이 개시될 때마다 작전 부대를 방문해서 화려하게 작전 개시를 알리는 오래된 습관이 있었다. 일반적으로 이것은 훌륭한 관행이다. 대체로 지휘관이라는 개인적인 존재는 군대에 고무적인 영향을 미친다. 언제나 변함없이 지휘관은 눈과 귀를 통해 자신이 지휘하는 부하들의 심리 상태를 가장 잘 알 수 있게 된다. 보통 지휘관의 현장 방문은 그것이 끝날 때까지는 반드시 적에게 비밀을 유지한다.

하지만 이번을 기회로 도쿄에서 비행기로 날아와서 주요 작전이 시작될 때마다 전선에 모습을 나타내는 맥아더 장군의 행동 패턴은 확실히 고착화되었다. 그리고 그가 비행기로 이동하는 것 자체가 행사처럼 거행되어서 그러한 정보가 적의 귀에 들어갈 게 틀림없었다. 아군의 두 번째 대규모 공세작전인 '리퍼 작전Operation Ripper' 개시를 앞두고 나는 맥아더 장군의 동선에 대한 정보가 적에게 전해져 적이 이에 대한 대비를 할까 봐 걱정했다. 리퍼 작전이 성공한다면 아군은 38선과 그 이북으로 진격할 수 있었다. 나의 이의 제기가 무례하고 그의 방문을 환영하지 않는 것처럼 보일 수 있으며 상관의 특권에 대한 침해로 비춰질 수도 있다는 점을 나는 잘 알고 있었다. 하지만 나는 목소리를 높여야 한다고 생각했고 오랫동안 적절한 단어를 선택하기 위해 고민했다. 그리고 맥아더 장군에게 장문의 서신을 보냈다. 이때 나는 맥아더 장군의 또다른 놀라운 면모를 알게 되었다. 그는 서신을 읽고 즉시 이해하고는 내가 그렇게 한 이유를 오해 없이 받아들였다. 그리고 그의 방문을 즉각 연기시켜서 작전이 원만히 진행된 후로 일정을 조정했다.

나는 먼저 아군의 첫 번째 대규모 공세작전이었던 '킬러 작전'과 관련된 흥미로운 설명을 하고자 한다. 왜냐하면 대규모 전쟁이 수행될 때 얼마나 다양한 정치적 압력들이 작용하는가를 엿볼 수 있기 때문이다. 내가 선택한 '킬러 작전'의 작전명이 펜타곤에 보고되자, 육군참모총장 콜린스 장군이 즉시 공손하게 이의를 제기했다. '킬러killer'라는 명칭이 대외 관계를 고려했을 때 적절하지 않은 용어로 인식될 경향이 있다는 것이었다. 나는 전쟁이 적을 죽이는 행위라는 사실을 받아들이기를 왜 거부하는지 이해할 수 없었다. 몇 년 후 나는 당시 공화당이 트루먼 정부(민주당)가 한국에서 중공군을 죽이는 것 외에는 다른 목적이 없다고 비난한 것을 의식해서 이의를 제기했던 것이라는 말을 들었다(당시 한국 하면 떠오르는 것은 신문에 매일 실리는 중공군의 사망자 수였다). 많은 미군 사상자 수를 고려하면, 그러한 정치적 공세의 목표는 정치적 호소력이 없다고 느껴졌다.

내가 들은 또 다른 반대 이유에 따르면, 중공군을 죽이는 것이 미 8군 사령관에게는 상당히 호소력 있는 목표일 수 있지만 전략적 관점에서 볼 때 그것이 중공군의 공세를 미연에 방지할 수는 없다는 것이었다. 이 일은 맥아더 장군이 상원 청문회에서 "그것은 오직 지금 전쟁을 수행하는 적의 힘을 파괴할 때만 가능하다"라고 주장하면서 일단락될 수 있었다. 이 주장의 이면에는 "현대 전쟁은 사람이 아니라 물량 공세에 의해 수행된다"라는 개념이 깔려 있었다.

하지만 지금도 나는 국가는 전쟁이 사람을 죽이는 행위라는 말을 받아들여서는 안 된다는 점에 대해 동의하기 어렵다. 전쟁이 그저 피를 거의 흘릴 필요가 없는 불쾌한 일일 뿐이라고 사람들을 '설득시켜 받아들이게' 하려는 그 어떠한 노력에 대해서도 나는 근본적으로 반대한다.

8군은 전투를 통해 많은 희생을 치르면서 한강을 다시 건넜다. 수도 서울을 재탈환했으며 다시는 적에게 빼앗기지 않았다. 하지만 우리는 최소한의 비용으로 최대한의 피해를 입히는 원칙을 고수하면서 수적으로 우세한 적의 함정에 빠질 수 있는 모든 무모하고 무분별한 진격을 피하려고 노력했기 때문에 희생을 줄일 수 있었다. 실제 일부 작전들은 놀랄 만큼 사상자 수가 적었다. 좋은 계획, 시의적절한 실행, 부대 간의 긴밀한 협력, 그리고 무엇보다 보병, 포병 및 공군 간의 협조 덕분에 대대급 또는 그 이상의 규모로 한두 차례 실시한 반격 작전에서는 거의 사상자가 없었다.

중공군은 유엔군보다 수적으로 훨씬 우세했고 전방부대들을 상당 수준 증원할 수도 있었다. 그러나 우리의 우세한 화력은 수적 불균형을 바로잡는 것 그 이상이었다. 지금까지 아군은 이러한 화력 우세의 이점을 제대로 활용하지 못했다. 아군에게 실전적인 훈련이 부족했던 탓도 있었지만 추격하면서 부대들이 분산되고 도로 위주로 이동하는 것을 아군 스스로 허용한 탓도 있었다. 1951년 2월 야전 포병대대들이 미 본토에서 높은 수준의 훈련을 마치고 미 1군단과 9군단으로 배치되기 시작했다. 이로써 전처럼 병과 간 상호 협조 하에 원활한 화력 지원을 받으면서 전통적인 전술들을 구사할 수 있게 되었다.

아군 화력의 위력은 미 9군단에 의해 확실히 입증되었다. 미 9군단은 '킬러 작전'의 일환으로 횡성-원주 지역에서 화력을 집중적으로 운용하여 적을 소탕하는 데 성공했다. 한반도의 중간 지점이자 한강의 북동쪽에 위치한 횡성과 원주는 남북을 잇는 주요 도로망과 철도망이 연결된 교통의 요충지이기도 했다. 미 9군단은 양평과 양양[45] 사이에 있는 전선에서 적과 싸워 7일 동안 약 5,000명의 중공군을 죽이면서 이 지역을 점령했다.

재개된 아군 공세작전의 또 하나의 특징은 한국군 부대들의 능력이 놀라울 정도로 향상되었다는 것이었다. 일부 한국군 부대들은 8군 예하의 다른 미군 부대처럼 잘 싸웠으나, 여전히 리더십이 많이 부족해서 그에 대한 대가를 치러야 했다. 그러나 훌륭한 지휘관이 지휘·통솔하는 부대는 많은 성과를 거두었다.

1951년 3월 7일 '리퍼 작전Operation Ripper'이 개시되었다.[46] 한국군 6사단 2연대 1대대는 단 한 명의 희생도 없이 적 1개 대대를 섬멸했다. 정찰대가 1중대 전방에서 적이 밀집해 있는 것을 발견하자, 대대장 이성훈 소령[47]이 기습공격으로 양방향에서 적을 포위했다. 1중대가 정면으로, 2중대는 좌측, 그리고 3중대는 우측에서 공격했다. 적이 아군의 움직임을 알아차리고 철수하려고 하자, 대대장은 즉각 공격을 명령했다. 한국군 부

---

45 원문에는 Hujin으로 되어 있는데, 횡성 – 원주 지역 전투임을 고려했을 때 양양을 잘못 표기한 것으로 보인다.

46 킬러 작전에 이어 실시한 리퍼 작전은 중·동부 전선에서 중단 없이 적에게 압력을 가해 주력을 파괴하고 적을 동서로 분리한 후 서울 동측에서 포위망을 형성하는 것이었다. 당시 리지웨이 장군은 "현재의 전투력으로 서울을 직접 공격하는 것은 위험 요소가 많다. 따라서 현 전선의 중앙인 횡성으로부터 홍천-가평, 춘천 방향으로 대규모 돌파구를 형성하여 서부의 중공군과 동부의 북한군을 분리한 후 서울을 남쪽(한강)과 동쪽(가평, 춘천)에서 양익 포위한다"라는 계획을 수립했다. 이에 따라 미 9·10군단이 중부 전선에서 진격하고, 미 1군단이 서울 서쪽 및 남안의 현 전선에서 적을 견제한 후 명령에 따라 서울을 탈환하며, 한국군 3군단과 1군단은 동부 전선에서 적을 견제하고 후방에서 준동하는 잔적을 소탕하기로 했다.

47 원문에는 Lee Hong Sun으로 잘못 표기되어 있다. 해당 부대인 6보병사단 2여단 1대대 역대 지휘관 현황을 확인한 결과, 당시 13대대 대대장은 이성훈 소령(시기 미상~1951년 12월까지 재임)으로 기록되어 있는 것을 확인할 수 있었다.

대들 스스로도 자신들의 신속함에 놀랐다. 그들은 가차 없이 진격해 적을 무자비하게 살육했다. 아군은 단 한 명의 피해도 없었다. 전투가 끝났을 때 전장에는 231구의 적군 시신이 있었고, 아군은 포 4문, 박격포 7문 등 다수의 적 장비들을 노획했다. 많은 소부대 전투가 있었고 반격 작전은 종종 매우 느리게 진행되었으나 더 놀라운 승리가 앞에 기다리고 있었다.

3월 중순 8군은 서울 동쪽에서 한강을 기습적으로 도하한 후 교두보인 산악 능선을 점령하는 데 성공했다. 서쪽을 감제할 수 있고 적의 주 보급로와 병참선이 지나는 계곡을 통제할 수 있는 곳이었다. 나는 직접 이 소규모 작전을 계획했고, 실행하도록 명령했다. 처음에는 미 25사단의 전방 보병부대와 함께 지상에서, 이후에는 언제나 대담하고 지칠 줄 모르는 마이크 린치Mike Lynch 대위가 조종하는 L-19 경비행기에서 관찰했다.

아군 보병부대들이 북한강 계곡까지 밀고 올라가는 동안 마이크와 나는 비행기가 착륙할 수 있는 곳을 찾을 때까지 위아래로 비행한 끝에 강 옆 평지를 발견할 수 있었다. 비행기가 착륙한 후 나는 북진하고 있던 선두 부대 대열 속으로 들어가 장병들과 함께 걸었다. 마음속 깊은 곳에서 만족감이 밀려왔다. 나는 그것이 항상 부하들에게 고무적인 영향을 미쳤다고 생각한다. 전투 상황이 어려울 때 부하들은 '나이 든 사령관'이 그들과 함께 있는 모습을 보고 늘 고마워했다. 또한 그것은 나에게 작전의 진행 경과를 현장에서 확인하고 내가 그들을 지원할 수 있는 일이 무엇인지 알 수 있는 좋은 기회가 되었다.

이 작전은 사상자가 거의 없이 신속하고 완전한 성공을 거두었다. 그것은 내가 기대했던 작전 결과였다. 그 전날 밤에 내가 종군기자들 앞에서 작전의 개요에 대해 설명한 대로 이 작전으로 적의 심장부, 실제로는 중공군 지휘관의 머리에 단검을 겨눔으로써 (아군이 고지를 점령했기 때문에) 매우 불리한 상황에 처한 적 지휘관은 아군을 공격할 것인지 아니면 서울을 포기할 것인지 결정해야만 했다.

3월 14일 서울의 방어태세를 확인하기 위해 투입된 한국군 1사단(당시 미 9군단 예하)의 한 정찰대가 서울 서쪽의 한강을 건넜다. 정찰대는 적의 사격을 받기 전까지 북쪽으로 수 km 이동했다. 같은 날 밤 다른 정찰대가 서울의 외곽 경계 태세 확인을 위해 투입되었는데, 적이 대부분 후퇴해 남아 있지 않다는 것을 알게 되었다. 3월 15일 아침 8군은 전란에 시달린 유서 깊은 수도 서울에 진격해 다시 한 번 태극기를 게양했다. 전쟁 초 150만 명이었던 주민 중에서 굶주리고 병들고 겁에 질린 약 20만 명의 주민만이 우리를 맞이했다. 상가들은 공습과 포격으로 파괴되었고, 모든 불은 꺼져버린 상태였다. 가로등은 쓰러지고 전선들은 뒤엉켜 있었으며, 전차는 이미 운행을 멈춘 지 오래였다. 우리가 서울을 재탈환한 지 2주가 되기도 전에 새로운 서울 시청이 설치되면서 비로소 도시가 생기를 되찾기 시작했다.(아이젠하워 장군이 쓴 『변화를 위한 명령Mandate for Change』에서는 밴 플리트 장군이 8군 사령관으로 취임하고 나서 서울이 재탈환되었다고 기술하고 있지만 이것은 사실과 다르다. 밴 플리트 장군은 서울 재탈환 이후 1개월이 지나서 취임했다.[48])

‘리퍼 작전’의 목적은 단지 서울을 재탈환하거나 새로운 영토를 확보하는 것이 아니었다. 작전의 주된 목적은 적 병력과 장비를 파괴하거나 생포(탈취)하는 것이었다. 이런 측면에서 볼 때 적들은 지연전을 통해 북쪽으로 신속히 후퇴했기 때문에 작전이 완전히 성공적이지는 못했다. 적 못지않게 기상과 지형 여건도 아군에게 큰 어려움을 안겨주었는데, 특히 중부 산악지대의 경우는 산봉우리가 구름 위로 솟아 있고 가파른 산비탈이 짐마차도 지나기 어려울 정도로 폭이 좁은 계곡으로 이어져 있었다. 아군은 우뚝 솟은 산 정상에 있는 적의 견고한 거점을 포위하거나 급습

---

48 1951년 4월 14일 밴 플리트 장군은 리지웨이 장군 후임으로 8군 사령관에 취임했다.

해서 점령해야만 했다.

한반도는 봄이 되면 눈과 얼음이 녹고 비가 내려서 도로들이 마치 논처럼 변하기 때문에 병사들이 보급품을 등에 짊어지거나 팔에 안고 직접 운반해야 했다. 전방 부대들은 항공기로 보급품이 투하되기 전까지는 최소한의 필수품으로 버텨야 했다. 헬리콥터는 부상병 후송에도 유용했는데, 헬리콥터가 없었다면 부상병을 구급차에 실어 병원으로 후송하기 전에 들것에 실은 채 이틀간 운반해야 했을 것이다.

후방 지역에서 난동하는 적 또한 우리의 진격 속도를 더디게 만들었다. 북한군 10사단 잔여 병력이 아군 전선 약 40km 후방에 있는 정봉산[49] 일대에서 여전히 준동하고 있었다. 3월 중순 내내 적 병력 일부가 아군 작전지역 후방에서부터 북으로 탈출하기 위해 전투를 벌였다.

'리퍼 작전'의 특별한 성과 중 하나는 춘천 시가지를 점령한 것이었다. 춘천은 큰 분지 지역 중심에 있는 도시로, 도로가 잘 발달한 중요한 보급 및 병참 지역이었다. 아군 정보에 의하면, 적은 춘천에 대규모 보급소를 설치해서 지난 2월 중부 지역 대규모 공세 때 활용했다고 한다. 우리는 예상했던 대로 격렬한 전투 끝에 춘천을 결국 점령했다. 우리가 주요 방어선 앞에서 일부 경계부대와 조우했던 다른 지역과는 달리 춘천 지역에서 싸운 적은 고지 깊숙이 파고들어 아군 항공기와 포병 공격에도 견딜 수 있는 벙커와 참호에서 전투를 벌였다. 미 해병대는 적을 몰아내기 위해 종종 백병전을 벌여야 했다. 처음에는 춘천을 점령하기 위해 187공정연대[50]를 투입하기로 계획했지만, '리퍼 작전'이 다른 지역에서 빠르게 진

---

49 원문에는 Chungbon Mountains이라고 되어 있는데, 당시 진출 위치를 고려했을 때 여주시 가남읍에 있는 '정봉산'이었을 것으로 짐작된다.

50 187공정연대는 '낙하산(Rakkasan)'이라는 애칭을 가지고 있으며, 1950년 10월 20일 평양 북쪽 숙천-순천 공수작전, 1951년 3월 23일 문산 일대 공수작전을 실시했다. 1951년 6월 말 일본으로 복귀했다가 1952년 5월 거제도 포로수용소 폭동 사건(포로수용소장 도드 준장 납치)이 발생하자 다시 한반도로 전개하기도 했다.

행되어 적이 신속하게 후퇴하게 되면서 공수작전이 우리에게 거의 이득이 되지 않을 것이라고 판단했다.

3월 19일 정찰대가 춘천을 향한 진격을 시작했다. 정찰대가 춘천 시가지에 막 진입하기 시작했을 때쯤 나는 조종사 마이크와 춘천 시가지 상공을 비행하고 있었다. 춘천 시가지는 일부 피해가 있기는 했지만, 비교적 도시 기능은 유지되고 있었다. 시가지 여기저기 파편들이 흩어져 있을 뿐 대규모 피해 흔적도 없었다. 나는 마이크와 함께 공중에서 선회하면서 착륙할 만한 길고 곧게 뻗은 도로 하나를 찾았다. 그 도로에 착륙할 때 유일한 문제는 도로 끝 전신주에 달린 전화선들이었다. 두세 번 시도 끝에 조종사 마이크는 전화선들 아래쪽으로 안전하게 하강했다. 비행기는 그 도로에 착륙하여 버려진 마을 끝부분에서 멈추었다. 공중에서 선회할 때 지프차를 탄 아군 수색팀을 발견했는데, 착륙 직후 그 부대를 찾기 위해 도보로 출발했다. 그 부대는 미 1기병사단의 공병 수색팀이었는데, 내가 다가갔을 때 적군이 설치했을지도 모르는 폭약을 해제하기 위해 주요 다리를 점검하고 있었다. 그들은 교량이 거의 손상되지도 않았고 폭약도 설치되지 않았다는 점에 놀랐다. 그들이 더 놀랐던 것은 주변을 둘러보다가 군사령관인 나를 발견했을 때였다. 그들은 주변을 둘러보다가 그들의 어깨 너머로 보는 군사령관인 나를 발견하고는 소스라치게 놀라더니 어찌할 바를 몰라했다. 나와 마이크는 잠시 동안 그들의 당황해하는 모습을 즐겼다. 우리는 적이 아무것도 남기지 않은 채 떠난 것을 알고 실망했다.

'리퍼 작전의' 최초 목표는 아이다호 선Idaho Line[51]을 확보하는 것이었다. 그것은 서울 동쪽과 북쪽에 걸쳐 넓은 돌출부를 형성했다. 좌측에 있는 미 1군단과 맨 오른쪽에 있는 한국군 부대들이 각자의 위치를 유지하는

---

[51] 아이다호 선: 대략 가평에서 춘천 북방을 돌출부처럼 연결하고 우측으로 홍천 자은리로 이어져 계방산-대관령-강릉 북방까지 이어지는 아군의 진출 목표선이었다.

동안 미 9군단과 10군단은 한강을 도하한 후 서울을 포위하기 위해 자리를 잡았다. 나는 이러한 작전 목표는 달성했지만 충분한 수의 적을 섬멸하는 데는 실패했기 때문에 작전을 확대하여 1군단에게 서쪽 임진강을 목표로 하여 이동하라고 지시했다. 임진강은 남쪽으로 흐르다가 38선 일대에서 남서쪽으로 굽이쳐 흐르면서 서해로 흘러든다.

이 작전에서 187공정연대전투단[RCT]과 2개 레인저[Ranger] 중대가 서울 북서쪽으로 약 30km 떨어진 마을인 문산 지역에 낙하했다(3월 7일). 공수작전은 서울-개성 간 도로를 차단하고 대규모 적 주력을 포위하기 위해 실시되었다. 공수부대가 제공하는 모루에 맞서 적을 파괴할 망치를 제공하기 위해 1군단의 기갑특임부대가 파견되었다. 하지만 적이 이미 철수했기 때문에 임진강을 향한 진격은 큰 희생 없이 이루어졌다. 다음 작전은 해머와 모루 사이에 상당한 병력을 가두기 위한 또 다른 노력의 일환으로 공수부대를 동쪽으로 보내 미 3사단과 마주한 적의 후방 고지를 점령하는 것이었다. 하지만 이번에는 악천후가 우리를 좌절시켰다. 폭우와 함께 눈이 녹으면서 아군 전차들은 수렁에 빠져 서울로 철수하는 것 외에는 할 수 있는 일이 없었다. 또한 187공정연대전투단이 목표 고지를 점령했을 때도 이미 적은 북쪽으로 멀리 물러났다.

이제 38선 가까이 진격하게 되면서 우리는 군사적으로 방어 가치도 없었고 전략적 중요성도 낮았던 38선이라는 가상의 선을 다시 넘어야 하는지에 대한 결정을 다시 한 번 내려야 했다. 이번에는 워싱턴에서 이 결정을 전술적인 것으로[52] 여겼고, 맥아더 장군의 승인을 떨어지자 나는 계속 진격하기로 했다. 여전히 적을 충분히 격멸하지 못했다는 사실에 나는 만족하지 못했다. 그래서 적에게 부대를 재조직하거나 병력을 보강할 시간

---

52 이때 미국 정부는 38선 재돌파 문제를 야전군 사령관인 리지웨이에게 일임했다. 그러나 38선 재돌파는 1950년 10월 북진 작전 때처럼 대규모 북진 작전을 의미하는 것은 아니었고, 어디까지나 전술적 수준에서 유리한 방어선을 확보하기 위한 것이었다.

을 주지 않기로 했다. 모든 징후는 적이 춘계 공세를 준비하고 있으며 현재 위치에서 멀리 떨어진 곳에서 병력을 증강하고 있음을 분명히 가리키고 있었다. 나는 이런 상황에서 가만히 앉아 적을 기다리기보다는 우리가 먼저 적의 균형을 흔들어놓는 것이 나을 것이라고 판단했다.

그 결과 '러기드 작전Operation Rugged'이라는 명칭의 새로운 공격작전에 착수하게 되었다.[53] 이 작전의 목표는 '캔자스 선Kansas Line'을 확보하는 것이었는데, 캔자스 선은 38선보다 약간 북쪽에 있는 선으로, 임진강을 따라 바다로 흘러드는 왼쪽을 제외하고는 38선과 거의 평행선을 이루었다. 이 캔자스 선은 둘레 약 16km의 화천호(파로호)를 포함하고 있었는데, 당시 화천호와 화천댐은 서울을 위한 수자원과 전력 공급원으로 적이 댐을 폭파해 북한강을 범람시킬 가능성이 있어 심각한 위협요소였다. 아군이 캔자스 선에 가까워지자 적의 저항은 불규칙적으로 이루어졌다. 적은 유리한 지형에 참호를 파고 그 안에 들어가 싸웠다. 아군이 신속하게 움직일 수 있는 지역에서는 적도 신속하게 사라졌다. 8군 우측에 있는 중부 지역은 도로망도 빈약했고 절벽도 많아 특히 더 어려웠다. 하지만 대체로 아군은 전 지역에서 꾸준히 진격했다.

4월 9일경 8군 좌측의 모든 부대가 캔자스 선에 도달했다. 우측에서는 미 10군단과 한국군 3군단이 지형적 어려움과 보급로의 부족 문제를 극복하면서 여전히 고군분투하고 있었다. 적은 화천호 아래에 있는 여러 개의 수문을 개방했는데, 처음에는 이것이 아군에게 심각한 위협을 줄 것으로 보았다. 댐 하류의 강 수위가 1시간 내에 몇십 cm 상승했고 아군 공병이 설치한 부교 하나를 휩쓸어 가버리고 말았기 때문에 아군은 두 번

---

53 리지웨이 장군은 4월에 접어들어 적의 공세 징후가 뚜렷해지자, 적의 공격 기도를 사전에 분쇄하고 현재의 아이다호 선은 방어에 부적합한 지형이기 때문에 38선 확보에 유리한 임진강 하구-판문점-연천 북방-화천-간성에 연하는 캔자스 선을 선정했다. 캔자스 선 확보 작전은 전선의 요철(rugged)을 정리한다는 뜻에서 러기드 작전이라고 명명했다.

●●● 1951년 4월 3일 38선에서 북쪽으로 24km 떨어진 양양 지휘소에서 지프에 탄 맥아더 장군(앞열 오른쪽 자리), 리지웨이 장군(뒷열 오른쪽 자리), 도일 히키 장군(뒷열 왼쪽 자리). 〈사진 출처: WIKI-MEDIA COMMONS | U. S. NARA | Public Domain〉

째 부교를 설치 후 강 한쪽으로 묶어놓아야 했다. 우리는 댐을 확보하기 위해 신속히 부대를 투입해서 댐 수문 개방 장치의 작동을 저지하고자 했지만 시정이 나쁘고 지형이 험한 데다가 적의 저항도 거셌다. 아군에게는 상륙 보트도 부족해서 결국 작전은 실패하고 말았다. 우리는 위협을 최소화하기 위해서 수압관[54]을 폭격해서 저수지의 수위를 낮추기로 했다. 댐 자체를 폭파하는 것은 대규모 공병 투입이 필요한 일이었는데, 적은 댐을 관리할 충분한 시간도 없는 것 같았고 폭파할 만한 폭약도 가지고 있지 않은 것으로 보였다. 미 해병 1사단과 1기병사단 일부 부대가 모터가 달린 공격 단정들을 타고 넓은 화천호를 건너고 있는 모습을 보니 그나마 안심이 되었다. 해병들은 멀리 떨어진 저수지 주변에서 몇 주 동안 적과 싸운 뒤, 다시 소속 부대로 돌아가기 위해 이 단정들을 저수지까지 트럭으로 힘겹게 옮겨야 했다. 댐이 우리 수중에 떨어진 것은 4월 16일이었다. 밴 플리트 장군이 나의 후임으로 8군 사령관으로 부임하기 위해 한국에 도착한 직후였다.

아군이 캔자스 선을 향해 진격해가는 동안 적이 사방에서 수세적인 모습을 보였다. 하지만 적의 춘계 공세가 임박해지고 있다는 징후들이 계속 확인되고 있었다. 그래서 나는 8군의 모든 부대가 무모한 진격으로 적의 덫에 걸리는 일이 없도록 철저하게 통제할 필요가 있다고 생각했다. 아군은 자신감이 넘쳤고 공세적이었다. 하지만 일부 지역에서는 너무 빠르게 진격하는 바람에 스스로 위험을 자초하기도 했다. 나는 계속해서 예하 지휘관들에게 최소의 비용으로 최대의 피해를 입히는 것이 우리의 본질적인 목표임을 끊임없이 상기시켰다.

리퍼 작전이 종료되기 직전에 개최된 지휘관 회의에서 전 군단장 및 사단장에게 공식 보고서(전투상보)에는 아군 부대의 위치와 움직임을 구

---

54 수압관: 수력발전소에서 산꼭대기의 물탱크로부터 발전소 내의 수차로 물을 끌어들이는 관.

●●● 1951년 5월 1일 미 해군 항공대 소속 스카이레이더스(Skyraiders) 공격기가 공중어뢰를 투하해 화천댐 일부를 폭파하고 있는 장면. 〈사진 출처: WIKIMEDIA COMMONS | U. S. Navy | Public Domain〉

체적으로 명시해야 한다고 강조했다. 날짜, 시간, 상황에 대한 구체적인 세부 정보(날씨, 관측자 인원수 등) 없이 모호하고 부주의한 보고서는 적의 행동과 마찬가지로 심각한 문제를 초래할 수 있다. 한 가지 사례로 나는 의정부 북쪽 고지를 우군 항공기들이 폭격하는 모습을 약 15~20분간 근처 공중에서 비행하면서 끝날 때까지 관측했다. 하지만 막상 지휘소에 돌아와서 보고받은 1군단의 전투상보에는 187공정연대가 오후 내내 같은 고지를 점령했다고 잘못 기록되어 있었다.

내가 기억하는 또 다른 사례는 미 9군단과 미 24사단[55]의 전투상보였다. 이 전투상보에는 "5보병연대전투단 일부가 적의 역습을 받고 철수했음"이라고만 적혀 있을 뿐 아무런 구체적인 내용이 없었다.

나중에 알게 된 사실에 따르면, 아군 5보병연대 예하 1개 중대는 실제로 적의 역습을 받은 것이 아니라 고지를 공격하다가 적의 사격을 받고 사단장 개인이 내린 명령에 따라 철수한 것이었다. 사단장은 포병과 항공기가 적의 고지를 포격하고 폭격해주기를 바랐던 것이었다.

이러한 부실한 보고, 무관심, 부적절한 감독, 전선 부대를 충분히 방문하지 않았다는 것을 나타내는 것들은 용서할 수 없는 일이었다. 내가 8군 전체를 제대로 통제하기 위해서는 보고서 내용이 정확하고, 신뢰할 수 있으며, 구체적이어야 했다. 말하기 어려운 사실을 얼버무리지 말고 상세하게 보고해야 내가 신속 정확하게 판단하고 결정을 내릴 수 있다.

나는 또한 신속한 공격 개시와 공격 개시 시점에 대한 즉각적인 보고가 필요하다는 점을 강조했다. 협조를 가장 잘한다는 것은 공식적인 시간 계획과 방향을 최대한 맞춘다는 것을 의미했다. 함께 돌격하기 위해 자신의 라인맨linemen을 "함께! 함께! 함께! 전진하라"고 훈련시키는 미식축구 코치처럼 나도 예하 지휘관들에게 계획상 시간을 엄격하게 준수하고 공격 방향을 유지하라고 지시했다. 많은 공격작전이 실패하는 이유는 다른 이유보다도 공격 방향을 유지하지 못했기 때문이라는 것을 나는 잘 알고 있었다. 레슬링 선수가 잘못된 방향으로 공격을 가하면 자신이 더 큰 피

55　원서에는 미 25사단의 전투상보라고 적혀 있지만 24사단으로 정정했다. 미 5보병연대전투단은 하와이에서 주둔하던 중 1950년 7월 말 한국전쟁에 파병되었다. 미 5보병연대전투단은 7~8월에는 미 25보병사단, 그리고 낙동강 교두보 전투 때는 1기병사단 소속으로 전투에 참전했다. 하지만 9월에 다시 미 24사단 소속으로 변경된 후 1952년 1월 미 9군단 직할 연대전투단이 되기 전까지 미 24사단 소속으로 참전했다.

해를 입듯이, 잘못된 방향으로 힘을 가하면 공격당한 사람보다 공격자 자신이 더 큰 피해를 입을 수 있다.

통신 문제 또한 모든 작전계획 수립에 가장 중요한 요소였다. 나는 더 이상 장기간에 걸쳐 "통신 불능"으로 보고되는 부대가 없기를 바랐다. 아군은 통신 전문을 수령해서 투하할 수 있는 특수 훈련된 인력과 연락기도 보유하고 있었다. 나는 필요하면 전령이나 연막신호와 같은 전통적인 방법이라도 사용하라고 재차 강조했다. 나는 지휘관들에게 통신 전문을 어떻게 전달할지 주의 깊게 연구하라고 명령했다.

우리는 적의 낙하산이 아군 후방 지역에 떨어질 경우에 대비하여 경계 태세를 유지해야 했다. 그것은 아군에게 심각한 위협이었고, 중공군은 그렇게 할 능력이 있었다. 자신의 군단이나 사단에게 할당된 책임 지역의 특정 구역에서 벌어지는 모든 종류의 지상 공격에 대응해야 할 책임이 있는 각 부대 지휘관은 낙하산을 이용해 침투한 적의 공격에도 대비해야 했다. 나는 모든 부대 지휘관이 자신의 책임 구역을 정확히 알고 어떤 종류의 공격도 막을 수 있도록 각 부대에 후방 경계선까지 책임 구역을 구분하라고 명령했다.

이와 같은 준비들은 앞으로의 작전에 있어서 매우 중요한 역할을 했다. 지원 부대와 긴밀하게 접촉을 유지하면서 통제선으로 진격하고 야간에 적의 침투를 막기 위해 경계를 강화함으로써 적이 설치한 함정에 빠지는 것을 막을 수 있었으며, 적의 마지막 대공세 전력을 약화시킬 수 있었다. 나는 각 부대 지휘관에게 적군을 격멸하기 위해 과감하게 기동하는 대담함과 자신의 군대를 보호하려는 신중함 사이에서 균형을 잡는 법을 배우는 것이 중요하다고 충고했다. 전방으로 기동하는 경우와 마찬가지로 갑작스런 승리 후에는 신속하게 전과를 확대해야 하는 경우가 항상 있다. 이러한 기회를 잡기 위해서는 적의 행동이나 기상 변화로 인해 아군이 갑자기 심각한 위협을 받지 않도록 미리 주의하는 상상력과 사전 예측 능력이 필요하다.

한국에서 아군이 첫 성공을 거두는 과정에서 갑작스런 승리 후의 전과 확대에 대해서는 충분히 생각하지 못했다. 그래서 도주하는 북한군을 차단하고 격멸하기 위해 어떻게 해야 할지 결정하는 과정에서 귀중한 시간을 허비하고 말았다. 그 이후로 나는 각 지휘관이 갑작스러운 위기에 대처하는 방법뿐만 아니라 갑작스런 승리를 최대한 활용할 수 있는 방법을 알 수 있도록 대규모 진격을 할 때 사전에 철저하게 계획하기를 바랐다.

'러기드 작전'을 통해 캔자스 선까지 진격하면서 여러 차례 승리할 기회를 얻었기 때문에 각 부대가 지나친 자신감에 도취되지 않도록 관심을 기울이고 있었다. 나는 최전선 부대들이 '크리스마스 공세Home-by-Christmas'(혹은 '독립기념일 공세Home-by-Fourth-of July') 때와 같은 생각에 들떠서 적의 공격에 대한 준비를 하지 않는 사태가 또다시 발생하지 않도록 8군이 이와 같은 지나친 자신감에 사로잡히지 않기를 바랐다. 자신감이 무모함으로 바뀌는 것을 막는 것이 우리의 일이었다.

이를 위해 나는 4월 1일 미군 3개 군단장 중 2명과 나머지 군단의 참모장을 만나 8군이 아직 경험하지 못한 가장 치열한 전투와 가장 심각한 위기가 여전히 앞에 놓여 있다는 나의 신념을 그들과 공유했다. 중공군의 현재 능력과 공개된 의도를 고려했을 때, 며칠 동안 모든 장병이 최대한 담대하고 강한 정신력을 갖출 필요가 있다고 생각했다. 그러한 정신력은 현장 지휘관들에게서 시작되어 지휘계통을 통해 말단 병사들에게까지 전해져야 했다. 공산주의와의 전쟁이 엄청난 규모로 확대될 수도 있었기 때문에 우리 부대는 지금까지 알려진 어떤 것보다 훨씬 더 큰 위험에 직면할 준비가 되어 있어야 했다. 우리에게 가장 시급한 일은 우리가 가장 강력한 전투를 지속할 수 있는 선에 도달할 때까지 적에게 재편성 기회를 주지 않도록 계속해서 적을 압박하는 것이었다.

비교적 쉽게 임진강 선에 도달하자, 나는 우선 개성 바로 너머 서해로

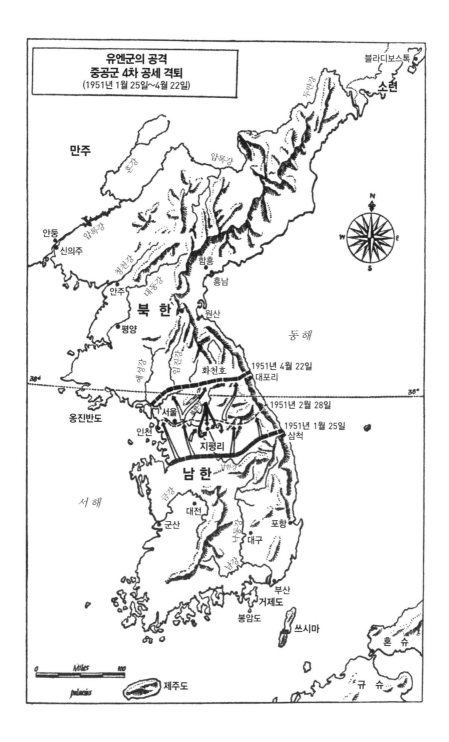

유엔군의 공격
중공군 4차 공세 격퇴
(1951년 1월 25일~4월 22일)

블라디보스톡

소련

만주

안둥

신의주

두만강

압록강

압록강

청천강

대동강

안주

함흥

흥남

원산

북한

평양

해성강

임진강

한탄강

화천호

1951년 4월 22일
대포리

38°

38°

옹진반도

서울

인천

지평리

남한강

1951년 2월 28일

1951년 1월 25일
삼척

동해

남한

금강

대전

군산

낙동강

포항

대구

남강

서해

부산

거제도

봉암도

쓰시마

혼슈

Miles
0   100

palacios

제주도

규슈

흘러드는 임진강과 예성강 사이에 있는 드넓은 해안 평원으로 진출할 생각이었다. 그러나 새로운 정보 보고서에 따르면, 이 지역에는 내 예상보다 훨씬 규모가 작은 적이 배치되어 있었다. 개성 북쪽에는 아직 전투에 참전하지 않은 중공군 63·64군이 배치되었으나, 이 지역에는 북한군 1개 사단만 배치된 것으로 확인되었다. 하지만 아군이 임진강을 도하한 후 북진한다면 중공군 2개 군이 아군 우측에 심각한 위협을 가할 것이라고 판단했다. 결국 맥아더 사령관에게 보고한 후 최초 계획을 변경했다. 그래서 미 1군단, 그리고 9군단의 좌측 부대를 동원해 철의 삼각지대^{Iron} ^{Triangle} 남서쪽인 철원 방향으로 이동하기로 했다. 철의 삼각지대는 북쪽 정점에 평강, 남동쪽에 김화, 그리고 남서쪽에 철원으로 연결된 적 전투력의 핵심 지역이었다.

철원 방향으로 이동한다는 것은 철의 삼각지대를 타격할 수 있는 위치에 있도록 하기 위해 캔자스 선 북쪽 돌출부에 새로운 목표선인 유타 선 Utah Line[56]을 설정하는 것을 의미했다. 아군이 진격할수록 적의 저항은 완강했다. 적은 자신들의 움직임을 은폐하고 지상군의 공중 지원을 방해하기 위해 전선을 따라 펼쳐진 숲에 불을 질렀다. 하지만 (동쪽에서) 아군이 화천댐을 확보하고 한국군 1군단이 동해안에서 대포리(속초시)를 점령한 후, 적의 저항은 잦아드는 것 같았다. 아군은 큰 저항 없이 유타 선까지 도달할 수 있었다.

비록 많은 전방부대가 적과 접촉하지는 못했으나, 중공군의 공세가 임박했다는 징후들이 계속 보고되고 있었다. 포병과 항공 관측장교들은 미 9군단의 북쪽에서 4,000~5,000명 규모의 적 부대가 남동쪽으로 이동 중이라고 보고했다. 중공군은 더 이상 북쪽으로는 방어선을 구축하지 않

---

56 유타 선: 좌측으로부터 전곡-금학산(철원 동송)-광덕산-사창리로 이어지는 가상의 돌출부였다.

고 있었고, 아군의 진격으로 양쪽에 파두었던 대전차호 속으로 계속 부대를 투입하고 있었다.

나는 우리를 강하게 밀어붙여 바닷속으로 처넣겠다거나 전장에서 우리를 격멸하겠다는 적의 호언장담에 전혀 두려움을 느끼지 않았다. 아군은 전투를 경험하면서 능력이 검증되었고 자신감이 충만한 강한 군대로 변모했다. 이런 종류의 전투를 경험하고, 날씨 변화에도 익숙해졌으며, 이전보다 훨씬 더 강력한 화력도 보유하게 되었기 때문이다. 나는 한반도에서 아군이 철수하게 되는 유일한 경우는 소련의 대규모 참전뿐이라고 확신했다. 1951년 봄, 소련의 개입이 전혀 불가능한 상황은 아니었다. 실제로 3월 말 나는 극동군사령부로부터 최근 작전에서 생포한 포로들을 심문하는 과정에서 얻은 전장 정보가 담긴 불길한 보고서를 받았다. 이 보고서에는 전직 터키 주재 유럽 대사였던 사람이 몰로토프Vyacheslav Molotov가 위원장으로 있는 소련 극동위원회가 4월 말 한반도에서 대규모 공세를 계획하고 있다고 제보한 내용이 담겨 있었다. 또한 이 보고서에는 소련은 총력전의 위험을 무릅쓰고서라도 항공기와 몽골에 파견한 정규군을 의용군이라는 위장 명칭 아래 대규모로 투입할 것이고, 소련 극동군사령부Soviet Far Eastern는 승리를 위해 필요한 모든 지원을 제공하라는 지시를 받았다고 기록되어 있었다.

내가 이런 종류의 정보를 확인하는 것은 불가능했기 때문에 군 정보기관과 국가 정보국에 이 사실을 확인하기 위한 노력을 강화해야 한다고 극동군사령부에 건의했다. 또한 소련이 아무리 위장하더라도 한반도에 개입하는 것은 전쟁 행위로 간주될 것이라는 점을 소련에 분명하게 경고해야 한다고 주장했다. 내가 건의한 내용은 내가 한 번도 경험한 적이 없는 것들이었다. 중공군의 5차 공세가 개시되었을 때, 우리는 소련군이 어떤 형태로든 참여하고 있다는 어떠한 증거도 찾지 못했다.

하지만 나는 이 문제와 관련해서 남의 일처럼 여겨서는 안 된다고 생각했기 때문에 앞서 언급한 지휘관 회의 때 이 문제를 명확하게 언급했다. 각 부대는 확인된 적의 능력을 고려해서 책임 있는 사람들이 사전에 철수를 계획한 경우를 제외하고는 어떤 경우라도 철수에 대해 고려하거나 논의해서는 안 된다는 점을 강조했다. 나는 회의에 참석한 군단장들과 사단장들에게 다음과 같은 가정 하에서만 즉각적인 철수 개시를 지시할 것이라고 알렸다.

(1) 소련이 현재의 군사력으로 개입할 경우
(2) 중공군과 북한군이 동시에 전 역량을 투입할 경우
(3) 적의 이런 모든 노력이 기상의 이점을 최대한 활용하여 시행될 경우

이와 같은 상황에서라면 아군의 철수가 우리 정부의 전폭적인 승인을 받을 것이라고 나는 믿어 의심치 않았다. 설사 우리가 건의하지 않더라도 미국 정부가 명령할 사안이라고 생각했다. 이런 상황에 대비해 육·해·공군의 각 참모부에서 연구한 개략적인 계획이 이미 마련되어 있었고, 내 지시에 따라 단일 암호명으로 신속히 전파되어 시행될 예정이었다. 일단 그 계획이 잠정 승인되면 각 군단장에게 보내 구체화할 예정이었다. 그 시점이 되면 군단장들은 각 사단장과 지정된 사단 참모들에게도 전파해서 시행할 준비를 할 것이다. 하지만 이 계획에 대한 논의나 계획 존재 여부에 대해 알고 있는 사람은 특별히 지정된 일부 장교들 외에는 없었다.

만약 한반도에서 미군의 철수가 검토되고 있다는 말이 새어나가게 된다면 한국군이 변절하는 상황이 발생하게 될지도 모른다고 생각했다. 우리가 한국인들에게 위기 상황을 떠넘길지도 모르는 상황에서 살아남기 위해 변절하는 그들을 어느 누구도 비난할 수는 없었다. 나는 소련의 개입으로 한반도에서 미군 철수가 결정되는 경우, 8군이 소백산맥 남쪽으로 이동하기 전까지 철수 명령은 유보되어야 한다고 생각했다. 맥아더 사

령관도 이 점에 동의했다. 만약 8군이 남쪽으로 이동하기도 전에 철수 명령이 한국군에 알려지게 된다면 그들의 변절로 인해 일부 지역에서 미군이 포위되거나 심각하게 피해를 입을 수 있기 때문이었다.

물론 우리는 가만히 앉아서 목에 칼이 들어올 때까지 기다리지만은 않았다. 아군은 북쪽과 동쪽으로 적을 밀어붙였다. 처음에는 유타 선(돌출부)까지 그리고 이후에는 돌출부 동쪽까지 확장된 와이오밍 선Wyoming Line[57]까지 진격했다. 다음 단계는 철원이 내려다보이는 북쪽 고지대를 점령하는 것이었다. 하지만 적은 그 전에 다시 살아나서 아군의 진격을 중지시켰다. 중공군은 5차 공세를 개시할 준비가 되어 있었다. 한편, 정치적 상황이 전장에서 일어나고 있는 모든 일들을 한순간 가려버리는 일이 발생했다.

---

57 와이오밍 선: 철의 삼각지대를 확보하기 위해 설정했던 캔자스 선의 돌출부(bulge)인 유타 선을 동쪽으로 확장한 선이었다. 왼쪽으로부터 전곡-철원-김화-화천호에 연하는 유엔군의 전진한계선이었다.

CHAPTER 6

트루먼 대통령과 맥아더 장군:
맥아더 장군 해임의 원인과 결과,
중공군의 후퇴

맥아더 장군의 해임은 너무 갑작스럽고 돌이킬 수 없었으며 거친 방식으로 이루어져 자존심이 강한 장군에게 불필요한 모욕감을 안겨주었다. 이 일로 미 전역에서 성난 항의의 목소리가 쇄도했다. 나라를 위해 일생을 바친 위대한 군인이자 정치가인 맥아더 장군에 대한 갑작스런 해임─실제로 상당 부분 강한 정치적 동기가 작용했다─은 극명한 국론 분열을 야기했다. 그로 인해 일반 국민은 맥아더 장군의 해임에 대한 근원적인 문제가 무엇인지 구분하기 어려웠다.

　지금도 마찬가지지만, 당시에도 이 논쟁의 양측에게 악의적인 동기가 있다며 책임을 전가하는 극단주의자들이 있었다. 예를 들어, 이들은 정부 최고위층에 거의 반역적인 "승산 없는" 패거리(얼마 전 국가를 배신하고 소련으로 망명한 2명의 영국 외무부 직원과 연관되어 있었을 수도 있다)가 있다거나 맥아더 장군이 아시아 대륙의 전면전으로 미국을 밀어넣으려고 한다고 비난했다. 이 두 가지 비난은 완전히 근거가 없는 것으로, 나는 결국에는 모든 국민에게 분명하게 밝혀질 것이라고 생각했다.

미국 최고위층의 정부 관료, 민간인, 군인들의 애국심과 충성심에 대해서는 조금도 의심의 여지가 없다. 트루먼 행정부는 적을 상대로 유화정책을 추구하려는 것이 아니라 오히려 (제3차 세계대전 발발로 초래될 수 있는) 지구적인 재앙을 피하고자 했다. 그리고 맥아더 장군은 항상 아시아 본토에 미 지상군을 투입하는 것에 반대해왔다. 진짜 근원적인 문제는 한국전쟁이 확대되는 것에 대한 트루먼 대통령과 맥아더 장군 간의 극심한 견해 차이도 아니었고 개성이 강한 두 사람의 성격 차이도 아니었다. 마셜 장군이 상원 위원회의 증언에서 지적한 바와 같이, 그러한 사태가 벌어진 것은 그저 대통령이 가장 분명한 용어로 반복적으로 전달한 정책에 대해 한 명의 지역 전구 사령관이 공개적으로 이의를 표명했기 때문이다.

나는 맥아더 장군을 깊이 존경하고 있었다. 그가 웨스트포인트West Point 교장이고 내가 체육 프로그램 담당 교관으로 그에게 직접 보고했을 때부터 시작된 친밀한 관계를 통해 그에 대한 존경심은 계속 커졌다. 스포츠에 대한 그의 열렬한 관심 덕분에 당시 그를 꽤 자주 볼 수 있는 특권을 누렸다. 그리고 한국에 부임하기 전까지 그와 만나는 일이 많지는 않았지만, 그에 대한 따뜻한 개인적 관심을 결코 잃지 않았다. 그래서 나는 일반적으로 잘 알려지지 않은 다음과 같은 맥아더 장군의 복잡한 성격의 몇 가지 특성에 대해 이해할 수 있게 되었다. 때때로 맥아더 장군은 자신이 수행하지 않은 행위에 대한 공로를 주장하거나 칭찬을 갈망하여 자신의 명백한 실수에 대한 책임을 부인하는 경향이 있었다. 또한 지상군이 참여하는 모든 주요 공격이 시작될 때마다 그 현장에서 실제 사령관으로서 대중 앞에 포즈를 취하면서 지속적으로 각광을 받으려는 경향도 있었다. 흔히 천재가 그렇듯 그는 혼자 있는 것을 즐겨서 외부와 단절된 상태가 되곤 했는데(그의 도쿄 사무실에는 전화기도 없었다), 이러한 그의 성향 때문에 지휘관이라면 들을 필요가 있는 주요 부하들의 비판적인 논평과 객관적인 평가를 들을 기회가 없었다. 때때로 그는 겉으로 보이는 모든 논리를 무시하고 그의 방침을 끝까지 고수하는 고집불통 성향(강한 반대를 무릅쓰고 실행한 많은 놀라운 계획들을 통해 성공을 거둠으로써 생긴 성향)도 가지고 있었다. 그뿐만 아니라 자신의 판단에 대한 믿음이 절대 확실한 존재라는 아우라를 만들어서 결국 상관에게 불복종하기에 이르렀다.

맥아더 장군의 이러한 특성 중 일부는 텍사스 군사학교Texas Military Academy[58]에 다니던 시절부터 거의 모든 활동에서 두각을 나타내게 한 그의 비범한 능력에서 비롯되었다고 나는 생각한다. 웨스트포인트 생도 시절 학업, 운동, 리더십 분야에서 그가 이룩한 성취, 세세한 부분을 꿰뚫고 문제의 핵심을 파악하는 능력, 용맹함, 그리고 명확하게 계획된 목표를 향해 신속하고 용감하게 움직이려는 의지가 아주 대단했기 때문에 사람들은 그에게 반대하거나 강력한 반론을 제기하는 것을 꺼려했다. 또한 그는 자신의 주장을 극적인 방식으로 전달해 사람들을 설득하는 힘을 가지고 있었는데, 이러한 그의 설득에 그의 주장을 반대했던 사람들은 마음이 누그러졌고, 그를 의심했던 사람들은 오히려 자신을 의심하게 되었다. 그는 참으로 위대한 전쟁 지도자 중 한 사람이었다.

맥아더 장군이 아시아의 전면전에 미국을 끌어들이려고 했다는 주장은 그의 목표와는 상반되는 것이었다. 실제로 그는 항상 "제정신을 가진 사람이라면 그 누구도" 중국 본토에 지상군을 파견하는 것을 옹호하지 않을 것이라고 주장했다. 게다가 그는 한반도의 경계를 넘어서 미 지상군을 투입하는 것에 대해 거듭 반대했다. 그가 진심으로 계속해서 주장했던 것은 중국 공산당을 고립시키고 "한 세대 동안" 중국의 군사적 잠재력을 파괴하기 위해 우리의 위대한 해군력과 공군력을 사용하는 것이었다.

정부 지도층 인사들은 민간인이든 군인이든 할 것 없이 맥아더 장군 못지않게 애국심으로 깊은 동기부여가 되어 있었다. 하지만 1951년 의

58　텍사스군사학교: 텍사스 샌안토니오 소재 사립 중학교.

회 청문회에서 벌어진 대논쟁the Great Debate[59]으로 뜨거운 화제가 되기 전까지 이 의견충돌의 본질은 일반적으로 잘못 알려져 있었다. 당시 맥아더 장군은 10년 넘게 외국 근무를 마치고 미 본토로 돌아와 그를 비난하는 사람들과 지지하는 사람들이 7주 동안 대립하는 상황을 지켜봐야 했다. 트루먼 대통령과 맥아더 장군 간의 의견 차이에 대한 충분한 설명이 이루어지자, 트루먼 대통령에 대한 국민의 비판은 상당 부분 잠잠해졌다. 하지만 맥아더 장군을 약식 절차로 해임한 것에 대한 반감은 여전히 널리 퍼져 있었고 앞으로도 사라지지 않고 계속될 것처럼 보였다. (실제로 맥아더 장군은 신문 기자를 통해 그 소식을 듣기 전까지 자신이 해임당했다는 사실을 전혀 모르고 있었다.)

　트루먼 대통령도 맥아더 장군도 아시아에서 대규모 지상전을 수행하는 것에는 동의하지 않았다. 반면, 트루먼 대통령과 그의 참모들은 중공군을 고립시켜 격멸해야 한다는 맥아더의 계획에는 동의하지 않았다. 맥아더 장군이 추구한 것은 분명히 예방전쟁Preventive war이었다. 즉, 중국의 전쟁 수행 능력을 파괴하는 것이었다. 설사 이것이 소련을 이 전쟁에 끌여들이고 소련이 유럽을 침략하게 되는 결과를 초래하더라도 상관없었다. 미국이 중국 공산당과 전쟁 중이었기 때문에 중국의 전쟁 수행 능력을 파괴하는 것은 정당하다고 맥아더 장군은 주장했다. 맥아더 장군의 견해에 따르면, 유럽은 이미 잃었고 소련을 위한 산업 뒷마당에 지나지 않았다. 그는 세계의 미래는 아시아에서 결정될 것이라고 믿었다.

　하지만 그는 자신의 주장을 제시하면서 미국 앞에 "승리"와 "교착상태"

59　대논쟁: 1951년 미국의 외교 정책을 둘러싸고 트루먼 대통령과 여당(민주당), 그리고 야당(공화당) 간에 벌어진 논쟁이다. 미국의 외교 정책에 대해 유럽 방어가 우선이냐 아니면 아시아 방어가 우선이냐에 대해 국민적 논란이 되었으며 당시 트루먼 대통령과 여당의 승리로 미국은 유럽 우선주의 입장을 고수하게 되었다. 하지만 이견은 여전히 남게 되었고, 한국전쟁에서의 교착상태로 인해 트루먼 행정부는 고전을 면치 못함으로써 1952년 대통령 선거에서 공화당 대표(아이젠하위)가 선출되는 데 영향을 미쳤다.

라는 선택지를 내놓으며 둘 중에 하나를 선택하게 했다. 그렇게 간단한 선택지가 제시되었을 때 나라를 사랑하는 국민이 어떤 것을 선택해야 하는지는 의심의 여지가 없어 보였다. 승리의 달인이 완벽한 화술로 제시한 이 "승리"라는 개념은 반대하기가 어려웠다. "승리"는 오랫동안 맥아더 장군의 좌우명이었다.

"즉각적이고 완전한 승리!Victory, immediate and complete!" 1931년 맥아더 장군은 이것이 전쟁 중인 모든 국가의 참된 목표라고 말했다.[60] 그로부터 20년이 지난 뒤에도 "승리"라는 말은 변함 없이 자주 사용되었다. 그는 의회에서 행한 연설에서 다음과 같이 선언했다. "승리를 대체할 수 있는 것은 없다!There is no substitute for victory!" 1962년 5월 웨스트포인트 졸업식 연설에서도 "여러분의 임무는 확고하고 불변하며 신성하기까지 합니다. 그것은 전쟁에서 승리하는 것입니다. 승리하려는 의지, 전쟁에서 승리 외에는 대안이 없다는 것을 분명히 아는 것이 중요합니다"라고 거듭 말했다.

물론 승리에 대한 이러한 말들은 지상과 해상, 공중에서 싸우는 미군의 신조이자, 미군을 정신적으로 양육하고 지탱하는 사람들의 신조다. 당시 이것만큼 미국인의 피를 끓어오르게 만드는 구호는 아마 없었을 것이다. 그것은 8년간의 독립전쟁, 오랜 서부 정복, 남북전쟁의 고통, 그리고 미군이 참전한 다른 모든 분쟁을 통해 우리 군에게 영감을 준 죽기살기로 싸우는 정신을 표현한 것이다. 미국인들은 기질상 제한전을 선호하지 않는 경향이 있다. 권투에서와 마찬가지로 상대를 넉아웃knockout시키는 것 외에 다른 것은 원하지 않는다. 피가 끓어오르는 미국인이 어떻게 그토록 빛나는 승리에 반대할 수 있을까? 승리에 반대한다는 것은 마치 선과 악의 대결에서 악의 편에 서는 것과 같기 때문이다.

---

60 1931년 당시는 맥아더 장군이 제13대 미 육군참모총장으로 재임(1930년 11월 21일~1935년 10월 1일)하던 시기였다.

●●● 맥아더 장군이 말한 승리는 단순히 한국에서의 승리, 한반도에서 모든 적을 격멸하고 민주 정부 아래서 통일을 이루는 것만을 의미하지는 않았다. 그가 구상했던 것은 공산주의에 "결코 회복할 수 없는 타격"을 가해 붉은 물결이 역사에서 사라지게 만드는 공산주의의 세계적인 패배였다. 그의 계획은 미국이 전쟁 준비가 되어 있지 않은 시기에 제3차 세계대전을 촉발할 수 있는 심각한 위험을 안고 있었으며, 서유럽 붕괴를 초래하여 신뢰가 구축된 오랜 동맹국들을 잃게 만들 위험이 있었다. 그것은 대규모 국가적 노력을 요구하는 야심 차고 위험한 계획이었다. 사진은 1951년 2월 21일 전선 시찰을 위해 김포 비행장에 도착해 미 24보병사단 병사들의 사열을 받고 있는 맥아더 장군의 모습. 〈사진 출처: WIKIMEDIA COMMONS | Public Domain〉

하지만 한국전쟁에 참전한 보병들이 배웠듯 한 번의 "승리"에는 또 다른 승리가 필요하다. 하나의 고지를 확보하면 항상 그 뒤에는 전선을 확보하고 적의 관측을 막기 위해 점령해야 할 고지가 하나 더 있었던 것 같다. 대다수의 국민에게는 "승리"로 보였을지 모르지만, 그것은 맥아더 장군의 대전략Grand Design 중 첫 번째 전투의 승리에 불과했을 것이다.

맥아더 장군이 말한 승리는 단순히 한국에서의 승리, 한반도에서 모든 적을 격멸하고 민주 정부 아래서 통일을 이루는 것만을 의미하지는 않았다. 그가 구상했던 것은 공산주의에 "결코 회복할 수 없는 타격"을 가해 붉은 물결이 역사에서 사라지게 만드는 공산주의의 세계적인 패배였다.

맥아더 장군의 "계획은 단지 압록강으로 진격하는 것뿐만 아니라 만주 지역의 비행장과 산업시설을 파괴하고, 중국 해안을 봉쇄하고, 산업 중심지를 파괴하며, 장제스蔣介石 군대가 중국 본토로 진격할 수 있도록 모든 필요한 지원을 하고, 지상군을 증원하기 위해 중국 국민당 군대를 한반도로 수송하는 데 필요한 모든 지원을 제공하는 것을 포함하고 있었다. 맥아더 장군은 진심으로 이러한 조치들로 중국 본토를 점령하고 있는 중국 공산당을 끝장낼 수 있을 것으로 보았다. 또한 중국인들이 장제스의 귀환을 환영할 것으로 확신했고, 소련은 그가 염두에 둔 이런 종류의 전쟁에 개입하지 않을 것이라고 자신했다.

하지만 중국 공산당에 대한 이런 예방전쟁을 수행하는 과정에서 소련이 개입해 위협을 가하게 된다면, 맥아더 장군이 그 다음 단계로 소련에 대한 공격을 촉구했을 것이라고 가정하는 것은 비논리적이지 않다.(그는 소련이 군사력을 증강하고 있었기 때문에 시간은 소련의 편이라고 생각했다). 이것은 그저 무력을 사용해 전 세계 공산주의를 파괴한다는 그의 궁극적 목표를 위한 논리적 확장에 불과하다.

그래서 맥아더 장군의 계획은 제3차 세계대전을 촉발할 수 있는 심각한 위험을 안고 있었으며, 서유럽 붕괴를 초래하여 신뢰가 구축된 오랜 동맹국들을 잃게 만들 위험이 있었다. 또한 반드시 명심해야 하는 것은 국가 예비대general reserve가 불과 1개 전투사단밖에 없을 정도로 전쟁 준비가 되어 있지 않은 시기에 우리가 그러한 위험을 감수해야 한다는 것이다. 이것이 바로 맥아더 장군이 전쟁을 말할 때 그의 마음속에 있는 "승리"의 개념이었다. 그것은 대규모 국가적 노력을 요구하는 야심 차고 위험한 계획이었다.

맥아더 장군의 상관들은 그의 계획을 즉각 거부하지는 않았다. 대통령과 국무장관, 국방장관, 국가안전보장회의, 각 군 장관, 합참, 그리고 의회를 포함한 미국의 최고위층이 맥아더 장군이 제기한 모든 사안을 숙고하고 토론했다. 극동군사령부의 설치 배경과 책임 한계, 그리고 아시아 지역의 상황에 대해 우선 검토했다. 나아가 세계 전체 상황과 미국의 현재 능력 및 제한사항, 서유럽 방위 측면에서 그 사안을 검토했다. 맥아더 장군의 제안을 전부 또는 부분적으로 수용했을 경우 제3차 세계대전이 발발할 수 있다는 점까지 고려했다. 그들은 그 계획을 충분한 시간을 갖고 진지하고 신중하게 연구했다.

그들은 공군이 폭격을 통해 중국 공산당의 항복을 얻어낼 수 있을 것이라는 점에 동의하지 않았다. 앞서 언급한 반덴버그 장군의 의견처럼 우리가 만주 지역의 기지들을 타격한다면 "근근이 유지되는 미 공군"은 극도로 소모될 것이고 세계 다른 지역의 위협에 대처하기 위해 전투 손실을 입은 공군을 재건하는 데는 대략 2년이 걸릴 것으로 생각했다. 게다가 반덴버그 장군은 만주 지역 폭격은 단순히 "주변 지역을 쪼는 것"에 불과해서 아무런 성과가 없다고 주장했다. 적의 대규모 군사력 중 겨우 한쪽 끝에 상처를 내기 위해 미국이 치러야 할 대가는 너무 크다는 것이었다. 펜타곤 역시 중국 산업력의 원천이 맥아더 장군이 믿는 것처럼 그렇게 빨리 제거될 수 있다고 확신하지 못했다. 만약 원자폭탄이 사용된다면 수천, 수백만 명의 무고한 시민들에 대한 대학살이 일어날 것이 분명했다. 그리고 시베리아 철도를 폭격하지 않는 한, 소련은 건재할 것이고 중국 공산당은 계속해서 철도망을 통해 소련의 군사 물자들을 지원받게 될 것이다. 시베리아 철도를 폭격하려면 우리의 능력을 넘어선, 제3차 세계대전을 일으킬 수도 있는 연속적인 작전들을 실시해야 했다.

게다가 트루먼 행정부와 미 합참은 만주 기지나 압록강 교량들을 폭격하는 것은 한국과 일본 기지들을 침범하지 않고 전쟁을 한반도 내로 제한시켰던 상호 간 암묵적 합의를 미국 스스로 파기하는 결과를 초래할 것이라고 보았다. 중국 해안을 봉쇄하는 것 역시 전쟁행위일 수 있다. 봉쇄 조치는 효과적일 경우에만 중립국들의 인정을 받을 수 있고, 영국 식민지인 홍콩이나 다롄^{大連}항, 뤼순^{旅順}항이 봉쇄지역에 포함되지 않는다면 효과적일 수 없다. 만약 우리가 그 항구들까지 봉쇄한다면 영국이나 소련의 반발로 우리의 어려움은 더욱 가중될 것이다.

펜타곤의 견해에 따르면, 장제스(국민당) 군대의 중국 본토 침공은 미국의 해군·공군의 지원과 병참 지원을 받지 않는 한 성공할 가능성이 희박했다. 맥아더는 당연히 그들이 미국으로부터 지원을 받아야 한다고 생각했다. 그러나 미국은 예비 병력이 거의 없었고, 한국에서도 병력이 부족하여 가지고 있는 병력을 효과적으로 사용해야 하는 실정이었다. 심지어 중국 본토 침공으로 한반도에서 중공군을 끌어내어 압력을 완화할 수 있다고 하더라도 장제스 군대가 마지막으로 중공군과 정면으로 맞섰을 때처럼 장제스 군대에서 대규모 이탈자가 생겨서 실패할 가능성이 높다고 보았다.

게다가 펜타곤에서는 장제스 군대의 전투력을 거의 신뢰하지 않았다. 맥아더 장군 자신도 얼마 전 그들의 전투태세에 대해 불만을 표시한 적이 있었다. 또한 장제스 군대의 훈련 수준도 낮아서 우리가 그들에게 의존할 수 있으려면 먼저 포병과 전차 같은 중화기를 제공하고 적절한 훈련을 시킬 필요가 있었다. 하지만 이미 야전에 투입된 중요 물자들을 장제스 군대로 전용하는 것은 어떤 이유로도 정당화할 수 없는 문제다. 게다가 우리는 한국군이 제대로 활용되지 못하고 있는 상황에서 장제스 군대 투입을 강하게 반대하는 이승만 대통령의 생각도 고려해야 했다.

미국 정부는 서유럽이 상대적으로 덜 중요하다는 맥아더 장군의 생각에도 동의하지 않았다. 서유럽의 산업 능력, 인력, 기술, 공장, 신속한 이용이 가능한 원자재, 공군 기지, 그리고 무엇보다도 혈연과 문화적인 긴밀한 유대관계로 인해 워싱턴은 유럽을 항상 우선시했고 아시아는 그 다음 순위였다. 서유럽을 잃는다는 것은 소련으로 무게중심이 급격하게 기운다는 의미였다. 그렇게 되면 나토^{NATO}(북대서양조약기구)는 해체되고 미국은 고립될 것이다. 만약 유럽에서 전쟁이 발발한다면 미국은 아시아와 유럽에서 양면전쟁을 준비할 시간조차도 충분치 않을 것이다.

펜타곤은 중국 공산당의 힘을 분산시키기 위해 남쪽에 제2의 전선을 형성하는 제안에 대해 오랫동안 검토해왔으나 결국 그 계획을 거부했다. 장제스 군대의 사용은 영국을 비롯한 영연방 국가들에게는 용납할 수 없는 일이었다. 적대행위를 대만 지역까지 확장하면 태평양 지역에서 미국의 역할은 더욱 확대될 것이다. 그러면 한국전쟁을 위해 함께 모인 동맹국들과의 안정적인 관계가 틀림없이 깨지게 될 것이다.

미국 정부와 맥아더 장군 간에는 또 다른 의견 차이가 있었다. 그것은 미국이 유엔을 중심으로 한 집단안보정책을 계속 추구할 것인가, 아니면 미국 단독으로 안보정책을 추구할 것인가 하는 문제였다. 맥아더 장군은 미국이 만약 중국 공산당이나 소련과 대결해야 하는 상황에서 동맹국들이 함께하지 않는다면 미국은 홀로 그 모든 부담을 짊어져야 한다고 강력하게 주장해왔다. 하지만 미국은 오래전부터 집단안보체제에 기반해 안보를 추구해왔다. 실제로 유엔의 다른 회원국들이 많은 병력을 제공하지는 않았으나, 유엔의 깃발 아래 함께 싸움으로써 한국에서의 전쟁수행 노력이 도덕적 명분을 가지고 되었고, 다른 자유세계와 외교관계를 맺는 데 중요한 가치를 공유할 수 있게 되었다.

현재 진행되고 있는 역사적인 상원 청문회에서 이러한 결론들은 이전에 이미 이러한 결론들에 도달한 애치슨, 마셜, 브래들리, 셔먼, 반덴버그, 콜린스 등이 증인으로 출석해 다시 언급하면서 재확인되었다. 이들 모두는 의회에서 증인 선서를 했다. 증언 내용들은 기록되었으며 단독 질문 또는 교차 질문을 받았다. 증언들은 최종적으로 일부 보안 사항을 제외하고 공개되어, 맥아더 장군의 계획을 거부한 이유들이 공식 기록에 남게 되었다.

그러나 청문회 증인으로 출석한 관련자들, 그리고 대통령과 부통령이 그들을 비판하는 사람들보다 "승리"에 대한 열망이 덜하다거나, 세계 정세에 대해 좁은 시야를 가졌다거나, 국익을 위해 최선을 다해 봉사하려는 의지가 전혀 없었다고 주장하는 것은 가당치 않은 것 같다. 그러나 정부를 비난하는 사람들은 공개적으로 정부를 신랄하게 비판하거나 묵시적인 방법으로 비난하면서, 맥아더의 제안을 거부한 것은 전쟁을 피하기 위한 유화책이라고 낙인찍었다.

물론 미 정부가 맥아더 장군이 제안한 계획을 거부한 것은 익명의 반정부 인사들이 "승산 없는 정책"을 주입했기 때문이 아니었다. 그것은 미정부와 맥아더 장군이 근본적으로 서로 다른 정책을 고수했기 때문이다. 그래서 각자 "승리"라는 단어를 다르게 해석하고, 세계 정세에 대해 더 잘알고 있다는 근거 하에 사실들을 다른 시각에서 바라봤던 것이다.

국가 최고 민간 지도자와 군사 지도자들은 다각도의 첩보망을 이용해 얻은 소련의 핵무기 상황에 대한 자세한 정보와 유럽에서 전면전이 발발할 가능성에 대한 종합적인 추정을 토대로 당시 그들의 현실과 책임에 대해 더 명확한 시각을 갖고 있었던 것이 분명하다. 그들은 맥아더 장군이 추구하는 "승리"가 한국에서 달성되더라도 그것이 다른 곳에서는 균형을 깨뜨리는 부작용을 초래할 것이라고 판단했다. 그들은 자신들의 시각이 옳고 맥아더의 시각이 잘못되었다고 믿었다. 그 당시에는 그것의 옳고 그름을 증명할 수 없었고, 그것은 지금도 마찬가지다. 미국 통수권자에게 조언하는 것이 그들의 의무였고, 그들은 그렇게 했다. 결정을 내리는 것은 대통령의 의무이며 트루먼 대통령은 결정을 내렸다.

논의 과정을 포함한 정부의 결론은 유엔군사령관(맥아더 장군)에게 즉각 전달되었다. 그 내용들이 제대로 강조되고 명쾌하게 설명되지 않을 수 있었기 때문에 트루먼 대통령은 1월 13일자로 직접 서신을 써서 맥아더 장군에게 보내기도 했다.

이러한 모든 의견 차이는 결국 각자가 가지고 있는 견해의 문제로 귀결되었다. 맥아더 장군의 신념은 그가 아무리 예리한 통찰력을 가지고 있다 하더라도 부분적으로는 세계 정세에 대한 부족한 정보(물론 그의 범위를 완전히 벗어난 국내 정치적 요소에 대한 정보도 여전히 부족했다)와 극동 전구 사령관인 자신의 잘못된 정보 평가에 근거한 것이었다.

상원 청문회에서 린든 존슨Lyndon Johnson[61] 의원은 맥아더 장군의 계획을 거론하면서 다음과 같이 맥아더 장군에게 질문했다. "우리가 장군의 계획을 받아들였다는 가정 하에 중공군이 압록강 이북으로 다시 밀려난 뒤 조약 서명과 향후 방침에 대한 협정 체결을 거부한다면, 장군은 어떤 조치를 건의하시겠습니까?"

맥아더 장군은 건의할 만한 것이 전혀 없었다. 그는 그런 상황은 비현실적이고 비이성적인 가정이라고 생각한다고 짧게 답했다. 존슨 의원은 "중공군이 다시 본토로 돌아간다면 그 다음 우리는 어떤 조치를 취해야 할까요?"라고 끈질기게 물었다. 맥아더 장군은 "(그렇게 된다면) 그들은 더 이상 교전을 유지할 수 없는 상태라고 생각합니다"라고 답했다.

맥아더 장군이 종종 자신의 희망사항뿐만 아니라 잘못된 정보를 근거로 판단을 내렸다는 사실은 1950년 10월 초 웨이크섬 회담Wake Island conference에서 트루먼 대통령과 한반도 상황에 대해 단독 면담을 했을 때 입증되었다고 나는 생각한다. 회의 기록에 따르면, 당시 맥아더 장군은 중공군이 전쟁에 개입하더라도 그 수는 최대 5만~6만 명에 지나지 않을 것이라고 추산했다. 그것은 유엔군 병력이 2 대 1 비율로 더 많다는 것을 의미했다. 그러나 실제로 11월 말 중공군이 공세를 시작했을 때 중공군의 수는 약 30만 명인 것으로 추산되었다. 이렇듯 맥아더 장군의 잘못된 추산은 "크리스마스 공세" 이면에서 아군을 재앙에 가까운 상황으로 이

---

61 린든 존슨(1908~1973년): 텍사스주 민주당 상원의원이자 케네디 정부 시절 부통령을 역임했다. 1963년 케네디 대통령이 암살된 직후 제36대 대통령직을 승계했으며 재선을 해 1969년까지 재임했다. '위대한 사회(Great Socitey)' 건설을 공약으로 내세우고 교육, 주택과 도시개발, 교통, 이민 정책 등을 추진했으나 베트남 전쟁 장기화와 반전 여론 등으로 대통령 선거 불출마를 선언했으며 공화당 후보였던 닉슨이 대통령에 당선되었다.

끈 여러 원인 중 하나였다.

맥아더가 미국이 한국에서 중공군을 몰아낼 수 있다는 신념을 항상 간직했던 것은 아니었다. 아군을 38선 이남으로 후퇴하게 만든 중공군의 공세가 시작된 지 한참 뒤인 1951년 1월 10일 아군이 중공군의 신정 공세로 큰 타격을 입은 피해를 회복하고 있을 때 맥아더 장군은 합참에 다음과 같은 무전을 보냈다. 만약 미국의 결정이 여전히 변함없다면(병력의 추가 증원도, 중공 본토에 대한 해안 봉쇄도, 만주 폭격도, 장제스 군대의 중국 본토 투입도 없다면) "결정적인 정치적 고려가 없는 한 8군 사령부는 한반도로부터 신속하게 전술적 철수를 해야 한다." 유엔군사령부가 한참 뒤 부활하자 자신감과 전투의지를 회복한 유엔군은 38선을 향해 다시 진격했고 1951년 4월과 5월에 실시된 중공군의 5차 공세를 물리친 이후에는 완전하고 결정적인 승리를 요구하는 목소리가 다시 들렸다.

나는 중공군이 소련의 참전 없이 아군을 한반도 밖으로 밀어낼 수 있다고 생각하지 않았다. 그리고 1951년 봄에 만약 북진 명령이 8군에 내려졌다면 아군은 압록강까지 적을 밀어붙였을 것이라고 확신했다. 하지만 아군이 북진함으로써 치러야 하는 대가는 우리가 얻을 수 있는 것에 비해 너무 컸을 것이다. 북진하면서 겪게 되는 적의 완강한 저항과 험한 지형으로 인해 당시 내 추산으로 약 10만 명의 아군이 죽고 다치는 희생을 감수해야 했다. 아군은 고작 수십만 제곱킬로미터의 영토만 얻었을 것이고 수년 동안 게릴라 공격에 시달려야 했을 것이다. 북진하는 동안 아군의 보급 거리는 늘어나는 반면에 적의 보급 거리는 상대적으로 짧아졌을 것이며, 아군은 광활한 압록강과 두만강 뒤에서 막강한 힘을 가진 적을 상대해야 했을 것이다. 나는 아군이 적을 상당 부분 파괴하지 않은 채 단지 압박만 해서 북쪽으로 후퇴시키는 것은 아주 형편없는 결과를 초래할 것이라고 생각했다.

작전이 끝났을 때 전선의 길이는 110km에서 670km까지 늘어나 있

었을 것이고, 이는 한국군의 능력을 훨씬 넘어서는 것이기 때문에 우리가
그 지역을 책임져야 했을 것이다. 그랬다면 당시 북진과 관련된 질문은
다음과 같았을 것이다.

1. 과연 미국 국민은 이 넓은 전선을 확보하는 데 필요한 대규모 군대
   를 지원할 것인가?
2. 과연 미국 국민은 만주 지역에서 전쟁을 수행하는 데 수반되는 희생
   의 대가를 용인할 수 있을 것인가?
3. 과연 미국 국민은 드넓은 아시아 대륙에서 벌어지고 있는 끝없는 전
   쟁에 개입할 것인가?

그때도 마찬가지였지만 지금도 이런 질문들에 대한 나의 답은 "노No"다.
트루먼 대통령과 맥아더 장군 간에 의견이 충돌한 또 다른 문제는 전
면전이냐 제한전이냐 하는 것이었다. 어떤 면에서 이 문제는 "승리냐, 교
착상태냐" 하는 문제를 좀 더 구체적인 용어로 바꾼 것에 불과했다. 미국
은 모든 국력을 총동원해서 붉은 세력을 영원히 축출할 것인가, 아니면
우리의 노력을 한반도라는 한정된 범위 안에서 벌어지는 전투에 초점을
맞춰 집중해야 하는가?

하지만 먼저 알아야 할 점은 고故 로버트 태프트Robert Taft[62] 상원의원이
주도했던 트루먼 행정부에 대한 당파적 공격과 비판조차도 아시아나 유
럽에서의 전면적인 지상전을 지지하지는 않았다는 것이다. 그 대신 그러
한 공격과 비판은 과거 포트리스 아메리카Fortress America 개념의 최신 버

---

62 로버트 태프트(1889~1953): 미국 오하이오주 태생으로 미국의 27대 대통령인 윌리엄 태프
트(William Taft)의 아들이다. "미스터 공화당"으로 불릴 정도로 보수적 성향이 강했는데, 특히 세
계 문제에 대한 불개입(non-intervention)을 강하게 주장했고 나토(NATO) 창설도 반대했다. 민주
당 정부였던 트루먼 행정부의 한국전쟁 수행에 대해서도 강하게 비판했다.

전처럼 보였다. 그러한 공격과 비판을 하는 자들은 독일에 있는 미군 기지를 증강해서는 안 되며, 유럽에 대한 추가 지원을 중단해야 하고, 유라시아 대륙에서 미군이 철수하는 것을 가정하여 대체 가능한 세계 정책을 고려해야 한다고 주장했다(이것은 허버트 후버Hurbert Hoover 전前 대통령의 제안이었다). 그리고 미국의 국가이익은 해군력과 공군력으로 지켜야 한다고 했다(이것은 심지어 맥아더 장군이 극동을 위해 구상한 전략이었다). 요컨대 팍스 브리타니카Pax Britannica라는 이름으로 영국이 2세기 동안 수행해왔던 것처럼 해군력과 공군력의 방패 뒤에서 서구 문명을 보호하기 위해 팍스 아메리카나Pax Americana를 건설해야 한다는 것이었다.

이러한 계획은 맥아더 장군 해임 이후에도 오랫동안 추진되었다. 아이젠하워가 집권했을 때(1953년 1월) 미 정부의 기조는 해군력에 의한 해상 통제와 핵무기에 의한 '대량보복massive retaliation' 위협을 통해 기존의 미국 국경을 보호한다는 개념이었다. 미국이 다시는 대규모 지상군을 해외로 파병할 수 없을 것이므로 미 육군과 해병의 규모는 축소될 필요가 있다는 주장이 제기되었다. 재무장관은 미국이 대규모 단일 전쟁을 수행하는 데 드는 비용조차도 감당할 여력이 없다고 말했다. 그리고 국방장관은 만약 전쟁이 발발한다면 그것은 대규모 전쟁이 될 것이라고 확신했다.

결국 트루먼 대통령과 맥아더 장군 간의 논쟁은 당시 잘 알려지지 않은 문제인 국가 정책 결정 시 군 당국에 대한 문민 우위 원칙[63]을 부각시켰다.

내 기억으로는 한국전쟁 이전에 미국 대통령의 권한이 현역 군 장성의 도전을 받은 적은 딱 한 번 있었다. 그것은 링컨 행정부 때였다. 당시 조지 B. 맥클렐런George B. McCllellan 장군은 링컨 대통령의 명령을 공개적으로 무시했다. 트루먼 대통령은 이와 유사한 상황을 언급하면서 자신의 회고

---

63 문민 우위 원칙: 민주주의 국가의 운영 과정에서 군인의 개입을 배제하고 문민(일반인)이 국군의 통수권을 가진다는 원칙이다. 문민 우위라는 말 대신 문민지배, 또는 문민통제라는 말을 쓰기도 한다.

록에 다음과 같이 썼다. "링컨 대통령은 맥클렐런 장군(당시 북군 총사령관)에게 직접 명령을 하달했는데 장군은 그것을 무시했다. 당시 국민의 절반은 맥클렐런 장군이 정치적 야심을 가지고 있었고, 링컨 대통령에 반대하는 측이 이를 이용했다는 것을 알고 있었다. 링컨 대통령은 인내심이 강했지만 결국 북군 총사령관을 해임할 수밖에 없었다."

맥클렐런 장군과 맥아더 장군

일시적인 관심에 불과하지만, 맥클렐런 장군과 맥아더 장군은 놀라울 정도로 유사했다. 기본적으로 두 사람은 상대(대통령)와 대립하고 있었다. 그들은 경력 면에서도 상당히 유사점이 많았다. 두 사람 모두 웨스트포인트(미 육군사관학교)를 졸업했는데, 맥클렐런 장군은 1846년에 동기생 중 2등으로, 맥아더 장군은 1903년에 1등으로 졸업했다. 또 두 사람 모두 공병 병과로 임관했으며, 단기간 내 최고 계급까지 올랐다. 한 명(맥클렐런 장군)은 오랫동안 공개적으로 정치적 야망을 품었고, 다른 한 명(맥아더 장군)은 스스로 부인했지만 여러 차례 정치적 인기를 선호하는 모습을 보였다. 두 사람 모두 자신을 정치적 목적으로 이용하려는 영향력 있는 정치인들로부터 열렬한 지지를 받는 것을 즐겼다. 맥클렐런 장군은 해임된 지 2년 후 대통령 선거에 출마했다. 반면, 맥아더 장군은 해임되기 2년 전 공개적으로 "어떤 공직도 적극적으로 추구하거나 탐내지 않았다"라고 말했다. … 그의 "모범 시민 개념"은 "미국 국민이 요구하는 어떤 공무도 그에 수반되는 위험과 책임을 생각해서 받아들이지 않는 것"이라고 공개적으로 말했다. 둘 다 대통령이 되지는 못했지만, 맥클렐런 장군은 대통령직을 탐냈고 맥아더 장군은 출마 의사가 없다는 의사 표시를 분명하게 하지 않았다. 트럼불 히긴스Trumbull Higgins의 글에 따르면, 맥클렐런 장군처럼 맥아더 장군은 "전쟁 중인 국가에서 애국심의 상징으로 떠오른 자신의 인기를 현역 장군의 의무와 혼동하고 있었다."

거의 한 세기가 지난 후 역사는 다시 반복되었다. 트루먼 대통령에 따르면, 1950년 이전부터 맥아더는 대통령의 권한을 무시하는 태도를 보

●●● 1950년 10월 15일 회담을 위해 웨이크 섬에 도착하자마자 트루먼 대통령을 맞고 있는 유엔군 사령관인 맥아더 장군의 모습. 트루먼 대통령에 따르면, 1950년 이전부터 맥아더는 대통령의 권한을 무시하는 태도를 보였는데, 처음에는 남몰래 그러다가 점점 대담해졌다. 결국 맥아더는 상관의 합법적인 명령을 고의적으로 그런 것은 아니지만 명백히 무시했다. 트루먼 대통령은 이러한 맥아더 장군의 행동을 "불복종"으로 규정하고 유엔군사령관인 맥아더 장군을 전격 해임한다. 〈사진 출처: WIKIMEDIA COMMONS | Public Domain〉

었는데, 처음에는 남몰래 그러다가 점점 대담해졌다. 결국 맥아더는 상관의 합법적인 명령을 고의적으로 그런 것은 아니지만 명백히 무시했다. 트루먼 대통령은 이러한 맥아더 장군의 행동을 "불복종"으로 규정했다. 다른 이들은 "반항"이나 "공개적인 저항"과 같은 좀 더 완곡한 표현을 사용했다.

과거와 현재 세계적으로 이름을 날린 인물들처럼 맥아더 장군도 많은 군사적 승리를 거둘 정도로 천부적인 재능을 타고나서 그의 모든 동료는 물론이고 심지어 헌법상의 상관들의 판단보다 자신의 판단이 더 우선시되어야 한다고 생각하는 것 같았다. 하지만 문제의 핵심은 군사적 판단이 우선이냐 아니면 정치적 판단이 우선이냐 하는 것이 아니라, 미국이 취해야 할 방침을 결정하는 것이 정부의 대통령이냐 아니면 군인인 극동 지역 전구 사령관이냐 하는 것이었다. 최종 결정이 내려지기 전까지는 올바른 방침을 검토하는 과정에서 맥아더 장군이 개인의 견해를 피력하고 건의하는 것은 그의 의무이자 특권이다. 하지만 대통령이 내린 결정을 통보받은 다음 그가 문제를 제기하는 것은 그의 의무도 아니고 특권도 아니었다. 이기적인 정치적 당파주의의 열기와 1950년 늦가을과 초겨울의 가혹한 역전의 수치와 좌절 속에서, 미국 국민의 대부분은 이러한 기본적인 요점들을 간과했던 것 같다.

이것들은 한국전쟁 당시 미국의 두 주요 인물 간의 대립을 야기한 쟁점들이었고, 문민정부와 군 당국 간의 문제는 한국전쟁이 낳은 가장 민감한 문제였다. 논리적으로 이러한 문제는 절대 일어나서는 안 되는 것이었다. 이러한 원칙은 미국 정부 조직의 역사에서 오랫동안 굳건히 자리 잡은 원칙 중 하나였다. 만약 의도적이든 우발적이든 그것을 둘러싼 잘못된 문제와 사소한 일들은 제외하고 오로지 그것만 놓고 보았다면, 미국 국민 대다수가 대통령의 결정을 지지했을 것이라고 본다. 그러나 논쟁은 다른 난제들과 너무 깊이 얽혀 있어 어느 것도 완벽하게 이해되지 않았다. 오랫동안 논란이 되었던 쟁점 중 하나는 우리의 대對중국 정책이었다. 그 밖에 논란이 된 또 다른 쟁점들은 핵무기의 적절한 사용, 제한전이라는 새로운 개념, 유엔 헌장에 명시된 의무 조항과 일치하는 주권 개념의 수정 필요성 등이었다.

여전히 핵심적인 문제는 남아 있었다. 그것은 국가 주요 외교 정책의 결정 권한을 대통령이 가지는가 아니면 장군이 가지는가 하는 문제였다. 마셜 장군은 상원에서 다음과 같이 증언했다.

"이 문제는 특정 지역과 특정 적대세력에 한정되어 임무를 수행하는 군 지휘관이라는 직책과 미국 전체의 안보를 책임지고 있는 대통령과 국방장관, 그리고 합동참모들이라는 직책 간의 본질적인 차이점에서 비롯된 것입니다. … 균형을 잡기 위해서는 세계 어느 한 지역에서의 미국의 국가이익 및 목표와 다른 지역에서의 미국의 국가이익 및 목표를 함께 따져봐야 합니다.”

그는 계속해서 “이번에 발생한 의견 불일치의 문제는 군 역사상 처음 있는 일은 아닙니다. 하지만 처음으로 발생한 맥아더 장군의 해임이 필요했던 이유는 지역 전구 사령관이 미국의 외교 정책에 대해 개인적 불만과 반대 의사를 공개적으로 표명했기 때문입니다. 이것은 전례가 없는 일입니다. … 그가 결정된 미국의 정책에 동의하지 않고 이미 너무 멀리 나갔기 때문에 전구 사령관에게 부여된 결정 권한을 계속 행사하게 내버려두었어야 했는지에 대해서는 심각한 의구심이 듭니다”라고 증언했다.

그러나 나는 이 문제가 발생했을 때 선거를 통해 선출된 정부 수반이 어떠한 정치적 혹은 군사적 압력을 받지 않고 자신의 높은 도덕적 용기로 문제를 해결한 것이 국가에 큰 도움이 되었다고 주장할 수 있다고 생각한다. 트루먼 대통령의 결정은 당시는 물론이고 미래에 발생할지도 모르는 위기 상황에서 다른 사람들이 대통령과 참모들이 외교 정책 수립시 헌법이 그들에게 부여한 권리를 행사하는 것에 도전하려 할 때 강력한 보호장치 역할을 할 것이다.

1951년 3월 20일 미 합참은 맥아더 장군에게 국무부가 유엔이 한반도 상황을 안정시키기 위한 조건을 논의할 준비를 하고 있다는 취지의 대통령 성명을 계획하고 있다고 알렸다. 3월 24일경 이 성명은 거의 최종 형태로 완성되었다. 그것은 전쟁 이전의 경계선으로 되돌아가는 것을 조건으로 합의할 의사가 있음을 분명히 하는 내용이었다.

하지만 3월 24일 맥아더 장군의 성명은 대통령의 허를 찔렀고, 우리의 동맹국들을 격분시켰으며, 중국이 협상에 응하는 것만으로도 심각하게 체면이 깎이게 될 것이라며 중국을 몰아갔다. 이런 사실에도 불구하고 누군가가 맥아더 장군은 자신의 행동이 어떤 파장을 불러일으킬지 몰랐고, 대통령의 결정에 공개적으로 반대하려는 어떠한 의도도 없었다고 한다면 그것은 너무나 순진한 생각이다. 약 3개월 전인 1950년 12월 6일 트루먼 대통령은 맥아더 장군을 포함한 모든 관료들에게 외교 정책에 관한 어떠한 선언도 자제하라는 구체적인 지시를 내렸다. 사실 그 구체적 지시는 불필요한 것이었다. 미국 헌법상 외교 정책을 수립하는 역할은 한 번도 직업군인들의 영역에 속했던 적이 없었다. 그것은 현 정책의 옳고 그름에 대한 누군가의 평가와 상관 없이 오로지 전적으로 선출된 공직자의 역할이다. 유일하게 독재 정권 하에서만 군부 지도자가 다른 주권국과의 관계에서 자국이 어떤 길을 추구해야 할지 혼자 결정한다.

맥아더 장군이 발표한 성명 중 한 문장은 국무부가 성명을 발표하려던 계획을 엉망으로 만들고 말았다. 그것은 "우리가 전쟁을 한반도 지역으로 한정하기로 한 인내심을 요하는 노력에서 벗어나 군사작전을 적국의 해안과 본토 기지들로 확대하면 적은 그것이 얼마나 고통스러운지 알게 될 것이며, 중국은 곧 군사적 붕괴 위기에 처해 불행한 운명을 맞게 될 것입니다"라는 부분이었다. 이 문장은 분명히 유엔 정책의 급격한 변화를 요구하는 것이어서, 일부에서 말하듯 그것을 단지 군사적 항복을 수용하겠다는 의지를 표명한 것이라고 여기기는 어렵다. 맥아더 장군이 언급한 항복 요구는 갑작스런 유엔의 노선 강화를 암시했고, 우리가 당시 중국에 강요할 힘이 없다는 모욕적인 의미도 내포하고 있었다.

이 일로 인해 결국 문민정부 당국자와 군 당국자 간에 대립 양상이 벌어지게 되었다. 그리고 마지막 결전의 순간이 곧 다가왔다. 민주주의에서 언제나 그랬듯이 그 결과는 불을 보듯 뻔했다. 문민정부 당국자가 군 당국자보다 우위에 있고 그것은 계속 유지되어야만 했다. 그러나 그것은 또한 한국 문제에 대한 오래된 두 가지 이견, 즉 "완전한 승리"를 주장하던 사람들과 이들과 마찬가지로 진정성과 강한 애국심을 가지고 아군의 힘을 축적하고 동맹국들을 강화할 시간을 벌기 위해 정전협상을 주장하던 사람들 간의 마지막 결전이기도 했다.

　이 마지막 결전은 "군사적 승리"를 옹호하는 사람들과 정전협상을 지지하는 사람들 간의 대논쟁으로 알려지게 되는 끝없는 논쟁을 불러일으켰다. 그 문제는 맥아더 장군의 해임으로 일단락되었다. 하지만 논쟁은 계속되었다. 이승만 대통령이 변함없이 어떠한 협상도 반대했고 그것을 자주 강하게 주장했기 때문이었다. 이승만 대통령의 무력 통일 주장은 장기간에 걸친 정전협상 기간 내내 미국 정부를 더욱 어렵게 만들었다. 그 덕분에 내 머리카락이 희고 가늘어질 정도였다. 그러나 나는 이 용감한 노령의 한국 대통령을 존경했고 그의 생각에 공감했다. 이승만 대통령은 공산주의를 증오했기 때문에 절대 타협하지 않았고, 자국 국민의 편만 들 정도로 아주 편향되어 있었으며, 집요하게 불가능한 것을 요구하고 있었다. 그리고 그를 움직일 수 있는 것은 여전히 조국에 대한 깊은 사랑뿐이었다. 그가 오랜 망명 기간 동안 그리고 조국으로 돌아온 이후로도 자나 깨나 조국에 헌신해온 이유는 조국에 대한 깊은 사랑 때문이었다.

　이승만 대통령의 남다른 희생과 열정을 알고 있었기 때문에 나는 그가 다르게 행동할 것으로 기대하지 않았다. 하지만 우리는 군사적 현실들을 다루면서 종종 그에게서 고뇌를 발견했다. 그는 무기를 제공해주기만 한다면 우리를 위해 싸울 수 있는 방대한 한국인 인력풀이 있다고 계속해서 주장했다. 하지만 우리는 중공군 공세 때마다 한국군 부대들이 도망가면서 얼마나 많은 수십만 달러 상당의 고가 무기와 장비들을 버렸는지 잘 알고 있었다. 이승만 대통령은 유엔군이 "한반도 통일과 공산주의 침략자 단죄"에 전적으로 전념한다는 조건 하에 한국군을 전투에 투입했다고 주장했다. 그는 통일에 이르지 못한 정전 조건은 "대한민국에 대한 사형선고"를 의미하기 때문에 결코 동의할 수 없다고 말했다. 한국전쟁이 제3차 세계대전으로 확대되기 전에 전쟁을 중단시켜야 한다는 유엔의 결의에 대해 그가 마침내 양보했지만, 나는 이 불굴의 나이 든 애국자가 자신이 꿈꾸었던 목표를 절대로 포기하지 않을 것이라고 믿어 의심치 않았다. 하지만 협상 과정에서 그리고 협상이 시작되기 전에 이승만 대통령의 비타협적이고 완고한 태도와 미국 내 그의 지지자들의 요구로 인해 우리의 앞에는 장애물들이 많았다. 심지어 우리 중 일부는 개인적으로 그가 멀리 없어져버렸으면 하고 바랄 정도였다.[64]

유엔은 단 한 번도 한반도의 무력 통일을 약속한 적이 없었다. 인천상륙작전이 성공한 후 처음으로 한반도에 낙관주의 분위기가 널리 퍼지게 되자 비로소 모든 적대세력을 파괴하려는 생각으로 38선 이북으로 작전하는 것을 진지하게 고려했던 것이다. 하지만 중공군이 전쟁에 개입한 후 유엔군사령부가 압록강으로의 북진을 심각하게 고려했던 적은 없었다. 8군이 북으로 반격을 개시했을 때 우리는 "침략을 물리치고 이 지역의 국제 평화를 회복하는" 임무를 완수하는 것 외에 다른 것을 목표로 하지 않았다. 이는 사실상 이전 상태로의 회귀와 불가피한 교착상태를 의미했다.

맥아더 장군이 해임되기 직전 전장은 곧 교착상태에 빠질 것으로 보였다. 공세는 여전히 계속되었으나 우리가 계획한 공격은 모두 철저히 연구한 지형에서 신중하게 정한 목표를 향해 실시하는 제한된 목표에 대한 공격이었고, 아군의 공세가 무모한 추격으로 이어져 또다시 대량 피해가 발생하지 않도록 각별하게 주의하면서 신중하게 진행되었다. 우리의 전력은 최고조에 달했으며 우리가 대대적으로 증원되지 않거나 압록강-두만강 국경으로 이동하라는 명령을 받지 않는 한, 우리는 현재의 작전을 계속할 계획이었다. 이것이 내가 맥아더 장군에게 보고했던 내용이었고 그 또한 동의했다.

적은 방어 태세를 유지하고 있는 것 같았지만 나는 적의 위치가 방어

---

64 실제 미국 정부는 위와 같이 이승만 대통령의 피눈물 나는 대미 투쟁과 파국 직전의 한미 갈등 끝에 이승만 대통령 정부를 붕괴시키고 대통령을 감금하는 작전인 '에버 레디(Ever-ready) 작전'을 1953년 5월 유엔군사령부 명의로 수립하기도 했다.

뿐 아니라 공격에도 적합하며, 그들이 거의 언제든지 총공세를 개시할 수 있는 능력이 있다고 군단장들에게 경고했다. 당시 나는 도쿄에 있는 새로운 직책(유엔군사령관)을 이미 제안받은 상태였으며, 밴 플리트 중장이 내 후임으로 임명되어 8군을 맡기 위해 한국으로 오고 있었다.

내가 갑작스럽게 유엔군사령관에 임명되었다는 소식은 극적인 뉴스가 종종 그러하듯이 아주 극적이지 않은 방법으로 전해졌다. 사실 그 소식을 전해 들었을 때 나는 그것이 무슨 뜻인지 알아차리지 못했다. 어느 종군기자가 질문 형식으로 그것을 전해주었기 때문이다. 그 기자의 이름을 기억하지는 못하지만, 그 질문은 축전을 받지 못했느냐 하는 것이었다. 그것은 맥아더 장군이 해임당하고 내가 그의 후임자로 선택되었다는 사실을 내가 알고 있었을 경우에만 이해할 수 있는 질문이었다. 나는 기자를 쳐다보며 무슨 말을 하는 건지 모르겠다고 아주 솔직하게 말했다. 당시 나는 프랭크 페이스Frank Pace 육군장관과 함께 전선을 시찰하고 있었다. 그중에는 그의 고향인 아칸소주의 주 방위군National Guard 부대였던 936포병대대도 포함되어 있었다. 그래서 나는 기자의 수수께끼 같은 질문에 숨겨진 의미보다는 페이스 육군장관의 현지 시찰에 더 관심을 쏟고 있었다.

936포병대대는 155mm 포병부대로 최종 훈련 평가에 막 통과하고 실전에 투입되어 사격 임무를 부여받았다. 대대장과 포대장들은 페이스 육군장관에게 첫 번째 포탄을 발사하기 위해 방아끈을 당길 것을 제안했는데, 그 포탄의 외피에는 어떤 병사가 피격 지역의 중공군에게 보내는 욕설을 분필로 써놓았다. 페이스 육군장관은 그 제안을 기꺼이 받아들여 포탄을 발사한 후 사격 결과를 기다리며 자신만만하게 서 있었다. 그때 오랜 친구이자 방문단의 일원이었던 에드 헐Ed Hull과 테드 브룩스Ted Brooks 중장이 장난기가 발동했다. 그들은 "장관님은 민간인 비전투원으로 포탄 사격을 할 수 없다는 것을 몰랐습니까? 만약 지금 중공군 손에 포로로 잡히면 장관님은 죽은 오리나 다름없습니다"라고 했다. 평소 온화한 표정을 짓던 페이스 육군장관이 순간 당혹스러워하는 모습을 보고 우리 모두 웃음을 터뜨렸다. 페이스 육군장관은 현장 방문을 계속 이어갔다.

몇 시간 후 기자가 나에게 했던 말도 안 되는 질문의 진정한 의미를 알았을 때 나는 당혹스러웠다. 이후 나는 내 상관이었던 맥아더 장군으로부터 직책을 인수하기 위해 도쿄로 향했다. 나는 맥아더 장군과의 마지막 회의를 위해 4월 12일 도쿄의 대사관 도서관에서 그를 만났다. 맥아더와의 마지막 회의는 그리 유쾌하지는 않았다. 나는 당시 회의에 대해 나의 책[65]에 다음과 같이 썼다.

맥아더 장군이 해임된 후 그와 면담한 기록

4월 12일 정오쯤 나는 맥아더 장군과 회의를 위해 도쿄로 향했다. 하네다 공항에 도착 후 나는 곧장 그의 사무실로 갔는데 그는 나를 반갑게 맞이했다. 나는 그가 고위직에서 해임되었을 때 어떠했는지 당연히 궁금했다. 그는 매우 침착하고 차분했으며 온화하고 친절했다. 게다가 자신의 직위를 인수할 나를 도와주려 했다. 맥아더 장군은 자신의 해임에 대해 짧게 언급하기는 했으나, 그의 목소리에서 비참함이나 분노를 전혀 느낄 수 없었다. 나는 한 직업군인이 경력의 정점에서 받은 엄청난 충격에도 불구하고 그것을 드러내지 않고 너무도 차분하게 그것을 받아들일 수 있었던 것은 바로 이 위대한 인간의 찬사받을 만한 놀라운 회복력 때문이라고 생각했다.

지금 나는 그 당시 특히 인상 깊었던 점 하나를 강조하고 싶다. 그것은 맥아더 장군이 원한이나 분노에 찬 모습을 전혀 보이지 않았다는 것이다. 그는 여느 때와 마찬가지로 침착하고 정중했으며, 비슷한 상황에 처한 대부분의 사람들보다 더 품위 있게 그 결정을 받아들인 것 같았다. 당

---

65 리지웨이가 1956년에 쓴 『군인(Soldier)』을 말한다.

시 기록처럼 그의 불굴의 의지도 확실히 꺾이지 않은 것 같았다.

내가 맥아더 장군과의 "마지막 회의"라고 표현한 것은 그것이 그와 가진 마지막 공식 회의였기 때문이다. 이후 나는 조촐한 환송식을 위해 공항에서 다시 그를 만났다. 맥아더 장군은 나와 악수하며 "자네가 도쿄를 떠날 때쯤 참모총장이 되어 있길 기대하네. 만약 내가 후임자를 선택할 수 있다면 나는 여전히 자네를 선택했을 것이네"라고 했다. 이 진심 어린 짧은 인사는 위대한 군인이자 정치가였던 그의 입장에서는 가장 관대한 행동이었다. 그것은 나에게도 의미하는 바가 컸다. 그것은 4개월 전 내가 8군 사령관으로 부임할 때 그가 사무실에서 보내주었던 신뢰, 그리고 다시 한 번 38선으로 진격하기 직전에 작전을 승인하면서 보내주었던 신뢰와 같은 것이었다. 그때 맥아더 장군은 "자네는 인간으로서 가능한 모든 것을 해냈네"라고 했다.[66]

나는 페이스 육군장관과 함께 그의 전용기인 콘스텔레이션Constellation 비행기를 타고 도쿄로 왔다. 그날 밤 내가 한국으로 돌아갈 때 페이스 육군장관은 전용기를 빌려주었는데, 내 전용기인 B-17보다 훨씬 빨랐기 때문이다. 하지만 이 비행은 내 마지막 비행이 될 뻔했다. 한국 지형에 익

---

66 이 각주는 지은이주임을 밝힌다. 13년이 지난 후 퓰리처상 수상자였던 짐 G. 루카스(Jim G. Lucas)가 맥아더 장군과 1954년 1월 인터뷰했던 내용이 공개되면서 이해할 수 없는 일이 발생했다. 그 인터뷰 내용은 맥아더 장군 사후에 공개되었는데, 루카스는 맥아더가 그의 예하 지휘관들 중에서 나를 최하위로 평가했다고 보도했다. 맥아더 장군이 한국에서 나에 대해 말한 모든 것과 워싱턴에서 해리 P. 케인(Harry P. Cain) 상원의원에게 했던 이야기들을 고려해볼 때, 그의 말은 이해하기 어려웠고 나는 이에 대한 만족할 만한 답을 얻을 수 없었다. 케인 상원의원은 "내 생각에 맥아더 장군이 리지웨이 장군에 대해 가장 최상의 평가를 했다고 말하는 것이 적절하지 않나 생각합니다. 최근 내가 질의한 것에 대해 맥아더 장군은 다음과 같이 말했습니다. '리지웨이 장군은 워커 장군이 사망한 직후 내가 8군 사령관으로 추천했던 사람입니다. 나는 리지웨이 장군을 30년 동안이나 알아왔는데 그만큼 극동 지역에 최고 적임자는 없을 것입니다. 나는 군인으로서뿐만 아니라 교양인으로서 그에게 최고의 찬사를 보내고 싶고, 그는 내가 아는 한 가장 훌륭한 인품을 가진 사람 중 한 명입니다. 리지웨이 장군과 나 사이에 더 이상의 완벽한 협조와 헌신, 충성심은 있을 수 없을 것입니다'라고 말했다.(출처 : 1951년 5월 10일 제82차 의회 회의록 97권 중 85번). 나는 이와 같이 맥아더 장군이 케인 상원의원에게 답변했던 마지막 문장에 대해 진심으로 동의한다.

숙하지 않았던 조종사가 새벽 1시에 경비행기 활주로에 우리를 내려주었는데, 그곳을 우리가 실제로 착륙해야 할 대구 K-2 비행장으로 착각했던 것이다. 천운인지 아니면 신의 가호 덕분인지 조종사는 미처 보지 못했던 산 정상과의 충돌을 간신히 피했다. 활주로 한쪽 끝에 우뚝 솟아 있는 산 정상은 비행기 날개와 불과 몇 야드밖에 떨어져 있지 않았다. 그러고 나서 비행기가 C-47 수송기보다 더 빠른 속도로 활주로를 향해 하강하고 있다는 것을 인식한 조종사는 논바닥에 비행기가 처박히지 않도록 브레이크를 최대한 밟아야 했다. 비행기는 기체 오른쪽이 들린 채로 멈추었다. 기내의 귀빈용 식기들은 모두 깨졌고 비행기 타이어 4개가 펑크가 났다. 새 타이어들이 수백 마일 떨어진 한국까지 배달되기 전까지 페이스 육군장관은 전용기를 이용할 수 없었다.

내가 이 비행기에 타고 일본을 떠나기 직전 페이스 육군장관은 나를 극찬했는데, 이 사건은 다음과 같은 그의 말을 내 마음에 깊이 각인시킨 계기가 되었다. "맷, 자네는 8군과 함께 군사적 기적뿐만 아니라 영적 기적도 만들어냈네." 당시 산을 보지 못한 나는 머리털이 곤두설 정도로 좁은 활주로에 간신히 착륙한 후 조종사가 이곳에 우리를 무사히 착륙시킨 기적을 만들어냈다고 생각했다.

우리가 러기드 작전에 이어 시행한 것은 '돈틀리스 작전Operation Dauntless'[67]으로, 유타 선 너머 와이오밍 선까지 계속 진격하는 것이었다. 우리는 적이 후방지역, 특히 철의 삼각지대 일대에서 전투력을 강화하고 있다는 것을 잘 알고 있었다. 다른 대안들을 논의하면서 우리가 캔자스 선으로 다시 철수할 가능성도 있다고 보았다. 며칠 동안 날씨가 좋지 않아 많은 도로들은 사용할 수 없는 상태가 되었고, 아군의 항공 지원도 불가능했다.

---

[67] 돈틀리스 작전: 1951년 4월 9일에 개시되어 22일간 지속된 작전으로, 캔자스 선 확보를 위한 러기드 작전(4월 5일)에 이어 실시되었다. 38선 이북으로 16~32km 정도에 설정된 와이오밍 선(현재의 휴전선 위치)을 확보하기 위해 시행되었다.

만약 적의 저항이 아주 거셌다면 아군은 공격을 멈추고 원래의 진지로 다시 후퇴할 수도 있었다. 반드시 내 지시가 있을 때만 사전에 정해진 선까지 철수해야 한다고 군단장들에게 지시했다. 수동적인 방어가 아니라 적에게 최대한 피해를 주기 위해 기동화된 능동적인 방어만 있을 뿐이었다.

돈틀리스 작전이 개시되기 전 나는 8군의 지휘권을 밴 플리트 장군에게 인계(4월 14일)하고 새로운 임무를 위해 도쿄로 출발했다. 당분간은 전임 맥아더 사령관에게 예의를 갖추기 위해 그의 사령부 건물에서 떨어져 지냈다. 그가 도쿄를 떠날 때까지는 임페리얼 호텔Imperial Hotel에서 머물렀다. 내가 도쿄에 온 지 8일 만에 중공군은 아군을 바다로 몰아넣을 최후의 총력전을 위해 2개의 축선으로 5차 공세를 개시했다. 적은 대규모 병력을 투입해서 밀고 내려왔다. 만약 중공군이 초기에 일시적으로 아군을 추격하도록 유인하여 아군 상당수를 함정에 빠뜨렸더라면, 아군이 큰 피해를 입었을 것이다. 하지만 일부 한국군 부대들이 대규모 장비와 지역을 빼앗긴 채 붕괴한 것을 제외하고는 내가 확신한 대로 아군은 그들의 방어 임무를 충분히 수행할 능력이 있음을 입증해 보였다. 한국군 1개 사단이 붕괴하는 바람에 다른 유엔군 부대들의 측방이 위험하게 노출되어 적에게 영토를 내줘야 했다.

이 일로 나는 4월 26일 신뢰할 만한 참모였던 폴 스미스Paul Smith 중령(지금 소장으로 복무 중)을 보내서 밴 플리트 사령관에게 다음과 같은 제안을 전달했다. 존 B. 콜터John B. Coulter 장군[68]을 무초 대사에게 보내서 이승만 대통령 접견 시 콜터 장군만 배석한 가운데 한국군 내에 능력 있는 지휘관들을 확보하는 것이 급선무라는 취지의 메시지를 이승만 대통령에게 전달하자는 것이었다. 실제로 한국군 내에 능력 있는 지휘관들이 없

---

[68] 존 B. 콜터(1891-1983): 1950년 6월 미 1군단장에 임명되었고 1950년 9월에는 9군단장에 임명되었다. 이후 미 8군 부사령관 겸 한국 대통령 및 육군 연락장교로 역할을 수행했으며 1952년 전역했다.

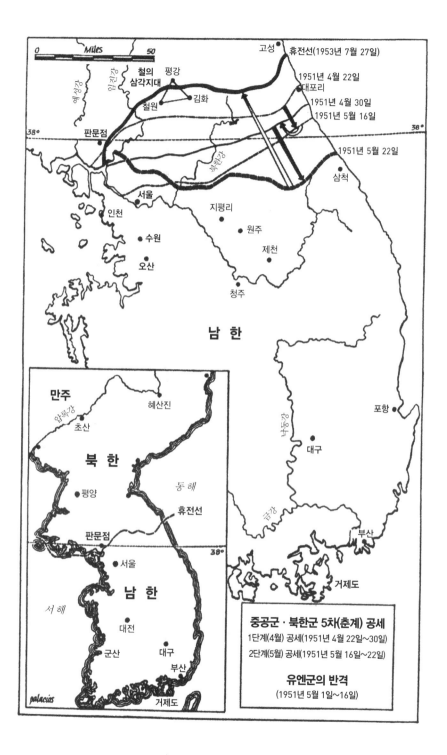

중공군 · 북한군 5차(춘계) 공세
1단계(4월) 공세(1951년 4월 22일~30일)
2단계(5월) 공세(1951년 5월 16일~22일)

유엔군의 반격
(1951년 5월 1일~16일)

었기 때문에 나는 이승만 대통령이 한국군 주요 부대들의 거듭된 전투 실패로 너무 자주 입증되었듯이 한국군은 국방장관부터 그 이하 지휘관까지 지휘에 심각한 문제가 있다는 것을 구체적으로 듣고 이를 심각하게 받아들이기를 원했다. 나는 이승만 대통령이 군의 리더십 수준을 향상시키기 전까지는 한국군에 대한 추가적인 장비 보충 논의는 더 이상 없을 것이라는 점을 반드시 알아야 한다고 생각했다. 이미 중요한 장비들이 정당한 이유 없이 너무 많이 허비되었기 때문이다.

나는 그 메시지가 이승만 대통령에게 전달되었을 것으로 믿었지만, 그에 대한 아무런 답변도 듣지 못했다. 그 대신 이승만 대통령은 항상 그랬듯이 "예비 전력으로 사용 가능한데도 무기를 제대로 공급받지 못해 사용할 수 없는 많은 유능한 한국 인력의 무장"을 위해 그의 대리인과 지지자를 통해 미국 언론에 영향을 미치는 등 계속해서 우리를 압박했다.

이것은 당시 내가 직면한 여러 문제 중 하나에 불과했다. 앞서 언급한 대로 나는 단지 한국 땅에서 침략자를 몰아내기 위해 의기양양하고 헌신적인 자유투사들의 군대라는 이미지를 구축하려는 이 늙은 전사의 노력을 결코 원망할 수 없었다.

유엔군 사령관으로서 내가 중요하게 생각했던 부분은 나와 밴 플리트 장군, 그리고 군단장들과의 적절한 관계를 어떻게 유지할 것이냐 하는 것이었다. 나는 내가 8군 사령관으로 취임하기 전에 맥아더 장군이 그랬던 것처럼 모든 고삐를 내 손에 쥐고 싶은 마음이 없었다. 게다가 능력 있고 믿을 만한 지휘관들이 현장에 있는데 멀리 떨어져 있는 사령관이 전술적 지휘를 하려 드는 것은 적절치 않다고 생각했다. 그래서 유럽 전역에서 행해지던 방법을 따르기로 결심하고 8군 사령관인 밴 플리트 장군의 명성과 능력을 존중하여 그가 수립한 주요 전술 계획에 대한 지휘권을 그에게 부여하기로 했다. 단, 전술 계획 승인권은 여전히 나에게 있었다.

그리고 전술 계획들을 검토할 때마다 8군 사령관뿐만 아니라 내가 친밀하게 지내고 있는 각 군단장, 사단장들과도 개별적으로 논의하려고 했다. 나는 모든 경우에 전술 계획의 실행을 책임지고 있는 이 지휘관들이 감지할 수 있는 상황을 직접 느끼고 싶었다. 다른 모든 관련 정보에 이런 직접적인 그들의 견해가 추가되면, 전적으로 책임을 져야 하는 전구 사령관으로서 올바른 결정을 내릴 수 있게 될 것이다.

결정을 내릴 때마다 나는 미국 대통령과 합참이 하달한 명확한 정책들을 항상 상기하려고 노력했다. 그중 가장 시급한 것은 한반도 내에서 벌어지고 있는 적대행위가 세계대전으로 확대되지 않도록 하는 것이었다. 8군 사령관 밴 플리트 장군과 해군 사령관 조이 제독, 공군 사령관 스트레트마이어 장군 모두 이러한 정부의 기본방침을 제대로 이해하고 동의를 표명했다. 나는 워싱턴의 최신 임무 및 정책 요약 설명을 기다리는 동안 방금 언급한 광범위한 정책 지침에 따라 미 8군과 한국군의 진격을 적절하게 제한하는 지시를 내렸다. 구체적으로 밴 플리트 장군에게 극동군사령부 승인 없이는 와이오밍 선을 넘어서는 어떠한 군사작전도 시행해서는 안 된다는 점을 강조했다. 그리고 8군 사령관의 판단 하에 유타선[69] 이북으로의 작전이 필요할 경우 반드시 사전에 보고하도록 했다.

이 모든 것에서 나는 전임자의 시행착오를 반복하지 않으려고 노력했다. 어떤 경우든 내가 생각하는 전장 리더십(또는 모든 분야의 리더십)의 가장 기본은 (남을 따라하고 모방하기보다는) 나답게 행동하는 것이다. 즉, 리더 자신이 전쟁술의 기본 원칙을 적용하려고 노력하고 부여된 임무를 자신만의 방식으로 완수하려고 노력해야 한다는 것이다.

맥아더 장군이 사용했던 방식은 내 방식이 아니었다. 맥아더 장군은 지배적인 성격을 가지고 있었을 뿐만 아니라 사령부 예하의 그 누구보다 풍

---

69 유타 선의 왼쪽은 와이오밍 선과 맞닿아 있었으나, 오른쪽은 철의 삼각지대, 김화, 화천이 포함되어 있지 않다.

●●● 맥아더 장군이 해임된 후 리지웨이 장군이 극동군사령관 겸 유엔군사령관에 임명되고, 밴 플리트 장군이 8군 사령관에 임명되었다. 용감하고 유능한 밴 플리트 장군을 전적으로 신뢰한 리지웨이 유엔군사령관은 맥아더 장군과 달리 주요 전술 계획에 대한 지휘권을 밴 플리트 8군 사령관에게 부여했다. 사진은 대화를 나누면서 무한 신뢰의 눈빛을 교환하고 있는 아이작 D. 화이트(Isaac D. White) 10군단장(오른쪽)과 밴 플리트(왼쪽) 8군 사령관의 모습이다. 〈사진 출처: WIKIMEDIA COMMONS | U. S. Air Force | Public Domain〉

부한 군사적 경험을 가지고 있었다. 그는 주요 참모 장교뿐만 아니라 부하 지휘관들의 일관된 강한 반대를 물리치고 놀라운 승리를 달성했다. 그가 부하들의 판단보다도 자신의 판단을 더 신뢰한 것은 어찌 보면 당연했다. 그는 한국전쟁 초기 6개월 동안 지상군 사령관 중 한 명(워커 장군을 의미)

에 대한 확신이 부족했다. 그래서 맥아더 장군은 그의 야전 지휘관들을 엄격하게 통제하고 모든 주요 전술적 결정을 스스로 내리고 실행의 세부 사항만을 부하들에게 위임하는 것이 타당하다고 생각했을 것이다.

반면에 나는 밴 플리트 장군이 매우 용감하고 유능한 야전 지휘관이라고 생각하여 그를 전적으로 신뢰했다. 그리고 항상 야전 지휘관들의 의견을 가장 신중하게 고려해야 한다고 생각했다. 그럼에도 불구하고 나는 민간인과 군인을 막론하고 모든 직업의 최고 지휘자들에게 익숙한 줄타기를 해야 했다. 즉, 전체 작전의 성패에 대한 최종 책임을 져야 하는 사람으로서 대략적으로 명시된 지시를 수행할 때 예하 사령관에게 충분한 자유를 주는 것과 적절하게 감독하는 것 사이에서 적절한 균형을 유지해야 했다. 나는 도쿄에서 근무하는 동안 항상 이러한 균형을 유지하려 했다.

당시 나에게는 어느 것이 더 중요하다고 할 수 없는 두 가지 최우선 과업이 있었다. 하나는 워싱턴에 있는 내 상관들이 나에게 할당한 주요 임무인 일본 방위의 범위를 파악하는 것이었다. 이것은 가능성은 희박하지만 소련의 공격에 대처하기 위해 기존 계획을 즉시 검토하고 그 타당성을 확인해야 한다는 것을 의미했다. 다른 하나는 트루먼 대통령이 현재의 전쟁이 전면전으로 확대되는 것을 막기 위해 확실하게 명시한 정책들을 실행하기 위해서 내 권한 범위 내에서 실행 가능한 적절한 모든 조치를 취하는 것이었다.

두 가지 최우선 과업과 관련해서 내가 가장 먼저 필요하다고 생각한 조치는 지난 몇 달 동안 합참이 발표한 많은 지시와 대통령 및 국방장관이 발표한 정책에서 도출한 많은 지시에 대한 요약본을 요청하는 것이었다. 미국 정부가 부여한 고유 임무, 즉 일본이 공격받는 경우 이를 방어하는 임무 외에도 유엔군사령관으로서 해야 하는 다른 임무들도 있었다. 그 다른 임무들이란 유엔군을 온전한 상태로 유지하고, 승리의 기회가 올 때까지 가능한 한 계속 한반도에서 전투를 수행하고, 한반도의 전 해안에 대한 봉쇄를 유지하며, 한반도에서 철수하게 되는 경우 한국의 상황을 안정적으로 관리하면서 일본으로 철수하는 것이었다. 이외에도 1950년 말 유엔 지상군의 후퇴로 인해 의미를 잃은 다른 임무들도 여전히 문서상에 그대로 남아 있었다.

아울러 밴 플리트 장군이 시행할 작전의 범위에 대해 나의 의도를 명확하게 전달하는 것이 중요했다. 그래서 향후 진출선을 따라 다음과 같은 두 가지 조치가 필요했다.

첫 번째 조치는 밴 플리트 장군뿐만 아니라 조이 제독과 스트레이트마이어 장군에게도 하달할 세심한 지시문 초안을 작성할 때까지 미 8군과 한국군의 진격을 적절하게 제한하는 것이었다. 이 지시문들에서 광범위한 목표와 정책들에 대해 비교적 명확하게 설명할 예정이었다.

밴 플리트 장군이 한국에 도착한 날 구두로 지시했던 사항을 확인하기 위해 다음 문구를 추가해서 곧바로 지시문을 하달했다. "극동군사령부의 사전 승인 없이 와이오밍 선(임진강-한강-철원-화천호-대포리)을 넘어서는 어떠한 작전도 시행하지 않기를 바랍니다. 정당한 사유가 있어 유타 선(와이오밍 선보다 남쪽에 있는 선) 이북으로 진격해야 하는 경우라면 반드시 사전에 보고해주길 바랍니다."

두 번째 조치는 설사 최근 임무와 정책들에 대한 요약본이 워싱턴에서 오기 전까지 최종 지시서letters of instructions를 작성하지 못한다 할지라도 즉시 기차 안에서 지시서 초안을 작성하는 것이었다. 언제나 나는 3명의 사령관과 자유롭게 논의했는데, 1951년 4월 25일 지시서를 하달했을 때 각 사령관은 그 내용에 대해 전적으로 동의한다고 말했다.

지시서에는 지시서에 언급된 특정 개념들을 상세히 설명하기 위해 각서memorandum를 첨부했는데, 이것은 기본적인 설명을 담고 있어 그 자체로 지시서와 똑같이 중요했다. 다음은 밴 플리트 장군에게 보낸 각서와 지시서의 주요 내용을 발췌한 것이다.

각서의 주요 내용 발췌

"현재 진행되고 있는 작전들로 인해 적대행위가 확대되어 세계대전으로 이어질 수 있는 심각한 위험에 처해 있습니다. 이로 인해 극동군사령부 예하 모든 부대는 무거운 책임을 느끼고 있으며, 공격작전이 가능한 부대들은 특히 더 그러합니다.

우리에게 주어진 임무를 수행하는 데는 항상 책임이 따릅니다. 그것은 직속 상급 부대에 대한 책임일 뿐만 아니라 미국 국민에 대한 책임입니다. 이러한 책임은 모든 지휘관이 자신의 행위가 가져올 수 있는 결과를 충분히 인식하고 있는 경우, 모든 지휘관이 자신의 행위에 대한 책임감을 가지고 지휘하고, 잦은 평가를 통해 자신이 지휘하는 공세 행동과 적의 행동에 대한 대응을 예하 부대들이 효율적으로 수행하고 있는지 확인하고 만족하는 경우, 그리고 자신이 지휘하는 어떠한 작전도 현 분쟁을 더 확대시키지 않아야 한다는 결심 하에 지시서에 전적으로 부합하도록 작전을 수행하는 경우에만 이행될 수 있습니다.

모든 지휘관은 매일 매시간 자신의 임무를 수행하면서 계급과 상관없이 자신의 책임을 다하는 것이 신성한 의무라는 것을 항상 명심하기 바랍니다.

8군 사령관에게 보낸 지시서의 주요 내용 발췌

1. a. 귀 사령관은 아군의 정보 판단이 변경되기 전까지는 다음 가정 하에 작전해야 합니다.
   (1) 상대하고 있는 적은 아군을 한반도에서 몰아내려고 하거나 아군을 한반도 내에서 격멸한다는 방침을 강하게 유지하고 있습니다.
   (2) 소련(USSR)은 극동에서 언제라도 지상, 해상, 공군 부대의 직접적인 군사 개입을 통해 유엔군에 대해 현재의 군사력 사용을 결정할 수 있으며, 소련의 군사 개입은 중공군과 북한군의 공세 전력 사용과 협조하여 이루어질 것이고 기상과 지형의 이점을 최대한 활용할 수 있는 시기에 이루어질 것입니다.
   b. 귀 사령관이 작전 수행 간 추가로 고려해야 할 가정들은 다음과 같습니다.

(1) 8군의 부대들은 편성표(TOE) 상 병력 기준에 맞게 유지될 것이지만 대규모 전투 부대 또는 근무지원 부대의 추가 증원은 없을 것입니다.

(2) 8군의 작전 기간은 현재 예측할 수 없습니다.

(3) 언제라도 상부 지시가 하달되면 방어진지로 후퇴를 할 수 있고 그곳에서 무기한 방어하도록 지시받을 수 있습니다.

(4) 언제라도 상부 지시가 하달되면 한반도 조기 철수를 위한 후퇴를 시행해야 합니다.

2. a. 귀 사령관의 임무는 대한민국의 영토와 국민에 대한 침략행위를 격퇴하는 것이고 현재 점령하고 있는 영토에 대해 대한민국 정부와 협력하여 질서를 확립하고 유지하는 것입니다. 이 임무를 수행하기 위해 귀 사령관은 상륙작전과 공정작전을 포함한 38선 이북 지역의 지상 작전을 수행할 권한을 가집니다. 이 경우 아래의 b(1)에 명시된 제한사항을 준수해야 하고 추가로 어떠한 경우라도 만주 지역 또는 소련과 인접한 국경선을 넘어가서는 안 되며, 또한 이 국경선과 인접한 지역에서 한국군 부대 외 어떤 부대들의 작전도 허용되지 않습니다.

b. 귀 사령관은 임무를 수행하면서 다음의 지침들을 고려해야 합니다.

(1) 예하 부대들이 북진하면서 임진강–한강–철원–화천호–(속초) 대포리에 연하는 선(와이오밍 선을 말함)을 넘을 때는 반드시 나의 명령에 따라야 합니다.

(2) 귀 사령관은 예하 부대들의 전투력을 유지하고 안전을 확보하면서 적에게 최대한의 인적 및 물적 손실을 가하도록 예하 부대들을 이끌어야 합니다. 중공군과 북한군의 잠재적인 공격 능력을 지속적으로 조금씩 파괴함으로써 이 목표 달성이 가능할 것이며 동시에 중공군의 군사적 위신을 실추시킬 수 있을 것입니다.

(3) 최대한의 화력 운용을 통해 8군의 공세적 의지와 주도권을 계속 유지해야 하며, 이는 보급 상황과 지형적인 제약 범위 내에서, 그리고 불필요한 인적 및 장비의 손실이 없는 가운데 유지되어야 합니다.

(4) 적의 모든 약점을 이용하고 모든 기회를 활용해서 적의 전투 효율성에 대한 실태를 전 세계에 보여줄 수 있도록 해야 합니다.

(5) * * *

(6) 영토의 확보 자체는 아무런 가치가 없습니다.

(7) 극동해군사령관과 공군사령관이 지시된 임무를 수행할 때 이를 지원해야 합니다.

3. a. 작전계획 수립에 기준을 제공할 이 지시서 사본들은 미군 장교 중 이것을 반드시 "알아야 하는" 필수 인원에 한해서만 제공해야 합니다. 하지만 한반도 분쟁 확대 방지를 위한 지시 내용(2.a항 내용을 의미)은 예하 모든 장병의 이해와 준수를 돕기 위해 필요하다면 제공할 수 있습니다.

b. * * *

c. 본 지시와 관련하여 확인이나 변경이 필요한 경우 언제라도 나와 논의할 수 있습니다.

매슈 B. 리지웨이 미 육군 중장

다음은 조이 제독과 스트레트마이어 장군에게 보낸 지시서에서 주요 내용을 발췌한 것이다.

1951년 4월 30일 극동해군사령관에게 보낸 지시서에서 발췌

(앞의 내용 생략)

2. 귀 사령관의 가장 기본적인 임무는 다음과 같습니다.

    a. 아래 사항들을 포함한 해상작전의 수행.

        (1) 극동군사령부의 해상 통제를 유지.

        (2) 극동군사령관, 유엔군사령관의 통제 아래에 있는 일본과 기타 지역에 대한 해상 방어의 제공.

        (3) 한반도에 대한 해상 봉쇄의 유지.

        (4) 한반도에서 작전 중인 8군과 극동공군을 위한 해상 지원의 제공.

        (5) 극동군사령부 책임 지역 내 외해the high sea에서의 해상수송의 보호.

    b. 중공군의 침략 또는 공격에 대해 대만과 펑후 제도(대만해협의 소군도)를 방어하고 중국 국부군이 대만을 중국 본토에 대한 작전기지로 사용하는 것을 방지하도록 해야 합니다.

모든 군에 공통으로 적용되는 내용들은 8군 사령관에게 보낸 지시서에서 언급한 내용과 동일합니다.

1951년 4월 30일 극동공군사령관에게 보낸 지시서에서 발췌

(앞의 내용 생략)

2. 귀 사령관의 가장 기본적인 임무는 다음과 같습니다.

   a. 아래 사항들을 포함한 공중작전의 수행.

      (1) 한반도와 인접 수역에 대한 제공권의 유지.

      (2) 한반도 내 유엔군에게 아래 사항을 포함한 항공지원의 제공.

         (a) 지상군에 대한 근접항공지원

         (b) 전투지역을 고립시키는 것을 포함한 항공 차단

         (c) 항공 수송과 병력 수송, 공중 후송

      (3) 극동의 항로 보호를 포함하여 극동군사령부와 한국 내 유엔군에 대한 경계 유지의 지원.

      (4) 극동군사령부와 예하 부대 및 시설에 대한 공중 방어.

      (5) 극동군사령관이 지시한 공중 지원의 제공.

   b. 극동군사령관의 지시대로 공중작전 수행 준비.

3. … 압록강 인근 지역의 북한 수력발전소를 파괴해서는 안 됩니다. 한반도 외 지역에서 공군에 대한 공중 또는 해상 공격이 발생하면 자위권 차원에서 즉각 공격으로 대응해야 하지만 중국 본토 또는 소련 지역에 있는 표적들에 대한 초기 보복 조치는 반드시 나의 명령에 따라야만 합니다. 나의 사전 승인 없이 공군이 한반도에 인접한 만주 지역 또는 소련 국경을 넘어서는 안 됩니다.

이것은 단일 함정 또는 단일 항공기가 심각한 결과를 초래할 수도 있는 해군과 공군 부대들에 해당하는 내용이지만, 지휘관들은 이런 핵심 사항을 명심하면서 근무할 필요가 있다. 나는 벤 플리트 8군 사령관을 방문했을 때 이것을 구두로 설명했다.

그러나 내 직책의 책임 범위는 한반도의 범위를 상당히 넘어서지만 나는 때때로 한쪽을 우선시함으로써 다른 한쪽을 소홀히 할지도 모르겠다는 생각이 들었다. 존 포스터 덜레스^{John Foster Dulles} 국무성 고문이 도쿄를 방문했을 때, 나의 확대된 새 임무에 대해 다음과 같이 말했다. "나는 사령관이 대일강화조약[70] 문제를 많은 과업 중 부차적인 것으로 생각하지 않았으면 합니다."(덜레스가 협상을 주도했던 대일강화조약은 당시 협상이 꽤 진전되고 있었다.) 나는 덜레스 국무성 고문에게 그러지 않겠다고 했고, 가능한 한 신속하고 충분하게 그 사안에 대해 검토하겠다고 답변했다. 아울러 내가 부임 첫 주에 일본 방위와 관련된 문제들을 면밀하게 검토했음을 설명했다. 국무성이 알려온 바와 같이 소련은 거의 경고 없이 극동의 군사력을 동원해 아군을 공격할 능력이 있었고, 그럴 가능성도 간과할 수 없었다. 소련의 이러한 능력이 야기하는 문제들은 다른 모든 문제보다 시급했다.

내가 일본 방어 임무를 수행하기 위해서는 일본 내 미군과 기지들의 현 상태뿐만 아니라 지형에 대해 자세히 알 필요가 있었다. 그래서 주요 지역들에 대해 항공정찰과 부대 방문을 시작했다. 시간이 날 때마다 정찰과 방문을 계속했다. 이와 동시에 일본 내 일부 부대에서 여전히 만연하고 있는 주둔지 병폐[71]가 재발하는 것을 막기 위해 모든 노력을 기울였다. 또한 각 부대가 어디에서 임무 수행 중이고, 전투력 수준은 어떤 상태이며, 각 지휘관은 어느 정도의 능력을 갖추고 있는지, 그리고 만약 소련의 위협이 현실로 다가왔을 때 어떻게 우리가 최선을 다해 대처할 수 있는지 알고 싶었다.

내가 도쿄에 도착한 후 며칠 만에 홋카이도北海道 전체 지역에 대한 정찰비행을 실시했다. 나는 이 지역이 소련의 첫 번째 목표가 될 가능성이

---

70 대일강화조약: 샌프란시스코 강화조약이라고도 한다. 1951년 9월 8일 미국 샌프란시스코 전쟁기념 공연예술 센터에서 맺어진 일본과 연합국 사이의 평화조약이다. 1951년 9월 8일 미국 샌프란시스코에서 48개국이 참가하여 서명하여 1952년 4월 28일에 발효되었다. 조약의 발효로 연합군 최고사령부에 의한 일본의 군정기가 끝나고, 일본은 주권을 회복했다.

71 주둔지 병폐라는 것은 전투 임무보다 보여주기식 행정이 만연한 주둔지의 실상을 의미한다. 부대가 전투를 수행하는 압박에서 벗어나게 되면 허례허식이 그 자리를 채우게 된다.

높다고 생각했다. 항공정찰을 하면서 라페루즈 해협La Pérouse Strait[72]을 가로질러 불과 몇 km 떨어진 소련 영토에 신중하게 접근했다. 나는 B-17을 타고 다른 지역도 정찰했는데, 때로는 조종사에게 숲 바로 위로 낮게 날도록 지시하여 훗날 전투를 치르게 될 수도 있는 지형을 자세히 조사할 수 있었다(한번은 발밑을 스치는 고지와 숲의 탁트인 전망을 보여주기 위해 나의 아내를 후방 기총사수석으로 초대했다. 아내는 기총사수석에 앉아 버블 캐노피를 통해 나무들이 스치듯 지나가는 것을 보는 것은 지면이 더 멀리 보이는 전방석에 앉는 것만큼이나 유쾌하지 않다는 것을 곧 알게 되었다).

나는 소련의 공격 가능성이 높지 않다는 것을 인식하면서도 미국을 제3차 세계대전에 휘말리게 할 수 있는 어떠한 행동도 피하라는 트루먼 대통령의 지시를 이행하기로 결심했다. 그러나 동시에 나는 예하 전 부대의 전투태세를 유지하도록 하고 적이 할 것으로 예상되는 일보다는 적이 할 수 있는 일에 대비하는 것이 더 중요하다고 확신하고 있었다.

일본을 방어하는 것은 국가가 나에게 부여한 책임이었다. 유엔군사령관으로서 나는 다른 새로운 임무도 갖고 있었다. 그것은 한국에서 승리할 수 있다는 확실한 희망이 있는 한 한반도에서 계속 전투를 수행하고, 전체 해안에 대한 봉쇄를 유지하며, 한반도의 상황을 안정적으로 관리하고, 만일 한반도에서 아군이 철수하게 되는 경우 유엔군 부대들을 일본으로 이동시키는 것이었다.

내가 해야 할 일 중에서 수많은 행정적인 일들도 있었다. 내가 개인적으로 잘했다고 생각한 것 중 하나는 훌륭한 도일 히키Doyle Hickey 소장이 의도하지 않게 무시당했다고 여겨지던 조치를 바로잡은 일이었다. 1950년 9월 극동군사령부 참모장 알몬드 소장이 인천상륙작전에서 10군단을

지휘하기 위해 도쿄를 떠나게 되면서 히키 장군이 "임시 참모장"으로 임명되었다. 그러나 맥아더 장군은 자신의 개인적인 특이한 성향을 충족시키기 위해서인지 알몬드 장군을 서류상에 "10군단장"인 동시에 "극동군사령부 참모장"으로 계속 유지했다. 알몬드 장군의 능력을 맥아더 장군이 신뢰하고 있다는 것은 나도 잘 알고 있었고 알몬드 장군이 충분히 그럴 만한 자격이 있다는 데 전적으로 동의했다. 하지만 이러한 조치는 주요 사령부 참모장이라는 중책을 맡고 있는 히키 장군을 임시 대리인처럼 만들어버리고 말았다. 나는 이 조치가 알몬드 장군이나 히키 장군의 의사와는 전혀 무관하다고 확신했다. 일부 부하들은 용기를 내어 이 문제에 의문을 제기하기도 했다. 그래서 나는 맥아더 장군이 도쿄를 떠난 직후 곧바로 히키 장군을 극동군사령부 참모장으로 정식 임명했고, 알몬드 장군은 참모장 직위에서 해제하고 10군단장으로 계속 지휘하도록 했다.

새 직책에서 이런 소소한 만족감도 있었지만 사소한 불편함도 있었다. 나를 즐겁게 하기도 하고 약간 짜증나게도 했던 한 가지 문제는 일본 다이이치 빌딩에 있었던 내 숙소의 화려함이었다. 빌딩 내 계단들은 미국인의 체형에 맞게 만든 것이 아니어서 미국인의 보폭에 비해 계단 높이가 너무 낮았고, 한 번에 2개씩 오르기에는 폭이 너무 넓었다. 그래서 계단을 올라가는 모습이 마치 철도 침목 위를 걸어가는 것처럼 보였다. 계단이 철도 침목처럼 "1개씩 가기에는 너무 짧고 한 번에 2개씩 가기에는 너무 길어서" 계단을 하나씩 올라가려면 아이처럼 종종걸음을 걸어야 했다. 소설가인 P. G. 우드하우스P. G. Wodehouse가 한때 "위엄 있는 행진"이라고 묘사한 것처럼 취임 첫날부터 이 계단을 어떻게 올라가야 할지 몰라서 짜증이 났다. 그래서 나는 점프하여 계단을 한 번에 여러 개씩 건너뛰는 방식으로 이 문제를 해결했다. 어느 날 한 사진기자가 이 모습을 촬영했는데, 마치 의기양양한 신랑이나 학교에 늦은 학생이 계단을 오르는 것처럼 보였다. 그러나 계단을 오르는 운동은 한국의 산을 오르는 것에 비하면 새 발의 피였다. 8군 사령관으로 있을 때는 고지 위 전방 부대들을 방문하는 것만으로도 내가 필요로 하는 운동량을 충족하고도 남았다. 그래서인지 이곳 도쿄에 있으면서 나의 체중은 점점 늘었다. 다행히 대사관에는 시설이 좋은 수영장이 있었고, 배드민턴 코트도 이용할 수 있었다. 참모 중에서 전직 웨스트포인트 미식축구 1군 선수 2명과 함께 운동하면서 군복 사이즈가 커지는 것을 막을 수 있었다.

이와 같은 일들이 마음 한켠을 차지하고 있었지만, 나의 주된 관심사는 한국에 있는 유엔군의 작전과 그 성패였다. 나는 한국에서 아군이 곧 힘든 상황을 맞게 되리라는 것을 알고 있었다. 특히 기상이 나빠지면서 아군이 가진 화력 우세의 이점을 활용하기 어려웠기 때문이다. 하지만 나는 중공군의 어떠한 위협에도 대처할 수 있는 아군 부대들의 능력을 믿고 있었고, 적의 5차 공세(4월 말)가 개시되었을 때도 이를 전혀 의심하지 않았다.

내가 유일하게 걱정했던 것은 한국군 부대들의 행동이었다. 중공군은 다시 한 번 한국군 부대들을 차례로 공격해서 후퇴하도록 만들었다. 그때마다 한국군은 보충하기도 힘든 많은 값비싼 장비들을 버리고 도망갔다. 중공군은 자주 그랬듯 경포 및 중포 사격과 박격포 사격을 시작으로 야간 달빛 아래 공세를 개시했다. 중부 전선에서 시작된 공세는 새벽녘에 전 전선으로 확대되었다. 적이 전차를 집중해서 운용할 것으로 예상했지만 이번에는 그렇지 않았다. 그 대신 적은 한국군이 대응하기 어려워했던 익숙한 전술을 사용했다. 그것은 야간에 대규모 병력이 은밀하게 침투해서 아군의 포병 진지 후방 가까운 거리까지 접근하여 수류탄으로 공격하는 방식이었다. 고무신을 신고 고지로 몰래 올라온 중공군이 요란한 나팔소리와 함께 함성을 지르며 아군 진지로 밀려들었다.

중부 지역을 제외한 모든 전선에서 아군은 적의 첫 공격을 물리치며 전선을 유지했다. 중부 지역은 한국군 6사단이 중앙(사창리 지역)을 담당

●●● 미신을 믿는 중공군을 겁주기 위해 전차 차체에 호랑이 얼굴과 줄무늬를 그려넣은 미 육군 6 전차대대의 M46 전차. 〈사진 출처: WIKIMEDIA COMMONS | U.S. Army | Public Domain〉

하고 있었는데, 좌측에 미 24사단, 우측에 미 해병 1사단이 배치되어 있었다.[73] 중공군은 한국군을 강타하여 유타 선 남쪽까지 후퇴하게 만들었다. 그리고 그 빈틈 한가운데로 침투해서 양쪽의 미군 부대들을 포위하려고 시도했다. 미 24사단과 해병 1사단은 잘 버티었지만, 밴 플리트 장군은 이 위험에 직면하여 즉각 1군단과 9군단을 캔자스 선까지 단계적으로 후퇴하라고 명령했다. 최근에 확보한 모든 지역을 적에게 내주었지만, 그

---

[73] 1951년 4월 22일 야간에 중공군이 화천군 사창리 전방의 한국군 6사단을 공격한 것을 말한다. 사창리 전투로 인해 6사단은 퇴로를 차단당해 큰 피해를 입었으며 가평 지역까지 철수하게 되었다. 중공군은 5차 공세(4월)를 개시하면서 4시간 동안의 공격준비사격과 동시에 공격을 개시했다. 중동부 전선의 중공군은 미 9군단 예하 한국군 6사단을 집중 공격해서 사창리에 대규모 돌파구를 형성했다. 한편 서부전선에서는 중공군 3개 군이 한국군 1사단(적성)과 영국군 29여단(설마리)을 집중공격했다. 중공군은 서울 북방에서 한국군 1사단과 영국군 29여단에 의해 저지되었고, 사창리-춘천 일대에서는 한국군 6사단을 격파했으나 영국군 28여단에 의해 저지되었다. 저지당한 중공군은 4월 29일부터 공세를 중지하고 방어로 전환했다. 아군은 4월 30일 새로운 방어선인 노네임 선(수색-구파발- 금곡-청평-홍천 북방-현리-양양 북방에 연하는 선)을 점령했다.

대신 적에게 심각한 피해를 안겨주어 귀중한 시간을 벌 수 있었다. 한국군 6사단이 후퇴하면서 생긴 틈을 다른 부대들이 재빨리 메움으로써 적이 더 이상 전과를 확대를 하지 못하도록 했다.

모든 전선에서 전투가 치열하게 벌어졌고, 이로 인해 중공군은 많은 사상자가 발생했다. 이런 적의 공격에 대한 우리의 신중한 준비가 성과를 거두기 시작했다. 그러한 준비가 없었다면 지난 몇 주 동안 아군이 쉽게 진격했던 것이 오히려 아군을 덫에 가두고 말았을 것이다. 대규모 중공군이 중부 지역의 아군 진지 전방과 좌우로 밀고 내려왔기 때문이다. (중공군 공세) 첫날 밤 10시가 되자, 중공군이 9군단 후방 1km 정도까지 내려와 아군 포병부대에 사격을 가했다. 그들은 같은 날 오후에 전방으로 진격했던 부대들이었다. 하지만 방어선을 잘 유지한 덕분에 적에게 값비싼 대가를 치르게 했다. 한 사례로 92자주포대대[74] 진지 주변에서 벌어진 전투는 특히 더 치열했는데, 여명 직전까지 중공군이 벌 떼처럼 공격했다. 하지만 대대장 리언 라보이Leon LaVoie 중령이 지휘하면서 방어선이 뚫리지도 않았고 부하들이 동요하지도 않았다. 적을 격퇴하는 과정에서 중공군 179명이 사망했고, 92자주포대대는 15명이 사망했다. 미 9군단은 단독으로 3일간 전투를 수행했고, 약 1만 5,000발의 포탄을 발사했다.

4월 26일 적은 중부 지역에서 서울과 춘천을 잇는 도로(지금의 46번 국도)를 차단했고, 동쪽에서는 간성 일대(지금의 7번 국도) 도로를 점령했다. 밴 플리트 8군 사령관은 즉각 미 9군단을 홍천강 선까지 철수시켰다. 서쪽 지역에서는 이미 적이 자정쯤 임진강의 얕은 곳으로 강을 건너 남쪽에 소규모 교두보를 설치했다. 다른 곳의 중공군은 철원과 서울 간 도로

---

74 원문에는 92nd Armored Field Artillery라고 되어 있으나, 자주포대대로 번역했다. 해당 부대는 1942년 2기갑사단에 배속되면서 기갑포병대대로 재편성되었고, 1950년 라보이 중령 지휘하에 M-41 155mm 자주곡사포대대로 편성되어 독립 포병대대로 임무를 수행했다. 1955년 일본에서 해체되었다.

●●● 1951년 3월 한국의 327고지를 공격하기 위해 진격하는 글로스터셔 연대의 센추리온 전차와 보병들. 글로스터셔 연대 제1대대원 등 약 5,700명이 4월 22일 25일 파주시 적성면 설마리 일대에서 중공군 3만여 명의 공격에 맞서 싸웠다. 〈사진 출처: WIKIMEDIA COMMONS | United Kingdom Government | Public Domain〉

(지금의 43번 국도)를 따라 남진하고 있었다. 미 1군단은 캔자스 선까지 질서 있게 후퇴하면서 적에게 막대한 피해를 입혔다. 하지만 적은 기습 공격을 통해 한국군 1사단을 캔자스 선 남쪽까지 밀어붙였는데, 그 결과 영국군 29여단의 좌측이 적에게 노출되었다. 29여단 예하의 글로스터셔 연대Gloucestershire Regiment 1대대는 미 1군단의 지원 노력에도 불구하고 적에게 차단되어 포위될 위험에 처했다. 1대대장 J. P. 카네스J. P. Carnes 중령 (연대에서 26년간 근무)과 부하들은 며칠간 용감하게 진지를 사수했으나 탄약이 바닥이 나는 바람에 그들 중 소수의 병사만이 살아남아서 유엔군

진지로 복귀할 수 있었다.[75]

서울에서 동서로 이어지는 주요 도로가 차단되자, 중공군은 서울을 향해 전력을 집중하여 총공격했다. 중공군은 서울이 곧 그들의 수중에 다시 떨어질 것이라고 호언장담했다. 중공군이 서울 북쪽에 있는 의정부를 포위하려고 위협하자, 의정부를 포기해야 했다. 밴 플리트 8군 사령관은 서울을 사수하고 한강 북쪽에서 적을 막기 위해 새로운 방어선을 구축하기 시작했다. 미 3사단이 서울 북쪽 경계에서 불과 6km 떨어진 곳에서 굳건히 버텼다.

서울을 향한 가장 위험한 공격은 4월 29일에 6,000명의 중공군이 서울 서쪽에서 작은 배를 타고 한강을 건너 김포 반도를 따라 내려와 도시의 방어선을 공격하려고 시도했을 때였다. 이때 아군의 제공권 장악이 결정적인 역할을 했다. 아군 공군 조종사들이 급강하해서 한강 위에 떠 있는 적을 몰살시켰다. 뿔뿔이 흩어진 적 일부가 한강 남쪽 제방에 도착했으나, 그곳을 방어 중이던 한국군 5해병대대의 상대가 되지 못했다. 한강과 북한강의 경계 지점에서 한강을 건너 서울을 포위하려는 적의 또 다른 시도는 미 24사단과 25사단에 의해 저지되었다.

결국 적의 한강 도하 시도가 좌절되자, 새로운 방어선이 설정되었다(그 방어선에 별도의 명칭이 부여되지 않았기 때문에 노네임 선No Name Line이라고 불렀다). 노네임 선은 서울 북쪽 수색-구파발부터 청평-홍천 북방-현리를 거쳐 동해안의 대포리(양양 북방)까지 이어지는 선이었다. 아군은 포격과 공중 폭격으로 지상군 부대들을 지원함으로써 서울 바로 외곽에서 적을 저지할 수 있었다. 4월 21일 29일간 유엔군 항공기는 7,420차례나 임무를 수행했고, 대구경 포들의 계속된 포격으로 그 지역 지표면에 마치

---

75 이 전투는 임진강 전투로, 1951년 4월 22~25일 파주시 적성면 설마리 일대에서 영국군 29 여단(글로스터서연대 1대대 등 약 5,700명)이 중공군 3만여 명의 공격에 맞서 싸운 전투다.

●●● 1951년 4월 22일 철원 남쪽에서 16km 떨어진 곳에서 부상병을 부축한 채 길을 걷고 있는 미 24연대원들. 〈사진 출처: WIKIMEDIA COMMONS | Public Domain〉

마마 자국 같은 구멍이 생겼다.

밴 플리트 장군은 희생을 감수하기보다는 화력을 최대한 운용한다는 목표를 갖고 공군과 포병의 압도적 우위를 최대한 활용했다. 적이 일시적으로 탈진상태에 빠졌다는 것이 확인되자, 8군은 즉시 공세로 전환해서 적에게 재편성하거나 재무장할 시간을 주지 않기로 했다. 아군은 적의 보급품이 만주 지역으로부터 철의 삼각지대로 수송되고 있다는 것을 알고 있었다. 철의 삼각지대는 철원-평강-김화를 연결하는 넓은 평야 지역으로 좌우가 화강암 산들로 둘러싸인 곳이다.[76] 아군의 작전계획은 다시 캔자스 선까지 밀고 올라가 철의 삼각지대를 위협하고 만약 가능하다면 그지역을 확보하는 것이었다. 어떠한 경우에라도 방어에 유리한 지형을 확보하여 그 이점을 최대한 활용한다는 것이었다. 1951년 5월 초 아군 전차들이 적진 깊숙이 정찰하며 노네임 선 북쪽 약 20km 지점까지 진격함으로써 퇴각하는 적을 위협했다.

한편 김포 반도에서 아군 방어선을 돌파하려던 적 부대들이 소탕되었고, 한국군 1사단이 임진강까지 밀고 올라갔다. 다른 부대들은 서울 북쪽과 동쪽에서 적을 밀고 올라갔고, 1기병사단은 의정부를 재탈환하여 서울로 향하는 북쪽 접근로(3번 국도)를 확보했다. 또한 춘천으로 향하는 도로 일대에서는 치열한 전투가 전개되었는데, 적은 좌우 고지에 진지를 구축하고 집요하게 전투를 계속했다. 미 해병들은 백병전을 치르면서 춘천을 재탈환했다. 멀리 우측의 중동부 전선의 아군도 적을 북쪽으로 밀어 올려서 조만간 다시 아군이 캔자스 선을 확보하려는 공세로 전환할 수 있을 것으로 보였다.

그동안 산발적으로 저항하던 적이 5월 2주차로 접어들자 전 지역에서 완강하게 저항하는 양상을 보였다. 항공 관측 장교들에 따르면, 적이 새 활주로를 건설하면서 1,000여 대의 항공기로 전력을 보강하고 있다고 했다. 아군의 공중 공격에도 불구하고 적은 보급품을 쉴 새 없이 남쪽으로 이동시키고 있었고, 매일같이 대규모 부대들이 이동하고 있다는 보고가 들어왔다. 그래서 밴 플리트 장군은 아군의 공세를 일단 연기하고 적의 차후 공세에 대비해 방어선을 보강하기로 결심했다. 그 결과, 노네임 선을 따라 약 800km가 넘는 철조망이 설치되었다. 지뢰지대와 전기 신

---

76 철원평야 좌측에는 북쪽에 고암산, 효성산, 백마고지와 화살머리고지 등이 있고, 우측에는 북쪽에 서방산이 있다.

호로 점화되는 네이팜탄이나 드럼통에 휘발유를 채운 급조장애물도 설치되었다. 화력에 의한 살상지대도 정밀하게 계획했는데, 이전에는 한 번도 시행된 적이 없는 집중 화력을 적에게 선사할 준비를 했다.

5월 15일 해가 떨어지자마자 중공군은 대규모 공세를 재개했다. 예상대로 중공군 21개 사단과 북한군 9개 사단이 투입되었다. 적의 공세는 아군 방어선 중앙으로 집중되었는데, 특히 미 10군단과 한국군 3군단 지역을 겨냥했다. 공세 이틀째 늦은 시각 춘천 북동쪽(인제) 고지를 점령하고 있던 한국군 5사단과 7사단이 중공군의 강한 압력에 무너져 무질서하게 후퇴했다.[77] 아군 방어선에 발생한 간격을 메우기 위해 밴 플리트 장군은 미 2사단(10군단)과 미 해병 1사단(9군단)을 우익으로 이동시켜 적의 침투를 저지했고, 이와 동시에 미 9군단의 책임 지역을 우측까지 확장해서 미 2사단과 미 해병 1사단의 이동으로 생긴 간격을 보강했다. 그리고 밴 플리트 장군은 2개 보병 연대를 동원하여 적의 공세를 가장 남쪽 지점에서 막도록 지시했으며, 1개 연대전투단과 미 2사단은 빠르게 전진하여 돌출부의 서쪽 면을 방어하기 시작했다. 24시간의 치열한 전투 내내 중공군은 돌출부 속으로 밀고 들어오면서 아군 진지들을 포위하려고 시도했다. 미 2사단은 주 보급로가 차단된 채 전후방과 측방을 위협하는 중공군 및 북한군과 싸웠다. 예하의 9연대가 북쪽으로 밀고 올라가는 가운데 미 2사단 소속의 프랑스·네덜란드 대대와 미 23·38연대는 남쪽으로 진격해 주 보급로를 되찾았고, 2사단은 굳건히 버텼다. 당시 38포병대대

---

77 중공군은 5월 15일과 16일 밤 주공을 인제 지역으로, 조공을 가평 지역으로 투입했다. 당시 아군은 서부 지역을 미 1군단이, 중부 지역을 미 9군단이, 중동부 지역을 미 10군단과 한국군 3군단이, 동부 지역을 한국군 1군단이 방어하고 있었다. 중공군은 5차 공세(5월)에서 미 10군단(미 2사단, 한국군 5사단, 한국군 7사단)의 우익인 한국군 5사단과 7사단의 정면과 한국군 3군단(9사단, 3사단)과의 전투지경선을 따라 돌파했다. 그 결과 미 10군단 우익인 한국군 5·7사단이 붕괴했고, 후방으로 진출한 적이 한국군 3군단 후방의 유일한 철수로 상의 오마치 고개를 차단함으로써 한국군 3군단은 현리에서 완전히 포위되어 결국 부대가 해체되었다.

는 한국전쟁 중 가장 치열한 포격을 실시했다. 이들은 24시간 동안 1만 발 이상의 105mm 포탄을 사격함으로써 적의 공격을 둔화시키고 적에게 대규모 인명 손실을 입혔다.

5월 18일 중공군 공세가 개시된 지 3일이 지나자 10군단장(알몬드)은 미 2사단에게 남쪽 약 10km 떨어진 새로운 전선으로 이동하라고 명령했다. 미 2사단장 클라크 러프너Clark Ruffner 소장은 3일간의 전투에서 900명의 전사자와 부상자, 실종자 수를 기록하며 철군을 성공적으로 수행했다. 반면에 중공군과 북한군의 인명 손실은 약 3만 5,000명으로 추정되었다.

중동부 지역과 동해안을 따라 배치되었던 한국군 부대들(3군단과 1군단)에 대한 적의 강한 압력으로 아군은 노네임 선의 먼 뒤쪽으로 철수하게 되었다. 동해안 지역의 한국군 1군단은 약 60km 남쪽 강릉 지역까지 후퇴했다. 서부 지역에서 적은 서울을 측방에서 포위하기 위해 북한강까지 밀고 내려왔다. 3일 동안의 힘겨운 전투를 통해 미 24사단[78]과 한국군 6사단은 서울 동쪽 30km 떨어진 마석우리 남쪽과 용문산 일대에서 중공군의 진격을 저지할 수 있었다. 서울을 직접 공격하려는 몇 번의 시도가 있었으나 곧바로 격퇴되었다. 적은 또다시 공세를 중단해야만 했는데, 공세를 통해 점령하려던 목표는 여전히 멀리 있었다. 그들은 엄청난 대가를 치르면서 중동부 지역의 남쪽으로 공격함으로써 상당히 넓은 지역을 장악했지만 아군 부대들을 포위하지는 못했다. 한국군으로부터 빼앗은 엄청나게 많은 장비들과 단테Dante의 『신곡』에 나오는 지옥처럼 보이는 험준한 지형과 폭격으로 지붕이 거의 남지 않은 일부 마을을 제외하고 그들이 흘린 피의 대가로 얻은 것은 아무것도 없었다. 그러나 한국

---

78 원문에는 미 25사단으로 표기되어 있으나, 미 24사단으로 정정했다. 당시 중부 지역을 담당한 미 9군단 예하에는 미 24사단과 한국군 2사단, 한국군 6사단, 미 7사단, 미 해병 1사단이 있었다. 미 24사단과 한국군 6사단이 마석우리와 용문산 일대에서 전투를 수행했다. 반면 미 25사단은 서부 지역 미 1군단 예하로 의정부 일대에서 방어 중이었다.

군 부대들이 퇴각하면서 버리고 간 장비들은 가볍게 넘길 일이 아니었다. 여러 개 사단을 완전히 편성할 수 있을 만큼 충분한 양이었다. 여전히 워싱턴의 언론과 미국 각지에서는 8군 사령부와 한국군 정부 간의 갈등―이승만 대통령 측으로부터 흘러나오는 반복적인 주장으로 인해 발생한 갈등―에 대해 걱정하는 이야기들이 흘러나오고 있었다. 한국에는 상당히 많은 훈련된 인력이 있으므로 미국이 제대로 무기와 장비만 지급한다면 한국에 있는 유엔군의 감축에도 도움이 된다는 것이었다. 그러한 주장은 자연스럽게 미 본토에 있는 미국 국민에게 솔깃하게 들렸지만, 순전히 환상에 불과했다. 이미 무기를 공급받은 한국군 부대들이 더 나은 전투 성과를 보여주기 전까지 또는 치열한 전투를 (한국군의 능력으로) 막아낼 수 있을 때까지는 이승만 대통령이 구상하는 한국군 확장 계획을 위해 훈련을 시키거나 감독할 수 있는 인력과 자원이 없었다.

5월 9일 나는 무초 대사, 밴 플리트 장군과 함께 이승만 대통령을 방문해 한국 측 배석자가 없는 가운데 면담했다. 나는 이승만 대통령에게 한국군의 리더십을 지금 수준보다 더 발전시킬 필요가 있다고 솔직하게 말했다. 우리는 한국군 참모총장 정일권 장군을 전적으로 신뢰하고 있었다. 하지만 전투에 대한 요구―그리고 그를 전폭적으로 지원하는 대한민국 정부의 군사적·정치적 개입―으로 인해 정일권 장군은 한국군 야전 지휘관들의 자질을 대한민국 군대에게 필요한 수준으로 향상시키는 것은 거의 불가능했다.

그날 오후 우리가 노령의 대통령에게 전달한 직설적인 이야기에서 모호함의 여지는 조금도 없었다고 생각한다. 나는 신중함이 요구되는 우리의 군사적 상황에 대해 더 많은 것을 이승만 대통령에게 공개했을 수도 있었다. 그러나 이승만 대통령 측은 우리가 사용하기를 거부한 미사용 인력에 대한 동화 같은 이야기들을 계속 만들어내고 있었다.

이것은 군사적 문제를 넘어 정치적 문제로 바뀌어가고 있었다. 그래서 나는 밴 플리트 장군과 8군 사령부 예하 주요 직위자, 특히 8군 참모장과 3명의 군단장에게 순수한 군사적 문제를 벗어난 문제에 대한 모든 공개적인 발언을 피하도록 권고했다. 나중에 전선에서 한국군 부대들을 빼내어 훈련 프로그램에 입소시킨 후 일급 전투부대로 만들 시간이 주어지기 전까지는 이 민감한 문제가 더 이상 정치적 문제로 악화되지 않도록 모든 노력을 다해야 했다.

중공군의 공세가 다시 한 번 중단되면서 아군이 공세를 취할 때가 되었다. 새로운 아군 2개 대대가 최종 훈련을 마치고 8군 사령부 소속으로 편입되었다. 밴 플리트의 집중사격 전술로 인해 일시적으로 발생했던 탄약 부족 현상도 해소되었다.[79] 하지만 보급 문제에 대해서는 피아 모두가 관심을 가져야 했다. 원거리에 걸쳐 시행되는 공세작전들로 인해 대규모 사상자가 발생했고, 아군의 보급선은 길어지는 반면 적의 보급선은 짧아졌다. 군용 물자들을 하역하는 데 적합한 1급 항구시설은 멀리 남쪽의 부산항밖에 없었다. 부산항은 흘수가 깊은 선박들이 정박할 수 있는 유일한 항구였다. 서울 인근의 인천항은 조수간만의 차가 커서 대형 선박들이 갯벌에 갇히지 않기 위해서 항구에서 멀리 떨어진 곳에 정박 후 상륙정으로 화물을 운반해야 했다.

그러나 우리가 할 수만 있다면, 만주로부터 출발하는 잘 발달된 철도의 종착점이자 상태가 양호한 도로들의 교차점이어서 적에게 식량과 보급을 제공했던 철의 삼각지대를 위협하고 점령하는 것은 현명한 일이었다. 캔자스 선 북쪽의 돌출부였던 와이오밍 선은 철의 삼각지대 남단을 점령하는 것이 목표였다. 과거 서울의 상수원이자 전력생산시설인 동시에 적 보급로의 핵심이었던 화천호를 장악하는 것도 우리에게 매우 중요했다. 결

---

79 포대들에 포탄이 부족했던 경우는 한 번도 없었다. 하지만 당시 이런 현상이 발생한 것은 집중사격 전술로 인해 갑자기 많은 탄약을 사용하게 됨으로써 한국 내 탄약 보유량이 인가 기준 이하로 떨어졌기 때문이었다. 이것은 저자주임을 밝힌다.

과적으로 아군의 새로운 공세는 우리가 더 이상 38선에 대해 생각하지 않고 38선을 넘어서 적의 잠재력을 최대한 파괴하기 위한 것이었다.

5월 19일 나는 한국으로 날아가 새말 근처[80]의 10군단 지휘소에서 8군 사령관 밴 플리트 장군과 10군단장 알몬드 장군, 1군단장 호지 장군을 만났다. 각 지휘관의 보고를 받은 후 나는 다음과 같이 회의 내용을 간략히 정리했다.

1. 8군은 5월 20일에 공세를 개시하며 각 군단의 임무는 다음과 같다.
   a. (서부 축선) 미 1군단은 서울—철원 축선(지금의 43번 국도)으로 공격을 개시하고 미 9군단의 서측을 방호한다.
   b. (중부 축선) 미 9군단은 춘천 서쪽의 고지대를 공격하여 점령한다.
   c. (중동부 축선) 미 10군단은 적의 동측에 대한 돌파를 저지한다. 좌측에 있는 9군단과 협조하여 9군단의 우측을 방호한다.

이 공격작전 진행 상황에 대해서는 8군 사령관이 관심을 가져야 한다.

그날(5월 20일) 오후와 다음 날 아침 나는 모든 군단과 사단 지휘소를 방문했고 일부 한국군 부대도 방문했다. 방문 마지막 일정으로 정일권 참모총장을 방문했다. 그의 지휘를 받는 모든 한국군은 상황의 심각성을 깨닫고 그들이 전장에서 군인다운 행동을 하도록 각별한 노력을 기울여야 한다는 점을 다시 한 번 강조했다.

같은 날 저녁 5공군 사령부 팻 패트리지[Pat Patridge] 장군을 방문했을 때 극동공군사령관 스트레트마이어 장군이 그날 오후 심장마비를 일으켰다는 슬픈 소식을 들었다. 몇 주 동안 입원해 안정을 취해야 할 만큼 상태가

---

80 미 10군단이 당시 원주와 횡성 전방에 배치되었던 것으로 볼 때, 이곳은 횡성군 우천면에 있는 현재의 새말 IC(영동고속도로) 일대로 추정된다.

심각하고 진단받은 스트레트마이어 장군은 미국으로 다시 보내진 후 전역을 해야 했다. 스트레트마이어 장군은 가장 용감하고 경험이 풍부하며 창의적인 장군이었다. 하지만 전쟁에서는 갑작스러운 변화가 규칙이나 다름없었기 때문에 이 운명의 전환을 안타깝게 생각하면서도 사령부가 신속하게 스트레트마이어 장군의 후임으로 오토 P. (오피) 웨일랜드Otto P. Weyland 중장을 지명했다는 소식을 듣고 매우 기뻤다. 나는 웨이랜드 장군을 오랫동안 알고 있었는데, 미주방위위원회Inter-American Defense Board와 리오 조약Rio treaty 협상 과정에서 함께 일한 적이 있었다. 나는 그와 함께 극동군사령부에서 근무하면서 가장 유쾌한 시간을 보냈고 훌륭한 팀워크를 이루었다.

공세 이전에 결정된 병력 이동으로 인해 이전에 화천호 가장자리에 주둔했던 9군단에게 화전 저수지의 상당 부분이 할당되었다. 그리고 10군단은 최초 목표에 도달한 후 북동 방향으로 이동해서 동해안을 따라 철수하는 적 부대를 차단하는 임무를 맡았다. 한국군 1군단은 동해안을 따라 진격 후 북서쪽으로 공격해서 책임 지역과 좌측 미 10군단 사이에 있는 적을 격멸하는 임무를 맡았다. 중공군 5차 공세(5월)로 심각한 피해를 입은 한국군 3군단은 해체되었고, 그 예하 한국군 부대들(3·9사단)은 미 10군단과 한국군 1군단으로 소속을 각각 전환했다.

유엔군은 5월 20일 진격을 개시했다. 유엔군은 미 공군의 근접항공지원을 계속 받으면서 적을 밀어붙였다. 당시 아군이 압록강까지 진격할 능력이 있었다고 하더라도 이번 공세는 압록강까지 북진하는 작전은 아니었다. 밴 플리트 8군 사령관은 첫 진출선인 토피카 선Topeka Line을 넘어 서쪽으로 문산에서 서해까지 확장했고, 동쪽으로는 인제를 거쳐 동해안의 간성 남쪽 약 15km 지점의 황포리[81]까지 진격했다. 이어서 아군은 캔사

---

81 황포리: 강원도 고성군 죽도면의 옛 이름으로, 현재는 간성군 죽왕면 일대 지역이다.

스 선을 향해 북쪽으로 나아가 철의 삼각지대의 기슭을 가로지르는 와이오밍 선까지 진격했다. 적의 저항은 평소와 다름없이 지형이 유리한 곳, 길이 좁거나 길이 없는 곳, 그리고 아군의 보급품을 인력으로 산등성이 위로 운반해야 하는 곳에서 거셌다.

5월 마지막 주 날씨가 좋지 않아 적은 다시 한 번 기사회생의 기회를 얻었다. 대부분 도로가 유실되어 아군 기갑부대는 진격을 늦추었고 항공기들은 지상에 묶여 있을 수밖에 없었다. 결국 적은 아군에게 영토를 내주는 대신 시간을 벌 수 있었고, 부대와 보급품들을 온전한 상태로 유지할 수 있게 되었다. 하지만 5월 말 남한은 사실상 적으로부터 자유로워졌다. 적은 1만 7,000여 명의 전사자가 발생한 반면, 아군은 그와 비슷한 수의 포로들을 획득했다. 이번 진격에서 한국군은 전사자, 부상자, 행방불명자, 질병으로 인한 사망자를 전부 포함해 약 1만 1,000명이라는 이례적으로 많은 사상자 수를 기록했다.

아군 부대들은 캔자스 선과 그 북쪽으로 진격하면서 방어 태세로 전환했다. 밴 플리트 장군은 다시 한 번 전선을 정리해서 난공불락 수준으로 진지를 강화했다. 진지 전방에 넓은 폭의 철조망 지대를 설치하고 지뢰와 급조 폭약통 등을 매설했다. 가능한 곳이면 어디든 덮개가 있는 엄체호를 구축했다. 도로 장애물들도 다시 설치했고, 포병 집중사격 계획도 준비했다. 폭우와 적의 강력한 저항 속에서도 아군의 공세작전은 6월까지 철의 삼각지대를 향해 계속되었다. (미 1군단 예하) 미 3사단과 미 25사단은 화염방사기를 사용하여 통나무들이 길게 연결된 벙커에서 중공군을 몰아냈다. 철의 삼각지대 남서쪽 철원 지역은 6월 11일 확보되었고, 동쪽 아래의 김화 지역에서도 별 저항 없이 적이 철수했다. 2개 보전 협동 특임부대tank-infantry task forces가 철의 삼각지대를 가로질러 평강 지역까지 진격했다. 하지만 적이 평강 북쪽 고지를 점령하고 있다는 것이 알려지자, 2개 특임부대는 철수했다. 이때부터 피아 어느 쪽도 더 이상 철의 삼각지

●●● 1951년 9월 25일 보급품을 싣고 펀치볼 812고지에 접근하고 있는 미 해병 1사단 헬리콥터. 미 해병 1사단은 한 명의 사상자도 없이 한국군 8사단을 구해냈다. 〈사진 출처: WIKIMEDIA COMMONS | U. S. Marine Corps | Public Domain〉

대 평야를 완전히 점령하려는 노력을 하지 않았다.

적이 방어하기 위해 전력을 다했던 또 다른 곳은 고대 화산분화구 지형인, 우리가 펀치볼^{Punchbowl}이라고 이름 붙인 곳이었다. 인제 북쪽 약 40km 정도에 위치해 있고 동해안으로부터도 비슷한 거리에 있었던 펀치볼은 미 10군단과 한국군 1군단의 책임 지역과도 경계를 이루고 있었다. 펀치볼 가장자리는 칼날 같은 능선으로 둘러싸여 있었고, 분화구로부터 수십 미터 정도 갑자기 솟아오른 모습으로 삼림이 무성하게 들어차 있었다. 적은 펀치볼 가장자리 지형에 진지를 구축하고 박격포와 대포 등으로 강화했다. 앞으로 몇 달 동안 이곳을 점령하기 위해 아군이 많은 피를 흘리게 될 것이 불을 보듯 뻔했다. 8군이 펀치볼을 점령한다면 책임 지역을 단축하고 적을 더 잘 관찰할 수 있으며 적의 기습공격 기회가 줄어들게 될 것이다. 아군은 그 지역을 점령한 후 다시는 적에게 내주지 않았다.

어느 새 한국전쟁이 발발한 지 1년이 지났다. 유엔군은 적으로부터 남한을 해방하고 경계선을 재설정해서 확보한다는 초기 목표를 달성했다. 남쪽으로 흐르는 임진강이 가장 방어하기 쉬운 방어선을 제공하는 서쪽 끝을 제외한 한반도 전역에서 아군은 38도선 이북에 주둔했으며, 적이 대규모 증원을 받지 않는 한 적이 어떠한 공격을 해와도 물리칠 수 있을 만큼 강력했다.

그러나 중요한 지역 근처의 감제고지를 장악하고 유지하는 과정에서 아군은 적과 피비린내 나는 혹독한 전투를 치러야 했다. 적도 아군과 마찬가지로 전선 지역에 강력한 방어선을 구축했다. 6월 25일 나는 미 합참으로부터 공산주의자들과 정전협상을 곧 시작할지도 모른다는 유쾌하지 않은 전문을 받았다. 나는 곧바로 참모부 A. D. 설레스^{A. D. Surles} 중령을 보내 밴 플리트 장군과 협의하도록 했다. 설레스 중령은 참모부 작전계획관들이 준비한 지도를 가지고 갔는데, 이 지도에는 현 진출선의 진지들,

캔자스 선, 캔자스 선을 위한 가상의 전초선, 그리고 캔자스 선상의 진지들을 유지하는 가상의 휴전선을 표시해두었다. 그리고 밴 플리트 장군에게 8군이 현 진출선과 가상의 휴전선 사이에 있는 고지를 점령하는 것이 실행 가능하고 바람직한지 알려달라고 했다.

나중에 밴 플리트 장군이 완전한 승리를 달성하기 위한 자신의 북진을 내가 가로막았다고 한 발언을 고려하면, 이 질문에 대한 그의 대답을 떠올려보는 것은 흥미로운 일이 아닐 수 없다. 그는 현 상태에서 그 고지를 점령하기 위해 진격하는 것은 적절하지 않다고 했다. 그는 동쪽에서의 진격은 많은 미군의 희생을 초래하게 될 것이고 고작 얻는 것은 일부 지역에 불과하다고 생각했다. 반면 서쪽에서는 상대적으로 수월할 것으로 예상했지만 적의 공세에 아군이 노출될 위험이 있다고 보았다. 그는 휴전의 가능성을 위해 많은 인명 손실을 초래하면서 8군의 전투력을 약화시키는 것은 너무 큰 도박이라는 결론을 내리고 있었다. 또한 정전협상 테이블에서 아군이 점령할 필요가 없는 예성강 서쪽 지역과 38선 남쪽 지역을 적에게 내어 주고 동해안에서 우리가 점령하고자 하는 지역들을 상호 교환해야 한다고 주장했다. 밴 플리트 장군은 미 해병 1사단 전방에 있는 북한군 2개 군단이 강력한 방어진지를 편성해서 매우 잘 싸우고 있다는 점을 언급하면서 어떤 면에서는 중공군보다 더 효율적으로 보인다고 했다. 나는 밴 플리트 장군의 이러한 모든 견해에 동의하면서 정전협상 과정을 유심히 지켜보기로 했다.

6월 23일 일요일, 소련의 외무성 부상이자 유엔 대사였던 야콥 말리크Jacob Malik가 처음으로 제기한 정전협상 요청으로 인해 정치계 및 언론계의 방문 요청이 쇄도하는 바람에 나는 밀려드는 귀빈들을 맞아야 했다. 중국 공산당도 곧 말리크의 정전협상 제안에 동의했고, 미국 내에서도 평화를 요구하는 목소리들이 점차 흘러나오기 시작했다.

6월 29일, 포레스트 셔먼Forrest Sherman 제독이 방문했다. 그 뒤를 이어

●●● 1951년 7월 10일 첫 정전회담을 위해 유엔군사령관인 매슈 B. 리지웨이 장군과 함께 미 공군 H-5 헬리콥터 옆에 서 있는 유엔 대표단. (왼쪽에서 오른쪽으로) 버크(Arleigh A. Burke) 소장, 크레이그(Laurence C. Cragie) 미 공군 소장, 백선엽 대한민국 육군 소장, 수석대표 조이(Turner Joy) 중장, 리지웨이 유엔군사령관, 그리고 호즈(Henry I. Hodes) 미 육군 소장. 〈사진 출처: WIKIMEDIA COMMONS | U. S. Navy | Public Domain〉

아치 알렉산더Arch Alexander 장군이 방문했는데, 나는 펜타곤에 근무할 당시 육군 부장관Under Secretary of the Army이었던 그와 좋은 관계를 유지했다. 이어서 토머스 듀이Thomas Dewey 뉴욕 주지사가 방문해 외교 문제에 대한 그의 열정적인 견해를 나에게 말하기도 했다.

6월 30일 워싱턴 상부의 지시에 따라 나는 중공군 최고사령부에 대한 성명을 발표해 보도된 바와 같이 교전을 중단할 준비가 되었다면 유엔 군사령부는 정전협상을 위해 대표단을 보낼 의향이 있다고 밝혔다. 상대와 접촉하고 회담 장소에 대해 합의하기까지 며칠이 더 걸렸다. 회담장은 38선 바로 남쪽에 있었던 개성 서쪽 마을(내봉장)이었다. 나는 터너 조이 Turner Joy 제독을 유엔 대표로 임명했다. 공산 측 협상 대표는 북한군 참모장인 남일 중장이었다. 하지만 공산 측의 실질적인 협상 권한은 중공군 "의용군" 참모장이었던 씨이펑謝方 장군에게 있었다.

나는 유엔에서 2년 반 동안 많은 경험을 했기 때문에 끝도 없이 무의미한 논쟁을 통해 상대를 지치게 하려는 공산당의 전술이 낯설지 않았지만, 앞으로 펼쳐질 힘겹고 성과 없는 논쟁을 예상하지는 못했다. 양측 모두 협상하는 동안 적대행위를 지속하는 것에는 즉각 동의했다. 나는 교전 행위 중단이 마치 저 멀리 지평선 상에 희미하게 보이는 것처럼 요원했기 때문에 아군의 손실을 최소한으로 유지하기 위해 최선을 다했다.

그래서 예하 지휘관들에게 대규모 공격작전은 시행하지 않도록 하되 관측에 유리한 주요 지형지물을 확보하기 위해 강도 높은 정찰 활동과 국지적인 공격을 통해 주도권을 확보할 것을 강조했다. 나는 한국전쟁이 발발한 지 1년이 지나 곧 평화가 찾아올 것이라고 기대했다. 하지만 모든 군인의 소망에도 불구하고 2년이라는 시간이 더 걸렸고 많은 희생을 치러야 했다.

CHAPTER 7

정전회담과 교착상태:
치열한 고지전과 적의 본질

한국전쟁의 두 번째 여름, 개성에 있는 19세기 뉴잉글랜드의 고등학교 같은 찻집 건물에서 정전 논의가 시작될 때 보병들은 길도 없는 고지에서 싸우면서 바위투성이 산들을 고통스럽게 올라가 적이 버티고 있는 진지를 점령하거나 탈환했다. 치열했던 대부분 전투는 펀치볼과 철의 삼각지대 인근에서 벌어지고 있었다. 펀치볼의 깊은 계곡들을 감제하는 고지를 점령하기 위해 엄청난 양의 피를 흘려야 했다.

펀치볼의 깊고 광활한 분화구 서쪽에는 구불구불한 고지들이 겹겹이 펼쳐져 있었고, 무성한 나무들과 높게 자란 잡목들이 빽빽하게 자라 있었다. 그중 가장 높은 고지는 1179고지 대우산이었다. 대우산은 마치 아이가 그린 산처럼 둥근 정상과 정상을 따라 거의 칼처럼 깎아지른 듯한 가파른 경사면과 능선들이 있었다. 해발 약 1,179m 높이의 대우산은 북한군 1개 연대 규모의 병력이 점령하고 있었다. 밴 플리트 장군은 적이 캔자스 선을 관찰하지 못하게 대우산의 적을 격퇴해야 하고, 아군 진지를 위협하지 못하게 중공군 포병을 멀리 북쪽으로 몰아내야 한다고 생각했다. 한국군 해병들이 대우산의 적을 몰아내기 위한 전투에서 실패하자, 밴 플리트 장군은 근접항공지원과 포병 지원을 받는 미 2사단에게 고지를 점령하라고 명령했다. 피비린내 나는 고통스러운 전투였다. 아군은 숲이 우거진 경사면을 지그재그로 오른 다음 적에게 다가가기 위해 두 손을 번갈아 사용하며 암벽을 잡고 올라가야 했다. 조랑말에 싣는 것보다 더 무거운 짐을 지게에 싣고 땀을 뻘뻘 흘리며 나르는 한국 노무자들은 탄약, 군비, 식량을 운반하는 유일한 운송 수단을 제공했다. 보병들은 무반동총을 설치하거나 통신선로를 깔고 급경사에 구호소를 설치하기 위해 최대 하중의 군장을 짊어졌다. 4일 동안 조금씩 전진한 끝에 마침내 아군은 적을 격퇴하고 1179고지(대우산)를 수중에 넣었다.

펀치볼 서쪽 언덕의 또 다른 고지는 적에게서 탈취하고 유지하기 위해 지불한 대가가 컸기 때문에 피의 능선Bloody Ridge으로 알려지게 되었다. 피의 능선은 1951년 8월 처음 탈취한 후 한국군 5사단이 확보하고 있었다. 하지만 중공군의 야간 역습으로 한국군은 후퇴하고 말았다. 미 2사단 9연대가 피의 능선을 공격해서 진지를 구축하고 포병의 지원을 받고 있는 적과 일진일퇴의 치열한 전투를 벌였다. 이곳에서 적은 5일 동안 저항했고, 미 2사단과 해병 1사단은 펀치볼을 따라 북쪽으로 동시에 공격했다.

1951년 여름, 적의 방어 능력은 상당히 향상되었다. 적의 철도망, 철도 기지, 교량을 성공적으로 파괴하고 적의 통행을 막기 위한 아군의 끊임없는 작전에도 불구하고 적은 보급품을 만주 지역으로부터 계속 남쪽으로 이동시키고 있었다. 중공군의 포병 활동도 상당히 증가해서 아군의 모든 지상 작전을 둔화시켰다. 적 대공 사격이 계속 증가해서 아군의 폭격기 일부도 피해를 입기 시작했다. 당시 공군력이 어떤 가치가 있든 간에—공군력이 없었다면 아군의 진격이 불가능했을 것이라는 데는 의심의 여지가 없다— 공군력은 적이 필요로 하는 장비의 이동을 막았다. 그리고 적의 움직임을 둔화시켜 적이 주간을 피해 야간에 이동할 수밖에 없게 만들기도 했다. 하지만 공군력만으로는 전장을 고립시킬 수 없었다.

피의 능선 전투와 단장의 능선 전투는 아마도 지금까지 벌어진 전투 중 가장 치열한 전투로 극한의 체력과 인내심, 용기를 필요로 했다. 보병들은 박격포탄은 물론 소총과 탄약을 짊어지고 고지를 기어오르며 때로는 직사거리 내에 있는 참호 속에 숨은 적을 격퇴하는 등 인디언처럼 싸웠다.

적은 동양인 특유의 집요함으로 고지를 요새화하려고 했다. 때로는 손으로 고지 후사면에서 전사면에 이르는 터널을 뚫어 공습이나 포격을 받을 때 전사면 진지에서 철수해 이 터널을 통해 고지 후사면으로 피신할 수 있었다. 고지 후사면은 공중 폭격이나 포격으로 정확한 조준 사격을 하기가 쉽지 않았다. 적은 폭격으로부터 신속하게 피신할 수 있으면서도 지상 공격에 대비하여 전진할 수 있도록 약 900m에 달하는 터널을 뚫기도 했다. 이 터널들의 전면부는 숙련된 기술로 세심한 주의를 기울여 정교하게 위장해놓아서 그것들을 발견하려면 예리한 관찰이 필요했다. 그러나 일단 발견하면, 곡사포로 터널을 향해 직격탄을 날려 파괴할 수 있었다. 우리 포병들은 불도저로 운반된 8인치 곡사포를 혁신적이며 효과적으로 사용해 적의 거점들을 폭파시키는 데 한 치의 오차도 없는 정확도를 보여주었다.

1951년 7월 1일 적 병력은 약 46만 명으로 증강되었고, 공격 능력도 향상되었다. 이때 나는 우리가 처음으로 38선을 넘은 직후 몇 주 동안 고려했던 한반도의 허리인 평양-원산선 진출 계획서를 밴 플리트에게 제출해달라고 요청했다. 이 작전의 명칭은 오버웰밍 작전Operation Overwhelming 으로 적이 철수하는 경우나 워싱턴의 지시로 임무가 변경되는 경우 또는 아군의 전투력이 대규모로 증강되는 경우 실행 명령을 내릴 수 있는 계획이었다. 그러나 나는 정전협상이 어떻게 진행되는지 지켜보는 것이 최선이라고 생각하여 이 계획에 대한 승인을 유보했다. 7월과 8월 동안 지상군의 전투 사상자는 고무적인 수준으로 감소했는데, 이는 모든 지상군 지휘관이 조기 휴전으로 인해 포기해야 할지도 모르는 지역을 획득하기

●●● 1951년 10월 5일 펀치볼 부근을 시찰하는 유엔군 수뇌부. 왼쪽으로부터 콜린스 육군참모총장, 리지웨이 극동군사령관 겸 유엔군사령관, 밴 플리트 8군 사령관, 바이어스 10군단장, 백선엽 소장. 〈사진 출처: WIKIMEDIA COMMONS | Public Domain〉

위해 싸우는 것을 주저했기 때문이다.

한편 밴 플리트 장군은 특히 많은 고지들이 여전히 적의 수중에 있는 펀치볼 근처에서는 보다 적극적인 방어로 전환하기로 결정했다. 다른 전역과 마찬가지로 한국에서도 현재 진지들을 안전하게 유지하려면 항상 고지를 하나 더 점령해야 했다. 펀치볼 주변 고지의 모습은 마치 언덕들이 서로 팔꿈치를 맞대고 고대 분화구의 움푹 패인 곳을 내려다보고 있는 것처럼 보였다. 펀치볼 바로 서쪽 고지는 피의 능선으로 불렸는데, 북한군 사단들이 완강하게 버티고 있었다. 10군단 예하 미 2사단의 보병부대들은 전쟁 중 가장 치열한 적의 저항에 부딪혀야 했다. 고지를 점령했다가도 몇 시간도 안 되어 다시 적에게 고지를 내주어야 했다. 미 2사단은 24시간 동안 1개 고지를 11차례나 공격했는데도 적을 제거하지 못했다. 하지만 9월 말이 되어서야 아군은 피의 능선과 펀치볼을 점령할 수 있게 되었다.

고지전이 계속되는 동안 나는 밴 플리트 장군으로부터 우리의 방어선을 단축하기 위해 고안된 훨씬 더 대담한 진격 계획을 보고받았다. 그 계획은 탈론 작전Operation Talons이었는데, 나는 이것을 즉각 승인했다. 하지만 밴 플리트 장군은 소규모 작전들에서 최근 발생한 사상자 수를 보고서는 희생을 감수할 만큼의 가치가 없다고 판단했다. 그 대신 그는 미 8군의 병력을 미 1군단이 있는 서쪽 지역에 집중하기로 했다. 모든 것이 순조롭게 진행되고 정전협상에 진척이 없자, 그는 동해안 원산 일대에 대한 상륙작전 승인을 요청했다. 나는 이 상륙작전에 대한 승인을 보류하고(8군 예하 군단장들도 이 계획에 동의하지 않았다), 그 대신 중요 지역을 확보하기 위해 제한된 목표들에 대한 공격작전을 승인했다. 그 결과, 밴 플리트 장군은 펀치볼에서 약 6km 떨어진 서쪽 고지를 점유하고 유지하기 위한 계획에 착수했는데, 이 고지는 훗날 단장의 능선Heartbreak Ridge으로 알려지게 된다.

미 2사단의 임무는 잘 위장된 벙커들과 화기를 배치하고 견고한 근거지를 구축한 북한군을 격퇴하는 것이었다. 늦여름 우거진 수목들 때문에 적의 거점들을 식별하기가 두 배로 어려웠고, 북한군도 완강하게 저항했다. 단장의 능선에 대한 공격은 소규모 각개전투 형태로 시작되었는데, 미 2사단은 장병들의 투지에도 불구하고 목표를 달성하지 못한 채 많은 피해를 입은 후 공격을 중단했다.

나는 특별히 미 2사단의 손실에 대해 오랫동안 관심을 기울이고 있었다. 작년 11월 말과 12월 초 군우리 지역에서 미 2사단이 입은 대규모 손실을 제외하더라도 올해 2월과 5월 중공군의 공세(4·5차)에서 사단의 손실은 매일 그리고 매주 늘어나고 있었다.[82] 8군 예하의 다른 모든 사단

---

82 미 2사단은 1950년 11월 말~12월 초 청천강 일대 군우리 지역에서 '인디언 태형(笞刑, Gauntlet)'으로 약 3,000명의 인명 손실이 있었고, 1951년 2월 지평리 전투와 5월 원주 지역에서도 많은 전투 손실을 입었다. 그 결과 한국전쟁 기간 중 총 7명의 사단장이 부임했는데, 이 중 5명은 상대적으로 재임 기간이 짧았다(카이저 소장 8개월, 맥클루 소장 1개월, 러프너 소장 7개월, 데사조 준장 1개월, 영 소장 8개월간 재임).

●●● 1951년 당시 북쪽에서 바라본 단장의 능선. 단장의 능선 전투(1951년 9월 13일~10월 13일)는 미 2 보병사단과 프랑스 대대 및 네덜란드 판 회츠 연대가 중동부 전선의 주저항선을 강화할 목적으로 894고지, 931고지, 851고지에 배치된 북한군 6·12사단을 공격하여 점령한 전투다. 한 달간의 혈전으로 유엔군은 3,700여 명의 사상자가 발생했으며, 북한군과 중공군은 2만 5,000여 명의 사상자가 발생한 것으로 추산되었다. 전투가 끝난 후 종군기자들이 심장이 찢기는 듯 비통했던 능산이라는 뜻으로 "단장의 능선"이라는 이름을 붙였다. 〈사진 출처: WIKIMEDIA COMMONS | Guzman |Public Domain〉

보다 2사단의 전사자가 특히 더 많았다. 그래서 밴 플리트 장군뿐만 아니라 미 2사단장이었던 클라크 L. 러프너^{Clark L. Ruffner} 장군과 함께 이 문제에 대해 논의했다. 9월 중순 로버트 N. 영^{Robert N. Young} 소장이 후임으로 부임했을 때도 사단의 손실에 대해 특별히 관심을 가지도록 당부했다.

그 후 얼마 되지 않아 단장의 능선을 목표로 피비린내 나는 전투를 지휘했던 제임스 애덤스^{James Adams} 대령(23연대장)은 사단장 영 소장에게 현재 상태로 작전을 계속하는 것은 자살행위나 다름없다고 직설적으로 보고했다. 야전 지휘관으로서 그러한 판단을 내리고 상관에게 표현하기까지는 높은 도덕적 용기가 필요하다. 나는 항상 야전 지휘관들에게는 도덕적 용기가 육체적 용기보다 더 중요하다고 생각했다. 적과 싸우는 군대에서 육체적 용기가 부족한 적은 한 번도 없었다. 그러나 도덕적 용기는 때때로 부족할 수 있다.

미 2사단장 영 소장은 상황을 다시 평가한 후 소규모 형태의 공격은 효과가 없다고 판단했다. 그 대신 그는 철저한 포병 준비사격과 강력한 근접공중지원 하에 전 사단이 합동공격을 실시했다. 그 결과, 2사단은 10월 15일에 단장의 능선을 확보할 수 있었고, 이후 한 번도 적에게 내주지 않았다.

이 모든 작전에서 근접항공지원과 식량, 탄약, 의료물자들의 공중 투하는 그 가치를 헤아릴 수 없을 만큼 중요한 역할을 해서 나는 지상의 보병들이 종종 공중에 있는 대담한 전우들에게 공개적으로 열렬한 감사를 표했다는 것을 알고 있다. 공군에게 필요한 것은 임무 수행을 위한 맑은 하늘과 주간의 햇빛뿐이었다.

한국의 여름 날씨는 항상 적만큼이나 아군을 괴롭혔다. 갑작스러운 호우로 절벽 가장자리를 따라 난 좁은 길이 전부 휩쓸려 가버리는 바람에 차량이 길 위에서 꼼짝 못 하게 되기도 했다. 또 갑자기 물이 범람해 하천의 임시 교량이 떠내려가는 바람에 병사들은 속옷만 입은 채 생명줄에 의지해 강을 건너야 했고, 무서운 속도로 흐르는 강물 위에서 귀중한 장비들이 떠내려가지 않도록 사투를 벌이기도 했다.

이런 작전들을 수행하는 동안 밴 플리트 8군 사령관은 미 1군단과 9군단에 의한 대규모 공세작전에 이어 동해안 지역에 상륙작전을 시행하는 작전 계획을 극동군 사령부에 제출했다. 만약 이 작전이 승인되어 성공적으로 시행된다면 8군의 선두 부대들은 평양에서부터 동쪽으로 원산 남쪽 40km 떨어진 고저(통천군)까지 연장된 전선에 배치될 것으로 예상되었다. 밴 플리트 장군은 커드젤 작전Operation Cudgel과 랭글러 작전Operation Wrangler 작전[83] 계획에 대한 긴급 승인을 요청했다. 하지만 며칠 후 그는 미 9군단 책임 지역에서의 작전이 큰 효과가 없고 다소 위험하다고 판단해서 이 두 가지 작전 계획을 취소하기로 결정했다. 대신 10월 3일에 승인을 받아 시행한 코만도 작전Operation Commando은 미 2사단이 동쪽에서 직면해야 했던 것과 마찬가지로 적의 강력한 저항과 역습을 극복해야 했다. 하지만 10월 19일 캔자스 선 북쪽 돌출부를 따라 설정된 작전 목표였던 제임스타운 선Jamestown Line[84]을 확보할 수 있게 되었다. 그 결과, 철원-서울 간 철도에 대한 적의 위협을 제거할 수 있었다.

미 9군단과 미 2사단이 시행한 이 작전들에서 추가적인 인명 손실이 발생하자, 미국, 특히 의회에서 그렇게 많은 피를 흘리고도 전반적인 전황을 호전시키지 못한 것에 대해 강한 반발이 일어났다. 프랭크 페이스 육군장관은 나에게 서신을 보내 본국의 여론에 대해 알려주었다. 하지만 실제로는 이 작전들이 우리의 방어 여건을 상당히 개선하는 데 기여했고, 그동안 정전협상을 중단했던 공산주의자들에게 협상 테이블로 돌아가는 것이 최선이라는 생각을 심어주었다. 이후 전선은 다시 비교적 소강 상태를 띠게 되었고, 1951년 11월 전사자 수는 10월의 약 절반 수준으로 줄어들었다. 12월 중순에는 다시 전사자 수가 11월 전체 전사자 수의 3분의 2 수준으로 감소했다.

정전협상이 재개되었을 때, 나는 밴 플리트 장군에게 적극 방어Active

---

83 커드젤(Cudgel)은 곤봉, 봉솔이라는 뜻으로 '커드젤 작전'은 미 1군단과 9군단 지역에서 와이오밍 선 북쪽으로 진격하는 계획이었다. 랭글러(Wrangler)는 카우보이라는 뜻으로 '랭글러 작전'은 '커드젤 작전'을 시행한 후 이어서 동해안에 상륙작전을 시행하는 계획이었다.

84 제임스타운 선: 1951년 아군의 추계 공세작전이었던 코만도 작전의 결과로 점령했는데, 임진강-고왕산-역곡천-철원-정연리에 연하는 선이었다.

Defense[85]를 시행하도록 지시했다. 그리고 현 접촉선을 따라 중요 지형들을 확보하는 권한을 그에게 위임했지만 공격작전은 1개 사단 규모 이하의 병력을 투입하여 전초기지를 점령하는 것으로 제한했다. 공산주의자들이 조기에 전쟁을 중단하기를 원한다는 루머(언제나 루머는 신빙성이 낮다)가 퍼지자, 전투 양상은 일련의 소규모 작전과 정찰 활동만 하는 양상을 띠기 시작했다. 이제 피아 양측은 종심 깊은 강력한 진지를 차지한 채 어떠한 대규모 공세도 하려 하지 않았다. 그래서 인천상륙작전 후 퇴각하지 못하고 경상남도 진주 북서쪽 산악지역에서 준동하고 있는 지속적인 골칫거리인 대규모 게릴라들을 제거할 절호의 시기인 것 같았다. 밴 플리트 장군은 백선엽 중장에게 한국군 2개 사단을 투입하여 공비들을 토벌하는 일명 '랫킬러 작전Operation Rat-killer'을 시행해서 잠재적으로 아군에게 위협을 줄 수 있는 공산 게릴라들을 소탕하도록 했다. 1952년 1월 말까지 약 2만 명의 게릴라와 그 세력들을 사살 또는 생포함으로써 이 문제에 대해 더 이상 신경을 쓰지 않아도 되었다.

나는 이 시기에 밴 플리트 장군이 제출한 제한된 목표들에 대한 공격계획을 잠시 보류하라고 명령했다. 나는 정전회담의 진행 상황을 보고 그 공격이 전투사상자의 급격한 증가만 초래할 뿐 그에 상응하는 결과를 얻지 못할 것이라고 판단하여 그 계획(내가 의견을 구했던 밴 플리트의 부하 지휘관들이 동의하지 않았던 계획)에 대한 승인을 보류하기로 했던 것이다.

그러나 그 동안 스트랭글 작전Operation Strangle이라는 대규모 공중 작전이 진행되고 있었다. 이 작전의 목표는 북쪽으로 연결되는 철도와 도로를 따라 적의 보급 능력을 차단하는 것이었지만, 아군 공군이 적의 철도망을 파괴해서 보급 작전을 차단하기 위한 노력을 지속하기가 어려웠다. 아군

---

85 적극 방어: 수적 열세를 극복하기 위해 화력의 우세를 최대한 이용하고 근접지역에서 결전을 시도함으로써 방어작전에서 먼저 승리한다는 작전수행 개념이다. 미 육군은 1976년 적극 방어를 작전수행개념으로 채택했다가 1982년 공지전투로 변경하기도 했다.

공군과 해군, 해병 항공대의 놀라운 성과에도 불구하고 적은 전력을 계속 강화하고 있었다. 나와 극동공군사령관 웨일랜드 장군은 전투 양상이 바뀌어 적의 보급품과 탄약이 급격하게 소모되지 않는 한, 적은 봄이 되면 대규모 공세를 개시할 수 있는 상황에 도달할 것이라고 확신했다.

전투함과 구축함의 함포사격으로 보강된 공중 작전은 최소한 적이 화력의 우위를 점하는 것을 막았기 때문에 적의 능력을 약화시키지는 못하더라도 억제하는 효과가 있었다. 적의 포병 화력도 아군에게 위협을 줄 정도로 증가하고 있었기 때문에 이를 억제하는 것이 중요했다. 아군 진지에 떨어지는 적의 포탄과 박격포탄 수는 1952년 4월 2,388발에서 6월에는 약 6,800발이 넘는 수준까지 늘어나고 있었다.

그러나 대부분의 경우 마지막 겨울(1952년)에도 정전회담이 계속되면서 한반도 전역은 교착상태에 빠졌다. 나는 상황이 급박할 때 우선순위가 낮았던 몇 가지 일들을 처리할 시간을 갖게 되었다. 그러나 내가 언급하지 않은 최우선 과업이 하나 있었다. 내가 8군 사령관으로 있었을 때 미 25사단장 윌리엄 B. 킨William B. Kean 소장으로부터 백인과 흑인 부대의 통합을 위한 진지하고 사려 깊은 건의를 받았다. 킨 장군은 한국전쟁 이전에는 포트 베닝Fort Benning에서, 그리고 한국에서 그의 지휘 하에 있는 흑인 병사들로만 구성된 24보병연대 소속 흑인 병사들을 관찰할 수 있는 충분한 기회를 가진 후 인간적인 면에서나 군사적인 관점에서나 군인들을 이러한 방식으로 분리 편성하는 것이 부적절하다고 할 수는 없으나 완전히 비효율적이라고 생각했다. 그의 견해는 나의 견해와 정확히 일치했다. 나는 1951년 3월 중순에 부대 통합에 대해 맥아더 장군의 승인을 얻은 후 워싱턴에 보고하기로 했다. 예하의 9보병연대와 15보병연대 모두 흑인들로만 구성된 대대가 1개씩 있었다. 게다가 장교를 제외하고는 모두 흑인들로만 구성된 다수의 전투부대와 전투지원부대들도 있었다. 당시 우리는 대규모 공세작전 중이었기 때문에 내가 극동군사령관이 되면서 비로소 부대 통합을 위한 조치를 시행할 수 있었다. 그때 나는 육군 장관과 참모총장을 대리하여 도쿄를 공식 방문했던 육군본부 정보작전 참모부장(G-3) 맥스웰 테일러Maxwell Taylor 장군과 이 문제에 대해 논의할 기회가 있었다. 나는 그에게 만약 상부의 승인을 얻을 수 있다면 24보병연대, 그리고 9보병연대와 15보병연대 예하에 하나씩 편성된 1개 흑인대대를 통합시키겠다고 말했다. 그 후에는 흑인으로만 구성된 소규모 포병과 기갑부대들을 없앴고 한국과 일본에 있는 흑인으로만 구성된 많은 소규모 전투근무지원부대들도 통합할 수 있었다. 킨 장군과 마찬가지로 나는 이렇게 해야만 모든 병사가 자신의 발로 자랑스럽게 서서 자신이 옆에 있는 동료와 동등하며 적보다 우수하다는 것을 알게 될 때 전투형 군대에게 필요한 단결심이 생긴다고 확신했다. 게다가 자유시민인 흑인이 동료와 어울리거나 리더십을 받아들이기에 부적합하다는 식으로 흑인 스스로를 격하하도록 교육시키는 것은 내 눈에는 항상 비미국적이고 비기독교적인 것으로 보였다.

테일러 장군도 이러한 조치들에 대해 진심으로 동의했다. 그는 앞으로 육군 전체에도 의미 있는 영향을 미칠 것이기 때문에 지금이 가장 적절한 시기라고 말했다. 6월 초 마셜 국방장관이 한국과 일본을 방문했을 때 나의 계획을 보고했고, 장관은 그것을 가지고 워싱턴으로 돌아갔다. 이 계획은 최종 승인되었고, 나는 즉각 극동군사령부 예하 모든 부대를 통합하는 조치를 시행했다. 그 이후 미 육군 전체가 오랫동안 시행하지 못했던 이와 같은 개혁을 단행하자, 민간 부문에서도 이를 수용했을 뿐 아니라 군의 사기 측면에서도 고무적인 결과를 얻을 수 있었다.

전선이 비교적 안정되자, 나와 밴 플리트 장군은 몇 달 동안 우리를 괴롭혔지만 계속되는 군사적 위기로 인해 뒤로 미룰 수밖에 없었던 또 다른 문제들에 관심을 돌릴 수 있게 되었다. 가장 큰 문제는 언어와 문화의 차이로 인해 우리가 충분히 제공할 수 없었던 대한민국 육군의 비극적인

●●● 1950년 11월 20일 청천강 북쪽에서 미 2사단 클리블랜드 소령이 기관총 사수인 콕스 일병에게 북한군 진지를 향해 사격하라고 지시하고 있다. 리지웨이 극동군사령관은 자신이 8군 사령관이었을 때 25사단장 킨 장군으로부터 제안받은 백인과 흑인 부대 통합에 대해 워싱턴으로부터 최종 승인을 받아냄으로써 군의 사기 측면에서 고무적인 결과를 얻을 수 있었다. 〈사진 출처: WIKIMEDIA COMMONS | U.S. National Archives and Records Administration | Public Domain〉

리더십 부족이었다. 이제 전투 부담이 다소 줄어들었기 때문에 우리는 한국군을 누구와도 동등하게 만들 수 있는, 고유의 리더십을 제공할 철저한 훈련 프로그램을 시행할 수 있게 되었다. 가장 훌륭한 자질을 가진 한국군인이 정치적 편향성과 복잡한 정치적 관계 개선 시도 때문에 너무 많이 사라져버리는 바람에 인적·물적 측면에서 우리가 치러야 하는 비용은 막대했다.

한국군 부대들은 많은 정치인의 변덕에 따라 이리저리 움직였고 도적떼들을 소탕하거나 일부 지역의 영향력 있는 인사들의 입지를 강화하는데 이용되기도 했다. 젊은 장교들은 제대로 교육도 받지 못한 그들의 상관을 비판하거나 상관에게 이견을 표명하는 것이 불가능하다는 것을 알게 되었다. 훈련이라고는 100% 정치 훈련만 받은 한국군 지휘관들은 적의 공격 앞에서 맨 먼저 붕괴되었고, 언제나 그랬듯 그들의 공포심은 곧바로 부대 전체에 번졌다. 위기 상황에서 본능적으로 공세적으로 대응할 수 있게 부하들을 가르치는 교육을 받지 못한 지휘관들이 너무도 많았다.

특히 부족했던 부분은 포병 운용이었다. 부족한 인력을 화력으로 보충해야 했기 때문에 한국전쟁에서 포병의 역할은 중요했다. 극동군사령부는 오랫동안 한국군 포병 전력 강화에 대해 부정적인 견해를 가지고 있었다. 그들은 매우 열악한 도로와 비탈진 능선을 통한 탄약 재보급의 극심한 어려움, 훈련된 한국 포병 인력과 물자의 부족 때문에 포병 전력 강화를 반대했다. 하지만 전투 양상이 소강상태를 보이고 탄약과 장비 소요가 더욱 늘어나게 되면서 우리는 한국군을 강화하기 위한 시간적 여유와 물자를 가질 수 있게 되었다. 나는 한국군 부대가 빈약한 인력 위주의 방어선을 따라 사단 간 상호 화력지원을 할 수 있기 위해서는 장거리 포를 반드시 보유해야 한다고 강하게 믿고 있었다.

1951년 9월 나는 그해 연말까지 한국군 4개 155mm 곡사포 대대의 창설을 승인했다. 창설 승인을 받은 4개 155mm 곡사포 대대는 각각 미군 군단에 배속시켜 8주간 집중적인 훈련을 받게 했다. 또한 본부 소속 3개 105mm 곡사포대 창설과 6개 105mm 곡사포 대대를 추가적으로 승인했으며, 이들 역시 1951년 말까지 창설될 예정이었다. 궁극적으로 나의 목표는 충분한 수의 105mm · 155mm 곡사포 포대들을 창설함으로써 한국군 10개 사단별로 3개 105mm 곡사포 대대, 1개 155mm 곡사포 대대를 편성하는 것이었다. 1952년 초 나는 워싱턴으로부터 이 계획을 추진하기 위한 승인을 받았다. 이 무렵 한국군 장교들은 미 오클라호마주에 있는 포병학교에서 해외 교육을 마치고 귀국해서 포병부대 증강에 크게 기여했다.

한국군 장교들에 대한 강도 높은 재훈련의 효과가 전선에서 느껴졌다. 동부 지역과 중동부 지역에서 실시된 많은 공세작전은 거의 전적으로 한국군이 수행했다. 펀치볼 양쪽에서 작전하면서 적의 예비대를 전환

●●● 1951년 11월 호주군을 위해 보급품과 탄약이 담긴 나무 상자를 운반하고 있는 한국 노무단원들. 일명 '지게부대'로 불린 한국 노무단은 지게에 보급품을 싣고 경사진 산악을 오르거나 벙커를 건설하고 모래주머니를 채우고 교통호와 터널을 보강하는 등 아군을 돕는 중요한 역할을 했다. 〈사진 출처: WIKIMEDIA COMMONS | Phillip Oliver Hobson | Public Domain〉

하기 위해 서쪽에 있는 부대가 전투정찰대를 투입하고 해군이 함포로 지원사격을 하는 동안 미 10군단과 한국군 1군단이 좀 더 방어에 유리한 지형으로 진격했다. 이 작전에서 한국군 부대들의 역할이 결정적이었다. 1951년 말 서쪽 지역에서 미 9군단이 5~6km 정도 진격할 때도 한국군 1사단이 용감하게 싸웠다.

한국 노무단Korean Service Corps(또는 미 8군 지원단) 또한 값진 기여를 했다. 나는 밴 플리트 장군이 노무단의 인력을 6만 명까지 증원하는 것을 승인했다. 지게에 보급품을 싣고 경사진 산악을 오르고, 벙커를 건설하고, 모래주머니를 채워 교통호와 터널을 보강하고, 적의 계속되는 사격 속에서도 식량 운반과 보급 추진, 진지 강화와 같은 고된 과업을 기꺼이 수행해준 용감한 노무단 덕분에 캔자스 선을 되찾고 유지할 수 있었다.

정전협상이 수개월 동안 이어지면서 전선이 교착상태에 빠졌다고 해서 당시 전투가 치열하지 않았을 것이라고 생각하면 오산이다. 매일 보고

되는 사상자 명단은 감사하게도 대규모 공세작전 때보다는 훨씬 줄어들기는 했지만, 휴전 테이블에서 우리가 얻을 수 있는 모든 것에 대해 값비싼 대가를 치르고 있음을 상기시켜주었다. 아군은 한반도를 가로질러 비교적 짧은 전선에 배치되었고, 병력의 수는 대략 60만 명 정도였다. 그중 미군이 23만여 명 정도를 차지했지만, 종심 깊이 배치하기에는 전선에 배치된 아군 병력이 여전히 충분하지 않았다. 적은 물론 우리보다 훨씬 더 많았다. 아군의 엄청난 화력, 지속적인 근접항공지원, 그리고 해상 통제력이 없었다면 중공군은 우리를 압도했을 것이다. 그나마 우리가 적보다 우세했던 것은 전선을 따라 어느 지점에서든 대규모 화력을 집중시킬 수 있는 능력이었다. 물론 지형을 우리에게 유리하게 활용하고 좁고 꼬불꼬불한 길에서 벗어나 거친 산비탈과 바위 능선을 따라가는 최근에 배운 기술도 우리에게 유리하게 작용했다. 이제 밴 플리트 장군의 목표는 주요 고지를 통제한 후 적을 개활지로 끌어낸 다음 아군의 우세한 화력으로 격멸하는 것이었다.

중공군은 아군 항공기가 비행하지 않거나 항공관측 장교들이 관측하기 어려운 야간에 주로 공격했다. 아군은 병력이 적은 데다가 넓게 분산되어 있어서 주저항선이 두텁지 못했지만, 주저항선으로부터 소총 유효 사거리 정도 떨어진 곳에 전투전초를 운용해서 아군의 포병 화력으로 적을 격멸할 수 있는 곳으로 적을 유인하게 했다. 사방이 모래주머니와 철조망으로 둘러싸여 있는 적막한 전초 안에 있는 아군 병사들은 종종 어둠 속에서 자신들의 진지 안에 조용히 서 있는 중공군을 보고 깜짝 놀라거나, 밑창이 고무로 된 신을 신고 소리 없이 기어온 중공군 4~5명이 아군 전투전초와 주 진지 사이에 서 있는 것을 발견하기도 했다. 적의 진지 위로 신호탄이 발사되면 광기 어린 나팔 소리가 울려 퍼지면서 전투가 시작되곤 했다.

나는 야간에도 적군을 조준할 수 있도록 전장을 밝히기 위해 더 많은

●●● 1951년 10월 11일 제임스 머레이 주니어(James Murray, Jr.) 대령과 북한군 장춘산 대령이 정전회담 당시 군사분계선의 남북 경계를 보여주는 초기 지도를 검토하고 있다. 〈사진 출처: WIKIME-DIA COMMONS | NARA | Public Domain〉

조명탄을 확보하려고 애쓰던 것을 아직도 기억한다. 아군은 조명탄 사용량을 점점 더 많이 늘리면서 제2차 세계대전 당시 우리가 유럽에서 사용해 좋은 효과를 본 것처럼 구름에 반사되는 강력한 탐조등을 포함한 각종 장비도 활용했다. 이러한 노력은 어둠 속에서 정체를 알 수 없는 형체들을 뚫어져라 보면서 두려움에 떨었던 외로운 아군 전초병들의 임무에 대한 부담을 덜어주었다. 하지만 화강암으로 된 능선에는 그림자를 감추기 위해 대충 쌓아놓은 돌더미 외에 이들이 몸을 숨길 만한 보호물이 없었다.

적의 야간공격은 항상 그랬듯이 기이하고 몽환적이었다. 공격 개시 전에 이 세상 소리가 아닌 것 같은 나팔 소리, 중공군 50여 명이 질러대는 영어 욕설, 죽여버리겠다고 위협하는 소리, 아군의 간담을 서늘하게 만드는 각종 소리들이 들렸다. 하지만 이 무렵 전투 경험이 풍부한 아군은 중공군의 음악 반주에 익숙해져 있었고, 때로는 중공군 나팔을 획득해 적의 신호체계를 혼란에 빠뜨리기도 했다.

한편, 계속 진행되던 정전협상은 적이 우리가 결코 일으킨 적이 없다고 반박한 가짜 "사건"에 대해 우리가 책임을 져야 한다고 주장하면서 한 차례 장기간 중단되기도 했다. 이로 인해 1년간 지속된 전쟁을 곧 끝낼 것처럼 보였던 휴전은 한 달 한 달 협상을 힘겹게 이어가는 동안 도깨비불처럼 점점 멀어지고 있는 듯 보였다. 정전협상 테이블에서 양측이 한 치의 양보 없이 싸우고 있을 때, 미 본토의 많은 미국 국민들은 병사들의 목숨이 한국 땅에서 의미 없이 희생되고 있다고 느끼기 시작했다. 하지만 정전협상은 전투의 연장에 불과했다. 최종적으로 합의된 것이 무엇이든 간에 최종 합의에는 군사적 현실이 반영될 것이기 때문에, 아군은 전선을 더 남쪽으로 이동시키려는 적의 모든 시도를 막기 위해 우리의 능력을 적에게 확실히 각인시키는 힘거운 임무를 수행해야 했다.

협상은 정말 사람을 지치게 만들었다. 이미 했던 말을 또 반복하고 그럴 듯한 미사여구만 늘어놓고 짜증스러운 비난과 욕설을 하는 등 차라리 서로가 전투 현장으로 다시 돌아가 싸우는 것이 더 낫다고 생각할 정도였다. 하지만 나는 유엔군사령부의 진정성과 강인함을 보여주기로 결심하고 협상을 중단하겠다는 상대의 협박이나 위협에 넘어가 조급해하거나 과격한 말을 하지 않기로 다짐했다. 정전협상 내용 자체에 대해서는 이미 여러 차례 상세히 공개되어 따로 언급하지 않겠다. 하지만 이 이야기와 관련이 있거나 다시 한 번 언급할 가치가 있는 몇 가지 측면에 대해 짚고 넘어가겠다.

유엔이 협상 과정에서 큰 실수를 저질렀다는 점은 부인할 수 없는 사실이었다. 나는 그 실수가 두 가지 잘못된 인식에서 비롯되었다고 생각한다. 이 두 가지 잘못된 인식은 일부는 순진함에서 비롯되었고, 일부는 우리 대표단의 수석대표인 조이 제독이 1년 후에 쓴 『공산주의자들은 어떻게 협상하는가?*How Communists Negotiate*』라는 책에서 다음과 같이 말한 사실을 완전히 이해하지 못한 데서 비롯되었다고 생각한다.

"공산주의자들은 협상 과정에서 실수를 저지르지도 않고 협상에 참여하기 위해 서둘지도 않는다. 그들은 먼저 회담 장소를 신중하게 선정한다. 공산주의자들이 회담 장소를 신중하게 선정한 것은 자신들에게 유리한 협상 환경을 만들어 실질적인 이득을 얻기 위해서였을 뿐만 아니라 체면을 중요하게 생각했기 때문이다."

협상 과정에서 우리의 실수로 인해 적이 얻은 선전 이익은 그들에게, 특히 아시아인들 사이에서 상당한 가치가 있었다. 나는 지금까지 협상 테이블에서 상대가 보여준 참기 어려울 정도의 비난과 거짓, 독설을 견뎌야 했던 우리 대표단이 사전에 이에 대해 주의를 받고 정신적으로 준비가 되어 있었다고 생각했다.

나는 협상 초기에 조이 제독에게 다음과 같은 서신을 보냈다.

"공산주의자들에게 예의는 양보의 동의어이고 양보는 약함의 동의어입니다. 나는 귀관이 이 기만적인 공산주의자들이 반드시 제대로 이해하고 존중할 수 있는 언어와 방법을 사용하여 상황에 맞게 발언을 조절할 것을 제안합니다."[86]

공산주의자들의 협상 전술을 한 번도 경험해보지 못한 서양인들이 사실이 얼마나 왜곡되고 있는지 알아차리기란 거의 불가능했다. (그들의 협

---

86 W. G. 허미즈(W. G. Hermes), 『전선과 정전협상의 장막(Fighting Front and Truce Tent)』, 미 육군 전사연구소, 1966년(저자주임).

상 전술은) 가혹한 세금처럼 계속 우리의 인내심을 시험했기 때문에 심지어 성서 속 인물인 욥^{Job}[87]이라도 이 모든 것을 감당하기는 힘들었을 것이다.

협상 초기에 우리는 후회스러운 양보를 해버리고 말았다. 처음 정전회담을 열자고 했을 때 내가 제안한 만남의 장소는 원산항에 정박한 덴마크 병원선 유틀란디아^{Jutlandia}호였다. 그 당시 나는 아군과 적군이 총포가 공존하는 상황에서 이런 '중립지대'에서 회담하는 것이 타협정신을 즉시 불러일으킬 것이라고 생각했다. 하지만 공산주의자들은 이 제안을 받아들이지 않았다. 그 대신 그들은 38선 남쪽의 "무인지대"였던 개성을 회담장소로 주장했다. 워싱턴 당국은 전투행위를 조기에 종결하고 유엔 측의 진정성을 보여주는 차원에서 나에게 그 제안을 즉각 수용하라고 지시했다.

그러나 막상 협상이 개시되자 중립적인 분위기는 전혀 찾아볼 수 없었다. 협상 초기에 개성은 공산주의자들이 점령한 지역 내 있었다. 무장한 적 경비병들이 회담장 주변에 들끓었고 소형 기관총으로 무장한 적군이 우리 회담 대표들에게 퉁명스럽게 명령했다. 휴전을 상징하는 흰 깃발을 달고 지프차에 탑승한 유엔 대표단의 모습은 항복의 장면으로 아시아 언론에 실렸다. 우리 기자들과 사진작가들은 현장에서 제외되었다. 나는 즉시 중국 측에 회담 장소의 중립성과 우리 측 기자들의 참관을 보장하지 않는 한 우리 대표단은 회담에 복귀하지 않을 것이라고 통보함으로써 이러한 불균형을 바로잡으려고 했다. 공산 측 대표들은 공산주의자들 특유의 방식대로 상급자의 결정을 기다릴 것을 우리에게 요청하며 시간을 끌었다. 하지만 그들은 내가 우리 측 기자들이 참석할 때까지 우리 대표단이 복귀시키지 않을 것이라는 걸 알고는 즉시 굴복했다.

그렇다고 해서 회담장 분위기가 만족스러웠던 것은 아니다. 어느 순간 기관총과 60mm 박격포로 무장한 중공군이 갑자기 나타나 우리 지프차

---

87 욥: 온갖 고난에도 불구하고 하느님에 대한 믿음을 버리지 않은 성서 속 인물.

●●● 정전협상이 시작된 지 9일 후인 1951년 7월 19일 개성의 유엔 하우스 계단에서 담소를 나누고 있는 유엔 대표단. 왼쪽부터 조이(Turner Joy) 제독, 호즈(Henry I. Hodes) 장군, 버크(Arleigh A. Burke) 제독. 협상은 정말 사람을 지치게 만들었다. 이미 했던 말을 또 반복하고 그럴 듯한 미사여구만 늘어놓고 짜증스러운 비난과 욕설을 하는 등 차라리 서로가 전투 현장으로 다시 돌아가 싸우는 것이 더 낫다고 생각할 정도였다. 공산주의자들의 협상 전술을 한 번도 경험해보지 못한 서양인들이 사실이 얼마나 왜곡되고 있는지 알아차리기란 거의 불가능했다. 〈사진 출처: WIKIMEDIA COMMONS | Public Domain〉

가 지나는 길을 가로질러 행군하는 것을 보고 우리는 거세게 항의해야 했다. 이전에 나는 공산 측이 회담 장소 주변 지역을 비무장화하겠다고 약속할 때까지 회담을 중단했는데, 이것은 우리의 합의에 대한 명백한 위반이었다. 조이 제독도 즉각 항의했다. 공산 측은 그들이 헌병 1개 중대일 뿐이라고 해명했다. 그들이 기관총과 60mm 박격포로 무장한 헌병이라는 것을 믿으라고 하는 것은 말도 안 되는 처사여서 나는 회담장의 비무장화에 대한 만족스러운 합의에 도달할 때까지 회담을 중단한다는 성명을 즉시 발표했다. 공산 측은 5일 동안 버티다가 마침내 적절한 경비병력을 배치한 상태에서 회담을 재개할 것을 요청했다. 나는 영어 방송들은 회담 복귀를 공산 측이 우리에게 '요청request'한 것으로 보도한 반면, 일본 방송은 공산 측이 우리에게 '요구demand'한 것으로 보도했다는 말을 들었다. 나는 공산 측 답변이 애매하다고 판단하고 회담 재개를 승인하지 않겠다는 성명을 발표했다. 그 결과, 공산 측의 정중한 요청과 함께 이 문제에 대한 구체적 합의에 이르게 되었다.

하지만 머지않아 다시 위기가 찾아왔다. 8월 17일 중립지대 주변의 중공군 경비병이 미상의 매복 병력으로부터 총격을 받고 간부 한 명이 사망하는 일이 발생했다. 공산 측은 우리 측에 사과를 요구했다. 우리 조사 결과, 그 지역에 매복 병력이 있었던 것은 사실이지만 총을 쏜 부대는 철모도 착용하지 않고 복장도 대충 차려입은, 유엔군 사령부가 통제하지 않는 비정규군 게릴라임이 분명했다. 우리는 공산 측 주장을 거부하고 회담을 계속 이어나갔다.

5일 후 비가 억수같이 쏟아지는 야간에 중공군 측은 갑자기 우리 연락관들에게 유엔 항공기가 중립지대를 폭격했으니 즉시 이것을 확인하러 오라고 했다. 선임 연락장교였던 앤드루 키니Andrew Kinney 공군 대령과 수행원들이 공산 측 연락장교들과 함께 폭격이 있었다고 주장하는 현장에 도착해서 손전등을 켜고 조사했다. 키니 대령은 지면에서 몇 개의 작은 구멍을 발견했는데 땅에 묻혀 있던 수류탄 크기 정도의 폭발물에 의해 생긴 것으로 보였다. 항공기 동체 조각으로 보이는 파편들과 외부 연료탱크에서 떨어져나온 것으로 보이는 구부러진 금속 조각들이 널려 있었다. 폭격으로 지면에 생긴 큰 구덩이나 네이팜탄으로 생기는 불탄 자국 같은 흔적은 없었다.

또한 공산 측 대표단 숙소에서 북서쪽으로 떨어진 지점에 로켓 꼬리날개가 발견되었다. 부상자도 없었고 피해나 불탄 자국도 없었다. 공산 측은 지면을 비춘 항공기 착륙 조명등을 보고 그 지역을 "공격했다"고 억지 주장을 폈다. 그 지역에서는 어떠한 유엔군 항공기도 비행한 적이 없었으나, 그것을 입증할 만한 증거가 너무 빈약해서 제대로 반박할 수 없었다. 공산 측 대표들은 날이 밝아 철저한 조사가 가능할 때까지 기다리는 것을 거부했다. 그들은 유엔군의 '유죄'를 전 세계에 분명히 알리기 위해 '자백'과 사과를 동시에 요구했다. 우리는 이 요구를 거부했고 회담은 바로 중단되었다. 공산 측이 회담 재개를 요청했을 때 나는 회담장이었던 개성으로 가는 것을 반대하고 그 대신 우리 측에 가까운 중립 지역 안에 있는 작은 마을 판문점에서 회담을 진행할 것을 주장했다.

이외에도 회담 과정에서 사소한 장애 요소가 무척 많았다. 우리 측 대표단은 상식과 긍정적인 자세로 그것들을 극복하기 위해 노력했다. 처음에 우리는 회담을 시작하기 전에 사소하지만 전체 회담을 중단시킬 수도 있는 장애물에 부딪혔다. 공산 측 선임 연락장교가 회담개시일을 논의하려 하지 않았던 것이다. 그는 회담개시일은 상부가 결정할 사항이기 때문에 연락장교 수준에서 논의할 수 있는 사안이 아니라고 하면서 그것에 대해서는 입을 다물었다. 키니 대령은 연락장교 간에 협의를 시작하면서 회담개시일이 누구에 의해서도 결정되지 않았다는 것을 알고 있으면서도 이것을 분명히 정할 수 없었다. 공산 측 선임 연락장교 장평산 대령은 회담개시일에 대해서는 논의하지 않으려고 했다. 회담개시일 없이는 회담도 할 수 없으니 키니 대령의 입장에서는 정말 난감한 일이 아닐 수 없었다. 그때 연락장교 한 명이 키니 대령에게 회담개시일이 이미 합의된 것처럼 날짜를 지정하라고 속삭였다. 키니 대령은 그렇게 했고, 장평산이 그것을 수용하면서 협의는 계속 진행되었다.

실제로 이렇게 하위급 실무자 수준에서 협상을 하는 게 훨씬 더 현실성 있게 보였다. 분명한 점은 공산 측의 대령급 연락장교들은 협의 때마다 공식 기록으로 남길 필요도, 자국 언론을 위한 독설을 할 필요도 없었기 때문에 이들 간의 대화는 항상 현실적이고 실용적이었다. 안타깝게도 이러한 분위기는 상부 수준의 회담까지 이어지지 못했다.

●●● 1951년 11월 1일에 정전회담이 열리고 있는 판문점의 모습. 공산 측이 처음에 제시한 회담 장소는 개성이었는데, 공산 측이 회담 장소의 중립성과 유엔군 측 기자단의 참관을 보장하지 않고 사실을 왜곡하는 등 더 이상 개성에서 회담을 지속하기 어려운 상황에 이르자, 리지웨이 유엔군사령관이 판문점에서 회담을 재개할 것을 주장했다. 이로써 회담 장소가 개성에서 판문점으로 옮겨지게 되었다. 〈사진 출처: WIKIMEDIA COMMONS | U.S National Archives and Records Administration | Public Domain〉

공산 측 대표들과 직접 대면한 적이 없는 우리 측 대표들에게 그들의 성격은 참으로 흥미로웠다. 가장 놀라웠던 것은 유머가 거의 없다는 것이었다. 말싸움에서 이겼을 때 가끔 보이는 냉담한 경멸의 미소를 제외하고 그들은 결코 웃지 않았다. 공산주의자들은 큰 소리로 웃지도 않았다. 한번은 미군 장교가 의자가 주저앉는 바람에 바닥에 엉덩방아를 찧은 적이 있었는데 그때도 마찬가지였다. 공산 측 대표들은 좀처럼 웃지 않았는데, 특히 북한 측 대표들이 더 심했다. 마치 크렘린Kremlin에 있는 공산주의자

들보다 더 공산주의자처럼 보이기로 작정한 것 같았다. 하지만 중공군 연락장교 차이^{Tsai} 대령은 종종 그의 웃음을 참느라고 애를 썼다. 미군 장교가 엉덩방아를 찧었을 때 그는 큰 소리로 웃었다. 가장 차갑고 냉정한 태도를 보인 것은 북한 측 이상조 장군이었는데, 그의 굳은 표정은 우리측 젊은 장교들을 매료시켰다. 어느 날 파리 몇 마리가 이상조 장군의 얼굴에 앉았는데, 그중 한 마리가 이마를 따라 내려가 코까지 기어갔다. 이상조 장군은 얼굴 근육 하나 움직이지 않았고 그의 눈과 입술은 무감각한

것처럼 미동도 없었다. 우리 대표단이 서로에게 물었다. "도대체 그자는 뭘 보여주려고 그런 거지?" 이상조 장군은 마치 우리 선조들과 싸웠던 인디언처럼 그가 바위처럼 단단하고 자신의 목표에서 한 치도 벗어나지 않겠다는 것을 보여주려고 했는지 모른다. 하지만 지금 시대의 서양인들은 그런 태도에 영향을 받기에는 너무 세련되었다.

1951년 10월 10일 공산 측은 대화를 재개하자는 나의 요청에 마침내 응답했다. 나는 아군이 전선을 따라 전략적으로 중요한 지역의 고지를 점령하고 유지한 것이 적이 우리를 밀어내지 않고 회담 준비를 더 잘 하도록 설득하는 데 도움이 되었다고 믿어 의심치 않는다. 하지만 적은 여전히 협상 테이블에서 타협하지 않았고 전투 현장에서 얻을 수 없었던 것을 회담장에서 얻고자 하는 것이 분명했다.

회담이 재개되자마자 공산 측은 판문점에 대한 유엔 공군기의 폭격으로 혼란에 빠지게 되었다. 이번에는 가짜가 아니라 실제로 폭격을 잘못 유도하면서 일어난 사건이었다. 우리는 책임을 인정하고 사과했다. 하지만 이 사건으로 회담은 2주간 중단되었고, 그로 인해 우리의 좌절감은 더 커졌다. 우리가 합의하고자 했던 것은 아주 간단했다. 정전이었다. 현 전선과 가깝게 한반도를 가로지르는 완충지대를 설정하고, 양측이 현재의 위치를 기준으로 상대측에서 약 5km 떨어진 곳에 머물기로 합의하고, 추가적인 병력과 물자 투입을 중단하고 병력을 더 이상 증강하지 않으며, 국제 위원회(반드시 유엔 산하일 필요는 없지만)로부터 정전협정의 시행을 감독받는 것이었다.

공산 측은 타협이나 협상에 관심이 없었다. 그들에게는 선전전의 승리가 중요했으며, 우리는 명백한 허위와 기만행위로 보이는 사안들이 아시아인들에게는 완전히 다르게 이해될 수 있다는 점을 인식하지 못했다. 또한 공산 측은 우리의 인내심을 한계에 이르게 하고 정전협상 테이블에 선전 동력을 제공하기 위해 특히 전쟁포로들을 선동함으로써 어느 정도 목표를 달성할 수 있다고 확신하는 것처럼 보였다.

내가 앞서 언급한 것처럼 협상 초기에 나는 조이 제독에게 주의를 당부했다. 강한 인내심이 요구되었던 조이 제독에게 예의 바른 언어 사용은 공산 측에게 양보로 받아들여질 수 있으며, 그들의 공격적인 전술에 굴복하는 것이라고 경고했다. 그리고 그에게 공산 측이 사용하는 것과 같이 단호한 용어로 대응할 것을 권유했다. 그 후 조이 장군은 독설을 퍼붓는 공산 측을 상대로 한 협상 테이블에서 그들 이상으로 강경했으며 그들이 선전에 이용할 수 있는 단 하나의 의제도 양보하지 않았다.

회담 초기의 주요 난제는 예상했던 것처럼 휴전선의 위치였다. 공산 측은 38도 선을 주장했지만, 우리는 워싱턴의 완전한 지지를 받아 휴전선은 군사적 현실에 더 부합하는 위치여야 한다고 주장했다. 우리는 방어가 어려운 38선 남쪽에 있는 임진강 북쪽과 예성강 서쪽 지역은 양보할 준비가 되어 있었다. 하지만 다른 곳에서는 현재 접촉하고 있는 선을 따라서 완충지대를 설치하기를 원했다. 아군을 38선으로 철수시켜 방어할 수 없는 선에 배치하는 것은 사실상의 항복이나 다름없었다. 현재의 적과 접촉하고 있는 선을 기준으로 하는 것만이 유일한 현실적 방안으로 보였다. 또한, 우리는 제해권과 제공권 확보에 좀 더 치중해야 한다고 생각했다. 정전과 함께 군대를 철수할 경우에는 그동안 이점으로 작용한 제해권과 제공권을 포기해야 했기 때문이다.

회담이 지연되면서 공산 측은 아군을 38선으로 밀어내 자신들이 제안한 휴전선을 군사적 현실에 조금 더 가깝게 만들기 위해 안간힘을 썼다. 하지만 당시 아군의 방어력은 적이 뚫기에는 너무 강했다. 그래서 정전협상 중간에도 피비린내 나는 치열한 전투가 계속되었고, 피아 접촉선[88]은

---

88 피아 접촉선: 당시 피아는 대략 와이오밍 선(전곡-철원-김화-화천호)보다 약간 전방에서 접촉하고 있었으며, 결국 그 선을 중심으로 현재와 같은 군사분계선이 그어졌다.

내가 도쿄에 있던 내내 변함이 없었다.

물론 아군이 다시 압록강으로 진격해서 적을 한반도에서 완전히 격퇴해야 한다는 주장도 있었지만, 밴 플리트 장군의 견해는 달랐다. 군사적 현실을 제대로 인식한 사람이라면, 제한된 군사력만으로는 완전한 승리를 달성할 수 없다고 생각했을 것이다. 내 후임으로 유엔군사령관이 된 마크 클라크^{Mark Clark} 대장은 정전협정이 조인된 지 1년이 지난 후 다음과 같은 글을 썼다. "우리는 한 번도 충분한 병력을 가지고 있지 못했던 반면, 적은 우리의 공세를 막을 수 있을 뿐만 아니라 작은 성과를 거두고 유지할 수 있는 충분한 병력을 갖고 있었다. 아군이 완전한 승리를 달성하려 했다면, 더 많은 훈련된 사단과 더 많은 공군과 해군의 지원이 필요했을 것이고, 대규모 인명 피해가 발생했을 것이며, 우리가 스스로 제한한 압록강 북쪽에 대한 공격 금지 원칙 철회가 불가피했을 것이다." 압록강 북쪽에 대한 공격 금지를 철회하면 일본 본토가 적의 공격에 노출될 것이고 만약 그렇게 되면 전쟁은 확대될 것이 분명했다. 당시 미국의 책임 있는 지도자 가운데 그러한 방안을 국민에게 설명하며 주장할 수 있었던 사람은 아무도 없었다.

공산주의자들과의 정전협상은 극동군사령부에 근무하는 내내 나의 가장 큰 관심사였다. 정전협상은 지루하고 짜증나며 따분하고 중단과 재개를 반복하고 실망스러워서 나는 살상행위가 조기에 끝날 것이라는 희망을 포기했다. 판문점에서 불과 22km 떨어진 임진강 변의 작은 마을인 문산 변두리 사과 과수원에 설치된 베이스캠프는 상설 시설로 발전했다. 그곳에는 배구장과 야구장, 편자 구덩이^{horseshoe pits}, 스키트 사격장까지 구비되어 있었다. 텐트 안에서는 영화가 상영되었고 사교 클럽도 있었다. 병사들과 위관 및 영관장교를 위한 별도의 식당도 있었다. 헬기장과 회의장 텐트가 추가되었고, 언론 기자들은 약 1.5km 떨어진 철길 옆 "언론 기자용 기차^{Press Train}"에서 머물렀다. 이러한 시설들은 앞으로도 수년간 유지될 것처럼 보였다.

한국전쟁 전체를 통틀어 가장 골치 아픈 비전술적 문제 중 하나가 될 전쟁포로 폭동은 정전협상과 밀접한 관련이 있었다. 한동안 전쟁포로들은 협상을 완전히 방해하겠다고 위협했다. 이러한 전쟁포로 소요는 아시아 사람들에게 미국은 잔인한 침략자이며 오직 중국만이 그에 맞설 수 있다는 것을 심어주기 위해 공산주의자들이 의도적으로 세운 장기 계획의 일부라는 확실한 증거가 있다. 극동군사령관 재임 기간이 끝나갈 때쯤 이 문제가 불거졌기 때문에 그것을 내 후임인 클라크 장군에게 넘겨주지 않기 위해 빨리 해결해야 한다는 절박함을 느꼈다. 하지만 그것은 쉽게 해결될 수 있는 문제가 아니었다. 전쟁포로 문제는 자연적으로 발생하거나 갑자기 생긴 문제가 아니었다. 그것은 중국과 북한의 공산군 최고사령부의 교활하고 치밀한 계략의 추악한 부산물에 불과했다. 적은 전쟁포로 문제를 이용해서 우리 측 협상 대표들을 압박했고 선전 선동에서 유리한 고지를 차지하려고 했다.

CHAPTER 8

전쟁의 막바지 :
포로수용소 폭동, 클라크 장군과의 교대,
그리고 정전협정 서명

1951년 1월 6일경 나는 전쟁포로 문제를 어떻게 해결할 것인가 하는 문제에 대해 관심을 가지게 되었고 맥아더 장군에게 보낸 서신에 이 문제를 포함시켰다. 당면한 문제 중 내가 걱정했던 부분은 약 14만 명의 전쟁포로들이 전투 지역에 너무 가까이 있다는 것이었다. 우리는 그들에게 식량과 물을 공급하고 그들을 감시하고 돌봐야 했다. 단지 수용시설을 지키는 데만도 우리 군대의 상당수(우리가 절약할 수 없는 것)가 필요했고, 그들을 먹이고 입히고 수용하기 위한 물자를 운반하기 위해 우리의 부족한 운송 수단의 상당 부분을 동원해야 했다. 만약 우리가 한반도에서 철수해야 한다면, 그들의 처리 문제를 놓고 노심초사할 것이다. 만약 우리가 전쟁을 계속한다면, 전쟁포로의 관리와 의료 및 의복 지원, 그리고 심지어 먹는 물까지 지원하기 위해 아군 군수지원 노력의 상당 부분을 투입해야 할 것이다.

내 서신을 받은 맥아더 장군은 자신이 이미 전쟁포로들을 미국으로 이송하라고 권고했다고 나에게 통지했다. 그렇다고 전쟁포로들을 일본으

●●● 1951년 4월 부산에 있는 포로수용소에 수용되어 있는 북한군과 중공군 전쟁포로들. 14만 명에 달하는 전쟁포로들을 위한 수용소 장소로 제주도가 우선 검토되었으나 엄청난 시간과 비용의 문제로 거제도에 수용하기로 결정되었다. 〈사진 출처: WIKIMEDIA COMMONS | United States Information Agency | Public Domain〉

로 보낼 수도 없었다. 그들의 존재가 일본 국민의 분노를 유발할 가능성이 있을 뿐만 아니라 일본에 그들을 수용할 포로수용소를 설치하면 일본인들의 호전성을 자극할 수도 있었기 때문이다. 워싱턴이 전쟁포로 이송에 대해 즉시 결정을 내리지 못하자, 결국 한국 남부 해안의 큰 섬에 있는 수용소에 그들을 수용하는 계획을 세웠다. 처음 고려한 곳은 제주도였다. 하지만 제주도에는 25만 명 정도의 거주민들이 있었다. 원래의 계획대로 전쟁포로들과 한국군 및 민간 인력, 수용소를 지키고 유지하기 위해 필요한 병력을 함께 이동시킨다면 제주도의 인구는 두 배 이상 증가하게 될 것이다. 엄청난 시간과 비용을 들이지 않고서는 제주도가 그러한 대규모 인원 유입을 감당할 수 없었다. 그래서 나는 제주도에 수용하는 방안을 반대했다.

결국 부산 남서쪽으로 불과 몇 km 떨어진 훨씬 작은 섬인 거제도로 전쟁포로들을 이송하기로 결정했다. 거제도가 기본적으로 수용소를 설치할 만한 지역은 아니었기 때문에 이것은 최선의 선택은 아니었다. 바위투성이에 대부분 산지로 이루어져 수용소를 건설하고 적절히 분산시키는 데 필요한 평지가 거의 없었다. 결국 거제도는 계획했던 것보다 훨씬 더 많은 사람들로 가득 찼다. 게다가 전쟁포로의 수가 급격히 증가하면서 더 많은 경계병과 지원 인력들이 필요하게 되었고, 포로수용소에는 수용 인원보다 더 많은 전쟁포로들이 수용되어 적절한 감독이나 규제를 하기 어려웠다. 그 결과, 공산주의자들은 우리가 그때는 전혀 알지 못했던 대규모 시위, 폭동, 반란, 탈옥, 그리고 반공포로들에 대한 탄압 계획을 비교적 쉽게 실행할 수 있었다. 포로수용소를 책임지도록 우리가 배치한 인력들은 이러한 음모를 탐지하거나 주모자를 식별하고 격리하는 데 필요한 자질인 경계심이 전혀 없었다.

거제도에는 4개의 철조망 울타리가 설치되어 있었다. 각 철조망 울타리 안에는 8개의 수용시설이 있었으며, 각 수용시설에는 대략 6,000명의 포로들을 수용할 계획이었다. 하지만 1952년이 되자 전쟁포로들의 수가 폭증해서 거제도 남쪽의 다른 섬인 봉암도(지금의 추봉도)와 처음 고려되었다가 취소된 제주도에도 수용해야 할 지경이었다. 각 수용시설이 위험할 정도로 가까이 붙어 있었고 경계병도 충분하지 않았으나, 정전협상 시작 전까지는 큰 문제들이 발생하지 않았다. 하지만 정전협상이 시작되면서 우리가 모르는 사이에 남일을 중심으로 한 북한군 최고사령부가 유엔군의 이미지에 손상을 주기 위해 일련의 계략을 꾸몄다.

●●● 1951년 8월 1일 개성에 있는 정전협상장에서 소련제 차량에 앉아 출발하기를 기다리고 있는 남일. 남일을 중심으로 한 북한군 최고사령부는 유엔군의 이미지에 손상을 입히기 위해 거제도 포로수용소를 이용했다. 최고사령부의 명령을 포로들에게 전달하기 위해 의도적으로 항복하여 포로수용소에 수용된 공산당 지도자들은 포로들을 복종시키기 위해 당의 정책에서 벗어난 모든 행위에 대한 인민재판과 사형 판결을 포함한 정규 징계 체계를 만들어 반공포로들을 철저히 탄압했으며, 영향력이 있거나 전향이 어려운 포로들은 제거해버렸다. 〈사진 출처: WIKIMEDIA COMMONS | U. S. Navy | Public Domain〉

이러한 계략들을 제대로 준비하고 적시에 시행하기 위해서는 명령을 의심 없이 신속하게 수행할 잘 훈련된 "부대들" 간의 네트워크를 구축할 필요가 있었다. 그러기 위해서는 긴밀한 의사소통체계가 필요했는데, 포로수용소 내부는 공간이 좁고 시설들이 아주 가까이 나란히 배치되어 있어서 쉽게 의사소통을 할 수 있었다. 포로수용소에 수용된 공산당 지도자들—이들의 대다수는 최고사령부로부터 받은 명령을 전달하기 위해 의도적으로 항복했다—은 최고사령부의 명령을 온갖 방법을 동원해 각 수용시설에 전달했다. 최고사령부의 명령들은 최근 항복한 포로들이 돌멩이에 쪽지를 묶어 수용소에서 수용소로 던지기도 하고, 구호와 노래를 통해 더 먼 거리로 전달하거나, 보급품 속에 숨겨 전달하거나, 별도의 신호를 통해 전달하기도 했다. 의사소통체계는 거의 모든 장애물을 극복할 수 있을 정도로 정교했다.

　포로수용소 내 의무 병동들은 공산당 간부들을 위한 고위급 회의 장소가 되었다. 그들은 이곳에서 부하나 동료를 만나 포로수용소 내에서 일으킬 난동에 대한 세부사항을 협의하기 위해 꾀병을 부렸다. 그들은 포로들을 복종시키기 위해 당의 정책에서 벗어난 모든 행위에 대한 인민재판—심지어 사형도 서슴지 않았다—을 포함한 정규 징계 체계를 만들었다. 그들은 이러한 방법으로 반공포로들을 철저히 탄압했으며 영향력이 있거나 전향이 어려운 포로들을 제거해버렸다.

　정전회담이 순조롭게 진행되지 않자, 포로수용소는 남일의 지시에 따라 다시 한 번 요동치기 시작했다. 동시에 공산 측은 "서구 제국주의자들"의 만행에 대해 비난했다. 이것은 우리 측 협상 대표들의 귀에 상당히 거슬렸다(반면, 이것은 공산 측 기자들의 귀를 사로잡아 공산 측 언론에 그대로 보도되었다).

　포로수용소는 미 8군의 감독 아래 1949년 제네바 협정Geneva Convention을 엄격하게 준수하면서 운용되었다. 따라서 포로들은 더 이상 전투행위를 하지 않았기 때문에 제네바 협정에 의거해 인도적인 대우를 받았다. 동일 협정에 근거해 포로들은 "억류국의 군대에 적용되는 법률, 규칙, 명령"에 자발적 또는 비자발적으로 복종해야 하고, "억류국은 법률, 규칙, 명령에 대한 포로의 위반행위에 대하여 사법상 또는 징계상의 조치를 할 수 있다"라는 조항도 적용되었다(제82조). 하지만 우리와 달리 북한과 중국은 제네바 협정을 준수하겠다고 선언하지 않았으며 국제 적십자 대표단의 조사도 수용하지 않았다. 우리는 북한군이 아군 포로들을 어떻게 다루는지 이미 목격한 바 있었다. 그들은 아군 포로들의 손을 뒤로 묶고 뒤에서 총을 쏘곤 했다. 반면에 앞에서 설명한 대로 중공군은 (선전을 목적으로) 북한군보다는 좀 더 인도적으로 포로들을 대했다. 그러나 우리는 수용 중인 중공군 포로들에 대한 그들의 입장을 전혀 알지 못했다. 우리는 공산주의자들이 포로들을 철저하게 소모품처럼 생각했고 공산주의의 최종 승리에 기여할 수 있는 경우에만 가치가 있는 것으로 간주했다는 점을 사전에 예측했어야 했다. 하지만 우리는 이러한 점을 간파하지 못했다. 제네바 협정은 주로 포로들의 권리에만 치중되어 있었다. 우리는 포로수용소 내에서 강경하게 저항하는 포로들을 다루기 위해 강력한 조치를 취할 수 있는 억류국의 권리에 대한 특별한 조항이 필요하다는 것을 상상도 하지 못했다.

1952년 1월 본국 송환을 희망하는 포로와 반대하는 포로를 분류하는 과정에서 처음으로 이 문제가 실제로 일어날 조짐이 보였다. 그 전 해에 공산주의자들에 의해 군인이나 노동자로 강제 징용된 한국 민간인들을 분리하기 위한 심사가 있었다. 당시에는 별다른 저항이 없었고 약 3만 8,000명이 민간인으로 분류되어 석방되었다.

포로수용소 내에서는 때때로 난동이 발생했지만, 경비병이 처리할 수 없는 일은 없었다. 1952년이 되면서 포로 송환 문제를 정전회담에서 협의하기 시작했다. 워싱턴에서는 중공군 포로 중 본국 송환을 희망하지 않는 포로들의 강제 송환을 절대 승인하지 않았다. 공산 측은 이 문제에 대해 생산적으로 논의하자고 하면서 얼마나 많은 포로가 본국 송환을 희망하고 또 소위 망명을 희망하는지를 통보해달라고 요청했다. 이를 위해 우리는 포로들에 대해 또 다른 심사를 진행하기로 했다. 이번에는 판문점에서 공산 측 대표들이 직접 내린 명령에 따라 폭력적인 저항이 있었는데,

나중에 알게 된 바와 같이 공산 측 대표들은 협상 테이블에서 포로 본국 송환을 주장하는 자신들의 입장을 뒷받침하기 위해 그런 강력한 쇼가 필요했던 것이다.

한국인조사위원회가 포로를 조사하는 동안 질서를 유지하기 위해 미 27보병연대가 파견되었다. 한 수용시설에서는 각종 자체 제작 무기로 무장한 포로들이 날카로운 손잡이나 철조망으로 감아 만든 막대기, 칼, 도끼 등 온갖 종류의 금속과 심지어 텐트 지주 핀으로 만든 창 등으로 미 27보병연대 예하 1개 대대를 공격했다. 공산주의자들에 의해 대학살로 확대될 수 있는 살인을 피하는 것이 중요하다고 생각한 미군 병사들은 폭도들을 제지하기 위해 충격 수류탄concussion grenade을 사용했다. 하지만 결국에는 지휘관이 폭력시위 포로들을 향해 사격 명령을 내렸고 그제야 포로들은 물러나게 되었다. 이 과정에서 미군 한 명이 사망했고 다수의 포로가 사망했으며 수백 명이 부상을 입었다.

포로수용소를 거제도와 봉암도로 분산시키고 경비병을 증원하기로 한 것은 이 폭동 이후였다. 하지만 우리는 여전히 이 폭동 사건의 복잡한 내막에 대해 제대로 파악하지 못하고 있었다.

봄 내내 포로수용소 내에서는 난동이 급증했다. 포로들은 대규모 집회와 반미 문구가 적힌 현수막이나 북한 인공기를 게양하면서 온갖 종류의 조직적인 저항을 했다.

4월 말 거제도의 17개 수용시설 중 신원조사가 이루어지지 않고 있던 7개 시설에서는 폭력행위가 절정에 이르렀다. 분명한 점은 양측에 인명 손실이 발생하더라도 강제 진입과 구속을 통해서만 송환을 희망하거나 거부하는 사람들을 제대로 조사할 수 있었다는 것이었다. 밴 플리트 장군은 이 수용시설들을 안정화하기 위해 추가로 미군 대대들을 투입했고, 심각한 폭동이 발생할 시 즉시 거제도 포로수용소에 투입하기 위해 또 다른 전투부대들에게 인근 부산 지역으로 이동하라고 명령했다. 당시 밴 플리트 장군은 만약 통제가 잘 되지 않는 수용시설에 부대를 투입하면 신원조사가 이미 끝난 수용시설의 포로들도 폭동에 가담할 것이 분명하니 신중해야 한다고 나에게 조언했다.

나중에 결과를 알고 난 다음에 누군가는 차라리 그때 무력을 사용해 더러운 일을 끝내는 게 더 나았을 것이라고 말할 수도 있다. 만약 그렇게 했다면 많은 피를 흘렸겠지만, 그 일을 끝낼 수 있었을 거라는 점에는 의문의 여지가 없다. 나중에 우리 정보기관이 알아낸 사실이지만 당시 수용시설들에는 저항의식을 형성하고 확산시키려는 음모세력이 광범위하게 퍼져 있었다. 만약 그때 내가 그 사실을 알았더라면 다른 방식으로 조치했을 것이다. 하지만 당시에 우리는 공산당 수뇌부가 선전 선동을 통해 승리를 쟁취할 목적으로 어느 수준까지 자국민의 인명 희생을 각오했는지는 알지 못했다. 그것은 지금도 마찬가지다.

정전협상이 순조롭게 진행되는 것처럼 보이자, 나는 포로들에 대한 신원조사를 유예하고 폭력적인 수용시설 내 모든 포로들이 본국 송환에 찬성한다고 선언한 것으로 집계할 수 있도록 허가해달라고 합참에 요청했다. 합참은 즉시 이를 승인했다. 이 수용시설들 내에서 본국 송환에 강하게 반대하는 포로들은 실제 포로 교환이 진행되기 전이나 심지어 교환이 이루어지는 동안에도 자신의 의사를 알릴 수 있을 것이라고 믿었다. 나는 공산주의자들이 유엔군사령부에 대한 부정적인 여론을 확산시킬 기회를 상실했다는 점과 평화가 가까워지고 있는 시점에 더 이상 이런 식으로 인명 피해가 발생하지 않을 것이라는 점을 생각하니 기뻤다. 그렇다고 포로수용소 내 규율이나 통제 방식을 느슨하게 할 생각은 없었다. 전쟁포로들을 취급하는 권한을 8군 사령관에게 위임하기는 했지만, 궁극적으로 전쟁포로들은 유엔군사령관인 나의 관할 하에 있었다. 전쟁포로에 대한 주된 책임은 8군 사령관에게 있었기 때문에 나는 즉시 그에게 주어진 책임을 다해야 한다고 상기시켜야 했다.

5월 초 극동군사령부 헌병사령관이 거제도 포로수용소를 방문하여 검열한 후 심각할 정도로 느슨한 통제에 대한 불편한 내용이 담긴 보고서를 나에게 가지고 왔다. 유엔군 장교들이 포로들에게 납치되어 짧은 기간이지만 인질이 되었던 사례들도 다수 발생했다. 일부 극렬하게 저항하는 포로들은 음식물이나 보급품조차 거부하고 있었다. 나는 즉각 밴 플리트 장군에게 연락해 신원조사 프로그램은 중단하더라도 적절한 통제는 유지할 필요가 있다고 강조했다. 그는 헌병사령관이 자신에게는 알리지 않고 극동군사령부에 바로 보고했다는 사실을 못마땅해하는 눈치였다.

이 보고서를 읽고 나는 왜 곧바로 이어진 놀라운 사건들을 예측하고 대비하지 못했는지 이해할 수 없었다. 5월 7일 포로들은 포로수용소장이었던 프랭크 도드Frank Dodd 준장을 납치하고 그들의 요구사항이 관철되지 않는다면 도드 준장을 죽일 것이라고 위협했다. 도드 장군은 개인 경호도 없이 공산주의자 포로들의 불만 사항에 대해 논의하기 위해 그들을 만났다. 포로들은 일단 수용소장을 납치하자 발포하면 그의 목숨은 담보하기 어려울 것이라고 말했다. 도드 준장 자신도 저녁 5시까지 자신의 석방을 위해 군대를 보내지 말 것을 요청하는 메시지를 보냈다(그때는 늦은 오후였다). 밴 플리트 장군도 자신의 승인 없이는 도드 장군을 석방하기 위해 부대를 투입해서는 안 된다고 지시했다. 이 문제는 단순히 도드 장군의 목숨만 걸린 문제가 아니었다. 포로들의 대규모 탈주 시도가 임박한 것처럼 보였고, 부대를 투입하면 포로들과의 대격전이 벌어질 것 같았다. 포로들의 대규모 인명 손실과 그에 따른 처참한 결과가 불가피할 것으로 보였다.

이 사건은 대통령 선거에 공화당 후보로 출마할 준비를 하고 있던 아이젠하워 장군의 후임으로 내가 나토 최고사령관에 임명되어 유럽으로 떠나기 전날 밤 발생했다. 내 후임 유엔군사령관으로 임명된 마크 클라크 Mark Clark 대장은 도드 장군이 포로들에게 붙들렸다는 소식이 전해질 때쯤 이미 도쿄에 와 있었다. 나는 이 문제를 논의하기 위해 5월 8일 아침 일찍 주요 참모진 회의를 소집할 것을 참모장 히키 장군에게 요청했다. 회의 직후 나는 한국으로 떠날 예정이었다. 나는 나흘이 지나면 클라크 대장이 이 문제를 책임져야 했기 때문에 그에게 함께 가겠냐고 물었다 (나는 합참 명령으로 5월 12일 도쿄를 떠날 예정이었다). 하지만 나는 밴 플리트 장군과 함께 이 골치 아픈 문제에 대한 해결책을 마련하기로 결심하고 이렇게 갑자기 클라크 장군에게 이 문제를 떠넘기지 않기로 했다.

우리가 서울에 도착하기 전 밴 플리트 장군은 부산에 있는 부대를 거제도 포로수용소에 투입하여 증원하라는 지시를 내렸다. 그리고 공식적으로 도드 준장을 해임하고 그 후임으로 미 1군단 참모장 찰스 콜슨 Charles Colson 준장을 보내 포로수용소를 지휘하도록 했다. 콜슨 준장은 5월 8일 거제도 포로수용소에 도착했다. 그는 즉각 공산주의자들에게 도드 준장은 더 이상 수용소장이 아님을 알렸고 지정된 최종 기한 내 도드 장군을 무사히 석방하지 않는다면 유엔군 부대가 수용소 내부로 강제 진입해서 그를 석방할 것이라고 경고했다.

한편 공산주의자들은 중개자 역할에 동의한 도드 준장을 통해 그들의 요구사항을 제시했다. 처음에 그들은 전쟁포로협회POW association 결성에 대한 승인과 각 수용소 간 전화 사용과 차량 운행을 요구했다. 나와 클라크 장군이 한국에 도착했을 때 밴 플리트 장군은 도드 준장의 석방을 위해 포로들과 협상을 준비하고 있다고 보고했다. 이 말은 최소한 48시간이나 도드 준장의 석방이 지연되고 있다는 것을 의미했다. 나에게 이러한 시간 지연은 우리가 공산주의자들에게 밀리고 있다는 것을 의미했기 때문에 절대 수용할 수 없었다. 하지만 시행하는 모든 조치가 정전협상에 영향을 미치게 되리라는 것을 알고 있었기 때문에 관련 명령을 하달하기 전에 협상 수석대표였던 조이 제독과 상의하기로 했다. 우리는 서울로 가서 조이 제독을 만났다. 그는 타협적인 모든 조치가 공산주의자들에게는 항복의 표시로 받아들여질 것이라는 내 의견에 전적으로 동의했다. 또한 도드 준장의 즉각적인 석방을 요구하면서 무력 사용도 불사하겠다는 의지를 보여줌으로써 그 요구를 관철해야 한다고 했다.

나는 곧바로 밴 플리트 장군에게 포로수용소 내 질서를 즉각 회복하도록 서면으로 지시했다. 심지어 전차를 포함하여 필요한 모든 병력을 동원하여 질서를 유지하도록 지시했다. 밴 플리트 장군은 즉시 미 3사단 전차대대에게 현재 위치에서 남쪽으로 300km를 이동해 상륙함LST을 통해 거제도로 이동하라는 명령을 내렸다. 나는 만약 공산주의자들이 저항하거나 우리의 요구 이행을 지연시킨다면 모든 화력을 사용하여 발포할 결심까지 했다. 내가 내린 명령으로 인해 공산주의자들이 도드 준장에게 위협을 가할 수도 있다고 생각했다. 어쩌면 그것은 당연한 결과였고 나는 그 결과에 책임질 준비를 하고 있었다. 나는 밴 플리트 장군이나 다른 이들의 바람처럼 한 전우의 생명을 구해야 한다는 것에 공감했지만 도드 장군이 다른 군인들처럼 군인이라는 직업을 선택한 이상 끔찍한 죽음의 위험을 받아들일 것이라고 생각했다. 이미 많은 사람들이 우리 정부가 공산주의자들에게 저지르지도 않은 범죄를 자백하기를 거부하거나 포로 본국 송환에 대한 우리의 입장을 고수하다가 목숨을 잃었다.

전시에 장군의 목숨이 일반 병사의 목숨보다 더 가치 있다고 보기는 어렵다. 각자는 안전, 자유, 그리고 조국의 명예를 지키기 위해 매일 목숨을 걸어야 한다. 만약 한 장교의 생명을 구하기 위해 병사들이 목숨을 바쳤던 대의를 우리가 저버리게 된다면 우리는 목숨을 우리에게 맡긴 병사들을 배신한 죄를 지게 될 것이다.

이것은 단순한 보안 문제가 아니었다. 공산주의자들은 포로수용소 내 모든 합법적 명령을 무시하고 자신들이 여전히 전투원이라고 생각하고 우리 군대를 공격하고 압도하려고 했다. 이것은 지난 2년간 우리가 전투를 수행하면서 적과 타협하기보다는 매시간 죽음을 무릅썼던 전투와 다름없는 또 다른 전투였다. 이것들이 도드 장군에게 죽음을 의미할지도 모르는 명령을 내릴 때 내가 느끼고 생각한 것들이었다.

하지만 밴 플리트 장군은 부분적으로는 전차대대의 도착 지연과 명확하지 않은 또 다른 이유 때문에 내 명령의 이행을 연기했다. 중개자 역할을 했던 도드 장군은 공산주의자들로부터 포로수용소 당국이 행한 포로 살해와 상해에 관한 여러 가지 혐의에 대해 추궁을 받고 (공산주의자들의 주장에 따르면) 일부 사건에 대해 수용소 측에 책임이 있다고 시인하기까지 했다. 후임 포로수용소장 콜슨 장군은 만약 도드 장군이 5월 10일 아침 10시까지 석방되지 않는다면 수용소 내부로 강제 진입을 하도록 부대에 지시했다. 마침내 투입 병력과 전차들이 진입 준비를 완료하자, 공산주의자들은 이전에 제시한 것보다 훨씬 더 광범위하며 유엔 당국에게 치욕적인 새로운 요구사항을 제시했다. 그들의 요구사항에는 제2차 세계대전 당시 나치가 저지른 것보다 더 야만적인 범죄를 시인하도록 요구하는 내용이 포함되어 있었다. 다음은 당시 공산주의자들이 요구했던 내용을 일부 발췌한 것이다.

1. 귀측 지휘부가 자행하는 야만적 행위, 모욕, 고문, 강제집회, 협박, 감금, 대량학살, 사살, 독가스 사용, 포로를 세균무기와 원자폭탄의 실험 대상으로 사용하는 일체 행위를 즉시 중단할 것.
2. 북한군과 중공군 포로들에 대한 불법적이고 비합법적인 자발적 송환 조치를 즉각 중단할 것.
3. 북한군과 중공군 포로 수천 명을 강제로 구금시키는 신원조사를 즉각 중단할 것

요컨대, 공산 측은 라디오 방송을 통해 줄곧 우리에게 제기한 모든 터무니없고 근거 없는 혐의들과 판문점 회담장에서 우리 협상 대표들이 강

경하게 고수한 포로 송환 정책에 대한 책임을 인정하라고 유엔군사령부에 요구했다. 이는 피비린내 나는 전투에서 패하는 것만큼이나 굴욕적이고 큰 충격을 안겨주었다. 포로수용수장 콜슨 장군은 그의 직속상관인 폴 욘트Paul Yount[89] 장군과 상의 후 상대적으로 중요하지 않은 한 가지를 제외하고 공산 측이 제기한 모든 혐의를 부인하고 추가 신원조사를 중단하는 데 동의하는 답변 초안을 작성했다. 상호 서신 교환과 답신 준비, 그리고 지루한 번역 작업에 많은 시간이 허비되었기 때문에 첫 번째 최종 기한은 별다른 조치 없이 지나갔다.

이 무렵 새로운 요구사항들이 사령부에 도착하자, 나는 즉시 밴 플리트 장군에게 연락해 유엔의 대의에 심각한 해가 되지 않게 콜슨 장군의 답신을 잠시 보류하도록 지시했다. 아울러 내 명령에 따라 포로수용소장이 조치하고 있는 사항들에 대해 정확하고 즉각적인 보고를 받지 못하고 있다는 점을 지적하고, 5월 8일에 어떠한 부대를 투입해서라도 반드시 수용소의 질서를 확립하라고 했던 내 지시를 왜 포로수용소장이 이행하지 않았는지 이해할 수 없다고 말했다.

"최종 기한"을 10시간 넘긴 5월 10일 저녁 8시에 콜슨과 도드 장군이 공산 측에 보낼 답신 초안을 작성했다. 그 내용은 공산 측에서도 수용할 만한 것이었다. 다음과 같이 답신의 첫 문장에서 전임 포로수용소장은 포로 측 지도자들에 의해 날조된 최악의 혐의들 중 한 가지에 대해서는 인정한다고 밝혔다.

1. 귀측에서 제기한 제1항에 대해 나는 유엔군에 의해 많은 포로가 사망하고 부상자가 발생한 유혈사태들이 있었음을 인정한다. 나는 앞

---

89 폴 욘트(1908-1984): 한국전쟁 초기인 1950년 8월 25일 부산에 위치한 제2군수사령관에 임명되었다. 동시에 거제 포로수용소 관리를 책임지고 있었는데 도드 준장 납치 사건 직후 조사 위원회를 개최하기도 했다. 이후 미 본토로 귀국 후 수송사령관 직책을 끝으로 전역했다.

으로 포로들이 국제법 원칙에 따라 수용소 내에서 인간적인 대우를 받을 수 있도록 조치할 것이다. 폭력행위와 유혈사태가 더 이상 재발하지 않도록 나의 권한 범위 내에서 모든 노력을 할 것이다. 만약 앞으로 이러한 사건들이 또다시 발생한다면 내가 책임질 것이다."

공산주의자들은 그날 늦은 시간까지 막판 타결을 지연시키며 더 구체적인 혐의 인정을 끌어내려고 했다. 그 후 그들은 목적한 바를 달성했는지 부대 투입을 자극할 필요는 없다고 결론 내리고 도드 준장을 5월 11일 밤 9시 30분에 석방했다. 다음 날 오후 나는 하네다 공항에서 출국하기로 예정되어 있었다. 포로수용소에 완전한 평화를 정착하기 위해 추가적인 조치들이 필요하다는 것은 분명해 보였다. 하지만 그것들은 몇 시간 후 지휘권을 인수하게 될 클라크 대장의 결정이 필요했다. 나는 다음 날 아침 8시에 클라크 장군에게 지휘권을 이양하기로 했고 그도 동의했다.

클라크 대장은 거제도 포로수용소의 통제를 회복하기 위해 향후 며칠 동안 결단력 있는 조치를 내렸다. 그는 헤이든 보트너Haydon Boatner 준장(나중에 소장으로 진급)에게 필요한 조치를 취하도록 명령했고, 보트너 장군은 신속하고 효과적으로 움직였다. 그는 모든 민간인 거주자에게 섬에서 즉시 떠나라고 지시했고 참모 조직도 재편성했다. 또한 공병을 투입해서 수용소를 다시 짓고 각 시설에 수용되는 포로 수가 500명을 넘지 않도록 했다. 경비병들은 반유엔 현수막들이 걸리거나 북한 인공기가 보이는 수용소는 어디든 진입해 모든 필요한 무력을 사용해서 그것들을 제거하라는 명령을 받았다.

공산주의 포로 지도자들은 자신들의 힘을 약화시키려는 이러한 조치에 저항하기로 결심했다. 그들은 음식 조리에 사용되는 휘발유로 만든 화염병을 비롯해 온갖 조잡한 무기들을 몰래 만들었다. 한 수용소 입구에는 저항하는 의미로 호를 파놓기도 했다. 밴 플리트 장군은 보트너 장군의 부대를 증원하기 위해 187공정연대를 거제도로 투입하도록 명령했고, 그들은 6월 10일 수용소 내부로 진입했다. 공산 포로들은 분류를 위해 소그룹으로 분산시키는 조치에 반항했다. 하지만 부대들은 숨겨놓은 휘발유 저장소에 불을 지르는 등 저항하는 포로들을 최루가스와 소총을 사용해서 조직적으로 소탕했다. 약 1시간 반이 지나자, 포로들의 저항은 끝이 났다. 이 과정에서 150명이 넘는 포로가 죽거나 다쳤고, 미군 1명이 사망하고 13명이 부상을 입었으며, 건물이 불타는 피해가 발생했다. 이후에도 산발적으로 폭력과 저항 행위가 발생하기는 했으나, 포로수용소는 잘 관리되었다. 반공포로들은 신원조사 후 별도의 공간에 분리해 수용했다. 공산주의자들은 500명 이하로 분산했고, 폭동행위들은 최루가스로 신속하게 진압했다.

정전회담이 계속되는 가운데 수용시설에서는 다른 위험한 일들도 많이 발생했다. 대규모 폭동이 1952년 12월 봉암도에서 발생했다. 극렬분자들이 대량 탈주를 시도하는 과정에서 85명이 사망하고 100명이 넘는 부상자가 발생했다. 얼마 후 공산주의자들이 폭동을 준비하며 쓴 자필문서가 입수되었다. 여기에는 공산주의자들이 체제 선전 선동을 위해 자신의 목숨을 기꺼이 희생하려는 결연한 의지가 분명하게 담겨 있었다.

자필문서는 이렇게 시작했다. "우리 공산주의 전사들은 명예롭게 죽기로 결심했다. … 우리는 이 싸움에서 수치스런 우리의 목숨 이외에는 잃을 게 없다. 이것은 자유를 위한 것이며, 영광스런 승리를 위한 것이다. 조국인 한국의 아들이자 위대한 스탈린의 영광스러운 전사들은 미국 제국주의자들의 비인도적이고 잔인하며 야만적이고 학살을 일삼는 폭력행위를 적나라하게 폭로했고, 이것은 평화를 바라는 전 세계 사람들, 조국, 당, 그리고 모든 민주국가의 사람들이 복수를 외치게 만들었다."

우리가 좀 더 서둘러 강력한 조치를 취했다 하더라도 공산주의자들이 이런 기회를 이용해 선전 선동하는 것을 막을 수 있었을지는 의문이다.

공산주의자들이 미국인들을 살인자로 몰아 아시아 언론의 헤드라인을 장식할 수 있는 한, 그들이 희망 없는 싸움에 더 많은 피를 쏟는 것을 주저했을 것이라고 믿을 이유는 없었다. 그러나 나는 내 지시에 따라 거제도 포로수용소 포로들의 반항을 신속하게 진압했다면 공산주의자들이 억지 주장을 펴지 못했을 것이고 정전을 좀 더 앞당겼을 것이라고 생각한다.

나는 5월 12일부로 지휘권을 이양하고 극동을 떠났기 때문에 한국에서의 전쟁은 이제 더 이상 내 책임이 아니었다. 조이 제독은 공산주의자들이 동의할 만한 협상안을 마지막으로 제시한 후 협상 수석대표직에서 물러나길 요청했다. 그는 10개월 이상 탁월한 능력과 인내심으로 그 직책을 수행했다. 그리고 5월 22일에 내가 전에 협상 대표로 임명한 윌리엄 K. 해리슨 중장이 조이 제독의 자리를 대신했다. 해리슨은 유명한 티페카누 전투Battle of Tippecance에서 활약한 미국 제9대 대통령 윌리엄 헨리 해리슨 William Henry Harrison의 직계 후손이며, 정전협정이 체결될 때까지 자리를 지켰다.

전선의 상황은 점점 제1차 세계대전의 양상을 닮아가고 있었다. 전투가 벌어진 곳에는 대부분 깊게 파인 엄체호, 참호, 철조망 방어선, 광범위한 전초기지들이 있었다. 적이 포병 전력을 증강시키면서 수적으로 증가했을 뿐만 아니라 효율성도 향상되었기 때문에 감제고지를 점령하는 일이 중요해졌다. 따라서 전초선을 따라 벌어지는 혈전은 끈질기게 계속되었다. 7월과 8월에는 폭우로 인해 장기간 소강상태가 이어졌지만, 날씨가 좋아지자마자 적은 특히 '철의 삼각지대' 좌우측의 철원과 김화 지역을 중심으로 아군 전초진지를 점령하고 고수하기 위해 필사적으로 노력했다.

이제 그 수가 한국군의 절반 이상으로 늘어난 유엔군[90]은 중요 전초진지들을 고수하거나 역습해서 재탈환하고 많은 곳에서 중공군 방어선 깊

---

90 1952년 6월 30일경 유엔군의 수는 약 26만 5,864명에 달했다.

●●● 1952년 7월 3일 밴 플리트 미 8군사령관(뒷줄 오른쪽), 훈련소장인 장도영 준장(왼쪽 두 번째) 등과 함께 차량에 탑승해 제주도 제1훈련소를 시찰하는 이승만 대통령(가운데). 훈련 강화를 위한 밴 플리트 장군의 새 프로그램에 따라 한국군 부대들은 능력을 갖추게 되었고 스스로 싸울 수 있는 군대로 발전했다. 〈사진 출처: WIKIMEDIA COMMONS | Public Domain〉

숙이 침투해 주요 고지를 탈취하거나 확보할 수 있었다. 이러한 전초전에서 적의 인명 손실은 상당했다. 중공군이 철수한 지역에는 수백 명의 시체가 발견되기도 했다. 늦가을 동부 전선에서는 대규모 적이 아군 주저항선 돌파를 시도했으나 초기 침투 후 아군에 의해 격퇴되었고 저항선은 회복되었다. 또다시 적은 대규모 피해를 입었고, 인명 손실을 고려하지 않은 채 아군 진지로 병력을 투입하거나 아군 총구 앞에 전사자들을 버리고 가는 통상적인 전술을 계속 시도했다.

아군 공군과 해군의 정밀 대량 폭격이 계속되는 가운데 아군의 진지에 떨어지는 적 포탄들도 계속 증가했다. 1952년 9월 어느 날에는 4만 5,000발 이상의 적 포탄이 8군 전선 지역에 떨어지기도 했다. 10월에는 하루 동안 9만 3,000발이라는 기록적인 양의 포탄이 떨어졌다. 적 포병 사격의 정확성 또한 향상되었고 전술도 발전했다. 적은 이제 단일 표적에 대해 집중사격을 할 수 있게 되었고, 아군 정밀 폭격에 맞서 수시로 진지를 바꾸기 시작했다.

훈련 강화를 위한 밴 플리트 장군의 새 프로그램에 따라 한국군 부대들은 능력을 갖추게 되었고 스스로 싸울 수 있는 군대로 발전했다. 이로써 밴 플리트 장군은 모든 지역에서 한국군을 운용할 수 있게 되었는데, 1952년 말에는 한국군이 전선에 배치된 부대의 4분의 3을 차지하게 되었다. 1952년 12월에는 전선에 배치된 16개 사단 중 11개 사단이 한국군이었고, 나머지는 3개 미군 사단, 1개 미 해병사단, 그리고 1개 영연방 사단이었다. 다른 한국군 부대들은 미군 사단을 지원했으며, 한국군 1개 해병 연대가 미 해병 1사단에 배속되기도 했다. 게다가 밴 플리트 장군은 한국군 1개 사단과 미군 3개 사단을 예비대로 보유할 수 있게 되었다.

1953년 1월 추가적 이동으로 전선에는 한국군 12개 사단과 유엔군 8개 사단이 배치되었다. 추가 병력의 대부분은 철의 삼각지대를 담당하고 있었던 미 9군단 지역에 배치되었다. 적은 이곳에서 아군의 주저항선을 돌파하고 주요 고지에 있는 아군 전초들을 점령하기 위해 필사적으로 노력하고 있었다.

이제 미 8군과 한국군 병력은 근무지원부대[91]와 치안담당 부대를 포함해 총 76만 8,000명에 이르렀고, 전선을 따라 그들과 대치하고 있던 적은 거의 100만 명에 달했다. 적은 중공군 7개 군과 북한군 2개 군단 약 27만 명을 전선 지역에 배치했고, 중공군 11개 군과 북한군 1개 군단 약 53만 1,000명을 예비로 보유하고 있었다.

1952년에 공중전은 전례 없는 규모로 수행되었다. 5공군은 8월 29일 해병대와 공군, 그리고 해군 항공기와 호주 및 영국군 항공기 등으로 구성된 수백 대의 공중 전력으로 평양 지역을 폭격했다. 군 지휘시설과 보

---

91 근무지원부대: 전투부대가 효과적으로 전투 임무를 수행하는 데 필요한 보급, 정비, 의무 및 기타 지원 업무를 담당하는 부대.

●●● 1952년 11월 4대의 F-86E 세이버 전투기가 북한 지역 상공을 비행하고 있다. 적은 아군의 F-86 세이버 전투기들의 폭격에 대항해 미그기를 출격시켰지만, 아군은 공군 조종사들의 월등한 기량 덕분에 제공권을 계속 유지할 수 있었다. 〈사진 출처: WIKIMEDIA COMMONS ㅣ U. S. Air Force ㅣ Public Domain〉

급 기지, 정비 시설, 철도 기지와 각종 부대가 집중해 있었던 적의 수도 평양은 대규모 폭격으로 거의 초토화되었다. 적은 아군의 F-86 세이버 Sabre 전투기들의 폭격을 막기 위해 미그MIG기의 수를 대폭 증가시켜 출격 시켰다. 하지만 아군 조종사들의 월등한 기량으로 인해 제공권은 계속 유지되었다. 1952년 9월에는 5공군 조종사들이 미그-15기 64대를 격추했고, 세이버 전투기는 고작 7대만을 잃었다.

겨울 동안 전선 지역에서는 대규모 전투가 줄어들고 정찰 활동과 소규모 기습공격이 주로 이루어졌다. 전쟁이 이런 국면으로 접어들자, 적은 매복에 치중하는 듯 보였다. 아군 정찰팀들은 적 부대가 계곡과 숲이 우거진 산허리를 따라 매복하고 있는 모습을 자주 관측할 수 있었다. 교착상태가 뚜렷해졌음에도 사상자 수는 모든 전선 지역에서 계속 늘어나고 있었다. 방어전에서는 아무것도 하지 않고 그냥 앉아서 버티고 있는 것이 불가능했다. 아군이 확보한 지역은 조금씩 늘었지만, 적이 너무 강해서 북쪽으로 더 이상 밀어붙일 수 없었다. 아군은 주저항선으로부터 적과 적절한 거리를 유지하면서 적의 방어력 증가를 제한하기 위해 여전히 적극 방어를 수행했다. 이런 유형의 전투에서는 공격적인 태도를 유지하는 것이 필요하다. 느슨함은 총체적인 경계심의 결여로 이어지고 기습공격을 받을 경우 신속하게 사기가 저하될 수 있기 때문이다. 그 결과, 전선 지역의 어디에선가는 항상 밤낮으로 치열한 전투가 벌어지게 되었다. 아군은 필사적으로 전초진지를 방어하려고 애쓰며 적에게 값비싼 대가를 치르도록 했다.

여름 동안 많은 주요 고지들의 주인이 수시로 바뀌었다. 강력한 포병 집중사격과 항공 타격의 지원 아래 아군은 단호한 의지로 역습을 감행해 적으로부터 고지를 되찾았다. 큰 대가를 치를 가치가 없는 몇몇 전초진지들도 있었지만, 전반적으로 서해의 무성한 해안 평야에서부터 동해의 기복이 심한 해안에 이르는 선을 따라 우리의 전선은 견고하게 유지되거나 조금씩 앞으로 돌출되었다. 우리는 중공군이 어떠한 힘을 가하더라도 전선이 남쪽으로 밀려나지 않을 것이라는 점을 조금씩 조금씩 그들에게 각인시켰다.

한국전쟁의 마지막 겨울, 또다시 전선에서는 적이 너무 깊이 파고드는 것을 막기 위해 8군이 중공군과 북한군의 진지를 향해 대규모 기습을 감행한 경우를 제외하고 대규모 전투가 줄어들고 간혹 전초기지를 따라 발이 꽁꽁 언 정찰대 간의 충돌만 있었다. 포병 집중사격과 긴밀하게 협조된 공습이 이루어지는 가운데 한꺼번에 적을 타격할 수만 있다면, 소규모 유엔군이라고 해도 적을 생포하고 죽이고 축출하고 적의 진지를 파괴할 수 있었을 것이다. 적은 땅 위에 봄 냄새(한국에서 싱그러운 꽃과 풀 냄새가 항상 난 것은 아니었다)가 다시 나기 시작했을 때 아군을 공격하기 시작했다. 이 시기에 신임 8군 사령관으로 맥스웰 테일러Maxwell Taylor 중장이 부임했고 밴 플리트 장군은 현역에서 은퇴했다.

전쟁은 서부 지역에서 가장 먼저 재개되었는데, 중공군은 미 2사단과 미 7사단이 점령하고 있던 고지를 공격하면서 아군 주저항선에 대한 돌파를 시도했다. 그들은 이곳에서 엄청난 인명 피해를 감수하면서 지뢰밭과 철조망을 뚫고 돌진하여 고지를 방어하던 아군을 밀어냈지만, 곧 아군의 반격으로 후퇴해야 했고 아군의 대규모 포병대가 퇴각 경로를 강타하면서 더 큰 손실을 입었다. 미 7사단이 담당하고 있던 강원도 철원 북서쪽 지역에서는 아군이 중공군 약 750명을 죽이고 고지 정상에 있는 주진지 중 한 곳을 확보했다. 또한 적은 아군 해병 1연대를 전초선으로부터 밀어내기 위해 더 서쪽으로 공격했다. 밤새 전투가 계속되었고 치열한 포격이 전장을 고립시키는 가운데 해병들은 며칠 동안의 계속된 돌파와 후퇴 끝에 전초선을 다시 회복했다. 그러는 동안 적은 매복을 통해 아군 정찰대와 습격대를 공격하면서 아군에게 많은 인명 피해를 입혔다. 12월에 미 대통령 선거에서 당선된 아이젠하워 장군이 한국을 방문했다.[92] 그는 조기에 평화를 가져오겠다고 공약했지만 전선 지역의 평화는 여전히 꿈처럼 멀리 있는 것처럼 보였다.

신선한 흙냄새와 함께 봄이 찾아오자, 길은 눈이 녹아 진흙탕으로 변해 통행이 어려웠고 물이 불어난 하천들은 유속이 너무 빠르고 깊어 건너기 어려워지면서 전투는 다시 한 번 소강상태에 빠졌다. 한편 판문점의 양측 협상 대표들은 결국 주고받기 식의 합의에 이르게 되었다. 그중 포로 송환 문제는 특히 더 그랬다. 정전 소문에 언제나 비관적이었던 전방의 군인들도 이제는 정말 전투가 끝날지도 모른다고 믿게 되었다. 4월 11일 유엔군 포로 605명과 10배에 달하는 적 포로 교환에 대한 합의가 실제로 이루어졌다.

적의 공격을 저지할 수 있는 아군의 능력 향상, 공군력의 지속적 증가,

---

92 아이젠하워는 육군참모총장, 나토군 최고사령관을 역임하고 1952년 5월 말 퇴역했다. 이후 1952년 대통령 선거에서 공화당 후보로 나와 제34대 미국 대통령에 당선되었다. 1952년 12월 2일 5일간 한국을 방문했다.

지상군을 근접지원하기 위한 보급 수준의 향상, 그리고 일정 시간 복무한 후 가족을 만나기 위해 고향으로 돌아갈 수 있는 순환근무제도rotation system[93]의 시행 등 여러 가지 요인들로 인해 아군의 사기는 비교적 높은 편이었다. 이 시기에 유엔군은 많은 국가에서 파병된 부대들로 구성되었다. 네덜란드, 터키, 그리스, 필리핀, 노르웨이, 스웨덴, 콜롬비아, 프랑스, 인도, 태국, 그리고 오랫동안 함께했던 호주와 영연방 국가들도 있었다. 식량, 의복, 종교 행사와 관련된 그들의 선호도를 모두 충족시키는 문제는 근무지원부대와 보급부대에 엄청난 부담이 되었다. 프랑스군이 와인을 원했던 곳에서 네덜란드군은 우유를 원했다. 이슬람교도들은 돼지고기를 먹지 않았고 힌두교도들은 쇠고기를 먹지 않았다. 아시아 국가 군인들은 더 많은 쌀을, 유럽 국가의 군인들은 더 많은 빵을 원했다. 터키군의 전투화 크기는 볼이 조금 더 넓어야 했다. 반면, 태국이나 필리핀 군인들의 전투화는 볼이 좁고 크기가 작아야 했다. 미군의 군복 치수는 동양인에게 너무 컸다. 유일하게 캐나다 군인들과 스칸디나비아 군인들이 미군의 식사와 군복에 쉽게 적응했다. 아군 2군수사령부는 이런 모든 문제를 해결하면서 요구사항을 대부분 충족시켰다.

한국전쟁에서 대규모 공격작전은 대부분 지상군에 의해 이루어졌으나 해군과 공군도 용감히 싸웠고 알려지지 않은 역할도 많이 했다. 북한의 해안을 따라 남한 정부에 우호적인 게릴라들이 장악한 섬들이 있었는데, 이들에 대한 보급품과 화력 지원은 유일하게 해군에 의해서만이 가능했다. 적이 점령한 원산항은 아군의 함포 포격을 지속적으로 받아왔으며 크

---

93 순환근무제도: 한국전쟁 중 도입된 미군의 순환근무제도는 점수제로 한국에서 임무를 마치고 귀국하려면 36점이 필요했다. 최전선 근무 시 월 4점(9개월 만에 귀국)이 주어졌고, 최전선을 제외한 전투지대 내 근무 시 3점, 후방 및 전투근무지원부대 근무 시 월 2점(18개월 만에 귀국)이 주어졌다. 이 순환근무제도는 미군 병사들이 일정 기간이 되면 귀국할 수 있다는 장점도 있었으나, 단점도 많았다. 누구도 30점을 얻기 위해 목숨을 걸려고 하지 않았고 모든 미군의 관심은 집에 돌아가는 것이었고 교대된 빈자리는 신병들로 채워지게 되었다.

고 작은 아군 함정들은 해안선 가까이 항해하면서 봉쇄를 유지하고 동서 해안으로 적 부대들이 침투하는 것을 막았다.

공군과 해병대, 그리고 해군 항공기들도 전선 지역을 지속적으로 감시하면서 적 병력과 보급호송 행렬을 공격하고 북한 내 산업시설 상당부분을 손상시키거나 파괴했으며, 지상과 해상에서 위험한 구조 임무들도 수행했다. 헬기의 사용은 수적인 면에서나 효율성 면에서 우리가 동남아시아[94]에서 사용했던 수준에는 미치지 못했지만, 우리는 한국에서 이미 헬기의 케이블을 통해 바다에서 실종된 사람들을 구출해 안전하게 운반했다. 또한 고립된 고지에서 중상을 입은 부상병들을 헬기를 이용해 1~2시간 안에 외과 병원으로 이송하기도 했는데, 헬기가 없었다면 이보다 더 많은 시간이 걸렸을 것이다. 아군 항공기에 의한 저고도 폭격도 포병 임무만큼이나 일상적이었는데, 때로는 지상군 지휘관들의 직접 명령 하에 아군 부대들과 함께 작전할 때 훨씬 더 효과적이었다.

신임 8군 사령관 테일러 장군도 전임자인 밴 플리트 장군만큼 열성적이었다. 나는 평화가 가까워지고 있을 때 한 치의 영토라도 더 확보하기 위해 많은 인명이 희생되는 것을 그저 보고만 있어야 했다. 하지만 1953년 4월 적이 전쟁을 "승리"로 장식하면서 끝내겠다고 했을 때 테일러 장군은 그에 대한 충분한 준비가 되어 있었다. 4월 말 8군의 관측장교들이 적의 움직임이 심상치 않다고 보고했다. 적 부대들이 전선 인근 진지들을 점령하기 위해 북쪽에서 이동했다. 포병과 전차들도 근접지원을 하기 위해 전방으로 추진되었다. 그리고 아군 정찰대들도 전초선 일대에서 적 부대를 만나게 되는 경우가 이전보다 더 잦아졌다.

1953년 5월 말 중공군은 최종 공세로 이어지는 일련의 공격을 시작했으며, 이는 정전협정 체결 직전까지 이어졌다. 적은 철의 삼각지대 남쪽에

---

94 리지웨이가 이 책을 쓴 시기는 베트남전이 한창 벌어지던 1967년이었다.

●●● 1951년 7월 1일 부상자 후송을 위해 고지에 착륙하고 있는 미 공군 3항공구조대대 소속 시코르스키(Sikorsky) H-5 헬기. 한국 노무대원들이 부상병이 들것에 실려 운반되는 것을 바라보고 있다. 한국전쟁 당시 헬기는 고립된 고지에서 중상을 입은 부상병들을 1~2시간 안에 후방 외과 병원으로 신속하게 이송하는 중요한 역할을 했다. 헬기가 없었다면 이보다 더 많은 시간이 걸렸을 것이다. 〈사진 출처: WIKIMEDIA COMMONS | U. S. Air Force | Public Domain〉

있던 미 9군단 지역에 대한 선제공격을 감행했다. 그들은 이전에도 늘상 그랬던 것처럼 한국군 진지를 제일 먼저 타격했다. 중공군은 연대 단위로 공격했으며 적의 포병과 박격포 사격은 놀라울 정도로 위력적이었다. 하지만 이번에는 한국군이 굳게 버텨냈으며, 아군 군단 포병과 사단 포병의 정밀사격으로 중공군은 심각한 피해를 입고 퇴각했다. 이 지역의 아군 병력은 이전보다 훨씬 강화되었고, 전선은 거의 난공불락의 수준이 되었다.

중공군은 미 25사단 예하 터키군 여단이 점령하고 있던 미 1군단 지역(서부 전선)의 5개 전초에 대해 다시 공격을 시도했다. 적이 어떠한 희생을 치르더라도 이 전초들을 점령하겠다고 작정하고 달려들면서 전투는 절망적인 절정으로 치달았다. 터키군은 박격포와 포병의 엄호를 받으며 공격해온 중공군과 백병전을 감행했다. 터키군은 적의 첫 공격 후 후퇴했으나 역습으로 5개 전초 중 2개를 되찾아 굳게 지켰다. 그러나 중공군은 다른 전초에서는 물러나지 않았다. 터키군은 이틀간의 전투를 통해 나머지 3개 전초를 되찾았다. 적은 엄청난 대가를 치러서 약 2,200명이 전사했고 1,075명이 부상을 입었다. 터키군은 전사자 104명을 포함해 471명을 잃었다.

적의 이 공격은 아군의 주의를 딴데로 돌리기 위한 양동작전임이 확인되었다. 적이 최종 공세를 준비하고 있던 곳은 다른 지역이었다. 휴전을 불과 6주 앞둔 6월 10일 마침내 중공군은 전선을 남쪽으로 밀어붙이기 위해 대규모 공세를 감행했다. 이는 1951년 춘계 공세 이후 최대 규모의 공격이었다. 적은 초저녁에 강력한 포병 준비사격과 함께 공격을 개시했다. 공세는 유엔군의 전선이 북한강 변에서 북쪽으로 돌출되어 있던 철의 삼각지대와 펀치볼의 중간쯤에 있는 금성 지역(화천 전방) 일대의 한국군 2군단 지역에서 시작되었다. 중공군은 대대와 연대 규모로 상호 협조하에 북한강 동쪽 제방을 따라 한국군 5사단 점령 지역[95]으로 공격을 개시했다. 적은 단시간 내에 한국군을 주저항선에서 남쪽으로 1km 떨어진 곳까지 밀어붙였다. 전선을 회복하기 위한 아군의 역습은 실패했다. 중공군은 다음 날 공세를 재개해서 약 5일 동안 최초 진지로부터 남쪽으로 약 5km 정도 아군을 후퇴시켰다.

한편 북한강 반대편에서는 다른 중공군 사단이 한국군 8사단 전선을 돌파하여 오른쪽 측면에 배치된 연대를 포위하고 후퇴하게 만들었다. 또 다른 중공군 부대들은 10군단이 통제하고 있던 지역 좌측으로 공격했다. 이 공격은 쉽게 저지할 수 있었지만, 한국군 5사단에 이어 8사단이 후퇴하면서 10군단의 좌익이 위험에 처하자 그 지역에서 약간 후퇴해야 했

---

95 지금의 강원도 화천군 전방 지역으로 평화의댐 북쪽 지역을 말한다.

다. 한국군 5사단이 북한강이 동쪽으로 급격하게 꺾이면서 한국군과 중공군 사이를 가로막는 지점에 새로운 저항선을 형성하고 한국군 8사단이 중공군 공세가 시작되었을 때 자신들이 있던 위치로부터 약 6km 남쪽에 주저항선을 형성하면서 전선은 마침내 안정되었다.

중공군은 공세를 통해 서쪽 1군단 점령 지역에서 일부 지역을 확보했고, 또 동쪽에서는 10군단이 부분 철수를 하게 만들었다. 하지만 적의 공세는 10일 만에 중단되었다. 이 시기에 8군은 일본으로부터 187공정연대전투단과 미 24사단 예하의 34연대전투단(1개 보병대대는 제외), 그 뒤를 이어 24사단 예하의 나머지 2개 보병연대를 증원받았다. 새로운 아군 전력들로 7월 중공군 최종 공세에 대비할 수 있게 되었다. 중공군은 6월 공세에서 약 13km의 전선을 따라 여러 주요 고지들과 지역을 확보했지만, 이 과정에서 약 6,600명을 잃었다. 이 전투에서 한국군 2군단(화천 북방)도 7,300명이 넘는 사상자(전사자, 부상자, 실종자 포함)가 발생했다.

중공군의 7월 공세(최종 공세)는 철의 삼각지대 우측 끝부분인 김화 인근 9군단의 우측 지역을 담당하고 있던 한국군 수도사단을 겨냥한 것이었다. 수도사단은 중공군 3개 사단이 전선을 돌파한 뒤 완전히 포위해 위협하자 혼비백산하여 후퇴했다. 더 동쪽에서는 수도사단의 후퇴로 인해 측방이 노출된 한국군 2군단 좌익에서 한국군 6사단이 중공군 1개 사단의 공격을 받고 후퇴했다. 위험에 처하게 된 (2군단 예하) 한국군 3사단과 8사단도 금성천 남쪽의 새 주저항선까지 질서 있게 후퇴했다. 새로 2군단에 소속된 한국군 7사단[96]은 금성천을 따라 고지를 점령하고 있던 중공군을 격퇴하여 새 주저항선 구축에 큰 역할을 했다. 이로써 아군은 기존 주저항선을 재구축하기 위한 충분한 병력을 보유할 수 있게 되었다. 하지만 판문점에서는 이미 협상이 상당한 수준의 합의에 도달해 있었고, 미 8

---

96 7사단은 현재에도 이 지역에서 경계작전을 담당하고 있다.

군의 안전에 아무런 도움이 되지 않는 영토를 얻기 위해 인명 희생을 감수하는 것은 극도로 어리석은 일처럼 보였다.

1953년 7월 19일 한국군 2군단이 (화천 북방의) 새로운 주저항선을 구축하기 불과 하루 전 판문점에서는 최종 합의가 이루어졌다. 이후 1주간 양측 연락장교와 참모들이 비무장지대DMZ의 경계선을 그리기 시작했고, 이 기간에는 전선 전체가 비교적 조용했다.

7월 27일 오전 10시 유엔군 측 수석대표 해리슨 장군과 중국 및 북한 측 대표 남일 장군이 정전합의서에 서명했다. 같은 날 저녁 10시, 전선에서 모든 총격이 중단되었다. 다른 전쟁들이 종식되었을 때처럼 열광적인

●●● 1953년 7월 27일 오전 10시 판문점에서 한국전쟁 정전협정에 서명하는 유엔군 측 수석 대표 윌리엄 K. 해리슨 주니어 장군(왼쪽)과 중국 및 북한 측 대표 남일 장군(오른쪽). 한국전쟁이 시작된 지 3년 1개월 2일 만에 정전협정이 체결되었다. 〈사진 출처: WIKIMEDIA COMMONS | U.S. Department of Defense (F. Kazukaitis, U.S. Navy) | Public Domain〉

축하나 친선행사는 없었다. 군인들이 서로를 보며 미소 짓거나 지쳐서 땅에 털썩 주저앉거나 기쁨을 나누기 위해 위스키 병 주위로 모여들었다. 포격으로 헐벗은 고지 능선에서는 군인들이 참호에서 나와 고지 위로 올라가 적의 사격을 받지 않고 주변을 내려다보는 것만으로도 충분히 기뻤다.

한국전쟁이 시작된 지 3년 1개월 2일이 흘렀으며, 스미스 특임부대가 (오산 일대에서) 투입된 지 약 3년 만이었다. 인원은 적고 무장도, 준비도 미흡했으며, 평범하지만 용감했던 군인들로 구성된 스미스 특임부대가 수행한 지연작전은 최근 전쟁 역사상 가장 뛰어난 지연작전인 동시에 가장 축하받지 못한 작전 중 하나로 평가되고 있다.

CHAPTER 9

문제와 해답들:
맥아더 장군 관련 논쟁의 의미와
정치·군사적 시사점

아이젠하워 장군이 국민에게 경고했듯이 세계적인 규모의 전쟁에서 "단일 전장의 정전"에 불과한 불안한 평화를 얻기 위해 너무 많은 생명을 잃은 후, 어떤 값진 교훈을 얻었든 간에 우리는 그것을 잘 배우고 잘 적용하기를 바랐다. 그러나 신뢰할 수 없는 오래된 구호를 외치는 목소리는 여전히 들렸다. 그뿐만 아니라 상원에서 미국의 극동 정책에 대해 비판적인 논쟁이 이루어졌던 1951년 5월과 6월의 대논쟁에서 미국의 국가 목표가 명확히 정리되었음에도 많은 국민은 그것을 잊고 있는 것처럼 보였다.

당시 리처드 러셀Richard Russell 상원의원은 다음과 같이 말했다.

"우리는 동아시아에 적용할 적절한 정책에 대해 의견이 나뉠 수도 있습니다. 그리고 각자의 성향에 따라 의견이 다를 수도 있습니다. 하지만 우리는 자유와 정의를 지키기 위해 일신을 바쳐 단결할 것입니다. 우리의 제도를 지키려는 우리의 의지는 흔들리지 않을 것입니다. 우리는 이러한 것들이 평화적인 방법으로 보존되기를 바랍니다. 그러나 이번 대논쟁에서 발생한 어떤 것에 의해서도 미국인의 목표가 바뀌지 않았다는 사실이 말해주듯, 우리는 반드시 그것들을 지켜낼 것입니다."

물론, 우리의 목표는 국가안보와 독립, 도덕적 원칙, 그리고 기본 제도들을 보존하는 것이었고, 그것은 지금도 변함이 없다. 세계 다른 나라들과의 모든 교류는 궁극적으로 이러한 목표를 달성하기 위한 것이고, 우리의 리더십으로 자유세계를 이끌기 위해서는 강력한 외교 정책이 필요하다. 한국전쟁이 우리에게 가르쳐준 유일한 교훈은 그러한 정책을 뒷받침하기 위해 충분하지 않은 군사력으로 무작정 덤비는 것이 얼마나 어리석은가 하는 것이었다. 우리가 제1차 세계대전을 통해 처음으로 배운 이 교훈을 한국전쟁이 다시 우리에게 일깨워주었다.

제2차 세계대전 이후 어떤 정부 관료나 정치인도 전쟁으로 지친 우리 국민들에게 아들들이 다시 무장해야 한다고 설득하기는 쉽지 않았을 것이다. 제1장에서 언급한 바와 같이 미국 전역의 신문과 방송, 공직자들과 평범한 시민들은 우리의 수많은 군사기구military machine[97]를 성급하게 파괴하지 말라고 경고한 소수 사람들의 주장을 일언지하에 묵살해버렸다. 일단 군사기구들이 해체되기 시작하면, 어떤 것도 그 흐름을 막기가 어렵다. 우리의 칼이 녹스는 것과 같이 함정은 녹슬게 되고 항공기의 성능은 급격히 저하된다. 미국의 거대한 전시 생산시설들도 평화 시기의 용도로 전환되거나 폐기된다. 우리는 유엔과 미국의 핵 억제력에 대한 믿음에서 비롯된 심리적 마지노선 뒤에서 편안하게 안주하며 돈을 벌고, 스포츠와 새 차, 집, 그리고 생활편의용품, 휴가, 그리고 오래전부터 가지고 있지 않았던 수천 가지의 소소한 생필품 구매에 관심을 더 기울이게 되었다.

군의 중추인 수십만 명의 숙련된 유능한 부사관들과 병사들은 국가에 대한 의무를 다했다는 행복감에 사로잡혀 그들의 군복을 벗어던졌다. 만약 그들이 조금만 더 앞을 내다보고 자신들이 다시 군대로 급히 복귀하

---

[97] 군사 기구: 전쟁을 치르는 데 필요한 병력, 무기 및 장비, 생산시설, 경제력 등을 총칭한 것.

여 장비를 갖추고 항공기로 급파되어야 하는 또 다른 전쟁 상황이 발생할 수도 있다는 것을 예상했더라면 그들 또한 국가에게 일방적인 군비 축소를 중단하라고 요청했을 것이다. 하지만 당시 그토록 멀리 떨어진 곳에서 또다시 위험한 세계대전을 치르게 될 것이라는 상상은 비논리적이라는 인식이 지배적이었다. 제한전 개념이 아직 제대로 확립되지 않은 상태에서 미국 국민은 적대적인 땅에 발을 들여놓지 않고도 공군력과 해군력, 그리고 핵무기로 전쟁에서 싸워 이길 수 있다고 쉽게 생각했다.

우리가 미래를 잘못 읽은 것은 전략적 혹은 전술적 정보가 부족했기 때문이 아니라, 눈앞에 있는 정보를 제대로 평가하는 데 실패했기 때문이다. 우리는 예측 가능하고 예상되는 우발상황에 대비하기 위한 계획을 소홀히 했다. 우리의 외교력이 외교를 지원하기 위해 보유한 군사력보다 더 강할 수 없다는 사실을 우리는 망각하고 있었다. 맥아더 장군의 말처럼 우리는 극동에 군대를 거의 남겨두지 않았으며 그곳에 있었던 군대는 전투보다는 일본 점령지 관리에 최적화되어 있었다. 반면, 유럽의 상황은 약간 달랐다.

나는 수년간의 전쟁을 끝내고 최근에야 숨을 돌리고 있던 사람들을 다시 사선死線에 세우는 것은 잔인할 만큼 공평하지 않다는 점을 앞에서 지적한 바 있다. 그러나 한국에서 한심할 정도로 허약한 우리 군대를 바다로 몰아넣으려는 적군을 막기 위해 필요한 파병을 통해 새로 징집된 젊은이들을 전투에 투입할 수 없었다는 점을 다시 한 번 강조할 수밖에 없다.

하지만 우리 모두 이 전쟁을 피할 수 있었을까? 우리가 과거에 자주 그래왔던 것처럼 한국의 문제에 개입하지 않을 수 있었을까? 과연 우리가 신생국 대한민국이 소멸하게 내버려둘 수 있었을까?

이 질문에 대답할 수 있는 곳은 백악관뿐이었다. 그 이전에는 미국 대통령이 이처럼 불시에 일어나 재앙으로 이어질 가능성이 큰 평화나 전쟁 관련 문제에 직면한 적이 없었다. 외국의 다른 전쟁들은 언제나 일련의 사건들이 오랜 기간 일어나 미국 대통령이 여론을 형성하고 공고히 하여 대중의 지지를 충분히 모으는 것이 가능했다. 미서전쟁(1898년)은 쿠바에 대한 스페인의 오랜 잔혹한 식민지 역사에서 촉발되었고, 독일과의 첫 전쟁(제1차 세계대전)은 3년간 독일의 적대행위와 중립 위반 사건들이 계속되면서 미국 국민이 마음속으로 전쟁을 준비할 수 있었다. 또 진주만에서 발생한 일본의 배반행위는 미국을 제2차 세계대전으로 몰아넣었다. 이 모든 사건은 당시 맥킨리McKinley, 윌슨Wilson, 그리고 루스벨트Roosevelt 대통령이 운명적인 결정을 내리게 했다.

하지만 1950년 6월 25일 한국전쟁은 아무런 예고도 없이 갑자기 일어났다. 한국전쟁은 기습 침공으로 큰 충격을 안겨주었다는 면에서 진주만 침공(1941년 12월 7일)과 비슷했지만, 진주만 침공 때와 달리 선택할 수 있는 분명한 해결책이 없었다. 1941년에는 단 하나의 명예로운 방안이 존재했던 데 반해, 1950년에는 트루먼 대통령이 한반도 문제를 외면하기로 결정할 수도 있었다. 그랬다면 미국 국민의 반발이 작았을 것이다. 그러나 대통령은 단호한 대응으로 그 도전에 맞섰다. 트루먼 대통령은 자신의 영원한 명예를 위해 우리가 싸워야 한다는 결정을 내렸다.

미국 국민이 상황을 평가하고 대통령의 결정에 동의하기까지는 시간이 오래 걸리지 않았다. 미국은 '대한민국'이 전복되는 것을 방관할 수 없었다. 우리가 직면한 진짜 도전은 무력을 사용해 세력을 확장하려는 의도를 노골적으로 드러낸 호전적인 공산주의였다. 이는 미국의 안보에 대한 직접적인 도전이었으며 만약 대응하지 않는다면 단계적으로 제3차 세계대전으로 확대될 수도 있었다.

그러나 결정이 즉시 내려졌다고 해서 행정부와 입법부, 유엔에서 검토와 협의가 없었던 것은 아니었다. 당면한 문제는 우리가 거의 헤아릴 수 없는 위험으로 가득 찬 또 다른 문제를 내포하고 있었기 때문이다. 다른 국가들과 협력하여 공동으로 대응할 것인지, 아니면 미국 단독으로 대응할 것인지 하는 문제는 한국전쟁 중에 우리가 해상 봉쇄나 항공 폭격의 확장을 고려할 때 또다시 우리를 혼란스럽게 만들 것이다. 하지만 트루먼 대통령은 처음부터 유엔이라는 방패 아래 우리가 싸운다면 전 세계 사람들로부터 한국 파병 결정에 대한 도덕적 지지를 받을 수 있다고 확신했다. 이 과정에서 우리는 전략 문제에 대해 동맹국들과 논의하거나 최소한 동맹국들의 국가이익과 그들이 보일 반응까지 고려해야 했다. 이러한 그들의 요구사항이 우리의 작전을 방해했다고 할 수도 있는데, 실제로 어느 정도는 그런 측면이 없지 않았다. 하지만 한편으로 그것은 우리가 군사적 모험을 하지 않도록 제동을 걸었다. 그렇지 않았다면 우리는 아시아에 더 깊이 관여하게 되었을지도 모른다.

물론, 침공을 막고 남한의 침략자들을 추방하고 평화를 회복하려는 우리의 원래 목표는 인천상륙작전의 성공으로 38선을 넘어 북진할 수 있는 위치에 서게 되면서 급격하게 바뀌었다. 그때 우리는 전쟁 목표를 한반도 전역을 석권하고 통일을 달성하는 것으로 암묵적으로 변경했다. 그것은 이승만 대통령이 오랫동안 꿈꿔왔던 목표이기도 했으며, 맥아더 장군에게는 아주 매력적으로 보이는 전리품이기도 했다. 중공군의 개입으로 목표가 다시 한 번 수정되자, 결국 우리는 남한을 공산주의자들의 지배로부터 독립시키기 위해 다시 한 번 합의할 준비를 했다. 하지만 우리는 첫 승리 이후(인천상륙작전)와 압록강으로부터 후퇴했던 때를 제외하고는 임무 공백 상태나 구체적인 정치적 또는 군사적 목표 없이 작전을 수행한 적이 결코 없다. 우리의 전쟁 목표는 항상 우리의 역량 내에 있거나 우리가 우리의 역량이라고 판단하는 것에 맞춰져 있었다. 정부 최고 당국자들은 결코 아무런 제약 없이 또는 명확하게 정의된 정치적·군사적·지리적 목표 없이 자기들 마음대로 전쟁을 확대하려 하지 않았다. 우리는 명확한 목표나 범위 없이 어렴풋이 상상한 "승리"를 추구하지 않았다. 전쟁 이전의 상태 또는 그와 유사한 상태로 되돌리기 위해 교착상태를 선택하기로 했던 우리의 의지는 결국 한반도에 평화를 가져오게 되었다. 우리는 당시 무제한적으로 병력을 소집할 수 없다는 것을 알고 있었고, 정부 당국자들 또한 전쟁이 아시아 대륙 전체로 확대되어 수십만 명의 인명을 더 희생시키는 것에 우리 국민이 동의하지 않을 것이라는 것을 잘 알고 있었다. 결국 우리는 군사적 승리가 과거와 같지 않다는 것을 알게 되었다. 우리가 승리를 달성하기 위해 사용한 수단이 전 세계를 광범위하게 파괴시키거나 국제적 부도덕의 길로 우리를 인도한다면 승리가 영원히 우리를 비켜갈 수도 있다는 것이다.

앞에서 언급한 것처럼 우리의 외교 정책에 대한 문민 통제 대 군 통제의 문제, 더 정확하게 말하면 국가 외교 정책을 결정하는 데 있어서 군의 위치에 관한 문제는 트루먼 대통령과 맥아더 장군 간의 충돌을 계기로 해결된 것처럼 보였다. 감정이 가라앉고 사실이 알려지면서 진지한 반성의 시간을 갖게 된 이후로 외교 정책 결정 시 문민이 결정권을 갖는다는 문민 우위를 명시한 헌법 조항을 모든 사람이 존중하게 되었다. 하지만 아이젠하워 대통령은 대통령직을 떠나면서 국민이 인식하지 못하는 사이에 우리 외교 정책 형성과 시행에 영향을 끼칠 수도 있던 군산복합체 military-industrial combine의 확장 가능성에 대해 국가에 경고할 필요가 있다고 생각했다.[98] 실제로 1964년 대통령 선거에서는 군 지도자들이 민간 정부에 의한 통제와 간섭으로부터 벗어나야 한다는 주장이 제기되기도 했다. 이런 극단적 견해는 비교적 소수의 미국인들이 공유하고 있을 뿐이라고 나는 확신한다. 하지만 전제군주제나 과두제, 그리고 기타 민주주의 국가에서 군부가 나라를 지배한 적이 여러 차례 있었다. 전쟁이 일단 시작되면, 군 당국이 모든 것을 결정하고 수행해야 한다는 일부 시민과 군인들

---

98 1961년 1월 17일 퇴임 연설에서 아이젠하워 대통령은 군산복합체에 대해 경고했다. 이는 군부와 대기업이 공동의 이익을 위해 서로 의존하는 체제로, 제2차 세계대전 후 미국에서 군부와 독점 대기업이 유착하는 형태로 나타난 것을 의미한다.

의 지속적인 주장은 지금 이 시대에는 불가능해 보일 뿐 아니라 우리의 모든 삶의 방식과도 양립할 수 없지만 군부 통치가 "미국에서도 벌어질 수 있음"을 보여준다.

그러한 비극을 미연에 방지하기 위해 우리는 평시뿐만 아니라 전시에도 외교 정책 수립 시 문민 통제를 강하게 주장해야 한다. 오늘날 인간이 전 세계를 황폐화시킬 수 있는 가공할 군사기구들을 통제하는 상황에서 작은 실수로 인해 갑자기 우리가 많은 전 세계 사람들을 구할 수 있다는 희망을 포기하는 상황에 처하지 않도록 하기 위해서는 정치적 목표와 군사적 목표를 긴밀하게 설정할 필요가 있다. 민간 정부는 달성 가능한 목표를 설정하고 그 목표를 달성하기 위한 수단들을 선택하기 위해 군 당국과 긴밀하게 협조해야 한다. 목표가 없는 전쟁은 그 무엇보다도 가장 위험하다. "승리" 또는 "침략으로부터의 자유" 또는 "자신의 정부를 선택할 국민의 권리"와 같은 막연한 목표를 가진 전쟁이 가장 위험하다. 이와 같은 일반적인 말들은 훌륭한 구호처럼 들릴지 모르지만, 오늘날의 정부 당국자들은 우리가 달성하고자 하는 목표가 무엇인지, 그리고 목표를 달성하기 위해 우리가 지불해야 할 대가가 무엇인지를 냉철하게 생각하고 정확하게 그리고 구체적으로 제시해야 한다. 그렇지 않으면, 우리도 모르는 사이에 모든 전쟁 수행을 승리만을 유일한 전쟁 목표로 여겨서 전 세계 모든 사람들이 이해할 수 있을 만큼 분명한 용어로 전쟁 목표에 대해 설명할 필요가 없는 사람들의 손에서 모든 전쟁 수행이 좌지우지된다는 것을 뒤늦게 깨닫게 될 수도 있다.

과거에 군인들은 전장에서 적을 완전히 괴멸시키는 것만을 목표로 하는 경우가 많았다. 하지만 군인들은 국가의 군사력이 지향해야 하는 정치적 목표를 설정하는 사람이 되어서는 안 된다. 그리고 오늘날과 같은 복잡한 전쟁에서는 군인들이 민간 통치자가 고려 중인 정책들에 대해 최고 회의에서 그 어느 때보다 솔직하고 용감하게 발언할 수 있어야 한다.

정책이 일단 결정되면 군인들은 임관 선서 내용과 그가 선서한 대로 그것을 충실히 이행해야 한다. 그렇지 않으면 자리에서 스스로 물러나야 한다.

맥아더 장군은 이와는 완전히 다른 원칙을 도입하려 했던 것 같다. 1951년 7월 메사추세츠주 의회에서 행한 연설에서 그는 군통수권자에 대한 군인의 충성 및 복종과 "국가와 헌법에 대한" 충성의 차이를 구분하려고 했다. 그는 "나는 군인들이 자신들이 수호하기로 맹세한 국가와 헌법이 아니라 일시적으로 행정부의 권한을 행사하는 사람들에게 제일 먼저 충성하고 복종해야 할 의무가 있다는 지금까지 알려지지 않은 새로운 위험한 개념이 존재한다는 것을 알게 되었습니다. 이보다 더 위험한 것은 없으며, 이보다 더 우리 군대의 진실성을 의심하는 것은 없습니다"라고 말했다. 이 발언은 트루먼 대통령이 그를 유엔군사령관으로 임명했을 때 그가 대통령에게 했던 약속과 상반되었다. 1950년 7월 11일 당시 맥아더 장군은 다음과 같은 무전 메시지를 대통령에게 보냈다.

"대통령께서 저를 유엔군사령관으로 임명한다는 발표를 들었습니다. 저는 대통령의 전 세계 평화와 선의를 위한 기념비적인 노력에 절대적으로 헌신할 것을 약속드리며, *대통령께 충성을 다할 것*(이탤릭체는 내가 표시한 것임)을 다시 한 번 맹세합니다. 제가 대통령을 실망시키는 일이 없기를 바랍니다."

이 경우 우리 민간 정부뿐만 아니라 우리 군대의 가장 기본적인 전통과 상충되는 것처럼 보이는 "지금까지 알려지지 않은 개념"을 도입한 것은 오히려 맥아더 장군이라는 생각이 든다. 군 장교들이 지키기로 맹세한 헌법은 개인에 대한 충성을 언급하지 않는다. 헌법은 처음부터 민간 정부에게 최고의 권위를 부여하려는 우리 국민의 결의를 명시하고 있다. 헌법은 대통령을 군통수권자로 지정하고 있으며 대통령이 의회의 조언과 동의에 따라 모든 장교를 임명한다고 명시하고 있다. 각 장교가 받는 임명장에는 대통령 또는 직무상 대리인의 명령에 복종해야 한다고 명시되어 있고, 어떤 형태로든 한 개인에 대한 충성을 요구하지 않는다. 심지어 헌법 어디에서도 맥아더 장군과 그의 지지자들이 언급한 "일시적으로 행정부의 권한을 행사하는 사람들" 이외에 대통령에게 부여된 권한과 책임을 대신할 수 있는 또 다른 기관이나 개인이 있다는 것을 암시하는 문구를 찾아볼 수 없다.

문민 통치의 전통은 우리 정치 구조 속에 오랫동안 깊숙이 뿌리박혀 있어 가장 노련한 궤변가들조차 어떻게 문제를 제기할 수 있는지 의문을 가질 정도다. 헌법상 미국 대통령에게 부여된 중요한 고유 권한에는 그에 상응하는 책임이 수반된다. 이런 시대에 단시간에 수억 명의 사람들을 죽이고 집을 파괴하고 궁핍한 삶을 살게 만드는 도구를 손에 쥐고 있는 그 책임은 막중하다. 하지만 권한과 달리, 책임은 제복을 입었든 아니든 다른 사람에게 위임할 수 없다. 우리 군의 구성과 유지, 배치, 임무와 관련된 모든 결정은 인류 전체의 미래에 영향을 미칠 수 있다. 국민이 선출한 최고위 공직자 이외에 다른 어떤 사람이 그러한 결정들을 내릴 수 있다는 것은 전혀 들어보지 못한 완전히 새로운 개념이며 예측할 수 없는 큰 위험을 안고 있는 개념이다.

우리 장교단이 구성원들에게 준수할 것을 요구하는 규정은 국민 일부가 맥아더 장군의 행동을 아무리 관대하게 본다고 하더라도 보스턴의 의사당에서 맥아더가 발언한 것과 같은 잘못된 충성심을 허용하지 않는다. 군대에서 의무 개념은 아주 중요한 개념이 되어서 합법적 권위에 복종하는 것은 아주 기본적인 의무다. 이등병에서부터 5성 장군에 이르기까지 제복을 입은 군인은 부여받은 명령이 자신의 견해와 일치하는지 따져서는 안 된다. 자신의 상급자에게 충성하여 상급자로부터 그에 상응하는 권력을 위임받았다고 해도 상급자의 권위는 의심의 여지가 없다.

게다가 나는 어느 작가가 당시 맥아더 장군이 "군인으로서 가장 고통스런 질문에 직면했다"고 언급하면서 제기한 다음과 같은 추론을 단호히 거부한다. "그는 어떻게 헌법에 대한 그의 맹세를 충실히 이행하고 자신이 이해하는 바에 따라서 미국의 최선의 이익을 위해 봉사하면서 권력을 행사하는 현 정부에 충성할 수 있었을까? 그가 둘 중 어느 한쪽에 대한 그의 의무를 저버리지 않고서는 헌법과 정부를 위해 봉사할 수 없었을 것이다."[99]

맥아더 장군 자신이 결국 이 진실을 이해하게 되었다는 것을 그가 1962년 5월 실베너스 세이어 상Sylvanus Thayer award[100]을 수상했을 때 웨스트포인트 생도들에게 했던 기억에 남을 만한 다음과 같은 연설 내용을 통해 유추해볼 수 있다. "우리 정부의 절차들에 대한 정당성 문제는 민간인이 논의하게 합시다. 이러한 거대한 국가적 문제들은 여러분이 관여할 문제가 아닙니다."

하지만 10년 전에 "나는 미국 국민의 이익을 위해 내 목소리를 크게 그리고 자주 높이겠다"라고 약속했던 사람이 맥아더 장군이었다. 이것은 "우리의 경제적 한계", 우리의 생활수준이 "보편적인 평범한 수준으로 하향할 가능성", 그리고 "국가 통화와 개인 소득의 가치가 떨어지는 것"과 같은 문제에 대해 공개적으로 목소리를 내겠다고 한 것이었다. 확실히 이러한 주제들은 그가 젊은 생도들에게 냉담할 것을 촉구한 "국내적으로나

---

99 (저자주) 존 스패너, 『트루먼과 맥아더의 논쟁, 그리고 한국전쟁(The Truman-MacArthur Controversy and the Korean War)』(Belknap Press, Havard University, 1959.), p.234.

100 실베너스 세이어 상: 웨스트포인트의 교장으로서 교육과정의 기틀을 잡고, 4년제 학사과정을 만들어 "웨스트포인트의 아버지"로 불리게 된 실베너스 세이어(대령)를 기리기 위해 웨스트포인트 졸업생 단체가 1958년부터 매년 한 명씩 비졸업생을 선발하여 주는 상이다. 졸업생 수상자는 3명이 유일한데, 맥아더 장군, 아이젠하워 장군, 브래들리 장군이 있다. 비졸업생 수상자 중에는 닐 암스트롱, 콜린 파월, 헨리 키신저, 콘돌리자 라이스, 조지 부시 전(前)대통령 등이 있다.

국제적으로 논란이 많은 문제들"의 핵심이었다.

맥아더 장군이 군 장교의 역할에 대한 이 연설 내용에서 자기 자신은 예외라는 의미였을까? 아니면 몇 년 동안 진지한 성찰의 기회를 통해 그의 생각에 어떤 변화가 있었던 것일까? 아니면 제임스 레스턴James Reston 이 1950년에 말한 것과 같이 맥아더 장군은 정말 "자신의 판단에 대한 확고한 신념에 사로잡혀 자신에게 통치권이 있다고 착각했던 것일까?"

지금은 적지만 앞으로 더 많은 사람들이 맥아더 장군이 오래전에 모셔진 명예의 전당 밖에 서서 인내심을 가지고 위대한 인물들의 올바른 판단과 잘못된 판단에 대한 역사의 기록을 찾으려고 계속 노력해야 한다. 그렇게 해야만 인류의 운명을 개선하고 재난을 피하거나 줄일 수 있다. 맥아더 장군에 대한 기록들 중에는 연구할 만한 가치가 있는 자료들이 많다. 이를 통해 우리가 배워야 하는 가장 중요한 교훈 중 하나인 민간 정부와 군의 적절한 관계에 대해 새로운 설명이 필요하다는 결론에 이르게 되었다.

만약 맥아더 장군이 대통령의 합법적 지시를 반복적으로 무시하고 정부가 승인한 정책에 대한 불만을 공개적으로 표출했는데도 그를 해임하지 않았다면 대통령은 자신의 직무를 유기한 것이나 다름없다. 심지어 맥아더 장군조차도 그전에 글을 쓰면서 대통령이 자신의 책임을 부하(예를 들어 맥아더 자신)에게 위임하는 것은 "권한의 위임이 아니라 권한을 포기하는 것"이라고까지 했다. 우리는 대통령이 권한을 포기하지 않았음에 감사해야 한다.

한국전쟁 수행에 대해서 그리고 정전을 이끌어내기 위해 선택했던 조치들에 대해 오늘날 여전히 많은 의문들이 제기되고 있다. 이 의문들은 지금 아시아에서 우리가 처한 어려움과도 직접적인 관련이 있다. 정전과 제3차 세계대전 사이에서 정말 그러한 선택을 할 수밖에 없었을까? 우리 병력의 투입을 제한했던 것은 과연 합당한 전략이었는가? 우리가 근거 없는 두려움에 사로잡혀 중국이 개입했을 때 원자폭탄을 포함한 우리의 모든 국력을 동원해 대응하지 않지 않았던 것은 아닌가? 이것은 미래 세대들이 대가를 치러야 하는 비극적인 패배였는가? 정전회담은 그저 우리 손아귀 안에 있는 승리를 빼앗기 위한 공산주의자들의 속임수였을까? 이러한 질문 중 일부는 틀림없이 역사가 판단하기 전까지 해결되지 않은 채로 남아 있을 것이다. 그리고 과거와 현재에서 이와 유사한 교훈을 아무리 열심히 찾으려 한다 하더라도 우리가 다른 선택을 했을 경우 결과가 어떻게 달라질 수 있을 것인지는 정확히 예측할 수 없다.

하지만 알려진 바와 같이 오늘날 한국전쟁에 대한 잘못된 인식 중 일부는 부적절한 정보에서 비롯되었고, 한국전쟁의 "교훈" 중 일부는 잘못 도출되었다. 나는 한국전쟁이 노골적인 유화정책과 국가적 자존감의 상실을 수반하는 부끄러운 군사적·정치적·심리적 패배라고 진심으로 믿는 많은 사람들의 동기와 애국심을 전적으로 존중하지만, 그들의 그러한 견해에 대해서는 전혀 동의하지 않는다.

제8장에서 설명했듯이, 나는 적어도 1951년 여름에 압록강 서쪽까지 밀고 나갈 수 있는 능력과 유엔군사령부의 해군과 공군의 지원을 받아 중공군이나 북한군 지상군 부대들의 진격에 맞서 전술적 패배를 안긴 8군의 집단 정신에는 의심의 여지가 없다는 것을 확실히 알고 있었다. 하지만 내가 말했듯이, 이것은 단지 우리 군 역사의 완전히 새로운 장을 여는 것에 그쳤을 것이다. 왜냐하면 게릴라전이 앞으로도 끝없이 계속될 가능성이 있었고, 우리의 도움 없이는 한국군이 그 지역을 유지할 수 없다는 것을 잘 알고 있었기 때문이다. 아마도 미국 국민들은 결국에는 명확한 목적이 없는 평화유지 임무pacification mission 수행을 위해 아시아 본토에 대규모 병력을 주둔시키는 것을 포기했을 것이다. 실제로 우리가 중국 해안을 봉쇄하고, 만주 기지를 폭격하고, 심지어 원자폭탄을 투하했어야 했다고 생각하는 사람들이 있다. 하지만 그러한 조치들이 군사적 승리를 보장

하지 않는다는 것을 알게 된 것은 나 혼자만이 아니었다. 공식 기록을 보면, 당시 미 대통령과 국방부 장관, 미 합참 모두 한국전쟁에서 예상되는 단기간의 성과가 미국이 치러야 할 장기간의 손실을 보전해준다고 생각하지 않았다고 기록되어 있다.

1950년 11월과 12월 기습 공격 당시 중공군이 북한에 있는 우리 군대에 대항하여 비밀리에 대규모 병력을 투입했을 때, 압록강 남쪽의 중공군과 그 북쪽의 군사기지에 대한 원자폭탄 투하를 포함해서 공개적인 선전포고를 할 충분한 정당성이 있었다. 우리는 그러한 조치에 대해 많은 논의를 거쳤으나, 그러한 결정에 책임이 있는 미국 정부가 그것을 최종적으로 거부했다. 우리는 결국 인천상륙작전 이후의 짧은 기간을 제외하고 한국에서의 우리의 목표는 침략을 격퇴하고, 침략자들을 추방하며, 한반도의 평화를 회복하고, 전쟁이 제3차 세계대전으로 확대되는 것을 막는 초기의 목표를 유지해야 한다는 결론을 내렸다. 그리고 이 결정에 대해 유엔의 대다수 비공산권 국가들도 동의했다.

《뉴스위크Newsweek》가 1951년 12월 31일자 기사에서 언급했듯이) 정전협정 자체에 대해서 나는 공산주의 지도자들이 실제로 정전을 원한다고 굳게 믿었고 펜타곤도 마찬가지였다. 지상전은 6월 이후 교착상태에 빠지게 되었고, 피아 양측은 군사적 가치를 훨씬 초과하는 희생을 치르면서 고착된 전선을 따라 대규모 군대를 유지하고 있었다. 양측 모두에게는 끝장을 볼 때까지 전쟁을 확대하거나 정전협정을 맺거나 이 두 가지 단순한 선택지밖에 없었다. 나는 압록강을 향한 북진이 초래할 사상자들의 희생을 예상하며 북진으로 얻을 수 있는 군사적 이점은 많지 않았다고 결론지었다. 중국도 전쟁을 다른 지역으로 확대하거나 그들의 영토에 대한 우리 해·공군의 폭격을 원하지 않았다. 정전은 양측 모두에게 이득이 되었던 것이 분명했다.

정전협상이 엄청나게 어렵다는 것이 드러났지만, 나는 그것들을 받아들이는 것 외에 뾰족한 대안이 없다고 마음속으로 굳게 믿고 있었다. 침략행위는 중단되었고 침략자는 추방되었다. 38선 남쪽이 아닌 북쪽에 아군에게 더 유리한 방어지대가 확보되고 유지되었다. 수십 개월 동안의 협상 끝에 정전협정 체결을 앞두고 중공군이 강력한 공세를 개시한 것도 사실이었다. 하지만 일부 사람들의 주장처럼 모든 수단을 동원한 대규모의 전쟁은 아니었다. 적은 38선 북쪽에서 전략적으로 중요한 가치가 없는 일부 전초진지와 지역을 확보하는 수준에 불과했다. 그것은 단지 아군을 방어하기 어려운 휴전선까지 밀어붙이면서 일종의 "승리"로 전쟁을 끝내려는 마지막 헛된 시도에 불과했다. 우리는 강력한 방어태세를 유지했고, 중국을 직접 타격하겠다는 제안을 거부했다. 이 모든 것과 중국 또한 전투를 멈추길 원했다는 사실을 고려할 때, 이때가 교전을 중단하기 위해 대화를 시작할 적절한 시기가 아니었을까?

사실 우리가 협상에 참여해야 했는지의 여부와 상관없이 워싱턴으로부터 내려온 지침들은 협상을 더 어렵게 만들었고 최종 합의 지연에 영향을 미쳤던 것도 사실이다. 그러한 지침들은 한 차례 이상 우리 협상 대표들을 곤란하게 만들었고, 공산주의자들의 합의를 끌어낼 수 있는 강력한 지원을 박탈했다. 가장 놀랄 만한 예로 우리 협상 대표들이 새 비행장 건설과 기존 비행장의 보수를 금지하는 내용을 협약 조건에 포함시키자고 주장했을 때 워싱턴은 협상 대표들에게 이것에 대해서는 공산주의자들에게 양보하라고 지시를 내렸다. 당시 아군의 폭격으로 인해 북한 지역에는 전투를 위해 사용 가능한 비행장이 한 곳도 없었다. 이러한 금지 조항이 없다면 공산주의자들은 정전이 발효된 후 즉시 만주에서 전투기를 북한으로 이동시켜 그곳에서 남한 깊숙한 곳까지 타격할 수 있을 것이다. 이 워싱턴의 지시는 쓴 약과도 같았다.

폴란드, 체코 등의 국가와 함께 소련을 중립국 감시위원회 구성 국가로 포함시키는 것에 반대한 우리 대표단의 입장을 철회하라는 명령도 마찬가지였다. 한국전쟁은 소련의 사주로 발생했고 소련이 제공한 전차와 전투기, 각종 무기가 전쟁에서 사용되었다. 소련과 같은 나라를 중립국에 포함시키는 것은 부적절했기 때문에 대표단은 강하게 반대했다. 하지만 워싱턴은 우리가 소련이 한국과 국경선을 맞대고 있다는 사실에만 근거해 반대하고 있다며 반대 입장을 철회할 것을 명령했다. 이러한 우리의 입장 변화는 공산주의자들에게 약점을 인정하는 것으로 보일 수밖에 없었다.

그래도 정전회담의 결과로 우리 국민이 조금이라도 자존감을 잃었다고는 생각하지 않는다. 우리 대표단이 국가의 독립성을 조금이라도 침해했다고 생각하지도 않고 도덕적 가치와 신에 대한 믿음, 또는 궁극적 승리를 위한 우리의 헌신을 저버렸다고도 생각하지 않는다.

50년 전(그리고 그 기록은 아직도 많은 사람들의 마음속에 생생하다) 군사력 붕괴가 명확해진 이후에도 협상을 고려하지 않는 사람들이 있었다. 제1차 세계대전 중 1917년 4월의 니벨 공세Nivelle offensive와 10월의 더글러스 헤이그Sir Douglas Haig 원수의 플랑드르 공세Flanders offensive는 영국과 프랑스, 독일 세 나라의 강인하고 건장한 수만 명의 아들과 남편들을 피비린내 나는 시체 구덩이로 몰아넣었다. 역사는 이러한 파괴적인 희생으로 과연 무엇을 얻었는지 의문을 제기할 것이다. 끔찍할 정도로 많은 사상자 수는 일부 정치가들의 정신을 번쩍 들게 했지만, 그해에 그들은 "승리"를 향해 압박을 가하는 것 외에는 그들에게 손을 내민 협상의 기회를 받아들일 비전과 용기가 부족했다. 군사적 교착상태가 계속되면서 양측은 많은 피를 흘렸다. 그 시점에서 전투를 중지하는 것은 어쩌면 매우 간단하고도 지혜로운 행동이었을 것이다.

당시 영국 총리 로이드 조지Lloyd George 경은 전선을 시찰한 후 다음과 같이 말했다. "만약 사람들이 이러한 비참한 전쟁 실상에 대해 알았다면 당장 내일이라도 전쟁이 중지될 것이다. 하지만 그들은 실상에 대해 알지도 못하고 알 수도 없었다. 기자들은 기사를 쓰지도 않았고 알았다 해도 사전 검열 제도 때문에 사실대로 보도되지도 않았을 것이다. 이 모든 것은 참을 수 없이 끔찍하고 인간 본성을 벗어나는 것들이었다. 나는 이러한 피비린내 나는 일을 더 이상은 할 수 없다고 생각한다."[101]

그러나 거의 바로 이 시점에 영국 정부는 50만 명의 미국 젊은이들에게 "7주간의 참호전 훈련을 받은 후 소총병으로 전투에 투입되기 전에 프랑스에서 7일간의 오리엔테이션"을 받을 것을 공식적으로 요구했다. 다행히 우리 지도자들은 젊은이들이 이러한 운명에 처하게 되는 것을 거부했고, 외국군 사상자들을 보충하기 위해 그들이 전투에 투입되는 것을 막을 수 있었다. 그 대신 그들은 연합군 지도부의 변덕에 굴복하지 않을 우리만의 군대를 만들어나갈 것을 주장했다.

반면 플랑드르에서는 여전히 "완전한 승리"에 대한 유혹이 저항할 수 없는 마력처럼 작용하고 있었으며, 끝이 보이지 않는 1,000미터의 늪지대를 확보하기 위해 수만 명의 인명을 희생하는 살육전이 계속됨으로써 그런 어리석은 결정을 내린 장군과 정치가들을 놀라게 했다. 겨울 우기와 홍수 덕분에 겨우 그 광기에 자비로운 종지부를 찍을 수 있었다.

반면, 한국에서는 살육행위를 멈출 기회가 찾아왔을 때 미국 정부는 그 기회를 환영했다. 유엔의 집단적 노력을 분산시키고 미국이 단독으로 수행하는 전쟁으로 만들려는 적의 노력이 실패로 돌아갔다. 정전협정 체결로 16개 동맹국은 한반도에서 다시 침략행위가 발생했을 때 한국에 전투부대를 파병함으로써 즉각 대응할 것이고, 이 경우 한반도에만 국한해 작전을 펴지는 않을 것이라는 결의를 재확인했다.[102]

---

101 (저자주) 레온 울프(Leon Wolff)의 『플랑드르 들판에서: 1917년 전투(In Flanders Fields: The 1917 Campaign)』에서 인용했다.

102 1950년 채택된 유엔 안보리 결의 제83호·84호에 따라 유엔사에 전력을 제공한 국가 중 워싱턴 선언(1953년 7월 27일)을 통해 한반도 전쟁 재발 시 재참전을 결의한 전투부대 파견 16개국(유엔사 전력 제공국)을 의미한다.

한국에서 "완전한 승리"를 달성할 기회를 놓쳤음에도 불구하고(어떠한 완전한 승리도 달성할 수 없었겠지만) 우리는 국제 공산주의자들에게 완전한 첫 패배를 안겨주었다. 우리는 집단 안보^{collective security} 체제가 실제로 실행 가능하다는 것을 증명했다. 만약 유엔이 미국의 지도 아래 공산주의자들의 도전에 대응하지 않았더라면 무력해져 사라졌을지도 모른다.

1951년 4월 나는 도쿄에서 유엔군사령관직을 인수한 후 다음과 같이 연설했다.

"이렇게 많은 동맹국이 이처럼 완벽하게 서로 신뢰하고 존중하고 협조하면서 함께 전투를 수행한 적은 군 역사상 없었다고 생각합니다. 나는 이 부대들(유엔군)의 존재 자체가 유엔군사령부의 역량을 한층 더 강화했다는 것을 주저 없이 말할 수 있을 것입니다."

마지막으로, 순전히 군사적 측면에서 1950년 7월 5일부터 9월 30일까지 약 3개월도 안 되는 기간에 남한을 침공한 공산군은 저지당했고, 침공 부대는 거의 궤멸되었다. 1951년 공산군의 신정 공세는 2주도 지나지 않아 중단되었다. 1951년 1월 4일 서울에서 두 번째 철수를 한 후 정확히 3주 만에 유엔군사령부는 공세로 전환했다. 일시적인 저지만을 목적으로 했던 이 공세는 상대적으로 방어가 불가능한 한국 영토의 작은 부분을 제외한 모든 부분에서 침략자들이 추방될 때까지 유지되었고, 이로 인해 북한의 훨씬 더 많은 부분이 한국의 통제 하에 있게 되었으며, 오늘날에도 그것이 계속 유지되고 있다

1951년 5월 나는 유엔군사령관 겸 극동군사령관으로서 다음과 같은 상황 판단 결과를 보고했다. 적은 "4월 22일과 5월 15일 실시했던 것(춘계 공세)과 같은 강력한 공세를 할 능력이 더 이상 없을 것이다." 이와 동시에 나는 8군과 밴 플리트 장군에게도 다음과 같은 메시지를 보냈다.

"훗날 역사는 다음과 같이 기록할 가능성이 매우 높다고 생각합니다.

… 8군은 개인의 존엄과 자유를 위한 오랜 투쟁을 이어온 인류를 위협했던 가장 사악한 세력의 도전에 맞서 싸워 물리쳤습니다. … 또한 파도처럼 밀려드는 공산군은 여러분의 전투의지와 총칼 앞에 산산이 무너졌고, … 이후 우리를 위협하던 적은 물러나기 시작했습니다.”

나는 역사가 이렇게 평가하기를 바란다.

CHAPTER 10

얻게 된 교훈들과 얻지 못한 교훈들: 평화를 위한 우리의 노력이 중요한 이유

우리가 과거의 전쟁에서 얻은 교훈을 오늘날의 군사적 문제에 진지하게 적용해보려고 노력하지 않는다면, 그 교훈에 대해 깊이 생각하는 것은 별 의미가 없을 것이다. 무엇보다 우리가 그토록 값비싼 대가를 치러야 했던 실패들을 되풀이하지 않기 위해서는 과거 전쟁의 교훈을 면밀히 살펴볼 필요가 있다고 생각한다. 한국전쟁의 큰 실책 중 하나는 전략을 세울 때 우리가 알고 있는 적의 능력에 치중하지 않고 적의 의도만 읽으려고 하는 경향이 있었다는 것이다. 맥아더 장군과 그를 지지했던 사람들은 중공군이 신속하게 위협할 수 있는 군사적 능력이 있다는 사실을 알면서도 중공군의 개입 위협을 과소평가했다. 우리는 "정상적인 생각을 가진 지휘관"이라면 압록강 남쪽으로 군대를 투입하지 않을 것이라는 생각에 근거해 조치를 취했다.

오늘날 미군은 동남아시아 지역에서 증가하는 어려움들을 해결하려고 노력하면서 우리가 적의 의도에 치중하기보다 적의 능력에 초점을 맞추고 있는 것 같아 만족스럽다. 린든 존슨Lyndon Johnson 대통령은 중국 공산당의 말을 그대로 받아들인다고 말했다. 이러한 자세는 중요한데, 우리는 한국에서 그렇지 못했다. 그러므로 나는 정책 입안자들이 중국 공산당 지도부가 결정하기만 하면 중국은 우리를 자극해 자신들과 전쟁을 하게 만들 수 있는 능력이 있다는 것을 잘 알고 있다고 확신한다. 우리는 이미 그들의 공개 성명들을 통해 인간의 생명, 심지어 자국민의 생명을 대하는 그들의 마인드가 우리와는 상당히 다르다는 것을 분명히 알고 있다.

나는 현재의 계획들에 관여하고 있지 않지만, 중국의 가장 위험한 군사적 능력에 맞서기 위해 우리가 대비하고 있다고 확신한다. 그러나 사회적으로 영향력 있는 인물들이 중국은 "감히 그런 시도를 하지는 않을 것"이라고 호언장담하는 것을 들을 때면 염려가 된다. 나는 군사작전 계획관들이 중국 공산당의 의도 파악에 또다시 실패하지 않을 것이라고 굳게 믿고 있다.

우리가 이러한 교훈을 잘 배웠다고 할지라도 여전히 또 다른 실수를 반복하는 데 혈안이 되어 있는 것처럼 보이는 일부 시민들이 있다. 한국전쟁 당시 궁지에 몰린 적의 증원과 보급의 모든 흐름을 공군력으로 차단했다면 기적을 이룰 수 있었을 것이라고 생각하는 사람들이다. 이러한 기적을 이룰 수 없었다는 사실은 당연히 널리 받아들여질 법한데도 아직까지 그렇게 널리 받아들여지지 않았다. 한국전쟁 중 지상에서 전투를 경험한 사람들은 모두 공군력의 중요성과 역할에 대해 높이 평가한다. 공군력은 재앙으로부터 우리를 구했을 뿐만 아니라 공군력이 없었다면 유엔군은 임무를 완수할 수 없었을 것이다. 베트남전에서도 공군력은 지상 작전의 성공과 실패를 결정하는 데 중요한 역할 했다. 하지만 공군력 역시 분명한 한계를 가지고 있다. 그러나 고위직에 있는 일부 사람들은 여전히 그러한 점을 인정하지 않고 있다.

공군력의 한계는 제2차 세계대전 때 여실히 드러났다. 당시 독일군은 연합군의 압도적인 공중 우위에도 불구하고 2년 동안 일부 산악도로를 이용해 보급작전을 수행해 이탈리아의 알프스 남쪽에 있는 약 26개 사단을 유지할 수 있었다. 마찬가지로 한국전쟁에서도 아군은 한반도 전체에 대한 실질적인 제공권을 가지고 있었지만 맥아더 장군도 공습만으로는 전투 지역을 고립시킬 수도, 적의 증원이나 보급 흐름을 차단할 수도 없다고 인정한 바 있었다. 현재 우리는 베트남에서도 이러한 실패의 교훈을 반복하고 있다. 적의 철도와 교량들은 아군의 공습 후 다시 복구되어 기능을 회복했고, 적 침투로들은 차단되지 못했다. 여전히 우리는 북베트남을 남쪽에서부터 차단하기 위해 집중적으로 폭격해야 한다는 공군력 신봉자들의 주장을 듣고 있다.

또한 나는 시행 가능하고 시행되어야 하는 강력한 제재가 포함되지 않는 한, 공산주의자들과의 협상이 의미가 없다는 교훈을 우리가 한국전쟁에서 배웠는지 의심스럽다. 우리는 한국전쟁에서 2년간 협상을 하면서 공산주의자들이 자신들에게 분명히 이익이 되거나 보복 위협이 무시할 수 없을 정도로 큰 경우에만 합의를 충실하게 이행한다는 사실을 배웠다. 동남아시아에서 공산주의자들과의 협상에서 최종적으로 어떤 합의에 도달하든 간에 시행 가능한 강제적인 제재를 포함시키기까지는 난관이 따를 수밖에 없다. 하지만 우리는 이러한 제재가 포함될 때까지 최종 합의를 연기해야 하는 상황에 대처할 준비가 되어 있어야 한다.

우리가 한국에서 피해야 했던 한 가지 실수는 평화를 논의하기 전에 "완전한 승리"나 "무조건 항복" 또는 "침략행위의 중단"을 주장한 것이다. 오늘날 공공의 공간과 언론 지면을 가득 채우고 있는 많은 슬로건들을 보면서 나는 모든 국민이 과연 제한전의 개념을 제대로 이해하고 있는지 의심스럽다. 제한전은 단순히 대규모 전쟁으로 확대되지 않은 소규모 전쟁을 뜻하는 개념이 아니다. 제한전이란 국가이익과 현재 군사적 능력을 고려하여 목표를 분명하게 제한하는 전쟁이다. "승리"를 넘어서는 지리적·정치적·군사적 목표가 분명하게 기술되지 않은 끝이 없는 전쟁은 모든 전쟁이 그렇듯이 무한히 확대될 수 있으며 한 번의 성공은 그것을 보장하기 위해 계속해서 또 다른 성공을 요구한다. 전쟁에서 이기기 위해 전력을 다해야 한다는 주장은 멋진 사나이다운 주장으로 들릴 수 있고, "자유를 수호해야 한다"는 외침은 우리의 피를 용솟음치게 만드는 메시아의 소리처럼 들릴 수 있다. 그러나 지금과 같은 시대에 전면전의 최후는 상상조차 할 수 없다. 그것은 승리를 알릴 수 있는 사람이 단 한 명도 살아남지 못한 채 우리의 문명이 수천 년 전의 상태로 되돌아가는 것을 의미할지도 모른다.

우리는 군사적 목표를 설정할 때 무엇보다도 세계의 가장 기본적인 문제의 대부분이 군사적 방법만으로는 해결되지 않는다는 것을 인식해야 한다. 인간의 존엄성을 조롱하고 개인의 자유를 부정하는 이데올로기와의 싸움에서는 반드시 정치와 경제, 그리고 군사적 노력을 결합해서 해결 방안을 모색해야 한다. 세계 인구의 3분의 1도 채 되지 않는 사람들만이 상대적으로 부유하게 살고, 나머지 3분의 2는 가난하고 비참하고 곤궁하게 산다면 세계는 균형을 유지하기 어려울 것이다.

그러므로 우리 외교 정책의 목표들은 반드시 이러한 기본적인 현실 문제들을 고려해 설정해야 하며, 그 목표들이 이기적이고 물질적인 목표들을 감춘 전쟁 구호가 되지 않도록 하기 위해서는 우리 외교 정책의 목표들을 명확하게 명시해야 한다. 예를 들어, 외교가 진실, 즉 거짓 없는 완전한 진실만을 다룰 수는 없다는 명백한 사실을 인정하더라도 특정 정부 관료들이 제시한 베트남전의 목표들이 그들이 말하는 것과 정확히 일치하는지는 상당히 의심스럽다. 이 글을 쓰고 있는 1967년 1월의 시점에서 존슨 대통령이 명시한 목표는 내가 보기에는 애매함이나 숨겨진 다른 뜻이 없이 명확해 보이기 때문에 우리 정부가 명예를 추구하면서 유화책 없이 베트남전을 수행할 수 있을 것으로 보인다. 그러나 다른 공직자나 영향력을 행사할 수 있는 위치에 있는 사람들이 베트남에서 우리의 전쟁 목표가 전적으로 이타적이며 오로지 베트남 국민들에게 "자신들의 정부를 선택할 수 있는 자유"를 보장하기 위한 것이라고 주장하는 것은 의심의 여지가 있다고 생각한다. 불과 얼마 전에 아이젠하워 대통령은 베트남을 잃는 것은 "귀중한 주석 매장지와 엄청난 고무와 쌀 공급지를 잃는 것"과 같다[103]고 말했다. 어쩌면 누군가는 "자유"보다는 이러한 물자들이 우리가 전쟁에 계속 매달리는 진짜 이유라고 의심할지 모른다. 그리고 우리의 목표를 "하노이 공산당의 공격을 중단시키는 것"이라고 말하는 사람들은 하노이의 전쟁 수행 노력이 베이징의 지원과 보급 없이는 오래 지속될 수 없다는 사실을 간과하고 있다.

만약 우리가 우리의 목표에 대한 후자의 설명을 믿는다면, 사실상 우리의 목표가 미국이 동남아시아집단방위조약Southeast Asia Collective Defense Treaty[104]에 따라 약속한 베트남뿐만 아니라 라오스, 캄보디아, 태국, 버마(미얀마)에 대한 무력 침략 및 전복을 베이징과 하노이가 지원하지 못하게 만드는 것이라고 말하는 것과 같다. 그렇다면 논리적으로 공개적으로든 비공식 외교 채널을 통해서든 미국이 중국 공산당에게 지원을 중단하도록 최후통첩을 전달했어야 한다. 그러나 나는 중국 공산당에게 최후통첩을 전달하는 것이 과연 현명한 일이냐 하는 것에 대해서는 큰 의구심을 가지고 있다. 어떤 수단을 통해 최후통첩이 전달되든지 간에 현재 중국의 지도자들은 우리의 최후통첩을 일축할 것이 뻔하기 때문이다. 만약 우리가 동남아시아집단방위조약에 의거해 다른 국가들을 전복하려는 침

---

103 (저자주) 『변화를 위한 명령(Mandate for Change)』, p.333.

104 동남아시아집단방위조약: 동남아시아에서 공산주의의 확대에 대항하기 위해 1954년 9월 8일에 마닐라에서 체결되었다. 이에 따라 태국 방콕에서 동남아시아조약기구(SEATO)가 창설되었다. 회원국 8개국(미국, 프랑스, 영국, 오스트레일리아, 뉴질랜드, 파키스탄, 필리핀, 태국)과 비회원국 3개국(남베트남, 라오스, 캄보디아)이 가입했다. 하지만 라오스전과 베트남전에 효율적으로 대응하지 못했고, 미군이 베트남전에서 철수한 1973년 이후 실효성에 의문이 제기되어 1977년 조약은 폐기되었다.

략행위를 저지하기 위해 군사작전을 확장해야 한다면 우리는 상당한 규모의 부대를 투입해야 할 것이다. 내가 보기에는 우리가 이 정도면 개입하는 것이 정당하다고 생각하는 군사력 규모가 어느 정도이든 간에 핵무기의 전술적 사용 없이는 분명히 그것만으로는 충분하지 않을 것이다.

마지막으로 적이 먼저 우리의 영토와 군대에 핵무기를 사용하지 않는데 우리가 먼저 그들의 산업지역과 인구밀집지역에 핵무기를 사용하면 자유세계 사람들의 반발을 불러일으켜 적대적인 세계에서 동맹국들을 잃고 고립될 것이다.

따라서 세계 정책의 목표들이 무엇이어야 하는지를 우리 스스로 결정해야 한다. 우리는 목표들을 명확하게 규정하고 목표들이 우리의 중요한 국익을 위한 것인지, 그리고 우리가 그 목표들을 달성할 역량이 있는지 확인해야 한다. 우리의 자원은 무한하지 않기 때문에 모호하거나 달성할수 없는 목표들을 추구하는 데 자원을 모두 소진해버리면 반드시 다가올 최후의 시험에 대처할 수 없게 될 것이다.

베트남전 당시 우리의 목표에 관해서는 1966년 9월 유엔 총회에서 아서 골드버그Arthur Goldberg 대사가 한 말들이 믿을 만하고 진심인 것 같다. "우리는 베트남에서 영구적인 군사기지 설치를 추구하거나 아시아에서 우리의 '세력권'을 추구하지 않는다. 우리는 북베트남 정부의 무조건적인 항복이나 전복을 기도하지도 않는다. 우리는 조국의 미래를 위해 평화적으로 참여하려는 '남베트남 국민의 어떤 조직'도 배제하지 않는다. 그리고 우리는 1954년과 1962년 제네바 합의를 엄격히 준수하면서 해결 방안을 협의할 준비가 되어 있다."

골드버그 대사는 미국이 베트남 통일 문제를 남베트남과 북베트남 사람들의 "자유로운 선택"에 맡길 것이고, 그 결과를 충분히 수용할 의향이 있으며, 마지막으로 따로 확답을 받거나 아니면 이 조치에 상응해 상대측이 즉시 전쟁 규모를 단계적으로 축소하는 경우 북베트남에 대한 모든 폭격을 중단할 준비가 되어 있다고 말했다. 또한 만약 북베트남이 남베트남에서 모든 외국 군대(미군과 북베트남군)를 단계적으로 철수시키기 위한 일정을 마련하는 것에 동의한다면, 미국은 유엔 또는 다른 기구가 철군 과정을 감독하는 것을 허용할 것이라고 했다. 이러한 목표들을 즉시 달성하기는 쉽지 않아 보이지만, 그렇게 하면 이 지역의 주석과 고무, 쌀에 대한 우리의 통제권을 보장할 수 없게 된다. 하지만 이는 우리 국민이 오랫동안 견지해왔던 도덕적 입장을 전 세계인에게 일관성 있게 보여주는 것일 뿐만 아니라 장기적으로 볼 때 중요한 국가이익에 더 부합한다.

우리의 일반적인 세계 목표들─이것들은 분명히 중요한 국가이익의 범주 내에 있다─은 논란의 여지가 있지만, 일부 목표들은 명확히 정의할 수 있다고 생각한다. 이 일부 목표들은 다음과 같은 사항을 포함하지만 이에 국한된 것은 아니다.

1. 철의 장막 밖의 서유럽 국가들이 크렘린의 통제 하에 들어가는 것을 막는다.
2. 서반구 지역에서 크렘린이 지배하는 정부의 수립을 막는다.(목표 중 하나는 쿠바 사태로 인해 일시적으로 잃게 되었으나 여전히 목표로 남아 있다.)
3. 극동에서 미국의 전방 방어선인 일본 열도-대한민국-류큐 열도-대만-필리핀 선을 유지한다.(동남아 전체를 포함하느냐 일부를 포함하느냐는 내 판단으로는 논란의 여지가 있다.)
4. 유엔 헌장 원칙에 따라 특히 헌장 서문에서 약속한 내용인 "다음 세대를 전쟁의 재앙으로부터 구하기" 위해 유엔을 계속 지원한다.(많은 미국인은 이것을 핵심 국가이익 범주에 포함시키는 것에 동의하지 않을 수도 있다. 그렇다면 할 수 없이 그것을 받아들여야 할 것이다.)

내 생각에 전쟁의 재앙으로부터 우리의 아이들과 그들의 아이들을 구하는 일은 미국 국민뿐만 아니라 전 세계 모든 사람의 중요한 이익의 범주에 포함된다. 그리고 예를 들어 고의적으로 핵전쟁을 유발하는 전쟁을 시작하는 것은 그들을 구하는 방법이 아니다. 사실상 헌장 전문의 이 문장은 유엔의 가장 중요한 목표를 제시하고 있다고 생각한다.

로마 제국 이래 지금까지 약 2000년 동안 유럽 사람들은 주기적으로 전쟁의 고통을 경험해왔다. 최근 2세기 동안 전쟁이 더욱 잔인해져 더 넓은 지역을 황폐화시켰다. 이제 현존하는 파괴력으로 새로운 세계대전이 발발하게 된다면, 상상도 할 수 없는 인간 가치의 파괴와 피의 대가를 치르게 될 것이다.

이러한 끔찍한 재앙이 일어날 수 있는 상황 속에서도 정치가들의 옳은 판단과 지혜가 재앙을 막을 방법을 찾아낼 것이라는 희망이 있어야 한다. 상상조차 할 수 없는 재앙을 막기 위한 집단적 노력을 무산시키거나 약화시키는 어떠한 장애물도, 어떠한 예측 가능한 어려움도, 인간의 권력에 대한 탐욕과 욕망도 허용해서는 안 된다. 서유럽과 미국 사람들보다 도덕적 의무 외에 더 큰 이해관계나 더 강력한 이유를 가지고 이 목적을 달성하려는 국가나 단체는 없다. 유럽은 전쟁으로 인한 죽음과 황폐화의 오랜 역사를 가지고 있기 때문이고, 미국은 유럽 사람들과 문화적·경제적 이익을 함께 공유해왔기 때문이며, 양측 모두 고도로 발달된 사회·경제·문화적 구조가 극도로 취약하기 때문이다.

베트남 문제는 우리 정치인들의 지혜와 도덕적 용기를 시험하는 가장 큰 시험대다. 독일이나 한국의 문제에 직면했을 때처럼 우리 정치인들의 정신을 시험하고 우리 국민의 인격을 시험하는 결정의 순간을 직면하게 될 것이다. 나는 미국 국민이 어떠한 국가에나 정신적인 힘을 주는 에너지와 도덕적인 원칙을 갖고 있다고 생각하며, 이러한 시험에 맞설 수 있는 능력을 갖고 있다고 확신한다.

이해하기 어려울 수도 있지만, 나는 우리 서양 문명이 고귀한 목적을 가지고 이 지구상에서 진화했다고 굳게 믿는다. 그 고귀한 목적이 미국에게 지구상의 불운한 민족들을 이끄는 메시아와 같은 역할이 아니라, 강하고 용감하고 넓은 아량을 가진 동반자와 같은 역할을 부여했기 때문에 우리가 우리 자신의 한계를 충분히 인식하고 우리의 제도와 삶의 방식을 다른 사람들에게 강요하지 않을 것이라고 나는 믿는다. 우리의 물자뿐만 아니라 정신력은 이미 이 고귀한 목적을 달성하기에 충분하니, 우리의 역할을 받아들일 수 있는 지혜를 기르기만 하면 된다.

나는 현재로서는 우리에게 자유를 수호하는 것보다 더 고귀한 의무는 없다고 생각한다. 그렇기 때문에 우리는 최후의 시험에 직면했을 때 사용할 수 있도록 우리의 힘과 자원을 낭비하지 말고 잘 보존해야 한다. 그러나 목적에 대한 단순한 설명은 가치가 없다. 앞서 언급했듯이 그것은 우리의 국익에 부합하고 그것에 종속되는 구체적이고 실용적인 정치적 목표들로 설명되어야 한다.

이러한 관점에서 나는 우리가 동남아시아에서 목표를 제대로 설정하고 있는지 의문스럽다. 물론 정부의 고위급 정보에 접근하기 어려운 나와 같은 일반시민은 그러한 의문을 해소하기 어렵다. 그러나 정부가 최근 동남아시아 문제에 대해 발표한 많은 잘못된 평가를 고려하면, 우리 정부 구조 하에서 모두가 알도록 허용된 것에 기초하여 외교 정책을 평가하는 것은 모든 시민의 의무다.

앞서 말했듯이 동남아시아에 대한 우리의 정치적 목표, 즉 정부 관료들이 제시한 복잡하고 막연하며 부정확한 목표들이 정말로 우리의 국익에 부합하는지 확신할 수 없지만, 이것이 우리의 주요 관심사가 되어야 한다고 생각하지는 않는다. 오히려 우리는 이러한 대규모 전쟁에서 정치·경제·군사적 자원들을 과도하게 사용함으로써 국력이 약화되어 세계의 더 중요한 다른 지역에서 새로운 도전에 직면하게 될 때 너무 쇠약해진 우리 자신을 발견하게 되는 것은 아닌지 자문해봐야 한다. 우리의 진정한 국익과 더 밀접하게 관련된 위협들이 분명히 있을 것이기 때문이다.

만약 우리가 그러한 위협들이 나타날 때를 대비해 우리의 힘을 비축하는 지혜를 터득한다면, 미래에 우리 군대가 최대한 우리 지도자들을 뒷받침하여 우리 지도자들이 그러한 위협에 제대로 대처할 수 있을 것이라고 나는 확신한다.

한국전쟁 연표

1950년

6월 25일   북한군 남침.

6월 28일   북한군 서울 점령.

7월 5일   스미스 특임부대가 오산 근처에서 공산군과 첫 전투.

7월 20일   북한군 대전 점령.

7월 31일   북한군 진주 점령. 미 8군 사령관 워커 장군이 "더 이상 후퇴는 없다"라고 발표.

8월 1일   유엔군 낙동강 방어선 설정.

8월 6~8일   맥아더 유엔군사령관, 도쿄에서 인천상륙작전에 대해 해리먼 대통령 특사, 노스테드 장군, 알몬드 장군, 리지웨이 장군과 회담.

9월 15일	인천상륙작전 개시. 유엔군 항구와 섬들 확보.
9월 18일	유엔군 김포공항 확보
9월 22일	워커 장군의 미 8군 낙동강 방어선을 뚫고 북진.
9월 27일	남진하던 유엔군과 북진하던 유엔군이 수원 인근에서 연결.
9월 28일	유엔군 서울 탈환.
10월 1일	한국군 3사단 23연대 3대대 38선 돌파.[105]
10월 7~9일	미군 1기병사단 38선 통과.
10월 11일	한국군 3사단의 원산 함락.
10월 19일	미 8군의 평양 점령.
10월 24일	맥아더 장군이 지휘관들에게 모든 병력을 동원하여 가능한 한 최고 속도로 총진격을 명령. 한국군 부대 외에는 북진을 제한했던 방침 철회.
10월 26일	한국군 2군단 예하 6사단 압록강(초산)에 도달. 한국군 1군단 예하 26연대가 수동 지역에서 중공군 포로를 생포.
10월 27~31일	중공군 1차 공세.
10월 27일	한국군 6사단 7연대가 압록강 일대에서 강력한 중공군

---

105 원서에는 9월 30일로 되어 있으나, 실제로 강원도 양양에서 한국군 3사단 23연대 3대대가 38선을 돌파한 날짜인 1950년 10월 1일로 수정했다. 이 날을 기념하여 국군의 날이 제정되었다.

의 공격으로 심대한 피해를 입음.

10월 30일	미 24사단 선두 부대가 압록강 남쪽 60km까지 도달.
10월 31일~ 11월 2일	미 8군이 운산 일대에서 중공군의 강력한 공격으로 청천 강 남쪽으로 후퇴.
11월 6일	맥아더 장군이 일부 중공군이 압록강을 건너온 것은 "결 국 유엔군사령부를 위협하기 위한 것이다"라고 미 합참 에 경고.
11월 23일	추수감사절.
11월 24일	맥아더 장군이 도쿄에서 한국으로 날아와 압록강으로 총진격 개시를 암시하면서 "중공군은 참전하지 않을 것 이다"라고 발표. 미 7사단 17연대가 압록강 혜산진에 도 달. 8군은 압록강으로 총진격 개시.
11월 25일~ 12월 9일	중공군 2차 공세.
11월 25일	한국군 2군단이 덕천 일대에서 중공군의 공격에 괴멸당함.
11월 26일	약 20만 명의 중공군이 청천강 북쪽에서 미 8군을 공격 하여 대량 사상자 발생.
11월 27일	미 24사단과 25사단이 청천강 남쪽으로 후퇴하고 미 8 군이 후퇴를 시작. 중공군이 장진호 서쪽에서 미 해병 1 사단과 동쪽에서 미 7사단 예하 부대를 공격.
12월 5일	8군이 평양을 포기하고 남쪽으로 후퇴.
12월 9일	미 해병 1사단이 11월 27일부터 장진호 지역에서 후방 으로의 공격을 시작하여 철수를 완료.

12월 11일	미 해병 1사단과 미 7사단이 흥남 일대로 철수.
12월 15일	미 8군과 한국군이 38선 이남으로 철수
12월 23일	미 8군 사령관 워커 장군이 지프차 사고로 사망. 리지웨이 장군이 후임자로 임명.
12월 24일	미 10군단이 흥남철수작전을 완료.
12월 26일	리지웨이 장군이 미 8군 지휘권을 인수.
12월 31일~ 1월 5일	중공군 3차 공세(신정 공세).

1951년

1월 3~4일	유엔군이 서울에서 철수하여 평택-원주-삼척 선까지 후퇴하여 재편성 실시.
1월 7일	미 8군이 중공군과 접촉 재개를 위해 북쪽으로 위력수색을 실시.
1월 15일	1개 연대전투단으로 울프하운드 작전Operation Wolfhound을 개시, 오산 근처에서 중공군과 접촉을 시도.
1월 25일	미 8군과 한국군이 공세로 전환. 선더볼트 작전Operation Thunderbolt 개시. 미 1군단과 9군단이 한강 북쪽으로 진격.
1월 31일~ 2월 17일	미 2사단이 적과 격렬한 전투를 벌임. 23연대전투단은 배속된 프랑스 대대(몽클레어 대대)와 지평리 일대에서 중공군 5개 사단의 공격을 격퇴. 중공군의 공세 중단.

2월 5일	라운드업 작전Operation Roundup이 개시되어 미 10군단이 한강 동쪽에서 진격 시작.
2월 11일~17일	중공군의 4차 공세가 개시되어 적 주공이 미 2사단 책임 지역에 집중공격.
2월 21일	킬러 작전Operation Killer이 개시되어 미 9군단과 10군단이 총진격 시작.
2월 28일	한강 남쪽에서 마지막으로 저항하던 적 붕괴.
3월 7일	중부 및 동부 지역에서 리퍼 작전Operation Ripper이 개시되어 미 9군단과 10군단이 한강을 건너 진격.
3월 14~15일	미 8군 서울 재탈환.
3월 31일	유엔군이 아이다호 선까지 진격하여 모든 지형적 목표들을 점령.
4월 5일	러기드 작전Operation Rugged이 개시되어 캔자스 선까지 총진격하기 시작.
4월 11일	맥아더 장군이 유엔군사령관 직위에서 해임되고 리지웨이 장군(미 8군 사령관)이 후임자로 임명.
4월 14일	밴 플리트 장군이 후임 미 8군 사령관으로 임명됨. 모든 유엔군 부대가 캔자스 선에 도달.
4월 19일	미 1군단과 9군단 유타 선 도달.
4월 22~28일	중공군의 5차 공세(1차 공격).
4월 30일	중공군의 5차 공세로 유엔군이 새로운 방어선까지 철수

한 후 서울 북쪽과 한강 북쪽에서 중공군 공세를 저지.

5월 16~23일 중공군의 5차 공세(2차 공격).

5월 20일 유엔군이 중공군의 공세를 저지하고 진격을 재개.

5월 30일 미 8군이 캔자스 선에 다시 도달.

6월 1일 파일드라이버 작전Operation Piledriver이 개시되어 미 1군단과 9군단 예하 부대들이 와이오밍 선까지 진격하기 시작.

6월 15일 파일드라이버 작전의 목표지역 확보.

6월 23일 유엔 소련 대사 말리크가 정전협상 제의.

6월 30일 리지웨이 장군이 워싱턴의 지시에 따라 라디오 방송을 통해 중공군에게 정전협상에 응할 준비가 되어 있음을 통보.

7월 10일 유엔군과 공산군이 개성에서 처음으로 정전협상을 개시.

8월 17일 공산 측이 아무런 증거 없이 개성 인근에서 벌어진 매복 공격에 대한 혐의를 주장하며 공식 사과를 유엔군 측에 요구했으나 유엔군 측이 이를 거절.

8월 22일 공산 측이 "폭격 사건"에 대해 유엔군 측의 시인과 사과를 요구했으나 유엔군 측이 요구를 거절하면서 회담 중단.

8월 31일 미 해병 1사단이 펀치볼 일대에서 공격 개시.

9월 2일 미 2사단이 단장의 능선과 피의 능선에 대한 공격 개시.

9월 3일 미 해병부대와 2사단이 최초 목표지역에 도달.

9월 18일	미 해병부대가 소양강과 펀치볼 북쪽으로 진격.
10월 12일	미 9군단이 제임스타운 선까지 신격.
10월 15일	미 2사단이 단장의 능선을 점령.
10월 25일	중단되었던 정전회담이 2주간의 연락장교 간 협의를 통해 재개.
11월 12일	리지웨이 장군이 밴 플리트 장군에게 공세 작전을 중단하고 적극 방어 실시를 지시. 남부 지역에서 랫킬러 작전 Operation Ratkiller(공비 토벌 작전) 개시

1952년

1월 1일	공산군에 대한 아군의 포병, 공중 작전이 지속됨.
1월~4월	공산군 포로에 대한 신원조사 과정에서 포로수용소 내 폭동 발생.
5월 7일	거제도 포로수용소 내 포로들이 도드 준장(포로수용소장)을 인질로 생포.
5월 11일	도드 준장 석방.
5월 12일	리지웨이 장군이 아이젠하워 장군 후임으로 나토군 최고사령관에 부임하기 위해 이임하고 클라크 대장이 후임으로 부임.
6월 6일	카운터 작전Operation Counter을 개시하여 11개 전초를 점령.
6월 14일	미 45사단이 카운터 작전의 모든 목표들을 점령.

12월	봉암도 포로수용소 포로들의 탈주 기도를 진압.

1953년

2월	밴 플리트 장군이 전역을 위해 귀국하고 맥스웰 테일러 장군이 후임 미 8군 사령관으로 부임.
3월 25일	중공군이 266고지의 전초기지를 점령.
5월 28일	연대 규모의 중공군이 미 25사단의 5개 전초기지를 공격.
5월 29일	중공군이 3개 전초기지를 점령.
6월 10일	중공군이 금성 지역에서 한국군 2군단에 대한 공격을 개시.
6월 16일	한국군 2군단이 약 3.6km 이남의 새로운 주저항선으로 후퇴.
6월 15~30일	중공군이 미 1군단 지역을 공격하여 2개 전초기지를 점령.
7월 13일	중공군이 최종 공세를 개시해 3개 사단 규모로 미 9군단 우측을 공격하고 사단 규모로 한국군 2군단 좌측을 공격.
7월 19일	판문점에서 유엔군 측 대표단과 공산 측 대표단이 정전협정의 모든 내용에 대해 상호 합의.
7월 20일	미 9군단과 한국군 2군단, 금성천 남단에 연하는 새로운 주저항선 구축.
7월 27일	양측이 정전협정에 서명함으로써 약 3년간의 전쟁 중단.

옮긴이 후기

내가 이 책을 처음 접하게 된 것은 2004년 1월 미 조지아주 포트베닝^{Fort} Benning(보병학교) 유학 시절 영내 매점에서였다. 미군 군사교육기관에서 6·25전쟁에 관한 귀한 책을 발견한 터라 곧바로 약 13달러에 구매했다. 당시 나는 맥아더 장군, 워커 장군, 밴 플리트 장군에 대해서는 알고 있었지만 리지웨이 장군에 대해서는 잘 알지 못했기 때문에 흥미를 느끼고 이 책을 읽기 시작했다.

리지웨이 장군은 1917년 미 육사(웨스트포인트^{West Point})를 졸업하고 초급장교 시절부터 멕시코, 중국, 니카라과, 필리핀 등 다수의 해외파병지에서 근무했다. 그(당시 대령)는 1940년 7월부터 1942년 초까지 미 국방성 전쟁기획국^{War Plans Division}에서 작전계획 수립에 참여했고, 1942년 1월 장군으로 진급(당시 제2차 세계대전 발발로 빠른 진급이 가능했다) 후 초대 82공정사단장, 초대 18공정군단장으로 노르망디 상륙작전과 벌지 전투, 독일 진격 작전 등에 참전하여 명성을 얻었다.

그리고 중장으로 진급 후 미 육군본부 참모부장으로 6개월간 근무하던 중 1950년 12월 말 미 8군 사령관 워커 장군이 교통사고로 순직하면서 그의 후임으로 한국에 오게 되었다. 부임 4개월 만에 상관이었던 맥아더 장군이 해임되면서 유엔군사령관으로서 약 13개월 동안 6·25전쟁을 지휘했다. 리지웨이 장군은 1952년 5월 말 나토^{NATO} 최고사령관으로 부임하게 되면서 한국을 떠났고 6·25전쟁 정전 직후인 1953년 8월에 미 육군참모총장에 취임해서 약 2년간 복무 후 전역했다.

이 책은 6·25전쟁의 주요 전투 사례 정도만 알고 있던 나의 전쟁에 대한 인식을 송두리째 바꿔놓았다. 저자인 리지웨이 장군은 전쟁 발발부터 정전에 이르기까지 6·25전쟁 당시 치열했던 전투 과정에 대한 설명은 물론이고 전쟁 초기 신생국가였던 대한민국에 대한 미군의 인식과 제2차 세계대전 승리 이후 미국 국내 상황과 군사력 감축, 6·25전쟁으로 인해 새로운 개념으로 떠오른 제한전 개념, 맥아더 장군의 해임으로 촉발된 민군 관계에 대한 대논쟁^{Great Debate}, 지난한 정전협상 과정, 그리고 정전협상이 2년여간 지속되면서 변화한 전투 양상, 골치 아픈 전쟁포로 문제, 6·25전쟁을 통해 얻은 교훈 등을 이 책에 자세히 설명함으로써 6·25전쟁 전반을 폭넓은 관점에서 바라보고 이해할 수 있게 해주었다.

하지만 여전히 나에게 남아 있는 한 가지 의문은 6·25전쟁 발발 후 가장 패배주의가 팽배하고 결정적이었던 국면에서 리지웨이 장군이 미 8군 사령관(4개월)으로서 장병들의 전투의지를 고취해 반격의 발판을 마련하고 맥아더 장군 해임 후 유엔군사령관(13개월)으로서 6·25전쟁을 지휘했음에도 어떤 이유로 우리에게는 잘 알려지지 않았을까 하는 점이다. 우리에게 너무 잘 알려져 있는 맥아더 장군(유엔군사령관 재임 9개월), 워커 장군(미 8군 사령관 5.5개월), 밴 플리트 장군(미 8군 사령관 22개월)과 비교해볼 때 더욱 그런 생각이 든다.

인천상륙작전 성공을 계기로 압록강까지 도달해서 승리의 문턱에 다다랐다고 생각했던 국군과 유엔군이 중공군의 대규모 개입으로 한순간에 국경선으로부터 평택-삼척 선까지 600~700km가 넘는 거리를 후퇴했을 당시 리지웨이 장군의 리더십이 없었다면 국군과 유엔군은 전의를 완전히 상실하고 패배했을지도 모른다. 더구나 미 정부가 내부적으로 출구전략을 고심하면서 한반도에서의 군대 철수를 검토하고 있을 때 리지웨이 장군의 공세 의지와 탁월한 전쟁 수행 능력 덕분에 공산주의자들의 침략으로부터 대한민국을 지켜낼 수 있었다.

올해(2023년)는 정전협정 및 한미동맹 70주년이 되는 해다. 이렇게 뜻 깊은 해에 리지웨이 장군이 1967년에 쓴 이 책을 번역하여 한국어판을 출간할 수 있게 되어 기쁘다. 이 책은 리지웨이라는 인물을 재조명하고 6·25전쟁의 의미를 되새겨볼 수 있는 좋은 기회가 될 것이다.

내가 이 책을 번역하면서 얻게 된 교훈은 크게 세 가지다.

첫째, 6·25전쟁을 제대로 이해하기 위해서는 전체적인 맥락을 이해 할 필요가 있다는 것이다. 일부 문헌을 제외한 대부분의 문헌은 6·25전 쟁을 전체적인 맥락에서 설명하기보다는 특정 전투 위주로 다루고 있다. 6·25전쟁이 왜 발발했고, 전쟁 수행 양상이 어떻게 변화했으며, 그리고 오늘날 안보 상황에 적용할 수 있는 6·25전쟁의 교훈은 무엇인지가 빠 져 있는 것이다. 오늘날의 젊은 세대들은 6·25전쟁을 그저 70여 년 전 에 일어난 전쟁 정도로만 인식하고 있을 뿐 전쟁에 대한 전체적인 '맥락 context' 이해가 부족한 것이 사실이다.

이 책은 6·25전쟁 당시 미국인들이 어떻게 한반도 문제를 이해했고, 미국 국내 사정은 어떠했으며, 참전을 결정한 배경은 무엇인지를 자세히 설명하고 있다. 미국은 1882년 당시 조선과 첫 외교적인 관계를 맺게 된 때부터 1950년 이전까지 한반도에 대한 불개입Hands-off, Write-off 방침을 유 지해왔다. 구한말 대한제국이 도움의 손길을 요청했을 때조차 미국은 일 본을 우선시했고 미국의 행위가 일본과의 관계를 악화시키는 빌미가 되 지 않도록 극도로 주의를 기울였다는 점은 다소 충격적이기까지 하다. 그 래서 1950년 애치슨 미 국무장관의 소위 '애치슨 선언'은 이러한 전통적 인 미국의 외교정책을 표방한 것에 지나지 않았다. 게다가 미국은 제2차 세계대전 승리 퍼레이드 직후부터 군軍에 대한 관심이 급감했으며 미국 국민들은 생업에 종사하는 데 모든 관심을 쏟고 있었다. 이 책에서 리지웨이 장군은 당시 미국 국민이 정치적으로도 심하게 분열되어 있었고 핵무기 대세론과 정부 경제론자economizers에 의한 군 감축으로 전쟁에 대한 심리적·물질적·군사적 준비가 전혀 안 되어 있었다고 설명하고 있다.

이제는 6·25전쟁을 이해하는 관점을 확장해야 한다. 특정 전투를 기억하는 것에서 벗어나 국가이익과 외교, 전략 측면에서 전쟁을 이해할 필요가 있다. 또한 군사전략과 작전술, 전술 수준에서 다양하게 분석함으로써 오늘날 적용할 수 있는 교훈을 얻어야 한다.

둘째, 올바른 민군관계와 전문직업군인의 자세가 필요하다는 것이다. 리지웨이 장군은 민군관계에 대해 제6장(트루먼 대통령과 맥아더 장군)과 제9장(문제와 해답들)에서 별도로 다루고 있다. 맥아더 장군의 해임 사례는 단순한 항명이나 불복종 이상의 의미를 담고 있다. 이 책에서는 트루먼 대통령과 맥아더 장군의 사례를 미 남북전쟁 당시 링컨 대통령과 맥클렐런 장군의 사례와 비교하고 있다. 리지웨이 장군은 대위 시절 웨스트포인트 교관으로 근무하면서 당시 학교장이었던 맥아더 장군을 알아왔고 깊이 존경해왔다. 그래서 그는 "맥아더 장군의 해임은 너무 갑작스럽고 돌이킬 수 없었으며 거친 방식으로 이루어져 자존심이 강한 장군에게 불필요한 모욕감을 안겨주었다. 이 일로 미 전역에서 성난 항의의 목소리가 쇄도했다"라고 기술하고 있다. 하지만 맥아더 장군의 6·25전쟁 확대(중국 본토 진격, 공군력 투입 등) 주장과 이를 공개적으로 표명하는 것에 대해서는 강하게 비판하면서 "전쟁 중인 국가에서 애국심의 상징으로 떠오른 자신의 인기를 현역 장군의 의무와 혼동하고 있었다", "맥아더 장군이 대통령의 합법적 지시를 반복적으로 무시하고 정부가 승인한 정책에 대한 불만을 공개적으로 표출했는데도 그를 해임하지 않았다면 대통령은 자신의 직무를 유기한 것이나 다름없다"라고까지 표현했다. 이는 전구

사령관에 해당하는 맥아더 장군이 통수권자인 트루먼 대통령의 합법적인 명령을 명백하게 무시하고 불복종했으며 개인 불만과 부동의 의사를 공개적으로 표현했기 때문이었다. 올바른 민군관계는 전문직업군인들이 단순히 선출된 정치지도자와 민간 권력의 지시에 충실히 이행해야 한다는 차원을 넘어선다. 민간 정부 당국은 전쟁에 대해 달성이 가능한 목표 ends를 설정하고, 그 목표를 달성하기 위한 수단means과 방법ways을 선택하기 위해 군 당국과 긴밀히 협조해야 한다. 그렇지 않으면 제대로 전쟁을 이해하지 못하는 사람들의 손에 전쟁 수행이 좌지우지될지도 모른다. 또한 오늘날과 같은 복잡한 전쟁에서는 직업군인들이 민간 통치자가 고려 중인 정책들에 대해 그 어느 때보다 솔직하고 용기 있게 발언할 수 있어야 한다. 하지만 리지웨이 장군의 말대로 정책이 일단 결정되면 군인들은 임관 선서 내용과 그가 선서한 대로 그 정책을 충실히 이행해야 한다. 그렇지 않으면 그 자리에서 스스로 물러나야 한다. 이 책은 올바른 민군관계 정립의 필요성과 이를 위한 민간 정치지도자와 군사 지도자들의 고민과 지속적인 대화를 강조하고 있다. 특히 전문직업군인들의 도덕적 용기의 필요성과 군의 정치적 중립성 유지의 의미에 대한 깊은 성찰을 요구하고 있다.

마지막으로 군의 대비 태세와 군의 리더십이 얼마나 중요한가를 잊어서는 안 된다는 것이다. 지금도 많은 미군은 "No More Task Force Smiths"라고 하며 6·25전쟁 당시 군의 대비 태세가 제대로 갖추어지지 않았음을 분명히 기억하고 있다. 리지웨이 장군은 이 책에서 6·25전쟁 참전 당시 미군이 미 정부 내 경제론자들에 의해 감축되어 거의 전투 불가 상태였다고까지 지적하면서 "한국전쟁이 발발했을 때 미군은 왜 그토록 싸울 준비가 되어 있지 않았던 것일까?"라며 강하게 비판하고 있다. 또한 리지웨이 장군은 당시 미 정부가 핵무기 대세론과 (지상군 투입 대신) 해상봉쇄나 대규모 폭격과 같은 값싸고 손쉬운 해결 방안을 찾고 있었지만, 결국 지상군만이 전쟁에서 승리 달성이 가능하다는 것을 강조하고 있다. 6·25전쟁 당시만 하더라도 한반도 전역의 제공권과 제해권은 유엔군이 장악하고 있었다. 하지만 적이 악기상과 북한 지역의 험한 지형을 이용한 탓에 제대로 관측되지 않아 아군은 지상전에서 상당한 피해를 입었다. 이러한 현상은 베트남전뿐만 아니라 아프간전이나 이라크전에서도 마찬가지였는데, 특정 군사능력으로만 전쟁을 수행하는 것은 한계가 있을 수밖에 없어 결국 많은 인명 손실과 전쟁의 장기화를 초래한다는 것을 보여준다.

이 책은 리더십 측면에서도 중요한 교훈을 시사하고 있다. 특히 패배주의가 만연하고 제대로 싸울 준비도 되어 있지 않은 군대를 어떻게 전투의지가 충만한 군대로 변모시켰는지 설명하고 있다. 리지웨이 장군은 부임 직후인 1951년 1월 1일 새해 아침 서울 북쪽에서 마주친 장병들의 모습에서 그들은 오직 한 가지 목적밖에 없는 것처럼 보였다고 기술하고 있다. 그것은 중공군으로부터 멀리 떨어지는 것이었다. 그들은 개인 소총과 공용화기를 모두 버리고 달아나고 있었다. 리지웨이 장군은 이런 처참한 군대의 모습 외에도 도로만을 이용해서 이동하는 편안함을 추구하고, 제대로 통신도 되지 않는 상태를 방치하며, 적과 접촉을 유지하거나 지형을 제대로 파악하려는 노력도 하지 않는 소위 '기본도 갖추지 못한' 부대의 모습을 보고 개탄했다. 그래서 그는 먼저 미 8군의 전투의지를 회복시키기 위해 상당한 노력을 기울였다. 예하 부대 지휘소를 방문해서 장병들의 모습과 태도, 대화 내용과 행동을 통해 모든 감각으로 그들의 전투의지를 느끼고자 노력했다. 특히 킬러 작전, 리퍼 작전, 돈틀리스 작전 등 그 이름에서부터 자극적이어서 미 참모총장(콜린스)이 반대까지 했던 명칭을 사용하면서 전투의지를 고취했고 일련의 위력 수색과 공세 작전을 통해 38선 이북까지 전선을 회복하여 현재의 군사분계선 일대까지 나아갔다. 특히 1951년 1월 말 패배주의가 만연해 있던 미 8군 장병들에게 서신으로 하달한 "우리는 왜 이곳에 있으며 무엇을 위해 싸우고 있는가?"라는 내용은 군의 본질과 올바른 군인의 복무 자세에 대한 가치와 교훈을 주고 있다. 한편 리지웨이 장군은 당시 한국군의 전투 수행 능력과 리더십에 대해서는 가혹할 정도로 비판적이었다. "적과의 전투에서 매번 값비싼 무기들을 버리고 도망가는 다수의 한국군 부대"에 대해 여러 차례 언급하고 있고, 한국군 수뇌부가 정치적 배경에 의해 임명됨으로써 그들의 리더십과 능력이 제대로 검증되지 않았다고 표현했다. 게다가 한국군 내 '체면^{face}'을 중요시하는 조직 문화로 인해 부하들이 상관의 잘못된 판단에 대해 반대의견을 제시하기 어렵다며 소위 '뼈 때리는' 비판을 하고 있다. 당시 국군(국방경비대)은 창군(1946년)이 된 지 고작 4년밖에 되지 않았고 규모도 8개 사단 정도에 불과했기 때문에 역부족인 부분도 있었을 것이다. 하지만 리지웨이 장군은 이러한 인식을 가지고 있었기 때문에 전쟁 중 미국 정부에 대해 무기 공급과 사단 증편을 강하게 요구했던 이승만 대통령과도 불편한 관계였을 것이고 한국군 지도부와도 편치 않은 관계를 유지했을 것으로 추측한다. 혹시 이러한 '불편한 진실'로 인해 리지웨이 장군이 한국인들이 기억하고 싶지 않은 장군이 된 것은 아닐까?

이 책은 1950년 12월 말 미 8군 사령관으로 한국에 부임하고 맥아더 장군 해임 후 유엔군사령관으로서 전쟁을 지휘한 리지웨이 장군이 쓴 '6·25전쟁에 대한 징비록^{懲毖錄}'이라고 할 수 있다. 오늘날 한미동맹의 굳건한 토대 위에 한반도 안보 상황을 제대로 이해하고 국가이익과 전략 측면에서 군사적으로 이를 달성하기 위한 전쟁(전투) 수행을 고민하는 모든 분에게 일독^{一讀}을 권한다.

끝으로 비인기 분야임에도 불구하고 군 관련 서적의 출판을 통해 군사·국방 분야에 대한 인식의 지평을 넓히고 계신 도서출판 플래닛미디어 김세영 대표님과 번역의 오류를 바로잡으면서 책의 가치를 더해주신 이보라 편집장님께 감사드린다. 바쁜 가운데서도 추천의 글을 써주신 존경하는 멘토이자 상관이셨던 방종관 장군님께도 깊이 감사드린다.

　영원한 스승이신 고故 황규만 장군님(1931년 3월 13일~2020년 6월 21일)께 이 책을 바친다.

2023년 6월 5일
옮긴이 박권영

한국국방안보포럼(KODEF)은 21세기 국방정론을 발전시키고 국가안보에 대한 미래 전략적 대안을 제시하기 위해 뜻있는 군·정치·언론·법조·경제·문화 마니아 집단이 만든 사단법인입니다. 온·오프라인을 통해 국방정책을 논의하고, 국방정책에 관한 조사·연구·자문·지원 활동을 하고 있으며, 국방 관련 단체 및 기관과 공조하여 국방 교육 자료를 개발하고 안보의식을 고양하는 사업을 하고 있습니다. http://www.kodef.net

KODEF 안보총서 118

리지웨이의
한국전쟁
THE KOREAN WAR

초판 1쇄 발행 | 2023년 6월 16일
초판 2쇄 발행 | 2023년 11월 13일

지은이 | 매슈 B. 리지웨이
옮긴이 | 박권영
펴낸이 | 김세영

펴낸곳 | 도서출판 플래닛미디어
주소 | 04044 서울시 마포구 양화로6길 9-14 102호
전화 | 02-3143-3366
팩스 | 02-3143-3360
블로그 | http://blog.naver.com/planetmedia7
이메일 | webmaster@planetmedia.co.kr
출판등록 | 2005년 9월 12일 제313-2005-000197호

ISBN | 979-11-87822-76-9 03900